吉林省普通本科高校省级重点教材

高等学校商科教育应用系列教材

企业会计学

（第二版）

主　编　李红艳　孙　建

副主编　陈凤云　杜修芹　杨中青　孙　蕾

参　编　黄镜儒　闫晓雨

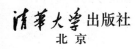
清華大学出版社
北京

内 容 简 介

本书为吉林省普通本科高校省级重点教材修订版、国家级一流本科课程配套教材。本书贯彻落实立德树人的教育理念，践行习近平总书记"把思想政治工作贯穿教育教学全过程"的教育方针，实现全员全程全方位育人。全书共包含十五章，以2024年财政部发布的新准则或修订准则为依据，结合会计工作的实际需要，对会计核算和监督所涉及的原理与实务问题进行了深入浅出的论述。此外，为帮助学生学习与理解教材内容，每章配备了知识目标、技能目标、素质目标、案例引入、实训题和练习题等。

本书适用于高等学校财务管理、工商管理和会计学等相关专业的会计学课程教学，也可以作为经济管理人员的参考用书。

图书在版编目（CIP）数据

企业会计学：第2版 / 李红艳，孙建主编. --北京：清华大学出版社，2025.3. --（高等学校商科教育应用系列教材）. --ISBN 978-7-302-68275-2

Ⅰ. F275.2

中国国家版本馆 CIP 数据核字第 2025ZV9432 号

责任编辑：吴梦佳
封面设计：常雪影
责任校对：袁　芳
责任印制：刘　菲

出版发行：清华大学出版社
　　　网　　　址：https://www.tup.com.cn，https://www.wqxuetang.com
　　　地　　　址：北京清华大学学研大厦 A 座　　　　　邮　　编：100084
　　　社 总 机：010-83470000　　　　　　　　　　　邮　　购：010-62786544
　　　投稿与读者服务：010-62776969，c-service@tup.tsinghua.edu.cn
　　　质量反馈：010-62772015，zhiliang@tup.tsinghua.edu.cn
　　　课件下载：https://www.tup.com.cn，010-83470410
印 装 者：天津安泰印刷有限公司
经　　销：全国新华书店
开　　本：185mm×260mm　　　印　　张：19.5　　　字　　数：472 千字
版　　次：2025 年 3 月第 1 版　　　　　　印　　次：2025 年 3 月第 1 次印刷
定　　价：59.00 元

产品编号：102900-01

近年来,我国的会计环境、会计法和会计准则发生了很大的变化。2024 年 6 月 28 日,第十四届全国人民代表大会常务委员会第十次会议决定对《中华人民共和国会计法》做出修改。2016—2023 年,财政部也修订了多项会计准则,许多会计处理发生了较大的变化。

本书于 2017 年 8 月第 1 次出版,得到广大读者的支持与认可,诸多高校教师、在校学生对本书提出了反馈意见,并对本书再版寄予了希望与期待,这是本书再版的动力源泉。

此次修订,编者对全书的结构及内容进行了调整,主要有以下几个方面:一是将"学习目标"分解为"知识目标、技能目标与素质目标",使读者清楚掌握各章知识内容、能力培养和基本素质的要求,做到目标明确;二是将党的二十大报告重要指示融入教材内容,在会计目标、会计信息质量要求、科学研发、职工薪酬、收入确认与计量、税收法规等方面,与党的二十大报告紧密结合,同时结合《会计法》的修改和《企业会计准则》的修订对教材内容进行更新调整,做到与时俱进;三是增加新形态立体化教学资源,本书是纸质教材和数字化资源一体化设计的新形态教材,配备的案例引入、补充学习、课后练习以二维码形式展现,读者可通过微信扫描二维码获得上述学习资源,体现数字时代线上线下相结合的特点;四是加强教学团队建设,以老带新,注重青年教师培养,由孙建老师接任第二主编修订任务,吸纳黄镜儒和闫晓雨两位青年教师参加教材修订,不断优化教学团队结构,增强教材编写力量。

本书以培养学生会计执业能力为目标,以应用型本科院校教学改革成果为依托,以吉林省普通本科高校省级重点教材建设为引领,以通俗易懂的语言、生动丰富的案例和价值观教育为引导,系统地阐述会计学的基本理论、基本方法和基本技能。

作为普通高等教育经管类核心课程教材,本书通过修订再版突出以下特色。

1. 课程教学与素质教育融合,落实立德树人目标

围绕经济社会发展需要,提升会计教育的思想性。推动经管类专业教育与素质教育深度融合,结合我国古代会计学科的发展,会计教学必须与中华优秀传统文化相结合,让学生了解我国悠久历史文明的同时,增强学生的文化自信,着重从会计的视角讲好中国经济发展故事,并注重培养学生的科学精神和职业道德。本书每章配有素质目标,将素质教育元素融入会计教学内容,实现立德树人的目标。

2. 理论知识与实践技能有机结合,注重应用型人才培养

为激发学生的学习兴趣,各教学章节均有目的地引入了相关的会计典型案例,将学生带入现实的工作场景中,进而培养学生提出问题、分析问题、解决问题和职业判断等能力。激发学生创造性思维,实践"理实一体、学做合一",从而提高学生的实践能力和应用能力。

3. 紧跟政策、与时俱进，注重教学内容更新

将会计新准则、研究新领域和行业新方向融入教学内容，注重知识更新。本书理论部分以会计要素为主线，将真实案例融入教学环节；实践教学采用"仿真式"教学情境，利用企业真实业务改编的各类原始单据进行"沉浸式"教学，仿真企业工作环境。以社会主义核心价值观为引领，培养中国会计人的使命担当，聚焦会计人员的"三坚三守"职业道德。

4. 积极进行教学改革，将教学改革成果融入教材

本书由从事一线教学工作的教师编写，经过多轮教学实践，教学团队不断进行教学改革，申请多项校企合作教学改革项目，调整教学方法和手段，采用混合式的教学方法，激发学生学习的主动性和兴趣，并且引入了信息化平台，将新的教学体会补充到教材中，充实教学资源。

本书从会计价值与会计职业入手，引出会计核算的基础与方法，结合会计主体行业特点，运用会计方法确认和计量六大要素，进行产品成本的核算与报送会计成果。本书分为十五章，将知识目标、技能目标与素质目标写入教材。本书每章提供实训题和练习题，帮助学生复习巩固所学的知识，符合应用型人才培养目标要求。

本书由吉林农业科技学院李红艳、孙建担任主编，负责全书初稿及修改总纂；吉林农业科技学院陈凤云、杜修芹、杨中青、孙蕾担任副主编。全书共分十五章，第一、二章由李红艳编写；第三、八章由孙建编写；第四、五章由黄镜儒编写；第六、七章由陈凤云编写；第九、十一章由杜修芹编写；第十、十四章由杨中青编写；第十二章由闫晓雨编写；第十三、十五章由孙蕾编写。

本书是 2021 年吉林省普通本科高校重点立项建设教材（修订类），是基于省级教学改革项目"农业院校财务管理专业创新人才培养模式研究与实践"和"新文科背景下应用型本科院校经管类专业课程体系建设"的阶段性研究成果，为吉林省一流本科专业建设和国家级一流本科课程建设成果。

由于编者水平有限，书中不足之处在所难免，敬请广大读者批评、指正。

编　者

2024 年 10 月

目 录
CONTENTS

第一章

总　论

【知识目标】

　　通过本章的学习,理解会计的概念、职能、对象和目标;了解会计准则体系;掌握会计基本假设与会计基础;熟悉会计信息质量要求及核算方法。

【技能目标】

　　能将会计理论与实际工作相结合,灵活运用会计信息质量要求提供会计信息;学会运用会计核算方法实现会计目标。

【素质目标】

　　将会计的基本理论融入"不忘初心"的核心要义和精神实质,提升学生的品质、品行和品位,把学和做有机结合,做到学思用贯通、知信行合一,树立牢固的"守责敬业"学习定力。

第一节　会计概述

一、会计的概念

第一章
案例引入

　　会计已经成为现代企业一项重要的管理工作。企业的会计工作主要是通过一系列会计程序,运用一系列专门的技术方法,对企业的经济活动和财务收支进行全面、综合、连续、系统地核算和监督,反映企业的财务状况、经营成果和现金流量,反映企业管理层受托责任履行情况,为会计信息使用者提供对决策有用的信息,并积极参与经营管理决策,提高企业经济效益。

　　会计是以货币为主要计量单位,运用专门的方法,核算和监督一个单位经济活动的一种经济管理活动。会计是对一定主体的经济活动进行核算和监督,并向有关方面提供会计信息。

会计按其报告的对象不同,可分为财务会计和管理会计。财务会计主要侧重向企业外部关系人提供有关财务状况、经营成果和现金流量情况等过去的信息;管理会计主要侧重向企业内部管理者提供进行经营规划、经营管理、预测决策所需的未来信息。

二、会计的职能

会计的职能是指会计在经济管理过程中所具有的功能。会计具有会计核算和会计监督的基本职能和预测经济前景、参与经济决策、评价经营业绩等拓展职能。

（一）基本职能

(1) 会计核算的职能也称反映的职能,是指会计以货币为主要计量单位,对特定主体的经济活动进行确认、计量和报告,从价值量方面反映企业已经发生或已经完成的各项经济活动,它是会计的基本职能。记账、算账和报账是会计执行核算职能的主要形式。

(2) 会计监督的职能也称控制的职能,是指对特定主体的经济活动和相关会计核算的真实性、合法性和合理性进行监督和检查。

会计核算和会计监督是会计的两个基本职能。核算是监督的基础,没有核算职能提供的信息,就不可能进行会计监督;监督是核算的保证,没有监督职能会计核算也就失去了存在的意义。两者相辅相成,不可分割,辩证统一。

（二）拓展职能

会计的拓展职能主要体现在管理会计方面,主要包括以下三个方面。

(1) 预测经济前景。会计不仅能通过核算对经济活动进行反映,还能增强在经营管理上的计划性和预见性,从而对经济发展趋势进行预测。

(2) 参与经济决策。决策是企业经营管理的中心,也是各部门的主要工作职责,为企业决策者提供准确可靠的决策信息,是会计部门的中心工作之一。

(3) 评价经营业绩。企业经营业绩评价是运用特定的指标和标准,采用科学的方法对企业生产经营活动过程进行的价值判断。

三、会计的对象和目标

（一）会计的对象

会计的对象是指会计核算和监督的内容。在社会主义市场经济条件下,会计的对象是社会再生产过程中的资金及资金运动,或者说经济业务。所谓资金,即指财产物资的货币表现及货币本质。资金运动是指资金不断改变形态,依次周而复始的周转循环,包括资金的投入、资金的循环与周转和资金的退出三个环节。

（二）会计的目标

会计的目标即会计目的,也称会计报告的目标,是会计工作的任务或需要达到的标准。会计目标主要解决向谁提供信息、如何提供信息和提供何种信息这三个问题。我国《企业会计准则——基本准则》中规定:企业应当编制财务会计报告。财务会计报告的目标是向财务会计报告使用者提供与企业财务状况、经营成果和现金流量等有关的会计信息,反映企业管理层受托责任履行情况,有助于财务会计报告使用者作出经济决策。财务会计报告使用者包括投资者、债权人、政府及其有关部门和社会公众等。

四、会计准则体系

企业会计准则是反映经济活动、确认产权关系和进行收益分配的会计技术标准,是生成和提供会计信息的系统,是政府干预经济活动、规范经济秩序和从事经济管理的重要手段。我国已颁布的会计准则有企业会计准则、《小企业会计准则》和政府会计准则。

1. 企业会计准则

《企业会计准则——基本准则》由财政部制定,于 2006 年 2 月 15 日发布,自 2007 年 1 月 1 日起施行,该准则对加强和规范企业会计行为,提高企业经营管理水平和会计规范处理,促进企业可持续发展起到指导作用。2024 年,我国的企业会计准则包括一项基本准则和四十二项具体准则。

企业会计准则

2. 《小企业会计准则》

2011 年 10 月 18 日,财政部发布了《小企业会计准则》,要求符合适用条件的小企业自 2013 年 1 月 1 日起执行该准则,并鼓励提前执行。《小企业会计准则》适用于在我国境内依法设立、经营规模较小的企业,具体标准参见《小企业会计准则》和《中小企业划型标准规定》。

小企业会计准则

3. 政府会计准则

《政府会计准则——基本准则》经财政部部务会议审议通过,自 2017 年 1 月 1 日起施行。为了适应权责发生制政府综合财务报告制度改革需要,规范政府存货、投资、固定资产和无形资产的会计核算,提高会计信息质量,根据《政府会计准则——基本准则》,财政部制定了《政府会计准则第 1 号——存货》《政府会计准则第 2 号——投资》《政府会计准则第 3 号——固定资产》和《政府会计准则第 4 号——无形资产》,自 2017 年 1 月 1 日起施行。《政府会计准则第 5 号——公共基础设施》《政府会计准则第 6 号——政府储备物资》自 2018 年 1 月 1 日起施行。2023 年 11 月 16 日,财政部印发《政府会计准则第 11 号——文物资源》。

第二节 会计基本假设与会计基础

一、会计基本假设

会计基本假设也称会计核算的基本前提,是企业会计确认、计量和报告的基本前提,是指为了保证会计工作的正常进行和会计信息的质量,对会计核算所处时间、空间环境所做的合理假定。会计基本假设是会计人员在长期的工作实践中,不断总结经验而形成的既定前提和行为规范。结合我国实际情况,企业在组织会计核算时,应遵循的基本假设包括会计主体、持续经营、会计分期和货币计量。

(一)会计主体

会计主体也称为会计个体、会计实体,是会计确认、计量和报告的空间范围,是会计核算和监督的特定单位或组织,是会计核算服务的对象,是从空间上对会计核算范围所做的界定。会计主体不同于法律主体,法律主体一定是会计主体,但会计主体不一定是法律主体。

凡是独立组织会计工作、独立计算盈亏、独立编制财务报表的经济单位，都是会计主体。会计主体可以是法人组织，如公司制企业、行政事业单位，也可以是非法人组织，如合伙企业、个人独资企业、企业内部独立核算的车间或分厂等。

会计主体基本假设是持续经营、会计分期和其他会计核算的基础，如果不划定会计的空间范围，会计核算工作就无法进行，指导会计核算工作的有关要求也就失去了存在的意义。

（二）持续经营

持续经营是指会计主体的生产经营活动将按照既定的目标持续不断地进行下去，在可预见的将来不会面临破产和清算，所有的资产将正常营运，所负的债务将正常偿还。持续经营是从时间上对会计核算范围所做的界定。企事业单位的经营活动是否持续进行，在会计原则和会计处理上应当有不同的处理方法。为了使企业、单位的会计处理能够前后一致，保持会计资料的可比性，在一般情况下，必须假定企业、单位的经营活动都将无限期地持续进行。只有在确定不再持续经营时，该假设会自动失效，才能改变原来的会计处理办法。

会计核算所使用的一系列方法和遵循的有关要求都建立在会计主体持续经营的基础上。

（三）会计分期

会计分期也称会计期间，是指将会计主体持续不断的生产经营过程划分为若干连续、长短相同的期间，以便分期结算账目和编制财务会计报告。在一般情况下，企业、单位的经济活动都是连续不断地进行的。会计对经济活动的反映和监督，同样也是连续进行的。但为了对企业、单位的经济活动和经营成果进行分析考核，必须假定经济活动可分割为时间单位。即在会计核算上将持续不断的经济活动过程，人为地划分为各个固定的时间单位，以便计算一定时期内的财务状况、经营成果，并编制财务报表。这种按时间划分的固定的时间单位，称为会计期间。

会计期间通常有年度、半年度、季度和月度，均按公历日期起讫，半年度、季度和月度又称为会计中期。在我国，企业、单位一般将 1 月 1 日至 12 月 31 日作为一个会计年度，即和日历年度一致。

会计期间的划分对会计核算有着重要的意义。有了会计分期假设，就产生了本期和非本期的区别，也产生了权责发生制和收付实现制的区别。

（四）货币计量

货币计量是指会计主体在会计核算中以货币作为计量单位，确认、计量和报告会计主体的经济活动。企业对经济业务的反映、记录，必须以货币作为统一的计量单位。会计资料中所提供的有关财产物资，以及代表一定数量财产物资的债权、债务，收入费用的数额，都是用货币来表示其价值的。我国会计核算应当以人民币作为记账本位币，业务收支以外币为主的企业，可以选择某一种外币作为记账本位币，但编制的财务报表应当折算为人民币反映。境外的中国企业向国内有关部门编报财务报告时应当折算为人民币反映。

综上所述，会计基本假设虽然是人为确定的，但完全是出于客观的需要，有充分的客观必然性。否则，会计核算工作就无法进行。这四项假设缺一不可，既有联系也有区别，共同为会计核算工作的开展奠定了基础。

二、会计基础

会计基础是会计事项的记账基础，是指会计确认、计量和报告的基础，包括权责发生制和收付实现制。

（一）权责发生制

企业会计的确认、计量和报告应当以权责发生制为基础。在会计实务中，企业交易或者事项的发生时间与相关货币收付的时间并不完全一致。为了真实、公允地反映特定会计期间的财务状况和经营成果，《企业会计准则——基本准则》第九条明确规定："企业应当以权责发生制为基础进行会计确认、计量和报告。"

权责发生制也称应收应付制或应计制，是指收入和费用的确认应当以收入和费用的实际发生作为确认的标准，合理确认当期损益的一种会计基础。

权责发生制主要从时间上规定会计确认的基础，其核心是根据权利、责任关系实际发生的时间来确认收入和费用，而不是按款项的实际收支来确认收入和费用，也就是以应收应付为标准。凡是当期已经实现的收入、已经发生和应当承担的费用，不论款项是否收付，都应当作为当期的收入和费用；凡是不属于当期的收入和费用，即使款项已经在当期收付，也不能作为当期的收入和费用。

采用权责发生制的优点是可以正确反映各个会计期间所实现的收入和为实现收入所负担的费用，从而可以把各期的收入与其相关的费用、成本相配比，加以比较，正确确定各期的财务成果。其不足之处是思考过程比较复杂，实际处理过程比较烦琐。

（二）收付实现制

收付实现制也称实收实付制或现金制，是以收到或支付的现金作为确认收入和费用的标准，是与权责发生制相对应的一种会计基础。

收付实现制以实际现金的收付为标准，记录收入的实现和费用的发生。凡是本期实际收到款项的收入和付出款项的费用，不论其是否归属于本期，都作为本期的收入和费用；反之，凡是本期未实际收到款项的收入和未支付出款项的费用，即使应归属于本期，也不作为本期收入和费用处理。

采用收付实现制的优点是会计记录直观，便于根据账簿记录量入为出，会计处理简单，不需要对账簿记录进行期末账项调整。其不足之处是本期的收入和费用缺乏合理的配比，所计算的财务成果不够完整、准确。

（三）权责发生制与收付实现制的比较

为了进一步说明问题，下面举例对两种会计基础加以比较。

【例 1-1】 远洋公司 2023 年 1 月 1 日发生下列经济业务，按照权责发生制和收付实现制，分别计算 1 月的收入和费用。

(1) 收到上半年厂房租金 60 000 元。

(2) 支付全年报纸杂志费 12 000 元。

(3) 与购货单位签订购销合同，货款为 90 000 元，货已发，款未收。

(4) 向银行借款 100 000 元，月利率为 3‰，为期 3 个月，约定 3 月底一次还本付息。

权责发生制与收付实现制对收入与费用的确认如表 1-1 所示。

表 1-1 权责发生制与收付实现制的不同会计处理 单位:元

业务号	权责发生制		收付实现制	
	收入	费用	收入	费用
1	10 000		60 000	
2		1 000		12 000
3	90 000			
4		300		
合计	100 000	1 300	60 000	12 000

第三节 会计信息的质量要求及会计核算方法

一、会计信息的质量要求

会计信息的质量要求是对企业财务报告中所提供会计信息质量的基本要求,是使财务报告中所提供会计信息对投资者等会计信息使用者决策有用应具备的基本特征,主要包括客观性、相关性、明晰性、可比性、实质重于形式、重要性、谨慎性和及时性等。

（一）客观性

客观性（又称可靠性、真实性）要求企业应当以实际发生的交易或者事项为依据进行确认、计量和报告,如实反映符合确认和计量要求的各项会计要素及其他相关信息,保证会计信息真实可靠、内容完整。

会计信息要有用,必须以可靠为基础,如果财务报告所提供的会计信息不可靠,就会对投资者等使用者的决策产生误导甚至导致损失。

会计信息质量的
可靠性

（二）相关性

相关性（又称有用性）要求企业提供的会计信息应当与投资者等财务会计报告使用者的经济决策需要相关,有助于投资者等财务会计报告使用者对企业过去、现在的情况作出评价,对未来的情况作出预测。

会计信息是否有用、是否具有价值,关键是看其与使用者的决策需要是否相关,是否有助于决策或者提高决策水平。相关的会计信息应当符合国家宏观经济管理的要求;满足有关方面了解企业财务状况和经营成果的需要;满足企业内部加强经营管理的需要。

（三）明晰性

明晰性（又称可理解性、清晰性）要求企业提供的会计信息应当清晰明了,便于投资者等财务会计报告使用者理解和使用。只有提供明晰的会计信息,会计信息使用者才能准确、完整地把握会计信息的内容,从而被更好地加以利用。

会计信息要能够被会计信息使用者所理解,就必须做到会计记录准确、清晰;填制会计凭证、登记的会计账簿依据合法、账户对应关系清楚、文字摘要完整;在编制财务报表时,项目勾稽关系清楚、内容完整、数字准确。对较为复杂的会计信息,与会计使用者的决策相关的,企业应当在财务报告中予以充分披露。

(四)可比性

可比性要求企业提供的会计信息应当相互可比,保证同一企业不同时期纵向可比、不同企业相同会计期间横向可比。

1. 同一企业不同时期纵向可比

为了便于投资者等财务报告使用者了解企业财务状况、经营成果和现金流量的变化趋势,比较企业在不同时期的财务报告信息,全面、客观地评价过去、预测未来,从而做出决策,会计信息应当具有可比性。会计信息质量的可比性要求同一企业不同时期发生的相同或者相似的交易或者事项,应当采用一致的会计政策,不得随意变更。

2. 不同企业相同会计期间横向可比

为了便于投资者等财务报告使用者评价不同企业的财务状况、经营成果和现金流量及变动情况,会计信息质量的可比性要求不同企业相同会计期间发生的相同或者相似的交易或者事项,应当采用相同或者相似的会计政策,确保会计信息口径一致、相互可比,以使不同企业按照一致的确认、计量和报告要求提供有关的会计信息。

(五)实质重于形式

实质重于形式要求企业应当按照交易或者事项的经济实质进行会计确认、计量和报告,而不仅仅以交易或者事项的法律形式为依据。

在实务中,交易或事项的法律形式并不总能完全真实地反映其实质内容。因此,会计信息要想反映其所应反映的交易或事项,就必须根据交易或事项的实质和经济现实来进行判断,而不能仅仅依据它们的法律形式。

在多数情况下,企业发生的交易或事项的经济实质和法律形式是一致的,但在有些情况下会出现不一致。

(六)重要性

重要性要求企业提供的会计信息应当反映与企业财务状况、经营成果和现金流量有关的所有重要交易或者事项。

在实务中,如果会计信息的省略或者错报会影响投资者等财务报告使用者的决策判断,该信息就具有重要性。重要性的应用需要依赖职业判断,企业应当根据其所处环境和实际情况,从项目的性质和金额的大小两方面加以判断。

坚持重要性原则,要求会计人员在会计核算中对经济业务应区别其重要程度,采用不同的会计处理程序和方法。对影响经营决策的重要经济业务,必须按照规定的会计程序和方法进行处理,并在财务会计报告中予以充分、准确地披露;对次要的会计事项,在不影响会计信息客观性的情况下,可适当简化、合并反映。

(七)谨慎性

谨慎性(又称稳健性)要求企业对交易或者事项进行会计确认、计量和报告时保持应有谨慎,不应高估资产或者收益、低估负债或者费用。

会计信息质量的谨慎性要求企业会计人员在面临不确定性因素的情况下保持应有的谨慎,充分预估各种风险和损失,既不高估资产或者收益,也不低估负债或者费用。

需要强调的是,谨慎性的应用也不允许企业设置秘密准备,如果企业故意低估资产或者收益,或是故意高估负债或者费用,将不符合会计信息的客观性和相关性要求,损害会计信息质量,扭曲企业实际的财务状况和经营成果的会计信息发布,从而对使用者的决策产生误导,这是会计准则所不允许的。

（八）及时性

及时性要求企业对已经发生的交易或者事项应当及时进行确认、计量和报告,不得提前或者延后。

会计信息的价值在于帮助所有者或者其他方面作出经济决策,具有时效性。即使是可靠、相关的会计信息,如果不及时提供,就失去了时效性,对使用者的效用就大幅降低,甚至不再具有实际意义。在会计确认、计量和报告过程中贯彻及时性,一是要求及时收集会计信息,即在经济交易或事项发生后,及时收集整理各种原始凭证或者记账凭证;二是要求及时处理会计信息,即按会计准则的规定,及时对经济业务或者事项进行确认、计量和编制会计报告;三是要求及时传递会计信息,按照国家规定的有关时限,及时将财务报告传递给会计信息使用者,便于其及时使用和决策。

二、会计核算方法

会计核算方法是指对会计对象进行连续、系统、全面、综合的确认、计量和报告所采用的各种方法的总称,是整个会计方法体系的基础,主要包括以下几种方法。

（一）设置账户

设置账户是对会计对象的具体内容进行归类、反映和监督的一种专门方法。它可以对会计对象复杂多样的具体内容进行科学的分类和记录,以便提供各种不同的经济信息。因此,对各项会计要素的增减变化,规定分类核算的会计科目,并据以设置一定的账户,进行归类核算和监督,以便取得各种核算指标。

（二）复式记账

复式记账是对每一项经济业务都以相等的金额在相互联系的两个或两个以上的账户中进行记录的一种专门方法。任何一项经济业务的发生都会引起资金的双重(或多重)变化,如以现金购买材料,一方面引起材料的增加,另一方面引起银行存款的减少。这些变化采用复式记账,就可以全面且相互联系地反映资金的来龙去脉,检查和监督经济活动。

（三）填制和审核会计凭证

填制和审核会计凭证是为了保证会计记录完整、真实和可靠,审查经济活动是否合理合法而采用的一种专门方法。会计凭证是记录经济业务的书面证明,是登记账簿的依据,填制和审核会计凭证,可以保证会计核算的质量,并明确经济责任。

（四）登记账簿

登记账簿是根据会计凭证,全面、连续和系统地记录经济业务的一种专门方法。账簿是用来全面、系统和连续地记录各项经济业务的簿籍。填制和审核会计凭证后,采用复式记账方法,把经济业务引起的会计要素变化分门别类地登记到账簿中,并定期对账、结账,为编制财务报表提供准确无误的会计数据。

（五）成本计算

成本计算是指按一定对象归集各个经营过程中所发生的费用，从而计算各个对象的总成本和单位成本的一种专门方法。成本计算方法主要在企业会计中采用。在工业企业中，供应阶段中采购材料所发生的费用，要按每种材料来归集；在生产阶段生产产品所发生的费用，要按每种产品来归集；销售阶段中出售产品所发生的费用，要按售出的产品来归集等。采用成本计算这一专门方法，有利于全面而又具体地反映和监督各个经营过程中的费用支出情况，从而促使企业加强经济核算，对于挖掘潜力、促使降低成本具有重要的作用。

（六）财产清查

财产清查是对各项财产物资进行实物盘点、账面核对以及对各项往来款项进行查询、核算，以保证账账相符、账实相符的一种专门方法。在会计日常工作中，运用一系列的专门方法，将各种财产物资的结存数额在账簿中作了反映。但是，账面数据和实际情况是否相符，还需要用财产清查的方法加以查对核实。通过财产清查，一方面可以查明财产物资实有数，以保证账实相符；另一方面还可以检查各种物资的储存保管情况和各种债权、债务的结算情况，加强物资管理，监督财产的完整，并为编制财务报表提供正确的资料。

（七）编制财务会计报告

编制财务会计报告是以书面报告的形式，定期总括地反映经济活动和财务收支情况的一种专门方法。在日常核算中，已经利用各种不同的专门方法进行了会计核算，但反映的信息是具体且零碎的。为了更集中和总括地反映经济单位的经济活动全貌，需要编制财务会计报告，把账簿中分散的资料集中起来，归纳整理，使之系统化、条理化，便于考核企业的财务状况、经营成果、偿债能力和盈利能力，为会计信息使用者提供对决策有用的决策信息。

上述各种会计核算方法相互联系、密切配合，构成了一个完整的方法体系。

在会计核算方法体系中，就其主要工作程序或工作过程来说，涉及三个环节，即填制会计凭证、登记会计账簿和编制财务报表。在一个会计期间内，所有经济业务的发生，都要通过这三个环节来处理会计核算工作，前一个会计期间结束，后一个会计期间开始，这三个环节循环往复。因此，一般把这三个会计核算工作的程序，称为会计核算工作循环，简称会计循环。其基本内容是：经济业务发生后，由经办人员填制或取得原始凭证，经会计人员审核整理后，按照设置的会计科目，运用复式记账，编制记账凭证，经审核无误据以登记账簿，再依据核对无误的凭证和账簿记录对生产经营过程中发生的各项费用进行成本计算，并依据财产清查对账簿记录加以核实，在保证账实相符的基础上，定期编制财务报表。

 实训题

根据下列经济业务内容，按权责发生制和收付实现制分别计算确定远洋公司本月（1 月）的收入和费用。

第一章
练习题

远洋公司 2023 年 1 月 1 日的经济业务如下。

（1）支付上月水电费 5 800 元。

（2）收到上月销售收入 6 900 元。

（3）预付下半年房屋租金 4 200 元。

（4）支付本月材料费 120 000 元。

（5）支付本季度借款利息 3 600 元。

（6）本月分摊已预付财产保险费 2 000 元。

（7）本月实现上月预收货款销售收入 148 000 元。

（8）预收销货款 50 000 元。

（9）销售产品一批 46 000 元，其中通过银行收款 40 000 元。

（10）支付本月工资 80 000 元。

要求：分别按权责发生制和收付实现制计算本月收入和费用，并填入表 1-2。

表 1-2　远洋公司 2023 年 1 月收入和费用　　　　　　　　单位：元

业务号	权责发生制		收付实现制	
	收入	费用	收入	费用
1				
2				
3				
4				
5				
6				
7				
8				
9				
10				
合计				

第二章

会计要素与会计等式

【知识目标】

　　通过本章的学习,掌握会计要素的含义;理解会计要素的确认与计量;熟悉会计等式的表现形式;理解经济业务对会计等式的影响。

【技能目标】

　　应用会计等式分析资产与权益的关系,进一步理解会计要素之间的数量、经济关系的方法;牢固树立任何经济交易或事项的发生都不会影响会计等式成立的思想。

【素质目标】

　　会计这门职业的起源与平衡结下不解之缘,以平衡为美,不仅表现为静态的形式,更有动态的存在,学生应以平衡思维去思考经济业务的实质,透过现象观察本质,把握会计学的分类精髓与平衡牵制原理,学会抓住事物的主要矛盾。让学生养成"主动思考"的学习习惯,强化"平衡制约"的思维理念,践行"坚持学习,守正创新"的职业道德规范。

第一节　会计要素及其确认与计量

一、会计要素含义

第二章
案例引入

　　会计要素是指根据交易或者事项的经济特征所确定的财务会计对象的基本分类,是会计核算对象的具体化,是用于反映特定会计主体财务状况和经营成果的基本单位,是构成财务报表的基本构件,也称会计报表要素。

　　我国企业会计准则将会计要素划分为资产、负债、所有者权益、收入、费用和利润六大类。其中,前三类是反映企业财务状况的会计要素,在资产负债表中列示,也称资产负债表会计要素，反映企业在一定日期的财务状况，表现为资金运动的相对静止状态，属于静态的会计要素；后三类是反映企业经营成果的会计要素，在利润表中列示，也称利润表会计要素，反映企业在一定时期内的经营成果，表现为资金运动的显著变动状态，属于动态要素。

二、会计要素确认

（一）资产

1. 资产的含义和特征

资产是指企业过去的交易或事项形成的，由企业拥有或者控制的、预期会给企业带来经济利益的资源。资产具有以下特征。

（1）资产是由企业过去的交易或事项形成的。这是指企业已经发生的交易或事项，包括购买、生产、建造等交易或事项。预期在未来发生的交易或者事项不形成资产。

（2）资产是企业拥有或者控制的资源。这是指企业享有某项资源的所有权或者不享有某项资源的所有权，但在某些条件下，该资源能被企业所控制。例如，经营租入的资产，由于企业不拥有其所有权且难以控制，因而不能将其作为企业的资产；而融资租入的资产虽然企业不拥有其所有权，却能够控制，因而应将其作为企业的资产。把企业虽不拥有但能行使控制权的资产纳入会计核算的范畴，反映了客观的经济实质，是实质重于形式原则的具体表现。

（3）资产预期会给企业带来经济利益。这是指资产有直接或者间接地导致现金和现金等价物流入企业的潜在能力，是资产的重要特征。企业以前已经确认为资产的项目，如果未来不能再为企业带来经济利益，也就不能再确认为企业的资产。如资产发生毁损、变质或者债务人破产导致企业应收账款无法收回等，此时应作为费用或损失处理。

2. 资产的确认条件

资产的确认除了要符合资产的定义外，还应同时满足以下两个条件。

（1）与该资源有关的经济利益很可能流入企业。资产的一个特征是预期给企业带来经济效益，但在会计实务中，由于经济环境瞬息万变，与该资源有关的经济利益实际上能否流入企业具有一定的不确定性，因此，资产的确认还应与对经济利益流入不确定程度的判断结合起来。

（2）该资源的成本或者价值能够可靠地计量。会计核算既要确认科目，又要确认金额，只有当有关资源的成本或价值能够可靠地计量时，资产才能予以确认。在会计实务中，企业取得的许多资产都需要付出成本。只有实际发生的成本能够可靠计量，才能被视为符合了资产确认的可计量条件。

符合资产的定义和资产的确认条件的项目，应当列入资产负债表；符合资产的定义但不符合确认条件的项目，不应当列入资产负债表。

3. 资产的分类

资产按流动性进行分类，可分为流动资产和非流动资产。

（1）流动资产。流动资产是指预计在一个正常营业周期中变现、出售、耗用或者主要为交易目的而持有，或者预计在资产负债表日起一年内（含一年）变现的资产，以及自资产负债表日起一年内交换其他资产或清偿负债的能力不受限制的现金或现金等价物。

流动资产通常包括货币资金、交易性金融资产、存货、应收票据、应收账款、预付款项、其他应收款、合同资产、持有待售资产、一年内到期的非流动资产和其他流动资产等。

（2）非流动资产。非流动资产是指流动资产以外的资产，包括债权投资、其他债权投资、长期应收款、长期股权投资、其他权益工具投资、其他非流动金融资产、投资性房地产、固定资产、使用权资产、无形资产、长期待摊费用、递延所得税资产和其他非流动资产等。

（二）负债

1. 负债的含义和特征

负债是指企业过去的交易或事项形成的、预期会导致经济利益流出企业的现时义务。负债具有以下特征。

（1）负债是由企业过去的交易或事项形成的。只有过去的交易或事项才形成负债，企业将在未来发生的承诺、签订的合同等交易或者事项，不形成负债。

（2）负债是企业承担的现时义务。现时义务是指企业在现行条件下已承担的义务，而企业将在未来发生的交易或事项形成的义务，不属于现时义务，不得确认为负债。

（3）负债预期会导致经济利益流出企业。预期会导致经济利益流出企业是负债的本质特征，只有在履行义务时会导致经济利益流出企业的，才符合负债的定义。企业在履行现时义务清偿各种负债时，会导致经济利益流出企业，而经济利益流出企业的形式是多种多样的。

2. 负债的确认条件

将一项现时义务确认为负债除需要符合负债的定义外，还应当同时满足以下两个条件。

（1）与该义务有关的经济利益很可能流出企业。负债的特征是预期会导致经济利益流出企业，但在会计实务中，履行义务所需流出的经济利益具有一定的不确定性，因此，负债的确认应当与经济利益流出的不确定性程度的判断联系起来。如果有确凿证据表明，与现时义务有关的经济利益很可能流出企业，那么就作为负债予以确认；反之，则不能确认为负债。

（2）未来流出的经济利益的金额能够可靠地计量。负债的确认在考虑经济利益流出企业的同时，对未来流出的经济利益和金额应当能够可靠地计量。

3. 负债的分类

按偿还期限的长短，一般将负债分为流动负债和非流动负债。

（1）流动负债。流动负债是指预计在一个正常营业周期中偿还，或者主要为交易目的而持有，或者自资产负债表日起一年内（含一年）到期应予以清偿，或者企业无权自主地将清偿推迟至资产负债表日以后一年以上清偿。流动负债主要包括短期借款、交易性金融负债、衍生金融负债、应付票据、应付账款、预收款项、应付利息、应付股利、合同负债、应付职工薪酬、应交税费、其他应付款、一年内到期的非流动负债和其他流动负债等。

（2）非流动负债。非流动负债是指流动负债以外的负债。非流动负债主要包括长期借款、应付债券、租赁负债、长期应付款、预计负债、递延收益、递延所得税负债和其他非流动负债等。

（三）所有者权益

1. 所有者权益的含义和特征

所有者权益是指企业资产扣除负债后由所有者享有的剩余权益。公司的所有者权益又称股东权益，也称净资产。所有者权益具有以下特征。

（1）除非发生减资、清算或分派现金股利，企业不需要偿还所有者权益作为剩余权益，并不存在确切的、约定的偿还期限,所有者权益在企业经营期内可供企业长期、持续地使用,企业不必向投资者返还资本金。

(2) 企业在清算时,只有在清偿所有的负债后,所有者权益才返还给所有者。清算时,一般按照下列顺序清偿债务:清算企业所欠职工工资和劳动保险费用、清偿企业所欠税款、清算债权。上述清算完毕后,再对优先股股东清算,如果资产依然有盈余,再对普通股股东清算。

(3) 所有者凭借所有者权益能够参与企业的利润分配。企业所有者凭借其对企业投入的资本,享有税后分配利润的权利。所有者权益是企业分配税后净利润的主要依据,而债权人除按规定取得利息外,无权分配企业的利润。

2. 所有者权益的确认条件

所有者权益的确认、计量不能单独进行,主要取决于资产、负债、收入、费用等其他会计要素的确认和计量。所有者权益在数量上等于企业资产总额扣除债权人权益后的净额,即为企业的净资产,反映所有者(股东)在企业资产中享有的经济利益。

3. 所有者权益的分类

所有者权益的来源包括所有者投入的资本、其他综合收益、留存收益等,通常由实收资本(股份有限公司的"股本")、资本公积(含资本溢价或股本溢价、其他资本公积)、其他综合收益、盈余公积和未分配利润等构成。

(四) 收入

1. 收入的含义和特征

收入是指企业在日常活动中形成的、会导致所有者权益增加的、与所有者投入资本无关的经济利益的总流入。其中日常活动是指企业为完成其经营目标所从事的经常性活动以及与之相关的活动。收入具有以下特征。

(1) 收入是企业在日常活动中形成的。凡是日常活动中形成的经济利益总流入都应当确认为收入。例如,工业企业制造并销售产品、商业企业销售产品、保险公司签发保单、商业银行对外贷款、安装公司提供安装服务等,均属于企业的日常活动。报废毁损的固定资产属于非日常活动,所形成的净收益不能确认为收入,而应当确认为利得。

(2) 收入会导致所有者权益的增加。与收入相关的经济利益流入应当导致所有者权益的增加,不会导致所有者权益增加的经济利益的流入不符合收入的定义,不应确认为收入。

(3) 收入是与所有者投入资本无关的经济利益总流入。收入会导致经济利益流入,从而导致资产增加。实务中所有者投入资本的增加也会导致经济利益的流入,但不应当确认为收入,而应当确认为所有者权益。

2. 收入的确认条件

当企业与客户之间的合同同时满足下列条件时,企业应当在客户取得相关商品控制权时确认收入。

(1) 合同各方已批准该合同并承诺将履行各自义务。

(2) 该合同明确了合同各方与所转让商品(或提供劳务,以下简称转让商品)相关的权利和义务。

(3) 该合同有明确的与所转让商品或提供劳务相关的支付条款。

(4) 该合同具有商业实质,即履行该合同将改变企业未来现金流量的风险、时间分布或金额。

（5）企业因向客户转让商品而有权取得的对价很可能收回。

符合收入的定义和收入确认条件的项目,应当列入利润表。

3. 收入的分类

收入按企业经营业务的主次可分为主营业务收入和其他业务收入。主营业务收入是由企业的主营业务带来的收入,如工业企业的销售商品、提供劳务等主营业务所实现的收入。其他业务收入是指除主营业务活动外的其他经营活动实现的收入,如工业企业出租固定资产、出租无形资产、出租包装物和商品、销售材料等实现的收入。

（五）费用

1. 费用的含义和特征

费用是指企业在日常活动中发生的,会导致所有者权益的减少、与向所有者分配利润无关的经济利益总流出。费用具有以下特征。

（1）费用是企业在日常活动中发生的。日常活动的界定与收入中涉及的日常活动的界定是一致的。企业非日常活动中形成的经济利益流出不能确认为费用,而应计入损失。

（2）费用导致所有者权益的减少。与费用相关的经济利益流出,可能表现为资产的减少,如减少银行存款、库存现金、原材料等;也可表现为负债的增加,如增加应付职工薪酬、应交税费等。费用可以理解为资产的耗费,与资源流入企业所形成的收入正好相反,其目的是取得收入,从而获得更多的资产。

（3）费用是与所有者分配利润无关的经济利益的总流出。企业向所有者分配利润也会导致经济利益流出企业,而该经济利益的流出属于所有者权益的抵减项目,不应确认为费用。

2. 费用的确认条件

费用的确认除符合费用的定义外,还应该满足以下条件。

（1）与费用相关的经济利益应当很可能流出企业。

（2）经济利益流出企业的结果会导致资产的减少或负债的增加。

（3）经济利益的流出额能够可靠的计量。

符合费用的定义和费用的确认条件的项目,应当列入利润表。

3. 费用的分类

费用按照与收入的配比关系不同,可分为生产费用和期间费用。

（1）生产费用。生产费用是指与企业日常生产经营活动有关的费用,按其经济用途可分为直接材料、直接人工和制造费用。生产费用应按实际发生情况计入产品的生产成本;对生产几种产品共同发生的生产费用,应当按受益原则,采用适当的方法和程序分配计入相关的产品的生产成本。

（2）期间费用。期间费用是指企业本期发生的,不能直接或间接归入产品生产成本,而应直接计入当期的各项费用,包括管理费用、销售费用和财务费用,会计期末在利润表中分项目列示。

（六）利润

1. 利润的含义和特征

利润是指企业在一定会计期间的经营成果。通常情况下,如果企业实现了利润,表明企业的业绩提升,所有者权益增加;反之,如果企业发生了亏损,表明企业的业绩下滑,所有者权益减少。利润是评价企业管理层业绩的指标之一，也是投资者等财务会计报告使用者进行决策时的重要参考依据。

2. 利润的确认条件

利润反映收入减去费用后的净额，直接计入当期利润的利得和损失。利得是指企业非日常活动所形成的、会导致所有者权益增加的、与所有者投入资本无关的经济利益的流入；损失是指企业非日常活动所形成的、会导致所有者权益减少的、与所有者分配利润无关的经济利益的流出。利润的确认主要依赖收入和费用，以及直接计入当期利润的利得和损失的确认，其金额的确定也主要取决于收入、费用、利得和损失金额的计量。

3. 利润的分类

利润包括收入减去费用后的净额、直接计入当期损益的利得和损失等。其中，收入减去费用后的净额反映企业日常活动的经营业绩，属于营业利润；直接计入当期损益的利得和损失反映企业非日常活动的经营业绩。营业利润加上营业外收入减去营业外支出后的金额，构成了利润总额；利润总额再减去所得税费用后的金额，形成了企业的净利润。

三、会计要素的计量

会计要素的计量是为了将符合确认条件的会计要素登记入账并列入财务报表而确定其金额的过程。企业应当按照规定的会计计量属性进行计量，确定相关金额。

会计计量属性是指会计要素的数量特征或外在表现形式，反映了会计要素金额的确定基础，主要包括历史成本、重置成本、可变现净值、现值和公允价值等。

1. 历史成本

历史成本又称实际成本，是指为取得或制造某项财产物资实际支付的现金或其他等价物。

在历史成本计量下，资产按照购置时支付的现金或者现金等价物的金额，或者购置资产时所付出的代价的公允价值计量；负债按照因承担现时义务而实际收到的款项或资产的金额，或者承担现时义务的合同金额，或者日常活动中为偿还负债预期需要支付的现金或现金等价物的金额计量。

2. 重置成本

重置成本又称现行成本，是指按照当前市场条件，重新取得同样一项资产所需要支付的现金或现金等价物金额。

在重置成本计量下，资产按照现在购买相同或者相似资产所需支付的现金或现金等价物的金额计量；负债按照现在偿付该项负债所需支付的现金或现金等价物的金额计量。

3. 可变现净值

可变现净值是指在正常的生产经营过程中，以预计售价减去进一步加工成本和预计销售费用以及相关税费后的净值。

在可变现净值计量下，资产按照其正常对外销售所能收到的现金或现金等价物的金额，扣除该资产至完工时估计将要发生的成本、估计的销售费用以及相关税费后的金额计量。

4. 现值

现值是指对未来现金流量以恰当的折现率进行折现后的价值，是考虑货币时间价值的一种计量属性。在现值计量下，资产按照预计从其持续使用和最终处置中所产生的未来净现金流入量的折现金额计量；负债按照预计期限内需要偿还的未来净现金流出量的折现金额计量。

5. 公允价值

公允价值是指市场参与者在计量日发生的有序交易中,出售一项资产所能收到或者转移一项负债所需支付的价格。

企业在对会计要素进行计量时,一般应当采用历史成本。在某些情况下,如果采用其他计量属性提供的财务报告信息更加可靠、更加公允,可以使用其他计量属性。但采用重置成本、可变现净值、现值、公允价值计量的,应当保证所确定的会计要素金额能够持续取得并可靠计量。

第二节 会 计 等 式

会计等式又称会计恒等式、会计方程式或会计平衡公式,是表明各会计要素之间基本关系的等式。

一、会计等式的表现形式

(一)反映财务状况的等式

财务状况等式也称基本会计等式和静态会计等式,是用以反映企业某一特定时点资产、负债和所有者权益三者之间平衡关系的会计等式。其中,资产表明了企业资金的占用,负债和所有者权益表明了企业资金的来源。一个正常持续经营的企业,不论在任何一个时点上,有多少资金来源必然形成多少资金占用,即资金占用等于资金来源。资金占用是资产,表明企业拥有什么样的经济资源和多少经济资源;资金来源是权益,表明谁提供了这些经济资源,谁对这些经济资源拥有要求权。其中,根据要求权不同,权益又分为债权人权益和投资者权益,所以就形成了资产=债权人权益+投资者权益或资产=权益,债权人权益构成负债,投资者权益构成所有者权益,资产、负债和所有者权益三者也可表现为资产=负债+所有者权益。所以,在会计期间的任一时刻,会计恒等式表现为以下等式。

$$资产=权益$$
$$资产=债权人权益+投资者权益$$
$$资产=负债+所有者权益$$

这是最基本的会计等式。这一会计等式既表明了某一会计主体的某一特定时点所拥有的各种资产,同时也表明了这些资产的归属关系。这一等式是反映某一会计时点上企业的财务状况,因此,该等式也被称为静态会计等式,是编制资产负债表的依据。

(二)反映经营成果的等式

经营成果等式也称动态会计等式,是用以反映企业一定时期收入、费用和利润之间恒等关系的会计等式。企业在一定的时间段内经营的目的是从生产经营活动中获取收入、实现盈利。企业在取得收入的同时,也必然发生相应的费用,企业在一定时期所获得的收入扣除所发生的各项费用后的净额,即表现为利润。收入、费用和利润三个会计要素之间的经济关系可表示为以下等式。

$$收入-费用=利润$$

这一等式是对财务状况等式的补充和发展,是企业编制利润表的基础。在具体工作中,由于营业外收入不属于狭义的收入范畴，营业外支出也不属于狭义的费用范畴，所以，通常收入减去费用后，需要加上营业外收入减去营业外支出才等于利润。

（三）财务状况等式和经营成果等式的联系

企业一定时期内取得的经营成果能够对资产、负债和所有者权益产生影响。收入可导致资产的增加或负债的减少，最终会导致所有者权益的增加；费用可导致企业资产的减少或负债的增加，最终会导致所有者权益的减少。所以，一定会计期间的经营成果必然会影响一定时点的财务状况。在一定会计期间内，将六大要素联系起来看，可以得出如下勾稽关系。

期末结账前

$$资产＝负债＋所有者权益＋（收入－费用）$$

或者

$$资产＝负债＋所有者权益＋利润$$

期末结账后

$$资产＝负债＋所有者权益$$

注：结账后的等式中的所有者权益包括"当期实现的利润"。

"资产＝负债＋所有者权益＋（收入－费用）"这一等式动态地反映了企业财务状况和经营成果之间的关系。当收入大于费用时，企业有利润，将会使资产增加或负债减少，财务状况好转；当收入小于费用时，企业发生亏损，将会使资产减少或负债增加，财务状况恶化。该等式可以变形为资产＋费用＝负债＋所有者权益＋收入。

由此可见，会计等式揭示了会计要素之间的关系，这对进一步探讨账户、复式记账和试算平衡等提供了理论基础。

二、经济业务对会计等式的影响

经济业务又称会计事项，是指在经济活动中使会计要素发生增减变动的交易或者事项。企业在生产经营过程中，每天会发生多种多样、错综复杂的经济业务，从而引起各会计要素的增减变动，但是，这些业务不论多么复杂，只能影响要素的数量，最终并不影响等式的恒等关系。

（一）经济业务对财务状况等式"资产＝负债＋所有者权益"的影响

根据企业经济业务对财务状况等式的影响不同，经济业务可以分为以下九种基本类型。

（1）一项资产的增加，一项资产等额减少的经济业务。

（2）一项资产的增加，一项负债等额增加的经济业务。

（3）一项资产的增加，一项所有者权益等额增加的经济业务。

（4）一项资产的减少，一项负债等额减少的经济业务。

（5）一项资产的减少，一项所有者权益等额减少的经济业务。

（6）一项负债的增加，一项负债等额减少的经济业务。

（7）一项负债的增加，一项所有者权益等额减少的经济业务。

（8）一项所有者权益的增加，一项负债等额减少的经济业务。

（9）一项所有者权益的增加，一项所有者权益等额减少的经济业务。

上述九项经济业务的发生，均不影响财务状况等式的平衡关系。其中，经济业务（1）（6）（7）（8）（9）使财务状况等式两边的金额保持不变；经济业务（2）（3）使财务状况等式两边的金额等额增加;经济业务(4)(5)使财务状况等式两边的金额等额减少。

(二)经济业务对"资产＝权益"的影响

经济业务的发生引起"资产＝权益"等式两边会计要素变动的不同情况,都必然会引起会计等式一边或两边相互联系的等额变化,但始终不会影响会计等式的平衡关系,据此可将经济业务具体归纳以下四种类型。

(1)会计等式两边项目同时等额增加。

(2)会计等式两边项目同时等额减少。

(3)会计等式左边(资产)有关项目等额一增一减。

(4)会计等式右边(负债＋所有者权益)有关项目等额一增一减。

 实训题

第二章
练习题

1. 远洋公司收到所有者投入资金 20 000 元,增加了资产和所有者权益。随后又发生了以下八笔业务。

(1)支付货币资金 300 元购买办公用品。

(2)为顾客提供劳务并收到现金 680 元。

(3)开支票支付本月办公用房的租金 1 000 元。

(4)向顾客销售产品,收入 2 000 元对方尚未支付。

(5)赊购办公设备 1 200 元。

(6)收到顾客偿还前欠的货款 1 000 元。

(7)用银行存款缴纳增值税 100 元。

(8)某职工出差借款 500 元。

要求:分别说明各项业务对会计方程式的影响,并列出第八笔业务结束后的方程式。

2. 表 2-1 中 A、B、C、D 代表四个独立无关的个体。要求:请根据表中资料,结合所学的关于会计等式的内容,计算①～⑧所代表的未知数(如果出现亏损,用"－"号表示)。

表 2-1 四个独立无关的个体的经营情况   单位:元

项 目	A	B	C	D
初:				
资产	①	398 000	180 000	644 000
负债	90 000	93 100	70 000	92 000
期末:				
资产	440 000	446 200	162 000	628 000
负债	70 000	83 100	66 000	⑦
本期内:				
追加投资	10 000	③	37 800	65 000
收入	240 000	182 300	⑤	⑧
抽回投资	0	23 200	50 000	92 000
费用	180 000	④	59 000	248 000
本期利润	②	62 100	⑥	74 000

第三章

账户及复式记账

【知识目标】

通过本章的学习,掌握会计科目的内涵与分类,会计账户的概念、结构与分类;理解复式记账法的原理、借贷记账法的产生和基本原理;熟悉借贷记账法的内容。

【技能目标】

对会计科目和账户进行恰当分类,能够计算账户余额及本期发生额,能够明确会计对象、会计要素、会计科目和会计账户之间的联系与区别;能够熟练运用借贷记账法的原理、记账规则编制会计分录,独自编制试算平衡表。

【素质目标】

运用"会计科目和账户"的理论与实务知识研究相关案例,培养和提高学生在特定业务情境中分析问题与决策设计的能力,分析会计行为的善恶,强化学生的职业道德素质,从而做到学思用贯通、知信行统一。树立分类核算和会计载体意识,提升对"坚持诚信""守责敬业"职业道德规范的认识。

第一节　会计科目与会计账户

第三章
案例引入

一、会计科目

（一）设置会计科目的意义

会计科目是对会计要素内容进一步分类核算的项目。设置会计科目是会计核算方法之一。

（二）设置会计科目的原则

为更好地发挥财务会计的作用,使会计主体提供的会计信息口径一致,便于相互比较,易于理解,各会计主体在设置会计科目时一般遵循以下原则。

1. 结合会计对象的特点,全面反映会计对象的内容

结合会计对象的特点就是根据不同单位经济业务的特点,本着全面核算其经济业务的全过程及结果的目的,确定应该设置哪些会计科目。设置会计科目首先应保证全面、系统地反映会计对象的全部内容;其次必须反映会计对象的特点。

2. 符合经济管理的要求

设置会计科目要符合经济管理的要求:一是要符合国家宏观经济管理的要求,根据宏观经济管理要求来划分经济的类别,设定分类的标识;二是要符合企业自身经济管理的要求,从为企业的经营预测、决策及管理提供会计信息出发,设置分类的项目;三是要符合包括企业的投资者、债权人在内的各相关主体了解企业财务状况、经营成果和财务状况变动情况的要求。

3. 将统一性与灵活性结合起来

由于不同会计主体的经济业务差别很大,在设置会计科目、进而对会计要素的增减变动进行分门别类地核算时,需要将统一性与灵活性结合起来。

4. 会计科目名称要简单明确、字义相符、通俗易懂

会计科目作为分类核算的标识,要求名称简单明确、字义相符、通俗易懂,这有助于防止误解和消除混乱。简单明确是指根据经济业务的特点,要尽可能简洁明确地规定会计科目的名称;字义相符是指按照中文习惯,能够望文生义,不致产生误解;通俗易懂是指要尽量避免使用难懂的文字,便于大多数人正确理解。会计科目的名称除了要求简单明确、字义相符和通俗易懂之外,还要尽量采用在经济生活中习惯的名称,以避免误解。

5. 既要适应经济业务发展的需要,又要保持相对稳定性

会计科目的设置要适应社会经济环境的变化和本单位业务发展的需要。同时,为了便于不同时期会计指标的分析、比较,以及在一定范围内汇总核算指标,会计科目应保持相对稳定,不能经常变动会计科目的名称和核算口径,以保持不同时期会计信息的可比性。

(三)会计科目的分类

会计科目是根据经济管理的需要,按照经济业务核算的要求,对各会计要素具体内容加以分类的项目。

1. 会计科目按经济内容分类

会计科目按经济内容可分为资产类、负债类、共同类、所有者权益类、成本类及损益类。

2. 会计科目按提供信息的详细程度分类

为了能更详细地反映企业会计要素的增减变化,会计科目按提供信息的详细程度可分为总分类科目和明细分类科目,明细分类科目又可分为二级明细科目和三级明细科目。

二、会计账户

(一)会计账户的概念

会计账户简称账户,是指具有一定格式,用来分类、连续地记录经济业务,反映会计要素增减变动及其结果的一种工具。每一个账户都有一个名称,核算特定的经济业务内容,会计科目就是账户的名称。

会计科目与会计账户既有联系，又有区别，它们都是对会计对象具体内容的项目分类，二者核算的内容一致，性质相同。会计科目是设置账户的依据，账户是会计科目的具体运用，具有一定的结构和格式，并通过其结构反映某项经济业务内容的增减变动及其金额。没有会计科目，账户便失去了设置的依据；没有账户，会计科目就无法发挥作用。两者的区别是，会计科目仅仅是账户的名称，不存在结构，而账户则具有一定的格式和结构。在实际工作中，对会计科目和账户不严格区分，而是相互通用的。

（二）会计账户的结构

会计账户的结构就是指账户的格式。为全面、清晰地反映各项经济业务的内容，账户必须有特定的结构，使错综复杂的经济业务能完整、准确地记录在账户上。经济业务所引起的资金变动，不外乎增加和减少这两种情况，因此，账户的结构也相应地划分为两个基本部分：一部分反映数额的增加，另一部分反映数额的减少，增减相抵后的差额称为余额。

账户的格式虽有不同，但内容应包括以下各项：账户的名称（会计科目）；日期和凭证号数；经济业务的内容摘要；增加额和减少额；余额。

借贷记账法下的账户结构如表 3-1 所示。

表 3-1　会计科目（账户名称）

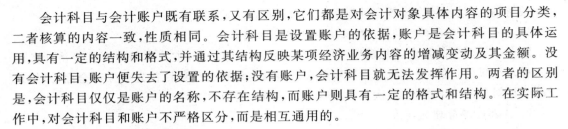

年		凭证号数	摘要	借方	贷方	借或贷	余额
月	日						

在借贷记账法下，账户的左方称为"借方"，右方称为"贷方"，借贷是记账符号，分别反映各会计要素的增减变化。

在上述账户中，每个账户在特定会计期间借方金额合计称为借方发生额，贷方金额合计称为贷方发生额，它们与期初余额和期末余额存在如下关系：

$$期末余额＝期初余额＋本期增加发生额合计－本期减少发生额合计$$

企业总账会计科目表如表 3-2 所示。

表 3-2　企业总账会计科目表

编号	会 计 科 目	编号	会 计 科 目
	一、资产类	1401	材料采购
1001	库存现金	1402	在途物资
1002	银行存款	1403	原材料
1012	其他货币资金	1404	材料成本差异
1101	交易性金融资产	1405	库存商品
1121	应收票据	1408	委托加工物资
1122	应收账款	1411	周转材料
1123	预付账款	1471	存货跌价准备
1131	应收股利	1501	债权投资
1132	应收利息	1502	债权投资减值准备
1221	其他应收款	1503	其他债权投资
1231	坏账准备	1504	其他权益工具投资

续表

编号	会 计 科 目	编号	会 计 科 目
1511	长期股权投资	3002	货币兑换
1512	长期股权投资减值准备	3101	衍生工具
1521	投资性房地产	3201	套期工具
1531	长期应收款	3202	被套期项目
1532	未实现融资收益	四、所有者权益类	
1601	固定资产	4001	实收资本
1602	累计折旧	4002	资本公积
1603	固定资产减值准备	4101	盈余公积
1604	在建工程	4103	本年利润
1605	工程物资	4104	利润分配
1606	固定资产清理	4201	库存股
1701	无形资产	4301	其他综合收益
1702	累计摊销	五、成本类	
1703	无形资产减值准备	5001	生产成本
1711	商誉	5101	制造费用
1801	长期待摊费用	5201	劳务成本
1811	递延所得税资产	5301	研发支出
1901	待处理财产损溢	六、损益类	
二、负债类		6001	主营业务收入
2001	短期借款	6051	其他业务收入
2101	交易性金融负债	6061	汇兑损益
2201	应付票据	6101	公允价值变动损益
2202	应付账款	6111	投资收益
2203	预收账款	6115	资产处置损益
2211	应付职工薪酬	6117	其他收益
2221	应交税费	6301	营业外收入
2231	应付利息	6401	主营业务成本
2232	应付股利	6402	其他业务成本
2241	其他应付款	6403	税金及附加
2501	长期借款	6601	销售费用
2502	应付债券	6602	管理费用
2701	长期应付款	6603	财务费用
2702	未确认融资费用	6701	资产减值损失
2801	预计负债	6702	信用减值损失
2901	递延所得税负债	6711	营业外支出
三、共同类		6801	所得税费用
3001	清算资金往来	6901	以前年度损益调整

（三）会计账户的分类

1. 按经济内容分类

账户的经济内容是指账户反映的会计要素的具体内容。在我国,账户按经济内容分类可分为资产类账户、负债类账户、共同类账户、所有者权益类账户、成本类账户和损益类账户。

2. 按提供信息的详细程度及其统驭关系分类

账户是根据会计科目开设的,会计科目分为总分类科目和明细分类科目,根据总分类科目开设总分类账户,根据明细分类科目开设明细分类账户。明细分类账对总分类账进行必要的补充说明,总分类账对明细分类账起统驭作用。

三、复式记账法

（一）复式记账法的概念与特点

记账方法是指在会计核算中,根据一定的原理和规则,在账户中记录经济业务的一种专门方法。记账方法在会计的发展过程中出现过两种,即单式记账法和复式记账法。

1. 单式记账法

单式记账法是对发生的每一项经济业务所引起的会计要素的增减变动,只在一个账户中进行单方面记录的一种记账方法。

2. 复式记账法

复式记账法是随着经济发展在单式记账法的基础上发展起来的一种比较完善的记账方法。在复式记账法下,对发生的每一笔业务所引起的会计要素的变化,都必须以相等的金额,在两个或两个以上的账户中相互联系地进行登记。

3. 复式记账法的特点

复式记账法的特点可概括如下。

（1）所有经济业务引起有关账户的数量变化只有增加和减少两种情况,因此,在复式记账法下设置的所有账户结构都包括两个基本部分:一部分记录增加;另一部分记录减少。

（2）由于经济业务的发生,或引起恒等式两边相互联系的项目有增有减,或恒等式一边有关项目同增同减,因此,在复式记账法下,对每一项经济业务都必须在两个或两个以上相互联系的账户中同时反映。

（3）在复式记账法下,对每一笔经济业务在两个或两个以上相互联系的账户中记录时,其记录的金额是相等的。

（二）复式记账法的理论依据

复式记账法的理论依据有两个。从哲学角度看,其理论依据是哲学中关于事物普遍联系的原理。根据事物普遍联系原理,所有事物都不是孤立存在的,必然与其他事物相联系,企业发生的经济业务也不例外。从会计理论角度看,其理论依据是资产与权益的平衡理论,即会计恒等式。根据资金运动情况,资产与权益是同一资金的两个侧面,任何时候都是相等的。经济业务的发生,或引起资产、负债、所有者权益两方同等金额的增减变化,或引起资产、负债、所有者权益一方内部有关项目一增一减的变化,而且金额相等,因此经济业务的发生不会破坏会计恒等式的平衡关系。复式记账法就是运用这种理论,把发生的每一项经济业务都在两个或两个以上账户中以同等金额加以记录,以反映经济业务的全貌。

(三)复式记账法的种类

复式记账法是在长期的会计实践中形成的,在实践中复式记账法出现过多种形式,并被不同国家所采用,具体包括以下三种。

1. 收付记账法

收付记账法是以"收""付"为记账符号,对发生的每一笔经济业务,都以相等的金额,同时在两个或两个以上的账户中相互联系地进行登记的一种复式记账法。

2. 增减记账法

增减记账法是以"增""减"为记账符号,对发生的每一笔经济业务,都以相等的金额,同时在两个或两个以上的账户中相互联系地进行登记的一种复式记账方法。

3. 借贷记账法

借贷记账法起源于 12—13 世纪,发展完善于 15 世纪,是目前世界上被广泛采用的一种记账方法。我国 1992 年颁布的《企业会计准则》第八条规定:"会计记账采用借贷记账法。"2001 年《企业会计制度》和 2006 年《企业会计准则——基本准则》对这种记账方法一再予以确认。

第二节　借贷记账法

一、借贷记账法的产生

借贷记账法起源于欧洲,在 13 世纪意大利地中海沿岸一带城市被广泛使用。随着世界贸易的发展,借贷记账法传到了世界各地,对世界各国经济的发展起到了促进作用。同时,经济发展也进一步完善了借贷记账法,使之成为现在通用的一种记账方法。我国在 1993 年起施行的《企业会计准则》规定各企业统一使用借贷记账法。

二、借贷记账法概述

(一)借贷记账法的概念

借贷记账法是复式记账法的一种,是以"借""贷"为记账符号,把一笔经济业务所引起的资金变动,以相等的金额,同时在两个或两个以上相互联系的账户中进行登记的方法。登记时,一方面记入某账户的借方,另一方面记入与之相联系的对应账户的贷方,并且记录的金额相等。

(二)借贷记账法的基本原理

借贷记账法的基本理论依据是平衡原理,即"资产＝负债＋所有者权益"。虽然每个企业的经济业务千变万化、纷繁复杂,但是不论发生什么样的经济业务,不论引起资金怎样的增减变化,上述等式不受影响,平衡永远存在。也就是说,资产总量与负债和所有者权益的总量永远相等。

（三）资金增减变化的情况

由于经济业务引起的资金变动都是以相等的金额影响等式两边的项目，因此无论怎样变化，都不会影响到基本平衡公式的平衡。

1. 资产和负债同时等额增加

【例 3-1】 远洋公司向银行借入短期借款 20 000 元，存入银行。

这笔经济业务使资产方增加银行存款 20 000 元，同时使负债方增加短期借款 20 000 元，等式双方总额仍保持平衡。

2. 资产和所有者权益同时等额增加

【例 3-2】 远洋公司接受甲企业投入的全新汽车一辆，价值 100 000 元。

这笔经济业务使资产方固定资产增加 100 000 元，同时使所有者权益方实收资本增加 100 000 元，等式双方总额仍保持平衡。

3. 一项资产增加，另一项资产减少

【例 3-3】 远洋公司向银行提取现金 1 000 元。

这笔经济业务使企业资产方库存现金增加 1 000 元，同时使资产方银行存款减少 1 000 元，等式双方总额仍保持平衡。

4. 一项负债减少，一项所有者权益增加

【例 3-4】 远洋公司所有者代企业归还银行短期借款 50 000 元，并将其转为投入资本。

这笔经济业务使企业负债方短期借款减少 50 000 元，同时使所有者权益方实收资本增加 50 000 元，等式双方总额仍保持平衡。

三、借贷记账法的内容

（一）记账符号

借贷记账法用"借"和"贷"作为记账符号，每一个账户都有"借方""贷方"和"余额"三栏。借方在左，贷方在右，以反映资金的增减变动。

（二）账户结构

借贷记账法下账户的基本结构是每一个账户都分为借、贷两方，通常规定账户的左方为借方，右方为贷方。对一个账户来说，如果规定借方登记增加额，则贷方登记减少额；如果规定借方登记减少额，则贷方登记增加额。究竟账户的哪一方用来登记增加额，哪一方用来登记减少额，取决于账户的性质，不同性质的账户，其结构是不相同的。账户的余额通常在记录增加的一方。

1. 资产类账户的结构

资产类账户借方登记资产的增加额，贷方登记资产的减少额，期末若有余额，一般为借方余额，表示期末资产实有数额。每一会计期间借方记录的金额合计称为借方本期发生额，贷方记录的金额合计称为贷方本期发生额。资产类账户的期末余额可根据下列公式计算。

资产类账户期末余额＝借方期初余额＋本期借方发生额－本期贷方发生额

资产类账户的结构如表 3-3 所示。

表 3-3　资产类账户

借方		贷方	
期初余额	×××		
本期增加额	×××	本期减少额	×××
	×××		×××
本期发生额	×××	本期发生额	×××
期末余额	×××		

2. 负债及所有者权益类账户的结构

负债及所有者权益统称为权益,在性质上与资产相反,因此,其账户结构与资产类账户也相反。贷方记录增加额,借方记录减少额,期初、期末余额一般在贷方。负债及所有者权益账户的期末余额可根据下列公式计算。

负债及所有者权益类账户期末余额＝贷方期初余额＋本期贷方发生额－本期借方发生额

负债及所有者权益类账户的结构如表 3-4 所示。

表 3-4　负债及所有者权益类账户

借方		贷方	
		期初余额	×××
本期减少额	×××	本期增加额	×××
	×××		×××
本期发生额	×××	本期发生额	×××
		期末余额	×××

3. 成本类账户的结构

企业在生产经营中会发生各种耗费,有成本产生,在成本由收入补偿以前,可以将其看作一种资产,因此,成本类账户的结构与资产类账户的结构基本相同。账户的借方记录成本的增加额,贷方记录成本的转出额或减少额,期末可能有借方余额,表示正在加工或生产中的在产品的结存数,期末余额也可能为零。

成本类账户的结构如表 3-5 所示。

表 3-5　成本类账户

借方		贷方	
期初余额	×××		
本期增加额	×××	本期减少额或转出额	×××
	×××		×××
本期发生额	×××	本期发生额	×××
期末余额	×××		

4. 损益类账户的结构

为便于理解账户结构,我们把损益类账户分为收入类账户和费用支出类账户。

(1)收入类账户的结构。从性质上讲,收入与所有者权益是同性质的,因此,收入类账户的结构与所有者权益类账户相同。贷方记录增加额,借方记录减少额或转出额,期末无余额，因为期末时须全额转出，以便与相配比的费用支出相抵，以计算当期损益。

收入类账户的结构如表 3-6 所示。

表 3-6　收入类账户

借方		贷方	
本期减少额或转出额	×××	本期增加额	×××
	×××		×××
本期发生额合计	×××	本期发生额合计	×××

（2）费用支出类账户的结构。费用支出也是所有者权益的抵减因素，因此，其结构与所有者权益类账户结构相反，而与资产成本类账户结构相同。借方记录增加额，贷方记录减少额或转出额，期末无余额，因为期末要将其全额转出，以便与收益相抵，计算当期损益。

费用支出类账户的结构如表 3-7 所示。

表 3-7　费用支出类账户

借方		贷方	
本期增加额	×××	本期减少额或转出额	×××
	×××		×××
本期发生额合计	×××	本期发生额合计	×××

为便于学习，可将上述五类账户结构归纳如表 3-8 所示。

表 3-8　账户结构

借方	贷方
资产、成本账户期初余额	负债、所有者权益账户期初余额
资产、成本和费用支出的增加额	负债、所有者权益和收入的增加额
负债、所有者权益和收入的减少额	资产、成本和费用支出的减少额
资产、成本账户期末余额	负债、所有者权益账户期末余额

（三）记账规则

1. 有借必有贷，借贷必相等

由于一笔业务总是同时影响至少两个项目发生增减变化，一方面记入了某个或某几个账户的借方，另一方面就一定会相应记入某个或某几个账户的贷方，而且发生的金额相等，这就形成了上述的记账规则。

2. 借贷记账法下账户之间的对应关系和会计分录

通过前面的内容我们知道，在借贷记账法下，对每项经济业务都会在相应的两个或两个以上的账户中以相等的金额进行记录，在有关账户中记录每项经济业务时就在有关账户之间形成了应借应贷的相互关系,账户之间的这种相互关系称为账户的对应关系。

企业发生的经济业务十分频繁,涉及的内容很多,会计上需要设置的账户相应就很多,为了准确地反映账户的对应关系及登记金额,在每项经济业务发生后,正式记入账户前,必须编制会计分录。会计分录是对每项经济业务指明应登记的账户名称、记账方向和金额的一个记录。会计分录包括四个要素,分别为记账符号、会计科目、记账方向、记账金额。记账符号是"借"和"贷"两字;会计科目为账户的名称,也就是经济业务所涉及会计要素的内容;记账方向指的是借方登记什么科目,贷方登记什么科目;记账金额是经济业务所涉及的数额。

会计分录按其所反映经济业务的复杂程度,可分为简单会计分录和复合会计分录。简单会计分录是指一项经济业务的发生只涉及两个相关账户,一个是记入借方,另一个是记入贷方,账户对应关系一目了然,形成一借一贷的会计分录。复合会计分录是指一项经济业务的发生涉及了三个或三个以上的账户,账户对应关系比较复杂,形成了一借多贷、多借一贷及多借多贷的会计分录。在记账以前,必须及时准确的在会计凭证上编制会计分录,才能保证账户的准确性。

3. 会计分录举例

【例 3-5】　远洋公司 2023 年 8 月发生以下经济业务。

(1) 公司开出转账支票一张 6 000 元购买原材料(增值税略)。

这项经济业务使企业资产类账户"原材料"增加 6 000 元,同时使资产类账户"银行存款"减少 6 000 元。根据记账规则,资产内部发生变化,有增有减,数额相等。编制会计分录如下。

借:原材料　　　　　　　　　　　　　　　　　　　6 000
　　贷:银行存款　　　　　　　　　　　　　　6 000

(2) 公司向银行借入 3 个月的短期借款 50 000 元,存入银行。

这项业务使企业的负债类账户"短期借款"增加了 50 000 元,同时使资产类账户银行存款增加了 50 000 元,即企业的资产与负债同时增加。编制会计分录如下。

借:银行存款　　　　　　　　　　　　　　　　　　50 000
　　贷:短期借款　　　　　　　　　　　　　50 000

(3) 公司投入全新固定资产价值 30 000 元。

这项业务使公司的资产类账户"固定资产"及资本类账户"实收资本"同时增加了 30 000 元,根据记账规则,资产的增加记入账户的借方,所有者权益的增加记入贷方。编制会计分录如下。

借:固定资产　　　　　　　　　　　　　　　　　　30 000
　　贷:实收资本　　　　　　　　　　　　　30 000

(4) 公司以应付票据 2 000 元,偿还应付账款。

这项经济业务使负债内部发生变化,一项负债"应付票据"增加了 2 000 元,另一项负债"应付账款"减少了 2 000 元。编制会计分录如下。

借:应付账款　　　　　　　　　　　　　　　　　　2 000
　　贷:应付票据　　　　　　　　　　　　　2 000

4. 过账

将各项经济业务编制会计分录后,应按期记入有关账户,这个记账的过程称为过账。过账后,一般要在月终进行结账,即结算出每个账户的本期发生额合计和期末余额。现举例说明如何"过账"。

远洋公司 2023 年 7 月 31 日总账各账户余额如表 3-9 所示。

表 3-9　远洋公司 2023 年 7 月 31 日总账各账户余额　　　　　　单位：元

资产类账户		负债及所有者权益类账户	
库存现金	300	短期借款	21 000
银行存款	10 000	应付账款	4 300
应收账款	5 000	实收资本	90 000
原材料	20 000		
固定资产	80 000		
总　计	115 300		115 300

将会计分录举例发生的经济业务的会计分录记入以下各账户，如表 3-10～表 3-18 所示。

表 3-10　库存现金

借方			贷方
期初余额	300		
本期发生额		本期发生额	
期末余额	300		

表 3-11　银行存款

借方			贷方
期初余额	10 000		
②	50 000	①	6 000
本期发生额	50 000	本期发生额	6 000
期末余额	54 000		

表 3-12　应收账款

借方			贷方
期初余额	5 000		
本期发生额		本期发生额	
期末余额	5 000		

表 3-13　原材料

借方			贷方
期初余额	20 000		
①	6 000		
本期发生额	6 000	本期发生额	
期末余额	26 000		

表 3-14　固定资产

借方		贷方	
期初余额	80 000		
③	30 000		
本期发生额	30 000	本期发生额	
期末余额	110 000		

表 3-15　短期借款

借方		贷方	
		期初余额	21 000
		②	50 000
本期发生额		本期发生额	50 000
		期末余额	71 000

表 3-16　应付账款

借方		贷方	
		期初余额	4 300
④	2 000		
本期发生额	2 000	本期发生额	
		期末余额	2 300

表 3-17　应付票据

借方		贷方	
		④	2 000
本期发生额		本期发生额	2 000
		期末余额	2 000

表 3-18　实收资本

借方		贷方	
		期初余额	90 000
		③	30 000
本期发生额		本期发生额	30 000
		期末余额	120 000

2023 年 8 月 31 日总账各账户期末余额如表 3-19 所示。

表 3-19　2023 年 8 月 31 日总账各账户期末余额

资产类账户		负债及所有者权益类账户	
库存现金	300	短期借款	71 000
银行存款	54 000	应付账款	2 300
应收账款	5 000	应付票据	2 000
原材料	26 000	实收资本	120 000
固定资产	110 000		
总　计	195 300		195 300

5. 借贷记账法的试算平衡

试算平衡是根据记账规则和会计恒等式来检查验证日常账户记录是否正确、完整的一种方法。

在上述例题中，我们利用借贷记账法把每一笔经济业务都以相等的金额记入了至少两个账户，一方记入了某账户的借方，另一方记入了某账户的贷方。这样在一定的会计期间内，所有账户的借方发生额与所有账户的贷方发生额肯定相等。我们利用这个平衡原理可以进行试算平衡，以检查记账是否正确。

从表3-20可以看出，在借贷记账法下，所有账户借方期初余额与所有账户贷方期初余额相等，由于所有账户借方发生额与所有账户贷方发生额相等，因此，期末所有账户借方余额合计与贷方余额合计相等。我们正是利用借贷记账法这种平衡原理来检查各账户记录的正确性。若出现不平衡，说明记账有误，应查明原因，及时更正。另外，还可以利用试算平衡表所提供的资料，了解企业活动的概况，并为编制资产负债表提供一定的方便。

表 3-20　远洋公司总分类账试算平衡表　　　　单位：元

会计科目	期初余额		本期发生额		期末余额	
	借　方	贷　方	借　方	贷　方	借　方	贷　方
库存现金			—			
银行存款			50 000	6 000	300	
应收账款	300		—	—	54 000	
原材料	10 000		6 000	—	5 000	
固定资产	5 000		30 000		26 000	
短期借款	20 000	21 000		50 000	110 000	71 000
应付票据	80 000		—	2 000		2 000
应付账款		4 300	2 000	—		2 300
实收资本		90 000	—	30 000		120 000
合　计	115 300	115 300	88 000	88 000	195 300	195 300

由于在借贷记账法下，一笔经济业务以相等的金额分别记入了某个或某几个账户的借方和贷方。所以在一定时期内，所有账户的借贷发生额双方合计必然相等，有以下两个平衡等式存在，即借贷记账法下的试算平衡有发生额平衡和余额平衡两种。

发生额平衡公式：

　　　　全部账户借方发生额合计＝全部账户贷方发生额合计

余额平衡公式：

　　　　全部账户借方余额合计＝全部账户贷方余额合计

利用上述平衡关系，可以检查账户记录是否有错误存在，方便易行，而且有效。

应当指出，试算平衡表的平衡并不意味着日常账户记录完全正确，只能是基本正确，因为有些账户的错误很难在试算平衡中发现，这些错误包括以下几点。

（1）借贷双方发生同等金额的记录错误。

（2）全部漏记或重复同一经济业务。

（3）账户记录发生借贷方向的错误。

（4）用错有关账户名称。

这些错误需用其他方法进行查找,这将在以后章节讲述。

 实训题

第三章
练习题

1. 远洋公司 6 月发生下列经济业务。

(1) 2 日向银行借入流动资金 40 000 元,已存入银行。

(2) 3 日向东方公司购进商品一批,价款 3 000 元,商品已验收入库,货款尚未支付。

(3) 5 日从银行提取现金 6 000 元备用。

(4) 7 日职工王勇出差,预借差旅费 800 元,以现金付讫。

(5) 10 日以银行存款偿还前欠东方公司货款 3 000 元。

(6) 15 日王勇报销差旅费用 750 元,余款退回。

(7) 22 日接银行通知,公司投资人又投入资本 100 000 元。

(8) 26 日公司销售商品,收入 20 000 元已存入银行。

(9) 28 日用银行存款支付公司水电费 6 000 元。

要求:根据上述资料编制会计分录。

2. 对表 3-21 中五种互不相关的情况,利用表中的数据计算出其中的未知金额。情况(1)的答案已经作为例子给出。

表 3-21　某公司账户情况

单位:元

账　户	期初余额	期末余额	已知的本期发生额数据	
库存现金	1 800	2 050	现金支付额	4 800
应收账款	2 000	1 800	赊销	3 400
存货	350	190	耗用存货	160
预付账款	4 000	4 400	摊销	500
应付账款	8 000	7 900	偿还账款	1 500

需要计算的本期发生数据如下。

(1) 本期现金收入总额 5 050 元。

(2) 本期收回顾客账款总额____元。

(3) 本期购买的存货金额____元。

(4) 本期发生的需要分期摊销的支出____元。

(5) 本期发生的应付账款金额____元。

3. 李华开设一个礼品玩偶商店,2023 年 8 月初商店的总分类账账户余额如表 3-22 所示。

表 3-22　商店的总分类账户余额

单位:元

账　户	余额	账　户	余额
银行存款	4 000	应付职工薪酬	920
应收账款	1 000	应付账款	1 500
库存商品	5 000	短期借款	4 500
预付账款	400	实收资本——李华投资	6 300
固定资产	3 900	本年利润	1 080

8月发生下列经济业务。

(1) 支付8月办公用房租金800元。

(2) 收回顾客欠款600元。

(3) 偿还应付账款500元。

(4) 销售商品,货款2 000元尚未收到。

(5) 批量销售礼品,收到支票2 500元。

(6) 购进库存商品一批,价值1 450元,当即用银行存款支付。

(7) 偿还债权人账款800元。

(8) 支付前欠雇员工资920元。

(9) 向银行借款2 000元。

(10) 结转销售成本,销售成本占销售收入的50%。

要求:

(1) 根据有关账户的期初余额,设置必要T形账户。

(2) 根据上述业务,编制会计分录。

(3) 根据会计分录登记有关的T形账户。

(4) 根据各个账户期初余额、本期发生额和期末余额,编制试算平衡表。

第四章

会计信息的生成

【知识目标】

通过本章的学习,理解会计凭证的作用和种类、会计账簿的基本含义和基本原理;掌握原始凭证和记账凭证的填制和审核、各类账簿的登记、对账及错账更正和账务处理程序;熟知会计凭证的传递和保管。

【技能目标】

学习和把握会计凭证的填制步骤和方法、会计账簿登记的依据和步骤,能用所学实务知识规范会计凭证和会计账簿的相关技能活动。

【素质目标】

会计工作讲求原则、按章办事,不可触碰任何红线,非常典型地体现了规范和程序的重要性。通过学习让学生养成"能力与道德领域"相关技能的"规范与标准",践行"职业理想"等行为规范,在规范中不断突破个人工作能力,掌握工作方法,强化"信息处理""革新创新"等职业核心能力,践行"职业守则",塑造健全的职业人格。构建"操守为重、不做假账"的会计职业素养,提升对"实事求是"的认知水平,树立对会计职业的使命感和责任感。

第一节 会 计 凭 证

一、会计凭证概述

(一)会计凭证的定义

第四章
案例引入

会计凭证是指记录经济业务发生或者完成情况的书面证明,是登记账簿的依据,包括纸质会计凭证和电子会计凭证两种形式。正确填制和审核会计凭证,是会计核算的方法之一,是进行会计核算工作的起点和基本环节,也是对经济业务进行日常监督的重要环节。

（二）会计凭证的分类

会计凭证因其使用要求不同，种类也多种多样，不同的经济业务要求不同的格式和填制内容。一般来讲，按其填制程序和用途不同，会计凭证可以分为原始凭证和记账凭证两种。

二、原始凭证

（一）原始凭证的定义

原始凭证又称单据，是指在经济业务发生或完成时取得或填制的，用以记录或证明经济业务的发生或完成情况的原始凭据。原始凭证的作用主要是记载经济业务的发生过程和具体内容。常用的原始凭证有现金收据、发货票、增值税专用（或普通）发票、差旅费报销单、产品入库单和领料单等。原始凭证汇总表也属于原始凭证，不能证明经济业务已经发生或完成的类似原始凭证的书面资料如"经济合同""材料请购单"等，不能作为会计核算的原始凭证。

（二）原始凭证的分类

原始凭证可以按照取得来源、格式、填制的手续和内容进行分类。

1. 按来源不同分为自制原始凭证和外来原始凭证

（1）自制原始凭证。自制原始凭证是指由本单位有关部门和人员在执行或完成某项经济业务时填制的，仅供本单位内部使用的原始凭证。如外购原材料时由仓库部门填制的收料单，车间领用原材料时填写的领料单，为了成本控制避免浪费而产生的，比领料单多了一项"定额"的限额领料单，发出产品时由仓储部门填写出库单，职工出差预借款时由职工填写的借款单，人力资源管理部门编制的工资发放明细表，财务部门编制的固定资产折旧计算表等。

（2）外来原始凭证。外来原始凭证是指在经济业务发生或完成时，从其他单位或个人直接取得的原始凭证。如购买材料取得的增值税专用发票（见表 4-1），银行转来的各种结算凭证，对外支付款项时取得的收据，职工出差取得的飞机票、车船票等。

表 4-1　增值税专用发票

No：

开票日期：

购买方	名称： 地址、电话： 纳税人识别号： 开户行及账号：		密码区					
货物或应税劳务、服务名称	规格型号	单位	数量	单价	金额	税率/%	税额
合计							
价税合计（大写）		（小写）¥					
销售方	名称： 地址、电话： 纳税人识别号： 开户行及账号：		备注					

收款人：　　　　　复核：　　　　　　　开票人：　　　　　销售方：（章）

2. 按格式不同分为通用凭证和专用凭证

（1）通用凭证。通用凭证是指由有关部门统一印刷、在一定范围内使用的具有统一格式和使用方法的凭证。常见的通用凭证有全国通用的增值税专用发票、银行转账结算凭证等。通用凭证的使用范围，可以是某一地区、某一行业，也可能是全国通用。如全国统一的异地结算银行凭证、部门统一规定的发票和地区统一的汽车票等。

（2）专用凭证。专用凭证是指由单位自行印刷，仅在本单位内部使用的原始凭证。如企业内部使用的收料单、领料单、工资费用分配表和折旧计算表等。

3. 按填制的手续和内容不同分为一次凭证、累计凭证和汇总凭证

（1）一次凭证。一次凭证是指一次填制完成，只记录一笔经济业务且仅一次有效的原始凭证。大多数原始凭证都是一次凭证，比如发票、收据、支票存根、收料单和出库单等。现以"收料单"为例，其格式如表4-2所示。

表4-2 收料单

××××年××月××日

供货单位：　　　　　　　　　　　　　　　　　　　　凭证编号：
发票编号：　　　　　　　　　　　　　　　　　　　　收料仓库：

材料类别	材料编号	材料名称及规格	计量单位	数量		金额/元			
				应收	实收	单价	买价	运杂费	合计
备注：						合计			

保管员：　　　　　　　　　　　　收料人：

（2）累计凭证。累计凭证是指在一定时期内多次记录发生的同类型经济业务，且多次有效的原始凭证。其特点是在一张凭证内可以连续登记相同性质的经济业务，随时结出累计数和结余数，并按照费用限额进行费用控制，期末按实际发生额记账。最具有代表性的累计凭证是"限额领料单"，其格式如表4-3所示。

表4-3 限额领料单

××××年××月××日　　　　　　　　　　　编号：

领料单位：　　　　　　　用途：　　　　　　　　计划产量：
材料编号：　　　　　　　名称规格：　　　　　　计量单位：
单价：　　　　　　　　　消耗定量：　　　　　　领用限额：

领用日期		请　领		实　发				
月	日	数量	领料单位负责人	数量	累计	发料人	领料人	限额结余
7	8	200		200	200			
7	14	100		100	300			
7	30	50		50	850			
合　计								
累计实发金额								

供应部门负责人：　　　　生产计划负责人：　　　　　仓库负责人：

（3）汇总凭证。汇总凭证也称原始凭证汇总表，是指对一定时期内反映经济业务内容相同的若干张原始凭证，按照一定标准综合填制的原始凭证。它合并了同类型经济业务，简

化了会计核算工作。常见的汇总凭证有发料凭证汇总表、工资结算汇总表和差旅费报销单等。发料凭证汇总表的格式和内容如表 4-4 所示。

表 4-4　发料凭证汇总表

贷方科目：　　　　　　　　　　　　年　月　日　　　　　　　　　　　单位:元

借方科目	日　期	原料	辅料	燃料	合　计
生产成本	1—10				
	11—20				
	21—31				
	小计				
制造费用	1—10				
本月总计					

会计总管(签章)：　　　　　　　复核(签章)：　　　　　　　　　制表(签章)：

（三）原始凭证的内容、填制与审核

1. 原始凭证的基本内容

经济业务是多种多样的,记录经济业务的各种原始凭证的具体格式和内容也不尽相同,但应当具备以下基本内容:填制单位的名称(签名或盖章);原始凭证名称;填制凭证日期;接受凭证单位名称;经济业务内容摘要;经济业务所涉及的财产物资数量和金额;填制单位、填制人员、经办人员和验收人员的签字盖章。

有时原始凭证为了满足其他业务的需要,还可列入其他相关内容,如预算项目和合同号码等,使原始凭证发挥多方面作用。

2. 原始凭证填制的基本要求

原始凭证是会计主体发生或完成经济业务的最原始书面证明,其质量直接关系到会计核算的真实和准确,因此,原始凭证在填制时必须符合以下要求。

(1) 真实可靠。凭证上的有关业务内容、金额等必须根据实际情况填制,不能弄虚作假,以保证原始凭证的真实性。

(2) 内容完整。凡是凭证格式上规定的各项内容必须逐项填写齐全,不得遗漏和省略,以便完整地反映经济业务的全貌。一式数联的凭证,各联的内容必须完全一致,联次不得短缺。有关人员签字、盖章必须清晰完整。

(3) 填制及时。有关人员必须在经济业务发生或完成时及时填制原始凭证,以便及时地反映经济业务并进行会计核算,从而保证会计信息资料的及时性。

(4) 数据准确。凭证上有关数字的计算必须准确无误,大小写金额计算必须相等,数量、单价金额计算必须准确,不得匡算。

(5) 文字规范。填制原始凭证文字必须符合下列要求。①原始凭证要用蓝色或黑色笔书写,文字简便,字迹清楚,易于辨认;填写支票要用碳素笔。②对一式几联的原始凭证,必须用双面复写纸套写,属于需要套写的凭证,必须一次套写清楚。③凭证上的数字要书写规范。大写金额按汉字正楷书写,如壹、贰、叁、肆、伍、陆、柒、捌、玖、拾、佰、仟、万、亿、元、角、分、零、整等。阿拉伯数字应一个一个地写,不得连笔写。小写金额中间有连续几个"零"字时,大写金额可以只写一个零;大写金额到元、角的,元、角字后面要写"整"字,大写金额到分

的,则不写"整"字。

(6)正确改错。凭证上的内容如出现错误,应用规定的方法予以更正,不得随意涂改、挖补,但有关现金和银行存款的收付款凭证如填写错误,则应按规定的手续注销,作废后重写,以免错收、错付。

(7)正确办理原始凭证遗失手续。从外单位取得的原始凭证如遗失,应取得原签发单位盖有财务章的证明,经经办单位领导批准后代作原始凭证。如遗失车票等凭证,确实无法取得证明的,由当事人写出详细情况,由经办单位负责人批准后代作原始凭证。

3. 原始凭证的审核

为保证会计核算资料的合法性、真实性和可靠性,取得的原始凭证必须经专人审核无误后,方可依其编制记账凭证。原始凭证的审核主要包括以下内容。

(1)审核原始凭证的合法性、真实性和合理性。合法性是指审查原始凭证所反映的经济业务是否符合国家的方针、政策和法规的规定。真实性是指出纳人员应审查原始凭证所反映的经济业务是否同实际情况相符,有无伪造、编造凭证从中贪污等情况。合理性是指审核原始凭证是否符合本单位的计划、预算和规章制度。如发现违反财经纪律和制度的情况,会计人员有权拒绝付款、报销或执行,情节严重的,应予追究法律责任。

(2)审核原始凭证的完整性。审核原始凭证的内容填写的是否完整,凭证联次是否正确,各项目是否按规定填写齐全,各项手续是否齐备和各有关人员是否签字盖章等。

(3)审核原始凭证的正确性。正确性主要是指审核原始凭证所填写的数字是否符合要求,包括数量、单价、金额以及小计、合计等填写是否清晰,计算是否准确,大小写金额是否相符,是否用复写纸套写,有无涂改、刮擦和挖补等违法行为。

(4)审核原始凭证的及时性。及时性主要是指审核原始凭证是否在经济业务发生或完成时及时填制和传递。审核原始凭证时应当注意审核凭证的填制日期,尤其是支票、银行汇票、银行本票等时效性较强的原始凭证。

经审核的原始凭证应作出不同处理。如对完全符合要求的原始凭证,应及时据以编制记账凭证;对真实、合法、合理,但内容不完整或填写有错误的原始凭证,应退回给有关经办人员,由其负责将有关凭证补充完整、更正错误或重开后,再办理正式入账手续;对不真实、不合法的原始凭证,会计机构会计人员有权不予受理,情节严重的,可向相关单位负责人报告。

三、记账凭证

(一)记账凭证的定义

记账凭证是会计人员根据审核无误的原始凭证或原始凭证汇总表,按照经济业务的性质、内容加以归类编制的,据以确定会计分录作为登记账簿依据的会计凭证。

(二)记账凭证的分类

1. 按反映经济业务的内容不同分为收款凭证、付款凭证和转账凭证

收款凭证和付款凭证用于现金、银行存款的收付款业务,具体又可分为现金收款凭证、现金付款凭证、银行存款收款凭证和银行存款付款凭证等,收款凭证和付款凭证的格式分别如表 4-5 和表 4-6 所示。

表 4-5　收款凭证

借方科目：　　　　　　　　　　　　年　月　日　　　　　　　　　　　收字第　　号

| 摘要 | 贷　方 | | 账页 | 金额 |
	一级科目	明细科目		
合计				

会计主管：　　　记账：　　　出纳：　　　复核：　　　制证：　　　附件：张

表 4-6　付款凭证

贷方科目：　　　　　　　　　　　　年　月　日　　　　　　　　　　　付字第　　号

| 摘要 | 借　方 | | 账页 | 金额 |
	一级科目	明细科目		
合计				

会计主管：　　　记账：　　　出纳：　　　复核：　　　制证：　　　附件：张

转账凭证则是用于不涉及现金和银行存款收付的其他经济业务，以及所谓转账业务的记账凭证。转账凭证的格式如表 4-7 所示。

表 4-7　转账凭证

　　　　　　　　　　　　　　　年　月　日　　　　　　　　　　　转字第　　号

| 摘要 | 借　方 | | 账页 | 贷　方 | | 账页 | 金额 |
	一级科目	明细科目		一级科目	明细科目		

会计主管：　　　记账：　　　复核：　　　制证：　　　附件：张

凡是涉及现金与存款之间，或各种存款之间相互转账的经济业务，不能既编制收款凭证，又编制付款凭证，否则会重复记账。因此，会计惯例中要求对于这一类经济业务只编制付款凭证，不编制收款凭证。

2. 按使用的格式不同分为通用记账凭证、专用记账凭证和汇总记账凭证

（1）通用记账凭证是指不需要区分经济业务的性质，均只填写统一格式的一种记账凭证，它一般适用于规模小、收付业务不多的单位。通用记账凭证的格式如表 4-8 所示。

表 4-8　记账凭证

　　　　　　　　　　　　　　　年　月　日　　　　　　　　　　　字　号

| 摘要 | 借　方 | | 账页 | 贷　方 | | 账页 | 金额 |
	一级科目	明细科目		一级科目	明细科目		
合计							

主管会计：　　　记账：　　　出纳：　　　复核：　　　制证：　　　附件：张

（2）专用记账凭证是指记账凭证按照经济业务不同采用不同格式的记账凭证。专用记账凭证又分为收款凭证、付款凭证和转账凭证三种。专用记账凭证的格式参见前文相关内容。

（3）汇总记账凭证是指为了简化登记总分类账的手续，将一定时期内的记账凭证进行汇总编制而成的记账凭证。汇总记账凭证按其汇总方法不同，可分为分类汇总凭证和全部汇总凭证两类。分类汇总凭证主要包括汇总收款凭证、汇总付款凭证和汇总转账凭证；全部汇总凭证如记账凭证汇总表（即科目汇总表）。

（三）记账凭证的内容、填制与审核

1. 记账凭证的基本内容

记账凭证同原始凭证一样有许多种类，每一种类的格式也不一样，但其主要作用都在于对原始凭证进行分类、整理，按照复式记账的要求，运用会计科目，编制会计分录，据以登记账簿。因此，为了满足以上要求，一般记账凭证都必须具备以下内容。

（1）填制单位名称。

（2）记账凭证的名称。

（3）填制凭证的日期。

（4）记账凭证的编号。

（5）经济业务的简要说明以及注明所附原始凭证的张数及其他资料。

（6）会计科目的名称、金额和记账方向。其中，会计科目包括一级科目、二级科目和明细科目。

（7）凭证填制人员、审核人员、记账人员和会计主管人员的签名或盖章。

（8）记账符号。记账凭证记账后，在凭证的"记账符号"栏内打"√"符号，表明该凭证已登记入账、以防重记或漏记。

2. 记账凭证的填制要求

各种记账凭证都要按照规定的格式和内容正确、及时地加以填制，在填制过程中应注意以下几点要求。

（1）记账凭证的"摘要"栏，应尽可能简单明了地填写经济业务内容，文字要清晰扼要，这对查阅凭证，登记账簿都十分重要。

（2）填制记账凭证时，应填列会计科目名称，或者科目名称和编号，不能只填编号不填科目名称。需要登记明细账的还要列明二级科目和明细科目的名称，据以登账。

（3）记账凭证在一个月内应连续编号，便于查阅审核，在使用通用记账凭证时，可使用"总字编号法"，即按经济业务发生的时间顺序依次编号；采用收款凭证、付款凭证和转账凭证，可以使用"×字号编号法"，即按凭证类别分别顺序编号。例如，现收字第×号、银付字第×号和转字第×号等；分类记账凭证也可采用"双重编号法"，即按总字顺序与按类别顺序编号相结合。例如，某付款凭证为"总字第×号现付字第×号"；若采用单式记账凭证时，可使用"分数编号法"，如一笔业务需编三张单式记账凭证，凭证的顺序号为 10 时，可编总字第 $10\frac{1}{3}$ 号、总字第 $10\frac{2}{3}$ 号和总字第 $10\frac{3}{3}$ 号。前面的整数 10 表示业务顺序号，分母表示该业务编制凭证张数，分子分别表示三张凭证的第一张、第二张和第三张。每月末最后一张记账凭证上，要加注"完"或"全"字，以示月终最后一张凭证，以免凭证散失。

（4）记账凭证后面必须附有原始凭证，并注明张数，以便日后查阅。如果根据一张原始凭证填制两张或两张以上记账凭证，则应在未附原始凭证的记账凭证右上角注明："原始凭证××张附在第××号凭证上"。经过上级批准的经济业务，应将批准文件作为原始凭证附件。如果批准文件需要单独归档，应在凭证上注明批准文件名称、日期和文件字号。原始凭证张数以其自然数为准计算，即凡是与记账凭证中的经济业务记录有关的每一张凭证都算一张。

（5）记账凭证金额填完后应加计金额合计数。记账凭证的一方不论是一个会计科目或若干个会计科目，或一个会计科目下有若干个明细科目，都应将一方的金额加计合计数后填写在相应的"合计"栏内。合计金额前应加注币值符号，如人民币符号"￥"。

（6）填制记账凭证的日期。收付款业务应按货币资金收付的日期填写，转账凭证原则上应按原始凭证日期填写。如果原始凭证日期与报账日期不符，可按填制凭证日期填写，在月终时，有些转账业务要等到下月初方可填制转账凭证，也可按月末日期填写。

（7）记账凭证填写完毕，应进行复核与检查，并进行试算平衡，相关人员要签字盖章。

3. 记账凭证的审核

记账凭证是登记账簿的直接依据，因此，为保证账簿记录的准确性，在登记账簿前必须建立专人审核制度，对记账凭证及所附原始凭证详细审核，保证记录准确。记账凭证审核主要包括以下内容。

（1）记账凭证是否附有原始凭证，是否与原始凭证内容相符。

（2）凭证的应借、应贷会计科目名称是否正确，对应关系是否清晰，金额计算是否准确。

（3）凭证各项目是否填列齐全，相关人员是否均已签字盖章。

在审核中，如发现编制有错误，应及时查明原因予以更正。只有审核无误的记账凭证，才能据以登记账簿。

四、会计凭证的传递与保管

（一）会计凭证的传递

会计凭证的传递是指从会计凭证编制时起到归档保管时止，按一定的传递程序和时间，在本单位内部各有关部门和人员之间传递的全过程。它主要包括两个方面的内容，即会计凭证传递的路线和各环节停留及传递的时间。会计凭证的传递程序是会计制度的一个组成部分，应在制度里明确规定。

（二）会计凭证的保管

会计凭证是重要的会计档案和历史资料，它是事后了解经济业务、检查账务和明确经济责任的重要资料和证明。因此，任何单位在完成记账程序后，对会计凭证都应按规定立卷存档保存。

会计凭证的保管

会计凭证的保管是指会计凭证登记入账以后的整理、装订和归档存查的过程。

《会计档案管理办法》规定，会计凭证需保存 30 年，对于保管期满但未结清的债权债务原始凭证以及涉及其他未了事项的原始凭证，不得销毁，应单独抽出，另行立卷，由档案部门保管到不了事项完结时为止。正在项目建设期间的建设单位，其保管期满的会计凭证等，在会计档案中不得销毁。

第二节 会 计 账 簿

一、会计账簿及作用

（一）会计账簿的含义

账簿是由一定格式、相互联系的账页组成,用来序时、分类记录和反映各项经济业务的会计簿籍。簿籍是账簿的外表形式,而账户记录则是账簿的内容。

（二）会计账簿的设置和登记的作用

（1）设置和登记账簿可以为经营管理提供连续、系统、全面的会计核算资料。在会计核算中,通过会计凭证的填制和审核,可以反映和监督各项经济业务的发生和完成情况,但会计凭证只能提供片段的、零星分散的会计信息,不能把某一时期的全部经济活动情况完整、系统地反映出来。

（2）设置和登记账簿可为编制财务报表提供依据,有利于正确编制财务报表。账簿是编制报表直接的依据,账簿的设置和登记正确与否、及时与否,直接影响对外提供会计信息的质量和及时性。

（3）设置和登记账簿可为有关各方提供企业经营成果的详细资料,为财务成果的分配和考核计划执行情况提供可靠依据,账簿记录也会为会计分析、会计检查提供依据和资料。

二、会计账簿的种类

日常会计核算中使用的账簿是多种多样的。会计账簿可以按不同的标准进行分类。

（一）按用途不同分为序时账簿、分类账簿和备查账簿

1. 序时账簿

序时账簿简称序时账或日记账。它是按照经济业务发生的时间先后顺序,逐日逐笔登记经济业务的账簿。序时账簿按其记录的经济业务的内容不同又可分为以下两类。

（1）普通日记账。普通日记账是用来登记全部经济业务的序时账簿。在普通日记账中,根据每天发生经济业务的先后顺序,逐笔编制会计分录,作为登记分类账簿的依据。这种日记账也叫"分录账"。

（2）特种日记账。特种日记账是专门用来登记某一类经济业务,根据记账凭证逐日逐笔登记的序时账簿。

目前,在我国,为加强对库存现金和银行存款的管理,要求各单位必须设置现金日记账和银行存款的日记账,不设置普通日记账。

2. 分类账簿

分类账簿简称分类账,是对全部经济业务按照总分类账户和明细分类账户进行分类登记的账簿。分类账簿可以分为总分类账簿和明细分类账簿。

（1）总分类账簿简称总分类账或总账,是根据一级账户设置的,总括反映全部经济业务和资金状况的账簿。

（2）明细分类账簿简称明细账或细账,是根据二级账户或明细账户设置的,详细反映某

一类经济业务的账簿。明细账是对总账的补充和说明，并受总账账户的统驭和控制。

在实际工作时，有时可以将序时账和分类账结合在一起使用。即在一张账页上，既有序时登记，又有分类登记，既能集中反映全部经济业务，又能反映账户对应关系。这种账簿被称为联合账簿，日记总账即为典型的联合账簿。

3. 备查账簿

备查账簿又称备查登记账簿或辅助账簿。它是对序时账簿和分类账簿等主要账簿未能记载的或记载不全的经济业务进行补充登记的账簿。如应收票据登记簿和租入固定资产登记簿等。设置和登记备查账簿，可以对某些经济业务的内容提供必要的参考资料。各单位可根据实际需要设置使用。

（二）按外表形式不同分为订本式账簿、活页式账簿和卡片式账簿

1. 订本式账簿

订本式账簿简称订本账，是指在使用前就把顺序编号的若干账页固定装订成册的账簿。该种账簿的优点是能防止账页的散失或被抽换等不法行为的发生，保证账簿的完整和安全。因此，它一般用于有统驭性和重要账簿的使用，如总分类账、现金日记账和银行存款日记账等。其缺点是同一本账簿在同一时间只能由一个人登记，不能分工记账。同时，订本账账页固定，不能根据需要来增加或减少，以及重新分类排列。预留账页时，如预留过少，会影响账簿记录连续性；预留过多，会造成账页浪费。

2. 活页式账簿

活页式账簿简称活页账，是指在启用前不固定装订和编号，而是将零散的账页装存在账夹内，可以随时取放增减账页的账簿。该种账簿的优点是不受账页限制，可以根据需要增减和重新分类排列账页，不需预留，能够保证账簿记录的完整性、连续性。另外也便于工作人员分工记账，有利于节省财会人员的劳动时间，提高工作效率。因此，活页账多适用于总账账户下明细科目较多的明细记录使用，如材料、商品等明细账。其缺点是账页较容易散失和被抽换，极不安全。因此，在使用过程中要严加管理，建立严密的登记手续。年度终了，应将账页编号装订成册，集中保管。

3. 卡片式账簿

卡片式账簿简称卡片账，是指由卡片组成的，存放在卡片箱中，随时可以取放的账簿。该种账簿的使用类似于活页账，但由于平时保存在卡片箱中，加盖上锁，较活页账安全。该种账簿多用于企业固定资产明细账和银行活期储蓄存款明细账的登记使用。

（三）按账页格式不同分为两栏式账簿、三栏式账簿、数量金额式账簿、多栏式账簿和横线登记式账簿

1. 两栏式账簿

两栏式账簿是指只有借方和贷方两个基本金额栏目的账簿。普通日记账一般采用两栏式账簿。

2. 三栏式账簿

三栏式账簿又称借贷余式账簿，是指其账页的格式主要部分为借方、贷方和余额三栏，或者收入、支出和余额三栏的账簿。各种日记账、总分类账及资本、债权债务明细账采用三栏式账簿。

3. 数量金额式账簿

数量金额式账簿是指在账页中分设"借方""贷方"和"余额"或者"收入""发出"和"结存"三大栏，并在每一大栏内分设数量、单价和金额等三小栏的账簿，数量金额式账簿能反映出财产物资的实物数量和价值量。原材料、库存商品和产成品等明细账一般采用数量金额式账簿。

4. 多栏式账簿

多栏式账簿是指根据经济业务的内容和管理的需要，在账页的"借方"和"贷方"栏内再分别按照明细科目或某明细科目的各明细项目设置若干专栏的账簿。这种账簿可以按"借方"和"贷方"分别设专栏，也可以只设"借方"专栏，"贷方"的内容在相应的借方专栏内用红字登记，表示冲减。收入、费用明细账一般采用多栏式账簿。

5. 横线登记式账簿

横线登记式账簿是指账页分为借方和贷方两个基本栏目，每一个栏目再根据需要分设若干栏次，在账页两方的同一行记录某一经济业务自始至终所有事项的账簿。主要适用于需要逐笔结算的经济业务的明细账，如物资采购、一次性备用金业务等明细账。

三、会计账簿的设置和登记方法

（一）会计账簿设置的原则

账簿的设置包括确定账簿种类、设置账簿格式、内容和登记方法。账簿设置的好坏，直接影响会计核算的时效性。各单位应设置哪些种类账簿，各账簿采用什么样的格式，不能强求一律，应结合各单位经济活动的特点和管理上的要求合理设置，既要符合会计制度的要求，又要有利于充分发挥账簿的作用，力求科学、严密，又要层次分明、结构合理。因此，设置账簿应遵循下列一些原则。

（1）设置账簿必须做到繁简适当、结构合理，既要便于财会人员的分工，节省记账时间和工作量，提高工作效率，又要结合本单位特点，满足各方面经营管理所需会计信息。

（2）设置账簿必须遵守国家有关会计制度的规定，不得以表代账或做无账会计。

（二）会计账簿的基本内容

虽然会计账簿种类繁多、格式不一，但无论哪种账簿都应具备以下一些基本内容。

1. 封面

每种账簿都应设置封面，用来标明账簿名称和使用单位名称，便于查阅或保护账页安全。

2. 扉页

扉页即打开账簿封面的第一页。用来注明使用单位的名称或单位盖章（若封面不标明使用单位名称），标明账簿的启用日期和截止日期、册数、册次、经管人员姓名及盖章，交接记录一览表及账户目录等。其一般格式如表4-9和表4-10所示。

3. 账页

账页即用来记录会计资料的载体。每一账页均应具备以下内容：①标明账户名称（总分类账户名称或明细分类账户名称）；②日期栏（记录经济业务发生日期）；③摘要栏（简要说明业务内容）；④记账凭证的种类和号数栏；⑤金额栏；⑥总页数和分户页次栏等。

表 4-9　总分类账扉页

使用单位			
账簿总页数	本账簿共计　　页		
启用日期	年　月　日至　　　年　月　日		

经管人员	主　管		记　账		单位盖章
	姓　名	盖　章	姓　名	盖　章	

交接记录	日　期			监交			移　交			接　管		
	年	月	日	职　务	姓　名	盖章	职　务	姓　名	盖章	职　务	姓　名	盖章

表 4-10　目录（科目索引）

年度

编　号	科　目	起讫页数	编　号	科　目	起讫页数

（三）账簿的格式和登记方法

1. 序时账簿的设置和登记

（1）普通日记账。普通日记账是逐日序时登记特种日记账以外的经济业务的账簿。普通日记账一般分为"借方金额"和"贷方金额"两栏，登记每一分录的借方账户和贷方账户及金额，这种账簿不结余额，其格式如表 4-11 所示。

表 4-11　普通日记账　　　　　　　　第　页

年		会计科目	摘　要	借方金额	贷方金额	过　账
月	日					

（2）特种日记账。常用的特种日记账如现金日记账、银行存款日记账。为贯彻执行国家的货币资金管理制度，加强货币资金的管理及日常核算的监督，各单位大多使用特种日记账，这有利于贯彻执行国家规定的货币资金管理制度。

① 现金日记账。现金日记账是用来序时登记库存现金收入、支出和结存情况的账簿，由出纳人员根据收、付款凭证逐日、逐笔登记。

现金日记账的格式可以是三栏式，也可以是多栏式。三栏式现金日记账包括"借方""贷方"和"余额"三个栏次,附设业务日期、摘要,据以登记的凭证号数、对方科目等栏目。登记时,由出纳人员根据审核无误的现金收款凭证、付款凭证或银行存款收款凭证、付款凭证,按照时间顺序逐日、逐笔登记所列业务各项内容。每日终了,应结出账面余额,并与库存实有现金数额核对,如发现不符,应及时查明原因,妥善处理。如库存现金数量超过规定限额应将超出部分及时送存银行。三栏式现金日记账格式如表 4-12 所示。

表 4-12　现金日记账　　　　　　　　　　第　页

年		凭证号数	摘　要	对方科目	借　方	贷　方	借或贷	余　额
月	日							

多栏式现金日记账是在三栏式现金日记账基础上发展建立的一种账页格式。其特点是将现金收入、支出栏分项目设置,收入数按应借科目分设专栏(见表 4-13),然后根据各栏合计数登记总账。这种格式的现金日记账使现金收入、支出的来龙去脉体现得更加淋漓尽致,其登记方法类似于三栏式现金日记账。

表 4-13　多栏式现金日记账　　　　　　　　第　页

年		凭证		摘　要	借　方		贷　方		结　余
月	日	字	号		对方科目	借方合计	对方科目	贷方合计	
				本月合计					

② 银行存款日记账。银行存款日记账是用来逐日、逐笔反映银行存款的增加、减少和结存情况的账簿。同现金日记账相同,也是由出纳人员根据银行存款收、付款凭证序时登记。

银行存款日记账的格式也可以采用三栏式或多栏式,登记方法类似现金日记账,不同的是银行存款日记账比现金日记账多设一个"结算凭证种类和号数"栏,原因是银行存款的收付,均是根据银行规定的结算凭证办理。为了便于和银行对账,所以单独列示每笔存款收付时所依据的结算凭证种类和号数。银行存款日记账的格式同现金日记账的格式相似。

2. 分类账簿的设置和登记

分类账簿是用来分类登记经济业务的账簿。根据提供资料的详细程度不同,分类账簿可以分为总分类账簿和明细分类账簿。

(1) 总分类账簿。总分类账簿简称总账。它是根据总账科目(一级科目)设置,用来分类、连续记录和反映企业经济活动及资产、负债、所有者权益、收入、费用和利润等状况的账簿。由于其只提供总括资料,所以总账账簿只用来登记货币金额的增减变动,总括地反映核算单位的资金循环和收支情况,为编制财务报表提供必要资料。

总分类账通常规定使用订本式,因此,启用前应分析各科目业务数量预留账页。其账页格式一般为三栏式,如表 4-14 所示。

表 4-14　总分类账

总页：

科目名称：　　　　　　　　　　　　　　　　　　　　　　　　　　　　分页：

年		凭证		摘　要	借　方	贷　方	借或贷	余　额
月	日	种类	号数					

总分类账的登记方法比较灵活,随核算单位采用的账务处理程序不同,其登记程序和依据也不一样,有关详细内容将在以后章节介绍。

(2) 明细分类账簿。明细分类账也称明细账,是根据二级科目或明细科目开设的,用来分类、连续地记录和反映核算单位经济活动及资产、负债、所有者权益、收入、费用和利润等详细情况的账簿。

明细分类账可以根据记账凭证、原始凭证或原始凭证汇总表登记。由于其反映经济业务指标内容不同,其账簿格式也不相同,常用的明细账有四种格式,即三栏式、数量金额式、多栏式和横线登记式。

① 三栏式明细账。三栏式明细账格式同其他三栏式账簿一样,分设借方、贷方和余额三个专栏。这种格式账簿一般适用于只需进行金额计算的明细科目登记使用。如应收账款、应付账款和应付职工薪酬等。

② 数量金额式明细账。数量金额式明细账是在收入、发出和结存三大栏中分别下设数量、单价和金额三个小栏。这种格式明细账适用于既需要进行金额核算,又需要提供数量指标的经济业务。有时为了满足管理上的需要,在账页上端还需设计一些必要项目,以便取得相关资料。其格式如表 4-15 所示,主要适用于"原材料""库存商品"等账户的明细核算。

表 4-15　数量金额式明细账

科目名称：　　　　　　品名：　　　　　　规格：　　　　　　第　页

年		凭证号数	摘要	收　入			发　出			结　存		
月	日			数量	单价	金额	数量	单价	金额	数量	单价	金额

③ 多栏式明细账。多栏式明细账是根据各经济业务内容和提供资料要求,在一张账页上的"借方"或"贷方"下面按明细项目分设专栏,以提供该科目的详细资料。这种格式明细账适用于生产成本、制造费用、管理费用、销售费用、主营业务收入和本年利润等账户的核算。由于各账户核算内容不一样,所以专栏设置也不尽相同,多栏式明细分类账页又分为借方多栏(生产成本明细账)、贷方多栏(主营业务收入明细账)和借方贷方多栏(应交税费——应交增值税明细账)等三种格式。基本生产成本明细账格式如表 4-16 所示。

表 4-16　基本生产成本明细账

产品批号：　　　　　　　　　投入批量：　　　　　　　　　　投产日期：

产品名称：　　　　　　　　　完工产量：　　　　　　　　　　完工日期：

年		凭证号数	摘　要	借方（成本项目）			
月	日			直接人工	直接材料	制造费用	合　计

注：产品生产完工验收入库结转产品成本用红字登记。

④ 横线登记式明细账。横线登记式明细账也称平行式明细分类账。它的账页结构特点是，将前后密切相关的经济业务在同一横行内进行详细登记，以检查每笔经济业务完成及变动情况。该种账页一般用于"物资采购""一次性备用金业务"等明细分类账。

平行式明细账的借方一般在购料付款或借出备用金时按会计凭证的编号顺序逐日逐笔登记，其贷方则不要求按会计凭证编号逐日逐笔登记，而是在材料验收入库或者备用金使用后报销和收回时，再与借方记录的同一行内进行登记。同一行内借方、贷方均有记录时，表示该项经济业务已处理完毕，若一行内只有借方记录而无贷方记录时，表示该项经济业务尚未结束。物资采购明细账的格式如表 4-17 所示。

表 4-17　物资采购明细账

年		凭　证		摘　要	借　方			贷　方	余　额
月	日	种类	号数		买价	采购费用	合计		

（四）会计账簿的启用与登记要求

启用会计账簿应当在账簿封面上写明单位名称和账簿名称，并在账簿扉页上附启用表。启用订本式账簿应当从第一页到最后一页顺序编定页数，不得跳页、缺号。使用活页式账簿应当按账户顺序编号，并定期装订成册，装订后再按实际使用的账页顺序编定页码，另加目录以便于记明每个账户的名称和页次。账簿记录中途记账人员如有变动，要在第三者在场的条件下办理交接手续，并在"经管人员一览表"中签字盖章，说明交接日期和接办人员。

会计账簿的登记

为保证账簿记录的正确性，必须根据审核无误的会计凭证登记会计账簿，并符合有关法律、行政法规和国家统一的会计制度的规定。

（五）总分类账户和明细分类账户的平行登记

1. 总分类账和明细分类账的关系

总分类账是按照总分类账户开设的分类账，提供会计主体财务状况和经营成果的全面、系统的分类资料，且只提供货币指标。明细分类账是按照二级账户或明细分类账户开设的分类账，它对各有关会计要素项目进行较为详细的分类反映，除了货币指标外，还提供实物量度指标，为日常管理和编制财务报表提供更加详细的资料。明细分类账对总分类账进行必要的补充说明，总分类账对明细分类账起统驭作用。

总分类账和明细分类账登记的依据是相同的，根据同一会计凭证对同样的会计事项进行确认和计量,这就客观要求总分类账和明细分类账进行平行登记。

　　2. 总分类账和明细分类账的平行登记

　　总分类账和明细分类账的平行登记就是对同一会计事项在总分类账和明细分类账中进行的同依据、同方向、同金额和同期间登记。

　　(1) 同依据是指对发生的经济业务,都要以相关的会计凭证为依据,既登记有关总账,又登记其所属明细账。

　　(2) 同方向是指对于同一会计事项在总分类账簿中和在明细分类账簿中的记账方向是一致的。也就是说,如果在总分类账簿中的记账方向是借方(贷方),那么,在明细分类账簿中的记账方向必定也是借方(贷方)。

　　(3) 同金额是指对于同一会计事项在总分类账簿中和在明细分类账簿中的登记金额是一致的。也就是说,在总分类账簿中的记账金额和在其控制的所有明细分类账簿中的登记金额之和必定是相等的。

　　(4) 同期间是指对于同一会计事项在总分类账簿中和在明细分类账簿中入账的会计期间是一致的。也就是说,总分类账不管是逐笔登记还是汇总登记,其所记录会计事项的入账期间和其控制的明细分类账的入账期间是同一月份。

　　总分类账和明细分类账的平行登记方法见例题。

　　【例 4-1】 远洋公司 2023 年 1 月 1 日"原材料"总账账户及所属的甲材料、乙材料和丙材料明细账账户的月初余额如表 4-18 所示。

表 4-18　原材料月初余额

材料名称	计量单位	数量	单价/元	金额/元
甲材料	千克	2 000	50	100 000
乙材料	千克	1 500	102	153 000
丙材料	千克	300	50	15 000
合　计				268 000

远洋公司 2023 年 1 月发生以下经济业务。

　　(1) 5 日,从某公司购入甲、乙两种材料。增值税专业发票上注明甲材料 500 千克,单价 52 元,价款 26 000 元,增值税进项税额 3 380 元;乙材料 500 千克,单价 100 元,价款 50 000 元,增值税进项税额 6 500 元。上述款项已用银行存款支付。材料已到达并验收入库。编制会计分录如下。

```
借:原材料——甲材料                        26 000
      ——乙材料                        50 000
  应交税费——应交增值税(进项税额)           9 880
    贷:银行存款                              85 880
```

　　(2) 7 日,生产车间领用甲材料 2 000 千克,每千克 50.40 元;领用乙材料 1 500 千克,每千克 101.50 元;领用丙材料 200 千克,每千克 50 元。编制会计分录如下。

```
借:生产成本                              263 050
    贷:原材料——甲材料                      100 800
          ——乙材料                      152 250
```

| | | ——丙材料 | | | 10 000 |

总分类账和明细分类账的核对通过编制明细分类账户本期发生额及期末余额表进行。

明细分类账户本期发生额及余额表是按照总分类账户所属的所有明细账户的明细账账页记录的本期发生额和期末余额填制的,是用来和总分类账本期发生额及余额进行核对的对照表。总分类账户所属的所有明细账户的本期发生额合计数和期初、期末余额合计数,应该分别和总分类账的本期发生额合计数和期初、期末余额合计数相等。明细分类账户本期发生额及余额表的格式是按照汇总明细分类账本期发生额及余额的原则设计的,这几类账簿形式如表4-19~表4-23所示。

表 4-19　总分类账

会计科目:原材料　　　　　　　　　　　　　　　　　　　　　　　　　　　　　　　第　　页

2023年		凭　证		摘　要	借　方	贷　方	借或贷	余　额
月	日	种类	号数					
1	1			月初余额			借	268 000
	5	银付	8	购入	76 000		借	344 000
	7	转字	5	领用		263 050	借	80 950
	31			本月合计	76 000	263 050	借	80 950

表 4-20　原材料明细账

材料名称:甲材料　　　　　　金额单位:元　　　　　　最高储备量:

编号:　　　　　　　　　　　规格:(略)　　　　　　计量单位:千克　　　　　　最低储备量:

2023年		凭证号数	摘要	收　入			发　出			结　存		
月	日			数量	单价	金额	数量	单价	金额	数量	单价	金额
1	1		月初余额							2 000	50	100 000
	5	银付	购入	500	52	26 000				2 500	50.4	126 000
	7	转字	领用				2 000	50.4	100 800	500	50.4	25 200
	31		本月合计	500	52	26 000	2 000	50.4	100 800	500	50.4	25 200

表 4-21　原材料明细账

材料名称:乙材料　　　　　　金额单位:元　　　　　　最高储备量:

编号:(略)　　　　　　　　　规格:(略)　　　　　　计量单位:千克　　　　　　最低储备量:

2023年		凭证号数	摘要	收　入			发　出			结　存		
月	日			数量	单价	金额	数量	单价	金额	数量	单价	金额
1	1		月初余额							1 500	102	153 000
	5	银付	购入	500	100	50 000				2 000	101.5	203 000
	7	转字	领用				1 500	101.5	152 250	500	101.5	50 750
	31		本月合计	500	100	50 000	1 500	101.5	152 250	500	101.5	50 750

表 4-22　原材料明细账

材料名称：丙材料　　　　　　金额单位：元　　　　　最高储备量：

编号：（略）　　　　　　　规格：（略）　　　　　计量单位：千克　　　　最低储备量：

2023年		凭证号数	摘要	收　入			发　出			结　存		
月	日			数量	单价	金额	数量	单价	金额	数量	单价	金额
1	1		月初余额							300	50	15 000
	7	转字	领用				200	50	10 000	100	50	5 000
	31		本月合计				200	50	10 000	100	50	5 000

表 4-23　原材料明细分类账户本期发生额及余额表

2023 年 1 月 31 日　　　　　　　　　　　　　　　　　　　　单位：元

材料名称	期初余额		本期发生额		期末余额	
	借　方	贷　方	借　方	贷　方	借　方	贷　方
甲材料	100 000		26 000	100 800	25 200	
乙材料	153 000		50 000	152 250	50 750	
丙材料	15 000			10 000	5 000	
合　计	268 000		76 000	263 050	80 950	

（六）对账与结账

1. 对账

对账是指在会计核算中对账簿记录所做的核对工作。为保证各种账簿记录真实、准确和完整，必须做好对账工作，建立良好的对账制度，以做到账证相符、账账相符和账实相符。

（1）账证核对。会计凭证是账簿记录的直接依据，无论在记账过程或期末结账前，都要认真做好账证核对工作，做到账证相符，为账实相符打下良好基础。

（2）账账核对。账账核对是指在账证核对相符情况下，各种账簿之间进行的核对，包括两个方面内容。本单位内部各账簿之间相关内容核对应相符，和本单位同其他单位的往来款项核对也应相符。其具体内容如下：

① 总账账簿全部账户的借方本期发生额、余额合计数与贷方本期发生额、余额合计数核对平衡、相符。

② 总账账簿各总账账户期末余额与其所属各明细账户期末余额合计核对相符。

③ 银行存款日记账的余额与银行对账单核对相符。

④ 财会部门有关财产物资的明细分类账簿余额应同财产物资保管部门和使用部门经管的明细记录的金额核对相符。

⑤ 本单位各项债权、债务明细分类账与相关债务人或债权人核对相符。

（3）账实核对。账实核对是指各种财产物资的账面余额与实存数核对相符。账实核对一般通过财产清查来进行，相关内容在以后章节介绍。

2. 结账

结账就是把一定时期（月份、季度或年度）内发生的经济业务全部登记入账后，计算并记录各账簿的本期发生额和期末余额,进行试算平衡,并结转下期或下年度账簿的一种方法。

结账分月结、季结和年结,实际工作中一般采用划线结转的方法,主要包括以下内容。

(1)将本期发生的全部经济业务,都编制记账凭证,并登记入账,严禁出现漏记、重记或多记、少记现象,结账时间不能提前也不能迟延,一定要定期、及时。

(2)按照权责发生制原则调整和结转有关账项。本期内所有的转账业务,应编制成转账记账凭证,并据以登记账簿,以调整账簿记录。如完工产品成本应结转记入"库存商品"账户,将本期的预收收益和应收收益予以确认,记入本期收入项目等。

(3)将本期已确认登记的各项收入和应负担的成本、费用编制记账凭证,分别从收入账户和成本、费用账户结转入"本年利润"账户,以确定本期的盈亏成果。

(4)计算、登记各账户本期发生额和期末余额,并结转下期。详细说明如下。

① 月结。每月终了,在各项准备工作就绪以后,在账页中最后一笔经济业务记录的底线划一通栏红线,在红线下一行,将计算出的各账户本期发生额合计数和本月月末余额分别记入借、贷方和余额栏内(若无余额,可在"借或贷"栏写"平"字,或在余额栏划"-0-"符号),并在摘要栏注明"本月合计"字样,然后在末行底线再划一条通栏红线。

② 季结。在季末最后一个月份的"月结"行的红线下一行,填入本季度三个月累计借、贷方发生额合计数和季终余额,并在"摘要"栏注明"本季累计"字样,然后在该行底线划一通栏红线。

③ 年结。在年末第四季度季结所在行的红线下一行,计算并填入本年度 4 个季度借、贷方发生额累计数和年终余额,并在"摘要"栏注明"本年累计"字样,再在该行底线划一通栏红线。

另外,为求各账户年终借方、贷方平衡起见,在"本年累计"行下应将各账户上年结转的借方(或贷方)的余额,按原来相同的方向填入借方(或贷方)栏内,并在"摘要"栏内指明"上年结转"字样。同时,将本年余额按相反方向填列在下一行,(即借方余额填在贷方),并在摘要栏注明"结转下年"字样,然后分别借方和贷方加总填列在一行,并在"摘要"栏注明"合计"字样,此时借方、贷方金额相等。最后在合计数下端划两道通栏红线,表示借、贷方平衡和年度结束、封账。

结账方法举例如表 4-24 所示。

表 4-24　总分类账　　　　　　　　　　　　　　单位:元

2023 年		凭 证		摘 要	借 方	贷 方	借或贷	余 额
月	日							
1	1			上年结转			贷	250 000
	10			汇总记账凭证	100 000	50 000	贷	200 000
	⋮			⋮	⋮	⋮	⋮	⋮
	31			本月合计	400 000	450 000	贷	300 000
2	1			⋮	⋮	⋮	⋮	⋮
	⋮			⋮	⋮	⋮	⋮	⋮
	28			本月合计	350 000	400 000	贷	350 000
3	1			⋮	⋮	⋮	⋮	⋮
	⋮			⋮	⋮	⋮	⋮	⋮

续表

2023年		凭 证		摘 要	借 方	贷 方	借或贷	余 额
月	日							
	31			本月合计	500 000	400 000	贷	250 000
	31			第一季度合计	1 250 000	1 250 000	贷	250 000
4	1			⋮	⋮	⋮	⋮	⋮
				⋮	⋮	⋮	⋮	⋮
6	30			第二季度合计	1 000 000	900 000	贷	150 000
7	1				⋮	⋮	⋮	⋮
9	30			第三季度合计	700 000	800 000	贷	250 000
10					⋮	⋮	⋮	⋮
12	31			第四季度合计	600 000	550 000	贷	200 000
	31			本年合计	3 550 000	3 500 000	贷	200 000
				上年结转		250 000		
				结转下年	200 000			
				合 计	3 750 000	3 750 000		—

注：⋮表示省略；---表示单红线；═══表示双红线。

（七）错账更正的方法

账簿记录如发现错误,应根据错误性质和发现时间,按规定的适用更正方法更正,不能随意刮擦、挖补或使用化学方法消除或更改字迹,账簿记录错误更正的方法有以下几种。

1. 划线更正法

记账后、结账前如发现账簿中文字或数字有笔误,而原记账凭证正确的情况下,一般可以采用划线更正法进行更正。更正时,应先将错误的文字或数字划一条红线加以注销,然后在原记录上面二分之一空格内作更正后正确记录。但必须注意,划一条红线后仍应保持原错误记录清晰可辨,更正后,应由记账人员在更正处签字、盖章,以示负责。另外还必须注意,对于错误的数字应全部划线更正,不能只更正其中个别数字;对于文字错误,可只划去错误的个别文字。

2. 红字更正法

在记账以后,如果发现原记账凭证中应借、应贷科目或金额发生错误时,可采用红字更正法更正,具体可分以下两种情况。

（1）记账后,发现原记账凭证中应借、应贷科目用错。更正时,应先用红字金额填制一张内容与原错误的记账凭证完全相同的记账凭证,据以用红字金额登记入账,以冲销原有的错误记录,然后再用蓝字金额填制一张正确的记账凭证,据以登记入账。举例说明如下。

【例 4-2】 远洋公司用银行存款支付产品广告费 5 000 元。该业务处理时,记账凭证误作下列会计分录,并登记入账。

借:主营业务成本　　　　　　　　　　　　　　5 000

  贷:银行存款   5 000

  当发现错误记录时,先用红字编制一张与原记账凭证相同的凭证,并登记入账,以示对原错误记录冲销。编制会计分录如下。

  借:主营业务成本   5 000

   贷:银行存款   5 000

  同时,再用蓝字金额填制一张正确记账凭证,据以登记入账。编制会计分录如下。

  借:销售费用   5 000

   贷:银行存款   5 000

  采用红字更正法时,账簿记录更正过程如图 4-1 所示。

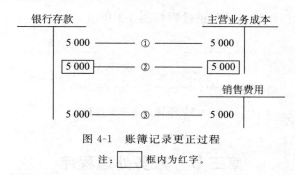

图 4-1 账簿记录更正过程

注: ☐ 框内为红字。

  (2) 在记账后,如发现记账凭证和账簿记录的金额有错误,而原记账凭证中应借、应贷会计科目无错误,且金额错误表现为所记金额大于应记金额,这时可采用红字更正法更正。更正方法是将多记的金额(即所记与应记之间差额)用红字金额填写一张记账凭证,并登记入账,来冲销多记金额。

  【例 4-3】 远洋公司购进固定资产一台,价值 103 000 元,以银行存款支付,编制记账凭证时误将 103 000 元记为 108 000 元并以入账。编制会计分录如下。

  借:固定资产   108 000

   贷:银行存款   108 000

  发现错误后,应将多记金额 5 000 元(108 000−103 000)用红字金额编制凭证,并登记入账,以示冲销。编制会计分录如下。

  借:固定资产   5 000

   贷:银行存款   5 000

  账簿记录更正过程如图 4-2 所示。

图 4-2 账簿记录更正过程

  3. 补充登记法

  在记账以后,如果发现记账凭证应借、应贷科目无误,但所记金额小于应记金额时,可采用补充登记法更正。更正方法是按少记金额编制一张与原凭证应借、应贷科目和方向相同的蓝字记账凭证，并登记入账，对少记金额加以补记。

【例 4-4】 远洋公司职工李某出差预借差旅费 1 000 元，以现金支付。编制凭证时误记为 100 元，并登记入账。编制会计分录如下。

借：其他应收款——李某　　　　　　　　　　　　　　　　　　　　100
　贷：库存现金　　　　　　　　　　　　　　　　　　　　　　　　　　100

当发现错误后，以蓝字编制一张与原记账凭证应借、应贷科目相同，金额为 900 元的记账凭证，并据以登记入账。编制会计分录如下。

借：其他应收款——李某　　　　　　　　　　　　　　　　　　　　900
　贷：库存现金　　　　　　　　　　　　　　　　　　　　　　　　　　900

采用补充登记法时，账簿记录更正过程如图 4-3 所示。

会计账簿的更换
与保管

图 4-3　账簿记录更正过程

第三节　账务处理程序

一、账务处理程序概述

（一）账务处理程序的概念和意义

账务处理程序又称会计核算组织程序或会计核算形式，是指会计凭证、会计账簿、财务报表相结合的方式，包括账簿组织和记账程序。账簿组织是指会计凭证和会计账簿的种类、格式，会计凭证与账簿之间的联系方法；记账程序是指由填制、审核原始凭证到填制、审核记账凭证，登记日记账、明细分类账和总分类账，编制财务报表的工作程序和方法等。科学合理地选择账务处理程序的意义主要有以下三点。

（1）有利于规范会计工作，保证会计信息加工过程的严密性，提高会计信息质量。

（2）有利于保证会计记录的完整性和正确性，增强会计信息的可靠性。

（3）有利于减少不必要的会计核算环节，提高会计工作效率，保证会计信息的及时性。

（二）账务处理程序的种类

企业常用的账务处理程序主要有记账凭证账务处理程序、汇总记账凭证账务处理程序和科目汇总表账务处理程序等。它们之间的主要区别为登记总分类账的依据和方法不同。

（1）记账凭证账务处理程序是指对发生的经济业务，先根据原始凭证或汇总原始凭证填制记账凭证，再直接根据记账凭证登记总分类账的一种账务处理程序。

（2）汇总记账凭证账务处理程序是指先根据原始凭证或汇总原始凭证填制记账凭证，定期根据记账凭证分类编制汇总收款凭证、汇总付款凭证和汇总转账凭证，再根据汇总记账凭证登记总分类账的一种账务处理程序。

（3）科目汇总表账务处理程序又称记账凭证汇总表账务处理程序，是指根据记账凭证定期编制科目汇总表,再根据科目汇总表登记总分类账的一种账务处理程序。

二、记账凭证账务处理程序

（一）特点

记账凭证账务处理程序的特点是直接根据记账凭证对总分类账进行逐笔登记。该账务处理程序是会计核算中最重要的账务处理程序,它既是理解账务处理的基础,也是掌握其他账务处理程序的基础。

（二）优缺点

记账凭证账务处理程序的优点是简单明了、易于理解,总分类账可以较详细地反映交易或事项的发生情况,便于查账、对账;缺点是在业务较多的情况下,登记总分类账的工作量较大。

（三）适用范围

该账务处理程序适用于规模较小、经济业务量较少的单位。为了最大限度地克服其局限,实务工作中应尽量将原始凭证汇总编制,再根据汇总原始凭证编制记账凭证,从而简化总账登记的工作量。

（四）一般步骤

记账凭证账务处理程序如图 4-4 所示。

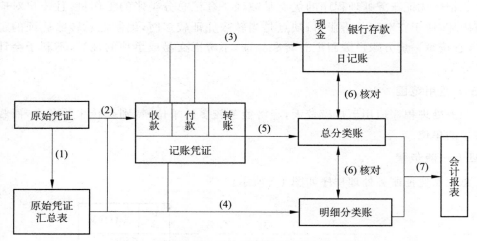

图 4-4　记账凭证账务处理程序

记账凭证账务处理程序的一般步骤如下。

（1）根据原始凭证填制原始凭证汇总表。

（2）根据原始凭证或汇总原始凭证、填制收款凭证、付款凭证和转账凭证,也可以填制通用记账凭证。

（3）根据收款凭证和付款凭证逐笔登记库存现金日记账和银行存款日记账。

（4）根据原始凭证、汇总原始凭证和记账凭证登记各种明细账。

（5）根据记账凭证逐笔登记总分类账。

（6）期末,将库存现金日记账、银行存款日记账和明细账的余额与有关总账的余额核对。

（7）期末,根据总分类账和明细分类账的记录编制账务报表。

三、汇总记账凭证账务处理程序

汇总收款凭证、汇总付款凭证和汇总转账凭证都是分别根据收款凭证、付款凭证和转账凭证进行汇总填制的。汇总的期限一般不应超过 10 天，每月至少汇总三次，每月填制一张，月终结算出合计数，据以登记总分类账。

（1）汇总收款凭证的编制。汇总收款凭证根据收款凭证分别填制现金汇总收款凭证和银行存款汇总收款凭证并分别与有关贷方科目相对应。

（2）汇总付款凭证的编制。汇总付款凭证根据付款凭证分别填制现金汇总付款凭证和银行存款汇总付款凭证并分别与有关借方科目相对应。

（3）汇总转账凭证的编制。根据转账凭证的每一贷方科目填制汇总转账凭证。将与其相对应的科目填制在汇总转账凭证的"借方科目"栏。为了使填制的汇总转账凭证避免漏汇或重汇，在填制转账凭证时，最好让一个贷方科目与一个借方科目相对应。

（一）特点

汇总记账凭证账务处理程序的特点是先根据记账凭证编制汇总记账凭证，再根据汇总记账凭证登记总分类账。

（二）优缺点

汇总记账凭证账务处理程序的优点是减轻了登记总分类账的工作量，且账户对应关系没有被破坏，便于查对和分析账目；缺点是当转账凭证较多时，编制汇总转账凭证的工作量较大，并且按每一贷方账户编制汇总转账凭证，不考虑交易或事项的性质，不利于会计核算的日常分工。

（三）适用范围

该账务处理程序适用于规模较大，经济业务较多的单位，特别是转账业务少，而收付款业务较多的单位。

（四）一般步骤

汇总记账凭证账务处理程序如图 4-5 所示。

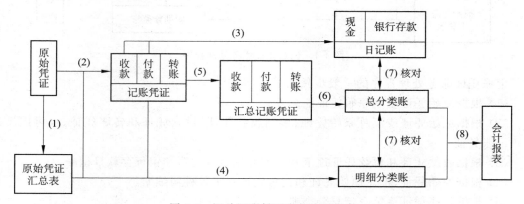

图 4-5 汇总记账凭证账务处理程序

汇总记账凭证账务处理程序的一般步骤如下。

（1）根据原始凭证填制汇总原始凭证表。

（2）根据原始凭证或汇总原始凭证填制收款凭证、付款凭证和转账凭证，也可以填制通用记账凭证。

（3）根据收款凭证、付款凭证逐笔登记库存现金日记账和银行存款日记账。

（4）根据原始凭证、汇总原始凭证和记账凭证登记各种明细分类账。

（5）根据各种记账凭证编制有关汇总记账凭证。

（6）根据各种汇总记账凭证登记总分类账。

（7）期末，将库存现金日记账、银行存款日记账和明细分类账的余额与有关总分类账的余额核对。

（8）期末，根据总分类账和明细分类账的记录编制财务报表。

四、科目汇总表账务处理程序

在编制科目汇总表时，首先，将汇总期内各项经济业务所涉及的会计科目填在科目汇总表的"会计科目"栏内，为了便于登记总分类账，会计科目的顺序按总分类账上的会计科目的先后顺序填写。其次，根据汇总期内所有记账凭证，按会计科目分别加计借方发生额和贷方发生额，将其汇总数填在各相应会计科目的"借方"和"贷方"栏。按会计科目汇总后，应加总借、贷方发生额，进行发生额的试算平衡。科目汇总表的编制时间，应根据各企业、单位业务量而定，业务较多的可以每日汇总，业务较少的可以定期汇总，但一般不得超过10天。在科目汇总表上，还应注明据以编制的各种记账凭证的起讫字号，以备进行检查。

（一）特点

科目汇总表账务处理程序的特点是先将所有记账凭证汇总编制成科目汇总表，然后以科目汇总表为依据登记总分类账。总分类账可以根据每次汇总编制的科目汇总表随时进行登记，也可以在月末根据科目汇总表的借方发生额和贷方发生额的全月合计数一次登记。

（二）优缺点

科目汇总表账务处理程序的优点是减轻了登记总分类账的工作量，易于理解，方便学习，并可以做到试算平衡；缺点是科目汇总表不能反映各个账户之间的对应关系，不利于对账目进行检查。

（三）适用范围

该账务处理程序适用于规模大、经济业务较多的企业。

（四）一般步骤

科目汇总表账务处理程序如图4-6所示。

科目汇总表账务处理程序的一般步骤如下。

（1）根据原始凭证填制汇总原始凭证。

（2）根据原始凭证或汇总原始凭证填制记账凭证。

（3）根据收款凭证、付款凭证逐笔登记库存现金日记账和银行存款日记账。

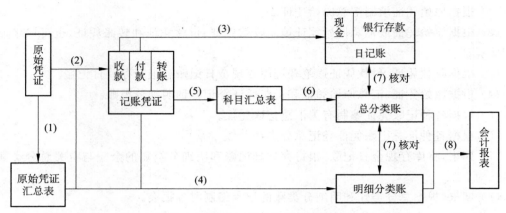

图 4-6　科目汇总表账务处理程序

（4）根据原始凭证、汇总原始凭证和记账凭证登记各种明细分类账。

（5）根据各种记账凭证编制科目汇总表。

（6）根据科目汇总表登记总分类账。

（7）期末,将库存现金日记账、银行存款日记账和明细分类账的余额同有关总分类账的余额核对。

（8）期末,根据总分类账和明细分类账的记录编制财务报表。

实训题

1. 远洋公司 2024 年 5 月初现金日记账余额为 800 元,银行存款日记账余额为 40 000 元。5 月 1—5 日发生下列收付款业务。

第四章
练习题

（1）2 日,厂部赵华出差,借支差旅费 200 元,以现金给付。

（2）2 日,从银行提取现金 1 000 元备用。

（3）2 日,接银行通知,大华公司汇来前欠货款 9 000 元,已收妥入账。

（4）3 日,以银行存款支付厂部办公费 600 元。

（5）3 日,以银行存款支付前欠光华厂货款 5 000 元。

（6）3 日,向江北厂销售产品一批,其价款为 10 000 元,按规定收取的增值税为 1 700 元,共计 11 700 元,款项收到已存入银行。

（7）5 日,以现金 90 元支付厂部零星开支。

（8）5 日,从银行取得短期借款 20 000 元,已存入银行。

（9）5 日,以银行存款支付前欠益华公司货款 12 000 元。

（10）5 日,厂部王林出差,借支差旅费 500 元,以现金付给。

要求:

（1）根据以上经济业务编制记账凭证。

（2）根据所编的记账凭证登记现金日记账和银行存款日记账。

2. 远洋公司 6 月部分经济业务及其所编制的记账凭证(以会计分录代替)如下。

（1）开出现金支票 500 元,支付企业行政管理部门办公费。原编制记账凭证的会计分

录如下。

借:管理费用   500

 贷:库存现金   500

（2）基本生产车间领用原材料4 500元，用于产品生产。原编记账凭证的会计分录如下。

借:生产成本   5 400

 贷:原材料   5 400

（3）接银行通知，某购货单位汇来前欠货款9 800元，已收妥入账。原编记账凭证的会计分录如下。

借:银行存款   8 900

 贷:应收账款   8 900

（4）企业销售产品，以现金支付销售过程中发生的运费2 000元。原编制记账凭证的会计分录如下。

借:生产成本   2 000

 贷:库存现金   2 000

（5）结算本月应付职工薪酬，其中生产车间职工工资为8 000元，企业行政管理部门职工工资为1 700元。原编记账凭证的会计分录如下。

借:生产成本   8 000

 管理费用   1 700

 贷:应付职工薪酬   9 700

以上各项经济业务，都已根据记账凭证记入总账，除"应付职工薪酬"账户贷方登记的金额为7 900元外，其他都与记账凭证相符。

要求:检查以上各记账凭证和所记账目有无错误，如有错误，请说明应该采用的更正方法，并予以更正。

3. 远洋公司5月31日有关总分类账户和明细分类账户的余额如下。

总分类账户:"原材料"150 000元;"应付账款"40 000元。

明细分类账户:"原材料——甲材料"500千克，单价200元/千克，总计100 000元;"原材料——乙材料"100千克，单价500元/千克，总计50 000元;"应付账款——东方公司"25 000元;"应付账款——万达公司"15 000元。

该公司6月发生下列经济业务。

（1）3日，以银行存款购入甲材料200千克，单价200元，计40 000元;乙材料50千克，单价500元，计25 000元。材料已经验收入库。

（2）5日，以银行存款偿还前欠东方公司货款10 000元，万达公司货款5 000元。

（3）8日，生产领用甲材料300千克，单价200元，计60 000元;乙材料80千克，单价500元，计40 000元;共计100 000元。

（4）15日从东方公司购入乙材料160千克，单价500元，计80 000元，货款尚未支付。

（5）25日，以银行存款偿还东方公司货款90 000元。

要求:

（1）开设"原材料""应付账款"总分类账户和明细分类账户，根据资料登记期初余额。

（2）根据以上经济业务编制会计分录，并据以平行登记"原材料""应付账款"总分类账户和明细分类账户。

（3）结出"原材料""应付账款"总分类账和明细分类账的本期发生额和期末余额，并进行核对。

第五章

货 币 资 金

【知识目标】

　　通过本章的学习,了解货币资金的概念,明确现金管理制度;掌握库存现金和银行存款的核算内容;了解其他货币资金的核算内容;掌握货币资金的相关账户性质。

【技能目标】

　　结合出纳与会计岗位的工作职责,运用货币资金相关账户,进行货币资金经济业务的账务处理。

【素质目标】

　　中国现代会计之父潘序伦主张"立信,乃会计之本;没有信用,也就没有会计"。诚信是会计行业的生命线。通过本章学习,加强学生"坚持准则,守责敬业"的职业道德教育,培养学生树立正确的金钱观,真正地理解"君子爱财,取之有道"的道理,构建"公私分明、不贪不占"的会计职业素养,不忘初心,在未来的职业生涯中做到勤恳敬业、遵纪守法,做一名德才兼备的理财者和管理者。

第一节　库存现金

第五章
案例引入

　　库存现金是指存放于企业财会部门、由出纳人员经管的货币。库存现金是企业流动性最强的资产,企业应当严格遵守国家有关现金管理制度,正确进行现金收支的核算,监督现金使用的合法性和合理性。

一、现金管理制度

　　根据国务院发布的《现金管理暂行条例》的规定,企业现金管理制度主要包括以下内容。

（一）现金的使用范围

企业可用现金支付的款项如下。

（1）职工工资、津贴。

（2）个人劳务报酬。

（3）根据国家规定颁发给个人的科学技术、文化艺术和体育比赛等各种奖金。

（4）各种劳保、福利费用以及国家规定的对个人的其他支出。

（5）向个人收购农副产品和其他物资的价款。

（6）出差人员必须随身携带的差旅费。

（7）结算起点1 000元以下的零星支出。

（8）中国人民银行确定需要支付现金的其他支出。

除上述情况可以用现金支付外，其他款项的支付应通过银行转账结算。

（二）库存现金的限额

库存现金的限额是指为了保证单位日常零星开支的需要，允许单位留存现金的最高数额。这一限额由开户银行根据单位的实际需要核定，一般按照单位3～5天日常零星开支所需确定。边远地区和交通不便地区的开户单位的库存现金限额，可根据多于5天，但不得超过15天的日常零星开支的需要

现金收支的规定

确定。经核定的库存现金的限额，开户单位必须严格遵守，超过部分应于当日终了前存入银行。需要增加或减少库存现金限额的，应当向开户银行提出申请，由开户银行核定。

二、现金的账务处理

为反映和监督企业库存现金的收入、支出和结存情况，企业应当设置"库存现金"账户，借方登记企业库存现金的增加，贷方登记库存现金的减少，期末借方余额反映企业实际持有库存现金的金额。企业内部各部门周转使用的备用金，可以单独设置"备用金"账户进行核算。

现金总账可直接根据收付款凭证逐笔登记，也可定期或于月份终了，根据汇总收付款凭证或科目汇总表登记。

现金的明细分类核算是通过设置现金日记账进行的，有外币现金的企业，应分别按人民币、外币现金设置现金日记账。现金日记账由出纳人员根据审核后的收付款凭证，按照业务发生顺序逐笔登记。每日终了，应计算当日现金收入、付出合计数和结余数，并且同实际现金库存数额进行核对，做到账款相符。每月终了，应将现金日记账的余额与现金总账的余额核对相符。

【例5-1】 远洋公司开出现金支票一张，从银行提取现金3 000元。编制会计分录如下。

借：库存现金   3 000

 贷：银行存款   3 000

【例5-2】 远洋公司购买办公用品支付现金450元。编制会计分录如下。

借：管理费用   450

 贷：库存现金   450

三、库存现金的清查

为保证现金的安全、完整,企业应当按规定对库存现金进行定期和不定期的清查,一般采用实地盘点法,对清查的结果应当编制现金盘点报告单。如果有挪用现金、白条顶库的情况,应及时予以纠正;对超限额留存的现金应及时送存银行。如果账款不符,发现有待查明原因的现金短缺或溢余,应先通过"待处理财产损溢"科目核算,按管理权限经批准后,分别按以下情况处理。

(一)现金短缺时的处理

(1)属于有责任人赔偿的部分,转入"其他应收款——应收现金短缺款(某个人)"科目。

(2)属于应由保险公司赔偿部分,转入"其他应收款——应收保险赔款"科目。

(3)属于无法查明原因的现金短缺,根据管理权限经批准后转入"管理费用"科目。

(二)现金溢余时的处理

(1)属于应支付给有关人员或单位的,转入"其他应付款——应付现金溢余(某个人或单位)"科目。

(2)属于无法查明原因的现金溢余,经批准后,转入"营业外收入——现金溢余"科目。

【例 5-3】　远洋公司在现金清查过程中发现现金短缺 400 元,原因待查。编制会计分录如下。

借:待处理财产损溢——待处理流动资产损溢　　　　　400
　　贷:库存现金　　　　　　　　　　　　　　　　　　　　400

之后查明短缺原因,其中 150 元是出纳员黄姗工作失职造成的,应由其负责赔偿;另外 250 元无法查明原因,经批准转作管理费用。编制会计分录如下。

借:其他应收款——应收现金短缺款(黄姗)　　　　　150
　　管理费用　　　　　　　　　　　　　　　　　　　　250
　　贷:待处理财产损溢——待处理流动资产损溢　　　　　400

【例 5-4】　远洋公司在现金清查中发现现金溢余 180 元,原因待查。编制会计分录如下。

借:库存现金　　　　　　　　　　　　　　　　　　　　180
　　贷:待处理财产损溢——待处理流动资产损溢　　　　　180

之后无法查明现金溢余原因,经批准转作营业外收入。编制会计分录如下。

借:待处理财产损溢——待处理流动资产损溢　　　　　180
　　贷:营业外收入——现金溢余　　　　　　　　　　　　180

第二节　银 行 存 款

一、银行存款管理的主要内容

银行账户

银行存款是指企业存放在银行或其他金融机构的货币资金。银行存款管理的主要包括以下内容。

(1)企业应当按照国家《支付结算办法》的规定,在银行开立账户,办理存款、取款和转账结算。

（2）企业除按规定留存的库存现金以外，所有的货币资金都必须存入银行，企业一切收付款项，除制度规定可用现金支付外、都必须通过银行办理转账结算。

（3）企业应当严格遵守银行结算纪律，不准签发没有资金保证的票据或远期支票，套取银行信用；不准签发、取得或转让没有真实交易和债权债务的票据，套取银行的他人资金；不准无理由拒绝付款、任意占用他人资金；不准违反规定开立和使用银行账户。

（4）企业应当及时核对银行账户，确保银行存款账面余额与银行对账单相符。对银行账户核对过程中发现的未达账项，应查明原因，及时处理。

二、银行存款的核算

企业应当根据业务需要，按照规定在其所在地银行开设账户，运用所开设的账户进行存款、取款及各种收支转账业务的核算。银行存款的收付应严格执行银行结算制度的规定。

为反映和监督企业银行存款的收入、支出和结存情况，企业应当设置"银行存款"账户，借方登记企业银行存款的增加，贷方登记企业银行存款的减少，期末借方余额反映期末企业实际持有的银行存款余额。

企业应设置银行存款总账和银行存款日记账，分别进行银行存款的总分类核算和明细分类核算。企业可按开户银行和其他金融机构、存款种类等设置"银行存款日记账"，根据收付款凭证，按照业务的发生顺序逐笔登记。每日终了，应结出余额。银行存款日记账应定期与银行对账单核对，月份终了，银行存款日记账的余额必须与银行存款总账的余额核对相符。

【例 5-5】 远洋公司收到甲公司归还前欠本企业货款的转账支票一张，金额 80 000 元，公司将支票和填制的进账单送交开户银行。根据银行盖章退回的进账单第一联和有关原始凭证，编制会计分录如下。

  借：银行存款   80 000
    贷：应收账款——甲公司   80 000

【例 5-6】 远洋公司采用汇兑结算方式，委托银行将款项 23 000 元划转给乙公司。以偿还前欠货款。根据开户银行退回的汇款回单，编制会计分录如下。

  借：应付账款——乙公司   23 000
    贷：银行存款   23 000

三、银行存款的核对

（一）银行存款核对的内容

为保证银行存款核算的真实、准确，及时纠正银行存款账目可能发生的差错，准确地掌握企业可运用的银行存款实有数，保证银行存款账实相符，企业必须做好银行存款核对的工作。银行存款的核对主要包括以下三方面的内容。

（1）银行存款日记账与银行存款收、付款凭证互相核对，做到账证相符。

（2）银行存款日记账与银行存款总账互相核对，做到账账相符。

（3）银行存款日记账与银行对账单互相核对，做到账单相符，从而达到账实相符。

但在核对中往往会出现不一致，原因有两个：一是双方各自的记账错误，这种错误应由双方及时查明原因,予以更正;二是存在未达账项。所谓未达账项,是指企业与银行之间,由于凭证传递上的时间差,一方已登记入账,而另一方尚未入账的账项。在核对中发现未达账项,应编制"银行存款余额调节表"进行调节,调节后双方余额相等。

(二)银行存款余额调节表的编制

由于银行存款的收付有多种支付结算方式,收付凭证的传递又需要一定的时间,银行已完成了款项的收付但凭证还未到达企业,所以对同一笔业务,企业和银行各自入账的时间可能会不一致。

未达账项具体有以下四种情况。

(1)银行已收款记账,企业尚未收到银行的收账通知而未记账的款项。如企业委托银行收取的款项,银行办妥收款手续后入账,而收款通知尚未到达企业,企业尚未记增加。

(2)银行已付款记账,企业尚未收到银行的付款通知而未记账的款项。如银行向企业收取的借款利息、代企业支付的公用事业费用、到期的商业汇票付款等,银行办妥付款手续后入账,而付款通知未到达企业,企业尚未记减少。

(3)企业已收款记账,而银行尚未办妥入账手续的款项。如企业收到外单位的转账支票,填好进账单,并经银行受理盖章即可入账记增加,银行则要办妥转账手续后才能入账记增加。

(4)企业已付款记账,而银行尚未支付入账的款项。如企业签发转账支票后记存款减少,而持票人尚未到银行办理转账手续,银行尚未记减少。

出现未达账的(1)和(4)两种情况,会使银行对账单的余额大于企业银行存款账的余额;出现(2)和(3)两种情况,结果则相反。为了准确掌握企业可运用的银行存款实有数,合理调配使用资金,企业应通过编制"银行存款余额调节表",对未达账项进行调节。

银行存款余额调节表的具体编制方法是,在银行与企业的存款账面余额的基础上,加上各自的未收款再减去各自的未付款,然后计算出各自的余额。经调节后,双方余额如果相等,说明双方记账没有错误,该余额就是企业银行存款的实有数;双方余额如果不相等,表明记账有差错,应立即查明原因。属于本企业原因的,应按规定的改错方法进行更正;属于银行方面的原因,应及时通知银行更正。

【例5-7】　远洋公司2023年6月30日的银行存款日记账的账面余额为185 300元,银行对账单上的企业存款余额为176 500元,经逐笔核对,发现有以下未达账项:6月29日公司收到其他单位的转账支票18 200元,银行尚未入账;6月30日,公司开出转账支票6 200元,持票人尚未到银行办理转账,银行尚未入账;6月30日,公司委托银行代收款项5 900元,银行已收妥入账,公司尚未收到银行的收款通知,公司尚未入账;6月30日,银行代公司支付水费2 700元,公司尚未接到银行的付款通知,公司尚未入账。

根据以上未达账项,编制银行存款余额调节表如表5-1所示。

表5-1　银行存款余额调节表　　　　　单位:元

项　　目	金　额	项　　目	金　额
企业银行存款账户余额	185 300	银行对账单余额	176 500
加:银行已收,企业未收	5 900	加:企业已收,银行未收	18 200
减:银行已付,企业未付	2 700	减:企业已付,银行未付	6 200
调整后的存款余额	188 500	调整后的存款余额	188 500

表 5-1 调整后的余额相等，表示双方记账没有错误，调整后的余额就是企业目前银行存款的实有数。但需要说明的是，企业在调节表上的未达账项不是记账，也不能据此进行账面调整，要待结算凭证到达后再进行账务处理，登记入账。银行存款余额调节表只是为了核对账目，不能作为调整银行存款账面余额的记账依据。

企业应加强对银行存款的管理，并定期对银行存款进行检查，如果有确凿证据表明存在银行或其他金融机构的款项已经部分不能收回，或者全部不能收回的（例如，吸收存款的单位已宣告破产，其破产财产不足以清偿的部分，或者不能全部清偿的），应当作为当期损失，借记"营业外支出"科目，贷记"银行存款"科目。

第三节　其他货币资金

一、其他货币资金的内容

其他货币资金是指企业除库存现金、银行存款以外的其他各种货币资金，包括外埠存款、银行汇票存款、银行本票存款、信用卡存款、信用保证金存款和存出投资款等。

从某种意义上说，其他货币资金也是一种银行存款，但是其他货币资金承诺了专门用途的存款，不能像结算户存款那样可随时安排使用，所以专设"其他货币资金"账户对其进行核算。该账户属于资产类，借方登记增加数，贷方登记减少数，期末借方余额反映其他货币资金的实存数。"其他货币资金"科目应设置"外埠存款""银行汇票""银行本票""信用卡""信用证保证金"和"存出投资款"等明细账户。

二、其他货币资金的账务处理

（一）外埠存款

外埠存款是指企业到外地进行临时或零星采购时，汇往采购地银行开立采购专户的款项。企业将款项汇往外地时，应填写汇款委托书，委托开户银行办理汇款。汇入地银行以汇款单位名义开立临时采购账户，该账户的存款不计利息，只付不收，付完清户，除了采购人员差旅费可从中提取少量现金外，一律采用转账结算。

企业将款项汇往外地开立采购专户，根据汇出款项凭证编制付款凭证时，借记"其他货币资金——外埠存款"科目，贷记"银行存款"科目；收到采购人员转来供应单位发票账单等报销凭证时，借记"原材料""材料采购""库存商品""应交税费——应交增值税（进项税额）"等科目，贷记"其他货币资金——外埠存款"科目；采购完毕，收回余款时，根据银行收账通知，借记"银行存款"科目，贷记"其他货币资金——外埠存款"科目。

【例 5-8】远洋公司派采购员到外地某市采购甲材料，委托当地开户银行汇款 50 000 元到采购地开立采购专户。根据收到的银行汇款回单联，编制会计分录如下。

借：其他货币资金——外埠存款　　　　　　　　　　　50 000
　　贷：银行存款　　　　　　　　　　　　　　　　　　　50 000

上述采购完成，收到采购员交来供应单位发票账单，共支付甲材料款项 46 330 元，其中价款 41 000 元，增值税 5 330 元。根据收到的有关账单，编制会计分录如下。

借：原材料——甲材料　　　　　　　　　　　　　　　41 000

应交税费——应交增值税（进项税额）	5 330
贷：其他货币资金——外埠存款	46 330

收到开户银行的收款通知，该账户的余款已经转回。根据收账通知，编制会计分录如下。

借：银行存款	3 670
贷：其他货币资金—外埠存款	3 670

（二）银行汇票存款

汇款单位（申请人）使用银行汇票，应向出票银行填写"银行汇票申请书"，填明收款人名称、汇票金额、申请人名称和申请日期等事项并签章，签章是其预留银行的签章。出票银行受理银行汇票申请书，收妥款项后签发银行汇票，并用压数机压印出票金额，将银行汇票和解讫通知一并交给申请人。申请人应将银行汇票和解讫通知一并交付给汇票上记明的收款人。收款人受理申请人交付的银行汇票时，应在出票金额以内，根据实际需要的款项办理结算，并将实际结算的金额和多余金额准确、清晰地填入银行汇票和解讫通知的有关栏内，到银行办理款项入账手续。收款人可以将银行汇票背书转让给被背书人。银行汇票的背书转让以不超过出票金额的实际结算金额为准。未填写实际结算金额或实际结算金额超过出票金额的银行汇票，不得背书转让。银行汇票的提示付款期限为自出票日起一个月，持票人超过提示付款期限的，银行不予受理。持票人向银行提示付款时，必须同时提交银行汇票和解讫通知，如缺少任何一联，银行不予受理。

银行汇票丢失，失票人可以凭人民法院出具的其享有票据权利的证明，向出票银行请求付款或退款。

企业填写了"银行汇票申请书"，将款项交存银行时，借记"其他货币资金——银行汇票"科目，贷记"银行存款"科目；企业持银行汇票购货，收到发票账单时，借记"材料采购""原材料""库存商品""应交税费——应交增值税（进项税额）"等科目，贷记"其他货币资金——银行汇票"科目；企业采购完毕收回剩余款项时，借记"银行存款"科目，贷记"其他货币资金——银行汇票"科目。

【例5-9】 远洋公司向银行提交"银行汇票申请书"并将款项100 000元交存开户银行，要求银行办理银行汇票并已取得汇票。根据银行盖章退回的申请书存根联，编制会计分录如下。

借：其他货币资金——银行汇票	100 000
贷：银行存款	100 000

远洋公司持汇票往异地采购材料，实际使用汇票支付材料价款70 000元，增值税9 100元。根据发票账单和有关凭证，编制会计分录如下。

借：原材料——甲材料	70 000
应交税费——应交增值税（进项税额）	9 100
贷：其他货币资金——银行汇票	79 100

银行汇票多余款项20 900元已退回企业开户银行。根据开户银行转来的银行汇票第四联（多余款收款通知），编制会计分录如下。

借：银行存款	20 900
贷：其他货币资金——银行汇票	20 900

（三）银行本票存款

银行本票分为不定额本票和定额本票两种。定额本票面额为 1 000 元、5 000 元、10 000 元和 50 000 元。银行本票提示的付款期限自出票日起最长不得超过两个月。在有效付款期内，银行见票付款。持票人超过付款期限提示付款的，银行不予受理。

申请人使用银行本票，应向银行填写"银行本票申请书"。申请人或收款人为单位的不得申请签发现金银行本票。出票银行受理银行本票申请书，收妥款项后签发银行本票，在本票上签章后交给申请人。申请人应将银行本票交付给本票上记明的收款人。收款人可以将银行本票背书转让给被背书人。

申请人因银行本票超过提示付款期限或其他原因要求退款时，应将银行本票提交到出票银行并出具单位证明。根据银行盖章退回的进账单第一联，借记"银行存款"科目，贷记"其他货币资金——银行本票"科目。出票银行对于在本行开立存款账户的申请人，只能将款项转入原申请人账户；对于现金银行本票和未到本行开立存款账户的申请人，才能退付现金。

银行本票丢失，失票人可以凭人民法院出具的其享有票据权利的证明，向出票银行请求付款或退款。

企业填写"银行本票申请书"，将款项交存银行时，借记"其他货币资金——银行本票"科目，贷记"银行存款"科目；企业持银行本票购货，收到有关账单时，借记"材料采购"或"原材料""库存商品""应交税费——应交增值税（进项税额）"等科目，贷记"其他货币资金——银行本票"科目。

【例 5-10】 远洋公司向银行交存"银行本票申请书"并将款项 3 000 元交存银行。取得银行本票时，根据银行盖章退回的申请书存根联，编制会计分录如下。

借：其他货币资金——银行本票　　　　　　　　　　　3 000
　　贷：银行存款　　　　　　　　　　　　　　　　　　　　3 000　·

（四）信用卡存款

凡在中华人民共和国境内金融机构开立基本存款账户的单位可申领单位卡。单位卡可申领若干张，持卡人资格由申领单位法定代表人或其委托的代理人书面指定和注销。单位卡账户的资金一律从其基本账户转账存入，不得交存现金，不得将销货收入的款项存入单位卡账户。持卡人可持信用卡在特约单位购物和消费，但单位卡不得用于 10 万元以上的商品交易、劳务供应款项的结算，不得支取现金。特约单位在每日营业终了，应将当日受理的信用卡签购单汇总，计算手续费和净额，并填写汇总单和进账单，连同签购单一并送交收单银行办理进账。

企业应填制"信用卡申请表"，连同支票和有关资料一并送存银行，根据银行盖章退回的进账单第一联，借记"其他货币资金——信用卡"科目，贷记"银行存款"科目；企业用信用卡购物或支付有关费用，收到开户银行转来的信用卡存款的付款凭证及所附发票账单，借记"管理费用"等科目，贷记"其他货币资金——信用卡"科目；企业信用卡在使用过程中，需要向其账户续存资金的，借记"其他货币资金——信用卡"科目，贷记"银行存款"科目；企业的持卡人如不需要继续使用信用卡时，应持信用卡主动到发卡银行办理销户，销卡时，信用卡余额转入企业基本存款户，不得支取现金，借记"银行存款"科目，贷记"其他货币资金——信用卡"科目。

【例 5-11】 远洋公司申请信用卡,将信用卡申请表连同 30 000 元的支票一并送交发卡银行,根据银行盖章退回的对账单第一联,编制会计分录如下。

借:其他货币资金——信用卡 30 000
　　贷:银行存款 30 000

远洋公司用信用卡购货和支付费用共 25 000 元,根据银行转来的付款凭证及所附发票账单(经核对无误),编制会计分录如下。

借:管理费用 25 000
　　贷:其他货币资金——信用卡 25 000

(五) 信用证保证金存款

信用证保证金存款是指企业为取得信用证按规定存入银行的保证金。

企业向银行申请开立信用证,应按规定向银行提交开证申请书、信用证申请人承诺书和购销合同,并向银行交纳保证金。企业用信用证保证金存款结算货款后,结余款可退回企业开户银行。

企业填写"信用证申请书",将信用证保证金交存银行时,应根据银行盖章退回的"信用证申请书"回单,借记"其他货币资金——信用证保证金"科目,贷记"银行存款"科目;企业接到开证行通知,根据供货单位信用证结算凭证及所附发票账单,借记"材料采购""原材料""库存商品""应交税费——应交增值税(进项税额)"等科目,贷记"其他货币资金——信用证保证金"科目;将未用完的信用证保证金存款余额转回开户银行时,借记"银行存款"科目,贷记"其他货币资金——信用证保证金"科目。

【例 5-12】 远洋公司要求银行对境外甲公司开立信用证支付 100 000 元,按规定向银行提交开证申请书、信用证申请人承诺书、购销合同及保证金 100 000 元。根据银行退回的进账单第一联,编制会计分录如下。

借:其他货币资金——信用证保证金 100 000
　　贷:银行存款 100 000

20 天后,远洋公司收到境外甲公司发来的材料及银行转来的信用证结算凭证及所附发票账单,共支付款项 90 400 元,其中价款 80 000 元,增值税 10 400 元。余款 9 600 元已退回企业开户银行。编制会计分录如下。

借:原材料 80 000
　　应交税费——应交增值税(进项税额) 10 400
　　贷:其他货币资金——信用证保证金 90 400
借:银行存款 9 600
　　贷:其他货币资金——信用证保证金 9 600

(六) 存出投资款

存出投资款是指企业已存入证券公司但尚未进行交易性金融资产的现金。企业向证券公司划出资金时,应按实际划出的金额,借记"其他货币资金——存出投资款"科目,贷记"银行存款"科目;购买股票、债券、基金等时,借记"交易性金融资产"等科目,贷记"其他货币资金——存出投资款"科目。

【例 5-13】　远洋公司向证券公司存入资金 200 000 元，10 天之后用该存款购买股票
150 000 元。款项存入证券公司，编制会计分录如下。

借：其他货币资金——存出投资款　　　　　　200 000
　　贷：银行存款　　　　　　　　　　　　　　　　　200 000

购买股票时，编制会计分录如下。

借：交易性金融资产　　　　　　　　　　　　150 000
　　贷：其他货币资金——存出投资款　　　　　　　150 000

 实训题

第五章
练习题

1. 远洋公司 2023 年 3 月发生如下经济业务。

（1）开出现金支票一张，向银行提取现金 1 000 元。

（2）职工王林出差，借支差旅费 1 500 元，以现金支付。

（3）收到甲单位交来的转账支票一张，金额为 50 000 元，用于归还上月
所欠货款，支票已送存银行。

（4）向乙企业采购 A 材料，收到的增值税专用发票上列明的价款为 100 000 元，增值税
税额为 13 000 元，企业采用汇兑结算方式将款项 113 000 元付给乙企业。A 材料已验收
入库。

（5）企业开出转账支票一张，归还前欠丙单位货款 20 000 元。

（6）职工王林出差回来报销差旅费，原借支 1 500 元，实报销 1 650 元，差额 150 元即用
现金给付。

（7）将现金 1 800 元送存银行。

（8）企业在现金清查中发现短缺 200 元，原因待查。

（9）上述短款原因已查明，是出纳员陈红工作失误造成的，陈红当即交回现金 200 元作
为赔偿。

要求：根据以上经济业务，编制会计分录。

2. 远洋公司 2023 年 3 月 31 日"银行存款日记账"账面余额 226 600 元，"银行对账单"
余额 269 700 元。经核对，存在未达账项如下。

（1）3 月 30 日，工厂销售产品，收到转账支票一张，金额为 23 000 元，银行尚未入账。

（2）3 月 30 日，工厂开出转账支票一张，支付购买材料款 58 500 元，持票单位尚未向银
行办理手续。

（3）3 月 31 日，银行代工厂收到销货款 24 600 元，工厂尚未收到收款通知。

（4）3 月 31 日，银行代工厂付出电费 17 000 元，工厂尚未收到付款通知。

要求：根据上述资料，编制银行存款余额调节表。

3. 远洋公司 2023 年 5 月发生如下经济业务。

（1）委托银行开出银行汇票 50 000 元，有关手续已办妥，采购员李强持汇票到外地 A 市
采购材料。

（2）采购员张山到外地 B 市采购材料，委托银行汇款 100 000 元到 B 市开立采购专户。

（3）李强在 A 市采购结束，增值税专用发票上列明的材料价款为 45 000 元，增值税税额

为 5 850 元,货款共计 50 580 元。已用银行汇票支付 50 000 元,差额 550 元采用汇兑结算方式补付,材料已验收入库。

(4) 张山在 B 市采购结束,增值税专用发票上列明的材料价款为 80 000 元,增值税税额为 10 400 元,货款共计 90 400 元,材料已验收入库。同时接到银行多余款收款通知,退回余款 9 600 元。

(5) 委托银行开出银行本票 20 000 元,有关手续已办妥。

(6) 购买办公用品 2 300 元,用信用卡付款。收到银行转来的信用卡存款的付款凭证及所附账单,经审核无误。

要求:根据以上经济业务,编制会计分录。

第六章

应收及预付款项

【知识目标】

通过本章的学习,熟悉应收票据的概念和种类;掌握应收票据的核算内容;掌握应收账款、其他应收款及预付账款的核算内容;掌握应收账款的减值损失的确认;理解相关核算账户的性质。

【技能目标】

结合应收及预付款项核算岗位要求,能正确认识各项应收款项业务发生时的原始凭证,正确审核原始凭证,正确编制记账凭证;根据记账凭证独立完成相关明细账和总账的登记。

【素质目标】

债权是归属于企业的一种权利,应当本着可靠、谨慎、客观的原则进行相关经济业务的处理,通过本章的学习,强化学生"守法奉公""坚持准则"的会计职业道德意识,提升对"清白做人,干净做事"价值观的认识,遵守会计准则与法规,树立起法治意识,承担起社会责任,明确商业信用的重要性,崇尚正义,树立科学谨慎的债权观。

应收及预付款项是指企业在日常生产经营过程中发生的各项债权,包括应收款项和预付款项。应收款项包括应收票据、应收账款和其他应收款等;预付款项则是指企业按照合同规定预付的款项。

第六章
案例引入

第一节 应 收 票 据

一、应收票据的概述

应收票据是指企业因销售商品、产品或提供劳务等而收到的商业汇票。商业汇票是一种由出票人签发的,委托付款人在指定日期无条件支付确定金额给收款人或者持票人的票据。

在银行开立存款账户的法人以及其他组织之间须具有真实的交易关系或债权债务关系,才能使用商业汇票。商业汇票的出票人是交易中的收款人或付款人,商业汇票须经承兑人承兑。承兑是汇票的付款人承诺在汇票到期日支付汇票金额的票据行为。商业汇票按承兑人不同分为商业承兑汇票和银行承兑汇票。商业承兑汇票,是指由收款人签发,付款人承兑,或由付款人签发并承兑的票据。商业承兑汇票的承兑人是付款人,也是交易中的购货企业。银行承兑汇票,是指由在承兑银行开立存款账户的存款人(承兑申请人)签发,并由承兑申请人向开户银行申请,经银行审查同意承兑的票据。银行承兑汇票的出票人是购货企业,承兑人和付款人是购货企业的开户银行,承兑银行应按票面金额的0.05%~0.1%向出票人收取手续费,目前并没有统一规定的电子银行承兑汇票承兑手续费,各个银行执行不同的标准。

商业汇票的付款期限由交易双方商定,但最长不得超过6个月。商业汇票的提示付款期限为自汇票到期日起10日内。商业承兑汇票到期时,如果付款人的存款不足支付票款或付款人存在合法抗辩事由拒绝支付的,付款人开户银行应填制付款人未付票款通知书或取得付款人的拒绝付款证明,连同商业承兑汇票邮寄至持票人开户银行转持票人,银行不负责付款,由购销双方自行处理。银行承兑汇票的出票人应于汇票到期前将票款足额交存其开户银行。承兑银行应在汇票到期日或到期日后的见票当日支付票款。如果出票人于汇票到期日未能足额交存票款的,承兑银行除凭票向持票人无条件付款外,还要对出票人尚未支付的汇票金额按照每天万分之五计收利息。

商业汇票可以背书转让。符合条件的商业汇票的持票人可持未到期的商业汇票连同贴现凭证向银行申请贴现。

二、应收票据的核算

按现行制度规定,企业收到开出承兑的商业汇票,无论是否带息,均按应收票据的票面价值入账。带息应收票据应于期末按票据的票面价值和确定的利率计提利息,并同时计入当期损益。

(一)应收票据取得和到期收回的核算

为反映应收票据的取得和收回情况,企业应设置"应收票据"账户,借方登记取得的应收票据的面值,贷方登记到期收回票款或到期前向银行贴现的应收票据的票面余额,期末余额在借方,反映企业持有的商业汇票的票面余额。"应收票据"账户可按照开出、承兑商业汇票的单位进行明细核算,并设置"应收票据备查簿",逐笔登记商业汇票的种类、号数,出票日、票面金额、交易合同号、付款人、承兑人、背书人的姓名或单位名称、到期日、背书转让日、贴现日、贴现率和贴现净额,以及收款日和收回金额、退票情况等资料。商业汇票到期结清票款或退票后,在备查簿中应予注销。

1. 不带息应收票据的核算

企业收到商业汇票时,按票面金额借记"应收票据"科目,按实现的营业收入,贷记"主营业务收入"等科目,按专用发票上注明的增值税税额,贷记"应交税费——应交增值税(销项税额）"科目。企业收到应收票据以抵偿应收账款时，借记"应收票据"科目，贷记"应收账款"科目。应收票据到期收回时，按票面金额，借记"银行存款"科目，贷记"应收票据"科目。

【例 6-1】 远洋公司向甲公司销售产品一批，价款 70 000 元，增值税 9 100 元，收到由甲公司开出并承兑的面值为 79 100 元，期限为 3 个月的商业承兑汇票一张。编制会计分录如下。

```
借：应收票据                              79 100
    贷：主营业务收入                           70 000
        应交税费——应交增值税（销项税额）         9 100
```

3 个月后，应收票据到期，票面金额 79 100 元已收存银行。编制会计分录如下。

```
借：银行存款                              79 100
    贷：应收票据                               79 100
```

如果企业持有的商业承兑汇票到期，因付款人无力支付票款，企业收到银行退回的商业汇票、委托收款凭证、未付票款通知书或拒绝付款证明等，应将到期票据的票面金额转入"应收账款"账户。

如果 3 个月后甲公司无力偿还票款，编制会计分录如下。

```
借：应收账款——甲公司                      79 100
    贷：应收票据                               79 100
```

2. 带息应收票据的核算

带息应收票据到期收回时，收取的票款等于应收票据的票面价值加上票据利息。

$$票据到期值＝应收票据票面价值＋应收票据利息$$

应收票据利息是按照票据上载明的利率和期限计算的。

$$应收票据利息＝应收票据票面价值×利率×期限$$

公式中的期限是指从票据签发日到到期日的时间间隔。在实务中，票据的期限一般有按月表示和按日表示两种。

票据期限按月表示时，不考虑各月份实际天数多少，统一按次月对日为整月计算，即以到期月份中与出票日相同的那一天为到期日。如 1 月 10 日签发期限为 3 个月的票据，到期日应为 4 月 10 日。月末签发的票据，不论月份大小，统一以到期月份的最后一日为到期日。如 1 月 31 日签发的期限分别为 1 个月、2 个月的票据，其到期日分别为 2 月 28 日（闰年为 2 月 29 日）、3 月 31 日。

票据期限按日表示时，统一按票据的实际天数计算，但通常在出票日和到期日这两天中，只计算其中的一天。如 1 月 31 日签发期限为 60 天的票据，到期日应为 4 月 1 日（假设当年 2 月为 28 天）。

公式中的利率一般按年利率表示。但当票据期限按月表示时，要将年利率换算成月利率（年利率÷12），应收票据利息按票面价值、票据期限（月数）和月利率计算。当票据期限按天数表示时，要将年利率换算成日利率（年利率÷360），应收票据利息按票面价值、票据期限（天数）和日利率计算。

带息应收票据到期，应当计算票据利息。对于尚未到期的带息应收票据，企业应在期末按应收票据的票面价值和确定的利率计提利息，计提的利息增加应收票据的账面余额，同时冲减当期财务费用。

【例 6-2】 远洋公司 2023 年 3 月 1 日向乙公司销售产品一批,价款 30 000 元,增值税税额 3 900 元,收到乙公司当日签发的面值为 33 900 元、期限为 60 天(到期日为 4 月 30 日)的银行承兑汇票一张,票面利率为 8%。编制会计分录如下。

借:应收票据   33 900
　　贷:主营业务收入   30 000
　　　　应交税费——应交增值税(销项税额)   3 900

4 月 30 日,票据到期,票据面值及利息共计 34 352 元,已存入银行。

$$应收票据利息 = 33\,900 \times 8\% \div 360 \times 60 \approx 452(元)$$
$$票据到期价值 = 33\,900 + 452 = 34\,352(元)$$

编制会计分录如下。

借:银行存款   34 352
　　贷:应收票据   33 900
　　　　财务费用   452

【例 6-3】 远洋公司 2023 年 10 月 1 日向丙公司销售产品一批,价款 100 000 元,增值税税额为 13 000 元,收到丙公司当日签发的面值为 113 000 元、期限为 6 个月(到期日为 2024 年 4 月 1 日)的商业承兑汇票一张,票面利率为 8%。

收到票据时,编制会计分录如下。

借:应收票据   113 000
　　贷:主营业务收入   100 000
　　　　应交税费——应交增值税(销项税额)   13 000

年度终了(2023 年 12 月 31 日),根据权责发生制原则,计提票据利息。

$$票据利息 = 113\,000 \times 8\% \div 12 \times 3 \approx 2\,260(元)$$

编制会计分录如下。

借:应收票据   2 260
　　贷:财务费用   2 260

票据到期收回款项(2024 年 4 月 1 日)。

$$收款金额 = 113\,000 \times (1 + 8\% \div 12 \times 6) \approx 117\,520(元)$$
$$2024 年计提的利息 = 113\,000 \times 8\% \div 12 \times 3 \approx 2\,260(元)$$

编制会计分录如下。

借:银行存款   117 520
　　贷:应收票据   115 260
　　　　财务费用   2 260

企业对带息应收票据也可按月计提利息。如果带息应收票据到期不能收回,企业应当按票据的账面余额转入"应收账款"科目核算,期末不再计提利息,其所包含利息,在有关备查簿中进行登记,待实际收到时再冲减收到当期的财务费用。

(二) 应收票据转让的核算

企业将持有的应收票据背书转让,以取得所需物资时,按应计入取得物资成本的价值,借记"材料采购""在途物资""原材料""库存商品"等科目,按专用发票上注明的增值税税额,借记"应交税费——应交增值税(进项税额)"科目,按应收票据的账面余额,贷记"应收票据"

科目,如有差额,借记或贷记"银行存款"科目。如果企业背书转让的为带息应收票据,除上述规定借记有关科目,贷记"应收票据"科目外,还应按尚未计提的利息,贷记"财务费用"科目,按应收或应付的金额,借记或贷记"银行存款"科目。

【例 6-4】 远洋公司向丁公司采购材料,材料价款 57 000 元,增值税税额 7 410 元,款项共计 64 410 元,材料已验收入库。企业将一票面金额为 60 000 元的不带息票据背书转让,以偿付丁公司货款,同时,差额 4 410 元当即以银行存款支付。编制会计分录如下。

借:原材料   57 000
 应交税费——应交增值税(进项税额)   7 410
 贷:应收票据   60 000
  银行存款   4 410

(三)应收票据贴现的核算

票据贴现是指持票人为了解决临时的资金需要,将未到期的票据在背书后送交银行,银行受理后从票据到期值中扣除按银行贴现率计算确定的贴现利息,然后将余额付给持票人,作为银行对企业提供短期贷款的行为。可见,票据贴现是以票据向银行借入短期资金,其实质是企业融通资金的一种形式。

在票据贴现中,不带息票据的到期值就是其票面价值;带息票据的到期值就是其票面价值加上到期利息。票据贴现日至票据到期日的间隔期为贴现天数,但通常是在贴现日与到期日两天中,只计算其中的一天。贴现中所使用的利率称为贴现率。贴现银行按贴现率计算扣除的利息称为贴现息。贴现银行将票据到期值扣除贴现息后支付给企业的资金额称为贴现净额。相关计算公式如下。

$$贴现天数＝贴现日至票据到期日实际天数－1$$
$$贴现息＝票据到期值×贴现率÷360×贴现天数$$
$$贴现净额＝票据到期值－贴现息$$

按照中国人民银行《支付结算办法》的规定,承兑人在异地的,贴现利息的计算应另加三天的划款日期。

企业将未到期的票据进行贴现可分为不附追索权的贴现和附追索权的贴现。

(1)不附追索权的商业汇票贴现,是指在票据到期日,因为商业汇票未获付款,或到期前未获承兑或其他法定原因发生,使贴现银行放弃对贴现申请人的追索权,贴现申请人不负连带责任。此时,可以认为贴现业务符合"风险和报酬实质上已转移"这一条件,贴现企业应终止确认应收票据。贴现时根据票据是否带息,应作如下会计处理。如果是不带息票据,根据票据贴现净额借记"银行存款"科目,根据票据账面价值贷记"应收票据"科目,根据贴现利息借记"财务费用"科目;如果是带息票据,根据票据贴现净额借记"银行存款"科目,根据票据账面价值贷记"应收票据"科目,票据账面价值与贴现净额的差额借记或贷记"财务费用"科目。

【例 6-5】 2023 年 3 月 31 日,远洋公司收到当日签发的 6 个月到期,票据面值为600 000 元不带息银行承兑汇票一张;8 月 31 日,远洋公司持该应收票据向银行贴现,贴现率为 10%,不附追索权,则计算如下。

$$票据到期值＝600 000 元$$
$$贴现利息＝600 000×10\%÷12×1＝5 000(元)$$

贴现净额＝600 000－5 000＝595 000(元)

编制会计分录如下。

借:银行存款　　　　　　　　　　　　　　595 000
　财务费用——贴现利息　　　　　　　　　　5 000
　　贷:应收票据　　　　　　　　　　　　　　　　600 000

【例 6-6】　承例 6-5,假定以上为带息票据,票面利率 6％,远洋公司于中期期末计提了票据利息,其他条件不变。

2023 年 6 月 30 日,计提票据利息时,增加应收票据的账面余额。

借:应收票据　　　　　　　　　　　　　　9 000
　　贷:财务费用——利息　　　　　　　　　　　9 000
　　　　票据到期值＝600 000＋600 000×6％÷12×6＝618 000(元)
　　　　贴现利息＝618 000×10％÷12×1＝5 150(元)
　　　　贴现净额＝618 000－5 150＝612 850(元)

编制会计分录如下。

借:银行存款　　　　　　　　　　　　　　612 850
　　贷:应收票据　　　　　　　　　　　　　　　609 000
　　　　财务费用——贴现利息　　　　　　　　　3 850

票据到期时,无论出票人是否有能力付款,因贴现企业不承担连带偿付责任,所以不需做任何会计处理。

(2)附追索权的贴现业务是指在票据到期日,商业汇票未获付款,或到期前未获承兑或其他法定原因发生,贴现银行没有放弃对贴现人的追索权时,贴现申请人负未按期付款的连带责任。此时,应收票据贴现不符合金融资产终止确认条件,应将贴现所得确认为一项金融负债,即作为短期借款处理。企业以应收票据向银行贴现时,要承担因背书而在法律上负有的连带偿还责任,如果票据到期后,承兑人不予如期付款,贴现企业有责任向贴现银行兑付。这种有可能发生的特殊的现时义务,是企业的一项或有负债。按照《企业会计准则第 13 号——或有事项》的规定,企业因贴现而形成的或有负债应在会计报表附注中予以披露。

由于应收票据是由付款人承兑的票据,具有较强的法律效力,相对于一般的债权而言,应收票据发生坏账的风险比较小,所以对企业持有的应收票据不得计提坏账准备。

第二节　应收账款

应收账款是指企业因销售商品、提供劳务等经营活动,应向购货单位或接受劳务单位收取的款项,主要包括企业销售商品或提供劳务等应向有关债务人取得的价款,以及代购货单位垫付的包装费、运杂费等。

一、应收账款的确认和计价

(一)应收账款的确认时间

应收账款应于收入实现时予以确认,即以收入确认日作为入账时间。关于收入实现的具体条件将在以后章节介绍。

（二）应收账款的计价

应收账款的计价就是确定应收账款的入账金额，并合理估计可收回的金额。企业因销售发生的应收账款按照实际发生的金额计量和记录。实际发生的金额包括货款和代税务部门征收的增值税，也包括代购货单位垫付的运杂费。由于企业在销售时往往实行折扣的办法，会不同程度地影响应收账款及相应的销售收入的计价，所以企业在对应收账款计价时，还需要考虑商业折扣和现金折扣等因素的影响。

1. 商业折扣和现金折扣

商业折扣是指企业为了促进销售而在商品标价上给予的扣除。例如，企业为鼓励购货方购买更多的商品而规定购买 10 件以上者给予 10% 的折扣，或每购买 10 件送 1 件；再如，企业为尽快出售一些残次、陈旧、冷背的商品而进行降价销售，降低的价格也属于商业折扣。

商业折扣
现金折扣

现金折扣是指债权人为鼓励债务人在规定的期限内付款，而向债务人提供的债务扣除。现金折扣通常发生在以赊销方式销售商品及提供劳务的交易中。企业为了鼓励债务人提前偿付货款，通常与债务人达成协议，债务人在不同的期限内付款可享受不同比例的折扣。现金折扣一般用符号"折扣/付款期限"表示。例如，符号"$2/10, 1/20, N/30$"表示买方在 10 天内付款可按售价给买方 2% 的折扣，在第 11～20 天内付款按售价给买方 10% 的折扣，在第 21～30 天内付款则不给折扣。

2. 总价法和净价法

现金折扣使销售方的应收账款的收回金额随着客户付款时间的不同而有差异，必然对应收账款的入账价值产生影响。对于这种影响，会计上有两种处理方法可供选择，即总价法和净价法。

总价法是将未扣减现金折扣前的金额作为实际售价，记作应收账款的入账价值。在这种方法下，只有客户在折扣期限内付款时，企业才确认现金折扣，并把它视为一项企业融通资金的成本，在会计上作为财务费用处理。我国的会计实务采用此方法。

净价法是将扣减现金折扣后的金额作为实际售价，记作应收账款的入账价值。在这种方法下，把客户为取得现金折扣而在折扣期内付款视为正常现象，将客户由于超过折扣期限付款而使销售方多收入的金额视为提供信贷而获得的收入，在会计上作为利息收入入账。

二、应收账款的核算

为反映应收账款的发生与收回情况，企业应设置"应收账款"账户。借方登记应收账款的发生，贷方登记收回的款项、改用商业汇票结算及转销为坏账的应收账款，期末借方余额反映企业尚未收回的应收账款。该账户应按不同的购货单位设置明细账，进行明细核算。

【例 6-7】 远洋公司向甲公司销售一批产品，发票上价款 50 000 元，增值税 6 500 元，付款条件为"$2/10, 1/20, N/30$"。销售产品时，编制会计分录如下。

借：应收账款——甲公司   56 500

    贷：主营业务收入   50 000

| 应交税费——应交增值税（销项税额） | 6 500 |

如果甲公司在 10 天内付款,付款额为 55 370 元(56 500−56 500×2%)。收到款项时,编制会计分录如下。

借:银行存款	55 370
财务费用	1 130
贷:应收账款——甲公司	56 500

如果甲公司在第 11~20 天内付款,则付款额为 55 935 元(56 500−56 500×1%)。收到款项时,编制会计分录如下。

借:银行存款	55 935
财务费用	565
贷:应收账款——甲公司	56 500

如果甲公司超过 20 天付款,则不能享受现金折扣优惠,需按全额支付。收到款项时,编制会计分录如下。

| 借:银行存款 | 56 500 |
| 　贷:应收账款——甲公司 | 56 500 |

【例 6-8】　远洋公司向乙公司销售一批产品,按照价目表上标明的价格计算,其售价为 30 000 元。由于是老客户,企业给予 10%的商业折扣,金额为 3 000 元,远洋公司开出的发票上标明的价款为 27 000 元,增值税税额为 3 510 元,产品发运时,企业以转账支票支付代垫运费 850 元。上述款项按合同规定采用托收承付结算方式结算。该企业根据有关的发票账单向银行办妥托收手续后,编制会计分录如下。

借:应收账款——乙公司	31 360
贷:主营业务收入	27 000
应交税费——应交增值税（销项税额）	3 510
银行存款	850

乙公司验单或验货后承付款项,该企业收到银行转来的收款通知,编制会计分录如下。

| 借:银行存款 | 31 360 |
| 　贷:应收账款——乙公司 | 31 360 |

如果应收账款改用商业汇票结算,在收到承兑的商业汇票时,按照票面价值,借记"应收票据"科目,贷记"应收账款"科目。

企业的应收账款如果因债务方发生财务困难而无法如期收回时,可与债务方协商进行债务重组,并进行相关账务处理。

第三节　其他应收款

一、其他应收款的内容

其他应收款是指企业除应收票据、应收账款、预付账款等以外的其他各种应收及暂付款项。其主要包括以下内容。

(1) 应收的各种赔款、罚款,如因企业财产等遭受意外损失而应向有关保险公司收取的赔款等。

（2）应收的出租包装物租金。

（3）应向职工收取的各种垫付款项，如为职工垫付的水电费、应由职工负担的医药费、房租费等。

（4）存出保证金，如租入包装物的押金。

（5）不设置"备用金"账户的企业拨出的备用金。

（6）其他各种应收、暂付款项。

二、其他应收款的账务处理

为反映和监督其他应收款的发生和结算情况，企业应设置"其他应收款"账户。该账户是资产类账户，借方登记各种其他应收款项的发生，贷方登记其他应收款项的收回，期末借方余额反映企业尚未收回的其他应收款。该账户应按其他应收款的项目分类，并按不同的债务人设置明细账户，进行明细核算。企业拨出用于投资、购买物资的各种款项，不得在本账户核算。

企业发生其他应收款时，按应收金额借记"其他应收款"科目，贷记有关科目。企业收回各种款项时，借记有关科目，贷记"其他应收款"科目。

【例 6-9】 远洋公司向甲公司购买物品，借用包装物，以银行存款支付包装物押金 800 元。编制会计分录如下。

借：其他应收款——包装物押金（甲公司）　　　　　800

　　贷：银行存款　　　　　　　　　　　　　　　　　800

以后退回包装物，收回押金时，编制会计分录如下。

借：银行存款　　　　　　　　　　　　　　　　　800

　　贷：其他应收款——包装物押金（甲公司）　　　　800

【例 6-10】 远洋公司因自然灾害造成材料毁损，保险公司已确认赔偿损失 100 000 元。编制会计分录如下。

借：其他应收款——应收保险赔款　　　　　　100 000

　　贷：待处理财产损溢——待处理流动资产损溢　　100 000

以后收到赔款时，编制会计分录如下。

借：银行存款　　　　　　　　　　　　　　100 000

　　贷：其他应收款——应收保险赔款　　　　　100 000

三、备用金的核算

备用金制度是指企业拨付给内部用款单位或职工个人作为零星开支的备用款项。对于备用金，企业可单独设置"备用金"账户进行核算；不设置"备用金"账户的，其核算在"其他应收款——备用金"账户中进行。

按照对备用金管理方式的不同，备用金可分为定额备用金和非定额备用金两种。

（一）定额备用金制度

定额备用金是指用款单位按定额持有的备用金。实行这种制度，通常是根据用款单位的实际需要,由财会部门会同有关用款单位核定备用金定额并拨付款项,同时规定其用途和报销期限,待用款单位实际支用后,凭有效单据向财会部门报销,财会部门根据报销数用现金补足备用金定额。报销数和拨补数都不再通过"其他应收款"账户核算。这种方法便于企业对备用金的使用进行控制,并可减少财会部门日常的核算工作,一般适用于有经常性费用开支的内部用款单位。

【例 6-11】 远洋公司总务科实行定额备用金制度,财会部门根据核定的备用金定额2 000 元开出现金支票拨付。编制会计分录如下。

借:其他应收款——备用金(总务科)　　　　　　　　　2 000
　　贷:银行存款　　　　　　　　　　　　　　　　　　　　2 000

【例 6-12】 总务科向财会部门报销日常办公用品费用 1 530 元,财会部门经审核有关单据后,同意报销,并以现金补足定额。编制会计分录如下。

借:管理费用　　　　　　　　　　　　　　　　　　　　1 530
　　贷:库存现金　　　　　　　　　　　　　　　　　　　　1 530

(二)非定额备用金制度

非定额备用金是指用款单位或个人不按固定定额持有的备用金。当用款单位或个人因进行零星采购、出差或其他日常开支需要用备用金时,是按需要逐次借用和报销的。

【例 6-13】 采购员张山出差借支差旅费 1 500 元,以现金支付。编制会计分录如下。

借:其他应收款——备用金(张山)　　　　　　　　　　1 500
　　贷:库存现金　　　　　　　　　　　　　　　　　　　　1 500

【例 6-14】 采购员张山出差回来报销差旅费 1 350 元,交回现金 150 元。编制会计分录如下。

借:管理费用　　　　　　　　　　　　　　　　　　　　1 350
　　库存现金　　　　　　　　　　　　　　　　　　　　　 150
　　贷:其他应收款——备用金(张山)　　　　　　　　　　1 500

第四节　预付账款

一、预付账款的内容

预付账款是指企业按照购货合同规定预付给供应单位的款项,属于企业的短期性债权。按现行制度规定,预付账款情况不多的企业,也可以将预付的款项直接记入"应付账款"账户的借方,不设置"预付账款"账户。但在期末编制财务报表时,需要对"应付账款"账户的明细账进行分析,分别填列"应付账款"和"预付款项"项目。

二、预付账款的账务处理

企业应设置"预付账款"账户对预付款项的付出和结算情况进行核算。该账户是资产类账户,借方登记预付、补付的款项,贷方登记收到所购物资的应付金额及退回的多付款项,期末借方余额反映企业实际预付的款项,期末如为贷方余额,反映企业尚未补付的款项。该账户应按供应单位设置明细账,进行明细核算。

【例6-15】 远洋公司向甲公司采购材料,按合同规定预付款项30 000元,以银行存款支付。编制会计分录如下。

借:预付账款——甲公司　　　　　　　　　　　　　　30 000

　　贷:银行存款　　　　　　　　　　　　　　　　　　　30 000

收到甲公司的材料和专用发票等单据,材料价款为45 000元,增值税为5 850元,材料验收入库。编制会计分录如下。

借:原材料　　　　　　　　　　　　　　　　　　　　45 000

　　应交税费——应交增值税(进项税额)　　　　　　　5 850

　　贷:预付账款——甲公司　　　　　　　　　　　　　　50 850

用银行存款补付款项20 850元。编制会计分录如下。

借:预付账款——甲公司　　　　　　　　　　　　　　20 850

　　贷:银行存款　　　　　　　　　　　　　　　　　　　20 850

【例6-16】 承例6-15,如果甲公司发来的材料价款为20 000元,增值税为2 600元,退回预付货款余额7 400元。编制会计分录如下。

借:原材料　　　　　　　　　　　　　　　　　　　　20 000

　　应交税费——应交增值税(进项税额)　　　　　　　2 600

　　贷:预付账款——甲公司　　　　　　　　　　　　　　22 600

借:银行存款　　　　　　　　　　　　　　　　　　　7 400

　　贷:预付账款——甲公司　　　　　　　　　　　　　　7 400

由于预付账款是企业为购货而发生的债权,收回该债权是以收到所购货物为条件,所以预付账款不得计提坏账准备。但是,如果有确凿证据表明企业的预付账款已不符合预付账款的性质,或者因供货单位破产、撤销等原因已无望再收到所购货物的,应将原计入预付账款的金额转入其他应收款。企业应按预计不能收到货物的预付账款账面余额,借记"其他应收款——预付账款转入"科目,贷记"预付账款"科目,并按应收款项计提与坏账准备要求相应的坏账准备。

第五节　应收款项的减值

一、应收款项减值损失的确认

企业的各项应收款项可能会因购货人拒付、破产、死亡等原因而无法收回,这种无法收回的款项就是坏账。企业因坏账而遭受的损失为坏账损失或减值损失。企业应在资产负债表日对应收款项的账面价值进行检查,有客观证据表明应收款项发生减值的,应将该应收款项的账面价值减记至预计未来现金流量现值,减记的金额确认为减值损失,同时计提坏账准备。

确定应收款项减值有两种方法:直接转销法和备抵法。其中,直接转销法只有坏账实际发生时,才将其确认为当期损益,账务处理简单,但是不符合权责发生制原则,也与资产定义相冲突。在资产负债表上应收账款是按账面余额而不是账面价值反映,一定程度上歪曲了期末的财务状况。我国企业会计准则规定确定应收款项的减值只能采用备抵法,不得采用直接转销法。

二、备抵法的核算

备抵法是指按期估计坏账损失,形成坏账准备,当某一应收款项(应收账款和其他应收款)全部或部分被确认为坏账时,应根据其金额冲减坏账准备,同时转销相应的应收款项金额的一种核算方法,计提坏账准备的方法和提取比例可由企业自行确定。为了核算企业提取的坏账准备,企业应设置"坏账准备"账户,该账户的贷方登记坏账准备的提取,借方登记的是坏账准备的转销,期末贷方余额反映的是企业已提取的坏账准备。在资产负债表上,应收款项的项目应按照减去已提取的坏账准备后的净额反映。

计提坏账准备的方法一般有账龄分析法和应收账款余额百分比法。坏账准备的提取方法一经确定,不得随意变更。

1. 账龄分析法

账龄分析法是指根据应收款项入账时间的长短来估计坏账损失的方法。一般来讲,账款拖欠的时间越长,发生坏账的可能性就越大,应提取的坏账准备金额就越多。账龄分析法据此原理,按应收款项入账的时间长短分为若干区段,并根据债务单位的财务状况、现金流量等情况,为每个区段规定一个坏账损失的百分比,入账时间越长,该比例越大。将各区段上的应收款项余额乘上坏账损失百分比,然后相加,即可确定估计的坏账损失总额,该坏账损失总额就是"坏账准备"账户的期末余额。

企业在估计出坏账损失总额后,应将其同"坏账准备"账户原账面金额进行比较,然后确定出本期应提取的坏账准备数额,并按该数额调整"坏账准备"账户,使其期限末余额与本期估计的坏账损失数额相符。

企业对不能收回的应收账款,应当查明原因,予以追究责任。对有确凿证据表明确实无法收回的应收账款,如债务单位已撤销、破产、资不抵债、现金流量严重不足等,根据企业的管理权限,经股东大会或董事会,或总经理办公会,或类似机构批准作为坏账损失,冲销提取的坏账准备。冲销时,借记"坏账准备"科目,贷记"应收账款"科目。如果已确认并转销的坏账在以后又收回,应恢复企业债权并冲回已转销的坏账准备金额。

【例 6-17】 远洋公司 2023 年 12 月 31 日应收账款账龄及估计坏账损失如表 6-1 所示,2023 年年初的"坏账准备"账户为贷方余额 29 000 元(按应收账款计提的部分),2023 年没有发生已确认并转销的坏账又收回的业务。

表 6-1 账龄分析和坏账损失估算表   单位:元

应收账款账龄	应收账款金额	估计坏账损失率/%	估计损失金额
未到期	896 000	1	8 960
逾期 1 年以下	134 000	5	6 700
逾期 1~2 年	69 700	20	13 940
逾期 2~3 年	14 000	50	7 000
逾期 3 年以上	2 000	100	2 000
合　计	1 115 700		38 600

表 6-1 中所计算出的坏账损失金额 38 600 元是指本年年末"坏账准备"账户的余额,由于"坏账准备"账户已有贷方余额 29 000 元,所以本年应计提的坏账准备数额为 9 600 元

（38 600－29 000），编制会计分录如下。

借：信用减值损失　　　　　　　　　　　　　　9 600
　　贷：坏账准备　　　　　　　　　　　　　　　　　9 600

如果 2023 年年初"坏账准备"账户为贷方余额 40 000 元，则本年应计提的坏账准备为－1 400 元（38 600－40 000）。这表明原已提取的坏账准备超过了期末应提取的坏账准备数，应冲回多提的坏账准备 1 400 元。编制会计分录如下。

借：坏账准备　　　　　　　　　　　　　　　　1 400
　　贷：信用减值损失　　　　　　　　　　　　　　　1 400

【例 6-18】 承例 6-17，远洋公司于 2024 年 4 月 20 日收回前已确认并转销的甲公司坏账 4 800 元；于 4 月 30 日确认已逾期 3 年尚未收回的乙公司款项 2 000 元为坏账，同时，由于丙公司破产，应收其款项 48 000 元也确认为坏账。2024 年 12 月 31 日编制的"账龄分析和坏账损失估算表"计算出的坏账损失额为 31 000 元（表略）。

4 月 20 日，收回已转销的坏账，编制会计分录如下。

借：应收账款——甲公司　　　　　　　　　　　4 800
　　贷：坏账准备　　　　　　　　　　　　　　　　　4 800
借：银行存款　　　　　　　　　　　　　　　　4 800
　　贷：应收账款——甲公司　　　　　　　　　　　　4 800

4 月 30 日，确认坏账，编制会计分录如下。

借：坏账准备　　　　　　　　　　　　　　　　50 000
　　贷：应收账款——乙公司　　　　　　　　　　　　2 000
　　　　　　　　——丙公司　　　　　　　　　　　48 000

由于在期末提取坏账准备前，"坏账准备"账户为借方余额 6 600 元（38 600＋4 800－50 000），所以本期应计提的坏账准备为 37 600 元（31 000＋6 600），编制会计分录如下。

借：信用减值损失　　　　　　　　　　　　　　37 600
　　贷：坏账准备　　　　　　　　　　　　　　　　　37 600

2. 应收账款余额百分比法

应收账款余额百分比法是根据会计期末应收账款的余额和估计的坏账准备提取比例估计坏账损失，计提坏账准备的方法。坏账准备提取比例由企业自行确定。

会计期末，当企业按估计的坏账率提取的坏账准备大于或小于"坏账准备"账面余额的，应按其差额补提或冲回多提的坏账准备。

【例 6-19】 远洋公司 2023 年年末应收账款余额为 853 600 元，"坏账准备"账户贷方余额 35 000 元，坏账准备的提取比例为 5%。

年末按应收账款余额计提的坏账准备

$$853\ 600×5\%=42\ 680（元）$$

年末应补提的坏账准备

$$42\ 680－35\ 000=7\ 680（元）$$

编制会计分录如下。

借：信用减值损失　　　　　　　　　　　　　　7 680
　　贷：坏账准备　　　　　　　　　　　　　　　　　7 680

若在计提坏账准备前,"坏账准备"账户的贷方余额大于 42 680 元,则应冲销多提的坏账准备。

备抵法弥补了直接转销法的不足,符合权责发生制及收入与费用相配比原则的要求。它一方面预计不能收回的应收款项并作为坏账损失及时计入费用,避免企业虚增利润;另一方面,在资产负债表上列示应收款项净额,避免企业虚列资产,能更真实地反映企业的财务状况,有利于加快企业资金周转。

三、其他应收款减值

其他应收款与应收账款一样,同样面临款项收不回来变成坏账的风险,所以企业应当定期或者至少于每年年度终了,对其他应收款进行检查,预计其可能发生的坏账损失,并计提坏账准备。计提坏账准备的方法、比例由企业自行确定,具体处理办法与"应收账款"基本相同。

企业对于不能收回的其他应收款应当查明原因,追究责任。对于确实无法收回的其他应收款,经批准后作为坏账的,应冲减提取的坏账准备,借记"坏账准备"科目,贷记"其他应收款"科目。

已确认并转销的坏账损失,如果以后又收回的,应按实际收回的金额借记"其他应收款"科目,贷记"坏账准备"科目;同时,借记"银行存款"科目,贷记"其他应收款"科目。

在资产负债表上,"其他应收款"项目应按减去已计提的坏账准备后的净额反映。

四、坏账准备的信息披露

企业在报表附注中应说明坏账的确认标准,以及坏账准备的计提方法和计提比例,并重点说明如下事项。

(1) 本年度全额计提坏账准备或计提坏账准备的比例较大的(计提比例一般超过 40% 的,下同),应单独说明计提的比例及理由。

(2) 以前年度已全额计提坏账准备或计提坏账准备的比例较大,但在本年度又全额或部分收回,或通过重组等其他方式收回的,应说明其原因、原估计计提比例的理由以及原估计计提比例的合理性。

(3) 对某些金额较大的应收款项不计提坏账准备或计提坏账准备比例较低(一般为 5% 或低于 5%)的理由。

(4) 本年度实际冲销的应收款项及其理由,其中实际冲销的关联交易产生的应收款项应单独披露。

在资产负债表上,"应收账款"项目应按照减去已计提的坏账准备后净额反映。

 实训题

1. 远洋公司某月份发生如下经济业务。

(1) 向甲公司销售产品一批,价款 50 000 元,增值税税额 6 500 元,采用托收承付结算方式结算,在产品发出时,以支票支付代垫运杂费 400 元,已向

第六章
练习题

银行办妥托收手续。

（2）上月应收乙公司货款 65 000 元，经协商用商业汇票结算。工厂已收到乙公司交来的一张 3 个月期限的商业承兑汇票，票面价值为 65 000 元。

（3）向丙公司销售产品一批，价款 100 000 元，增值税税额 13 000 元，付款条件为 2/10，1/20，N/30。

（4）接到银行通知，应收甲公司的货款 56 900 元已收妥入账。

（5）上述丙公司在第 10 天交来转账支票一张，支付货款 110 740 元。

要求：根据以上经济业务编制远洋公司的会计分录。

2. 远洋公司采用"应收账款余额百分比法"核算坏账损失。坏账准备的提取比例为 5%，相关资料如下。

（1）2023 年年初，"坏账准备"科目为贷方余额 8 450 元（按应收账款计提的部分，下同）。

（2）2023 年和 2024 年年末应收账款余额分别为 221 300 元和 122 500 元，这两年内没有发生坏账损失。

（3）2025 年 7 月，经有关部门批准确认一笔坏账损失，金额为 36 000 元。

（4）2026 年 11 月，上述已核销的坏账收回 18 000 元。

（5）2027 年年末，应收账款余额为 86 700 元。

要求：根据上述资料，计算各年应提的坏账准备，并编制远洋公司有关的会计分录。

3. 远洋公司发生如下经济业务。

（1）向甲公司销售产品一批，价款 200 000 元，增值税税额 26 000 元。收到甲公司交来一张已经银行承兑的，期限为 2 个月的不带息商业汇票、票面价值为 226 000 元。

（2）经协商将应收乙公司的货款 100 000 元改用商业汇票方式结算。已收到乙公司交来一张期限为 6 个月的带息商业承兑汇票，票面价值为 100 000 元，票面利率为 8%。

（3）上月收到的丙公司 1 个月期限的带息商业承兑汇票一张已到期，委托银行收款。现接到银行通知，因丙公司银行账户存款不足，到期票款没有收回。该票据的账面余额为 90 000 元，票面利率为 8%。

（4）应收丁单位一张 3 个月期限的银行承兑汇票已到期，该票据票面价值为 150 000 元，票面利率为 8%，款项已收存银行。

（5）将上述收到甲公司的商业汇票向银行贴现，贴现天数为 45 天，贴现率为 9%，贴现款已收存银行。

（6）上月向银行贴现的商业汇票到期，因承兑人（A 公司）无力支付，银行退回贴现票据，并在本企业银行账户中将票据本息划回。该票据的票面价值为 180 000 元，票面利率为 8%，半年期。

（7）年末，对上述尚未到期的应收乙单位的带息票据计提利息。公司已持有该票据 3 个月。

要求：根据以上经济业务编制远洋公司的会计分录。

4. 远洋公司采用预付款项的方式采购材料。

（1）6 月 3 日，向甲公司采购材料，开出转账支票一张，预付材料款 100 000 元。

（2）6 月 25 日，收到甲公司的材料及有关结算单据，材料价款为 100 000 元，增值税税额为 13 000 元，材料已验收入库。同时开出转账支票一张，补付材料款 13 000 元。

要求：根据上述经济业务编制远洋公司的会计分录。

第七章

存　货

第一节　存货概述

　　存货是企业流动资产的重要组成部分,是为企业带来经济效益的重要经济资源。其周转速度直接影响流动资产的利用效果,从而影响企业经济效益。存货的核算是计算和确定企业生产成本、销售成本和期末存货结存成本的重要内容,也是准确反映企业财务状况、正确计算企业经营成果的主要依据。

第七章
案例引入

一、存货的概念及确认

（一）存货的概念

存货是指企业在日常活动中持有以备出售的产成品或商品、处在生产过程中的在产品、在生产过程或提供劳务过程中耗用的材料和物料等，具体包括以下内容。

（1）原材料，是指企业在生产过程中经加工改变其形态或性质，并构成产品主要实体的各种原料及主要材料、辅助材料、外购半成品（外购件）、修理用备件（备品备件）、包装材料、燃料等。为建造固定资产等各项工程而储备的各种材料，虽然同属于材料，但由于建造固定资产等各项工程不符合存货的定义，所以不能作为企业的存货进行核算。

（2）在产品，是指企业正在制造但尚未完工的产品，包括正在各生产工序加工的产品，和已加工完毕但尚未检验或已检验但尚未办理入库手续的产品。

（3）半成品，是指经过一定生产过程并已检验合格交付半成品仓库保管，但还未制造完工成为产成品，仍需进一步加工的中间产品。但不包括从一个生产车间转给另一个生产车间继续加工的自制半成品，以及不能单独计算成本的自制半成品。

（4）产成品，是指工业企业已经完成全部生产过程并验收入库，可以按照合同规定的条件送交订货单位，或者可以作为商品对外销售的产品。企业接受外来原材料加工制造的代制品和为外单位加工修理的代修品，制造和修理完成验收入库后，应视同企业的产成品。

（5）商品，是指商品流通企业的商品，包括外购或委托加工完成验收入库用于销售的各种商品。

（6）委托代销商品，是指企业委托其他单位代销的商品。

（7）委托加工物资，是指企业因技术和经济等原因，委托外单位代加工的各种材料、商品等物资。

（8）周转材料，是指企业能够多次使用，逐渐转移其价值但仍保持原有形态不确认为固定资产的材料，如包装物和低值易耗品，以及企业（建造承包商）的钢模板、木模板、脚手架和其他周转使用的材料等。

（9）包装物，是指为包装本企业商品而储备的各种包装容器，如桶、箱、瓶、坛、袋等。

（10）低值易耗品，是指不能作为固定资产的各种用具物品，如工具、管理用具、玻璃器皿、劳动保护用品等。

（二）存货的确认条件

企业的存货除了要符合存货的定义外，按照《企业会计准则第 1 号——存货》的规定，同时还要满足以下两个条件方可确认。

1. 与存货有关的经济利益很可能流入企业

企业在确认存货时，需要判断与该项存货相关的经济利益是否很可能流入企业。在实务中，主要通过判断与该项存货所有权相关的风险和报酬是否转移到了企业来确定。其中，与存货所有权相关的风险是指由于经营情况发生变化造成的相关收益的变动，以及由于存货滞销、毁损等原因造成的损失；与存货所有权相关的报酬是指在出售该项存货或其经过进一步加工取得的其他存货时获得的收入，以及处置该项存货实现的利润等。

2. 存货的成本能够可靠地计量

成本能够可靠地计量也是资产确认的一个基本条件。存货作为企业资产的一个组成部分,要予以确认也必须能够对其成本进行可靠的计量,即必须以取得确凿的证据为依据,并且要具有可验证性。

只有符合存货的定义,同时具备上述两个条件的存货,才可以在资产负债表上作为存货项目加以列示。

二、存货的特点

由于存货是企业以销售或耗用为目的而储存的各种实物资产,经常处在不断销售和耗用之中,具有鲜明的流动性,所以存货属于流动资产范畴,与其他资产相比具有如下特点。

1. 存货是一项具有实物形态的有形资产

存货包括原材料、在产品、产成品及商品和周转材料等各类具有物质实体的材料物资,因而有别于应收款项、投资和无形资产等没有实物形态的资产,也不同于库存现金和银行存款等货币资金。

2. 存货属于流动资产,具有较大的流动性

存货通常都将在一年或超过一年的一个营业周期内被销售或耗用,并不断地被重置,因而属于一项流动资产,具有较强的变现能力和较大的流动性,但其流动性又低于货币资金、交易性金融资产和应收款项等其他流动资产项目。存货的这一特征,使之明显不同于固定资产和在建工程等具有物质实体的非流动资产。

3. 存货以在正常生产经营过程中被销售或耗用为目的而取得

企业持有存货的目的在于准备在正常经营过程中予以出售,如商品、产成品及准备直接出售的半成品等;或者仍处在生产过程中,待制成产成品后再予以出售,如在产品、半成品等;或者将在生产过程或提供劳务过程中被耗用,如材料和物料、周转材料等。企业在判断一个资产项目是否属于存货时,必须考虑取得该资产项目的目的,即在生产经营过程中的用途或所起的作用。

4. 存货具有时效性和发生潜在损失的可能性

在正常的生产经营活动中,存货能够有规律地转换为货币资金或其他流动资产,但长期不能耗用或销售的存货就有可能变为积压物资或降价销售,从而造成企业的损失,所以应该在期末对存货计提跌价准备。

三、存货成本的确定

存货应当按成本进行初始计量。存货成本包括采购成本、加工成本和其他成本。

(一)存货的采购成本

存货的采购成本包括购买价款、相关税费、运输费、装卸费、保险费以及其他可归属于存货采购成本的费用。

存货的购买价款是指购货发票账单上所列明的价款,但不包括按规定可予抵扣的增值税税额。

存货的相关税费是指企业购买存货发生的进口关税以及购买、自制或委托加工存货发

生的消费税、资源税和不能从增值税销项税额中抵扣的进项税额等应计入存货采购成本的税费。

其他可归属于存货采购成本的费用是指存货采购过程中发生的除上述各项费用以外的仓储费、包装费、运输途中的合理损耗和入库前的挑选整理费用等可直接归属于存货采购成本的费用。这些费用能分清负担对象的，应直接计入存货的采购成本，不能分清负担对象的，应选择合理的分配方法，分配计入有关存货的采购成本。分配方法通常包括按所购存货的重量或采购价格的比例进行分配。

但是，对于采购过程中发生的物资毁损、短缺等，除合理的损耗应作为存货的"其他可归属于存货采购成本的费用"计入采购成本外，应根据不同情况进行会计处理。

（二）存货的加工成本

存货的加工成本是指在存货的加工过程中发生的追加费用，包括直接人工及按照一定方法分配的制造费用。其中，直接人工是反映企业在生产过程中，直接从事产品生产的工人的职工薪酬。制造费用是指企业为生产产品和提供劳务而发生的各项间接费用。

（三）存货的其他成本

其他成本是指除了采购成本、加工成本以外的，使存货达到目前场所和状态所发生的其他支出。企业设计产品发生的设计费通常计入当期损益，但是为了特定客户设计产品所发生的，可直接确定的设计费用应计入存货的成本。

其他途径取得的
存货成本

根据存货会计准则的规定，企业发生的下列费用应当在发生时确认为当期损益，不计入存货成本：非正常消耗的直接材料、直接人工和制造费用；仓储费用（不包括在生产过程中为达到下一个生产阶段所必需的费用）；不能归属于使存货达到目前场所和状态的其他支出。

第二节　存货核算

本节主要以原材料核算为例说明存货的核算方法，因为原材料是制造业存货的重要组成部分，会计上对原材料的核算也具有很好的代表性。原材料的日常收发及结存可以采用实际成本核算，也可以采用计划成本核算。值得注意的是，实际成本法和计划成本法在原材料购入阶段的核算上有所区别，进而影响其发出阶段的核算。

一、原材料收发按实际成本计价的核算

实际成本法是指企业日常对各种原材料的购入、发出和结存均按照实际成本在其总账和明细账中进行登记核算的一种方法。实际成本法通常适用于规模较小、存货品种简单和采购业务不多的企业。

（一）账户设置

在实际成本法下，为反映原材料的购入、增减变动情况及变动后的结果，一般应设置"原材料""在途物资"等账户。

1. "原材料"账户

"原材料"账户核算企业库存的各种原材料（包括原料及主要材料、辅助材料、外购半成

品、修理用备件和燃料等)的实际成本。该账户借方登记验收入库的各种原材料的实际成本,贷方登记发出的各种原材料实际成本,期末余额在借方,反映企业库存原材料的实际成本。该账户应按照材料的保管地点、材料的类别、品种或规格设置明细账进行明细核算。

企业的材料品种规格复杂,收发频繁。明细分类核算是按材料品种、规格、类别反映材料收发、结存的数量和金额,具体包括数量核算和价值核算两部分。数量核算主要由仓库人员负责,即在仓库设置材料卡片,核算各种材料收发结存的数量。价值核算由财会人员负责,即会计部门设置材料明细账,核算各种材料收发结存的数量和金额;或把材料卡片和明细账合为一套账,由仓库人员负责登记数量,财会人员定期到仓库稽核收货单,并在材料收发凭证上标价,登记金额,账册平时放在仓库。

材料卡片一般按材料类别和编号顺序排列,或按类别装订成活页账,以便保管。

材料明细分类账又称数量金额式明细账,由财会部门按材料品种和规格设置,采用收、发、余三栏式。

2.“在途物资”账户

“在途物资”账户核算企业已支付货款但尚未运到企业或尚未验收入库的各种材料实际成本。该账户借方登记已支付的材料货款及采购费用,贷方登记验收入库的在途材料实际成本,期末余额在借方,反映尚未验收入库材料的实际成本,即在途材料的实际成本。该账户应按照供应单位名称和材料品种设置明细账进行明细核算。

3.“应付账款”账户

“应付账款”账户核算企业因购买材料、商品和接受劳务等经营活动应支付的款项。该账户贷方登记发生的应付账款,借方登记偿还的应付账款,期末余额一般在贷方,反映企业尚未支付的应付款项。该账户按供应单位设置明细账,分别反映企业与各单位的结算情况。

4.“预付账款”账户

“预付账款”账户核算企业按照合同规定预付给供应单位的货款。该账户借方登记企业预付的货款和收到货物后补付的货款,贷方登记企业购货应付的货款及退回预付时多付的货款,期末借方余额反映企业实际预付的货款,期末贷方余额反映企业尚未支付的货款。预付账款情况不多的企业,可以不设置该账户,将此业务在“应付账款”账户中核算。

5.“应交税费”账户

“应交税费”账户下设“应交增值税”明细账户进行核算。该账户的借方登记企业购货或接受应税劳务支付的进项税额,贷方登记销售货物或提供应税劳务所收取的销项税额,期末借方余额反映企业尚未抵扣的增值税,期末贷方余额反映企业应交的增值税。

(二)原材料入库的核算

企业原材料的来源有外购、自制、委托外单位加工完成、接受其他单位投入和接受捐赠等,不同来源的原材料其会计处理不同。

1.外购原材料

企业从外部购入材料时,由于采购地点和结算方式的不同,材料的入库和货款的支付在时间上不一定完全同步,相应地,其会计处理也会有所不同。从结算凭证取得和材料验收入库在时间上是否一致来看,通常把外购材料及其核算分为以下情况。

(1)发票账单与材料同时到达。在单料同到的情况下,应根据入库材料的实际成本,借记“原材料”科目,根据入库材料的增值税额借记“应交税费——应交增值税(进项税额)”科目，根据实际付款的金额贷记"银行存款""其他货币资金"科目，或根据已签发并承兑商业汇票贷记"应付票据"科目，或贷记"应付账款"科目。

【例 7-1】　远洋公司购入甲材料一批，增值税专用发票上记载的货款为 300 000 元，增值税税额 39 000 元，对方代垫运杂费 1 000 元及增值税税额为 90 元，途中合理损耗 2 千克，材料已验收入库，全部款项已用转账支票付讫。编制会计分录如下。

借：原材料——甲材料　　　　　　　　　　　　301 000
　　应交税费——应交增值税（进项税额）　　　　39 090
　　贷：银行存款　　　　　　　　　　　　　　　　　340 090

【例 7-2】　远洋公司采用托收承付结算方式购入一批钢材料，货款为 50 000 元，增值税税额为 6 500 元，对方代垫保险费 1 000 元及增值税税额 60 元，银行转来的结算凭证已到，款项尚未支付，入库前挑选整理费 2 000 元，以银行存款支付，材料已验收入库，不考虑其他税费。编制会计分录如下。

借：原材料——钢材料　　　　　　　　　　　　53 000
　　应交税费——应交增值税（进项税额）　　　　6 560
　　贷：应付账款　　　　　　　　　　　　　　　　　57 560
　　　银行存款　　　　　　　　　　　　　　　　　2 000

（2）发票账单已到、材料未到。在单到料未到的情况下，应根据有关结算凭证中记载的材料价款借记"在途物资"科目，根据材料的增值税税额借记"应交税费——应交增值税（进项税额）"科目，根据实际付款金额贷记"银行存款""其他货币资金"科目，或根据已签发并承兑商业汇票贷记"应付票据"科目，或"应付账款"科目。

【例 7-3】　远洋公司采用汇兑结算方式购入乙材料一批，货款 20 000 元，增值税税额为 2 600 元，运费 600 元，增值税税额为 54 元，发票等结算凭证已收到，远洋公司签发并承兑一张面值为 24 066 元商业汇票，但材料尚未到达。编制会计分录如下。

借：在途物资　　　　　　　　　　　　　　　　20 600
　　应交税费——应交增值税（进项税额）　　　　2 654
　　贷：应付票据　　　　　　　　　　　　　　　　　23 254

【例 7-4】　承例 7-3，上述购入的乙材料已收到，并验收入库。编制会计分录如下。

借：原材料——乙材料　　　　　　　　　　　　20 600
　　贷：在途物资　　　　　　　　　　　　　　　　　20 600

（3）材料已到、发票账单未到。在料到单未到的情况下，企业在收到材料验收入库时暂不作账务处理，只将有关的入库凭证单独保管，待购货的结算凭证到达后，再按单料同到情况处理。如果会计期末结算凭证仍未到达本企业，应按货物清单或相关合同协议上的价格暂估入账，不需要将增值税的进项税额暂估入账，借记"原材料"科目，贷记"应付账款——暂估应付账款"科目，下月初用红字冲回，待取得相关增值税扣税凭证并经认证后，按单料同到的情况处理。

【例 7-5】　远洋公司采用委托收款结算方式购入丙材料一批，材料已验收入库，月末发票账单尚未收到，即无法确定其实际成本，按暂估价值 50 000 元入账。编制会计分录如下。

借：原材料——丙材料　　　　　　　　　　　　50 000
　　贷：应付账款——暂估应付账款　　　　　　　　　50 000

下月初作相反的会计分录予以冲回。

借:应付账款——暂估应付账款 50 000

　　贷:原材料——丙材料 50 000

【例 7-6】 承例 7-5,上述购入的丙材料于次月收到发票账单,增值税专用发票上记载的货款为 50 000 元,增值税税额为 6 500 元,对方代垫保险费 2 000 元,增值税税额 120 元,已用银行存款支付。编制会计分录如下。

借:原材料——丙材料 52 000

　　应交税费——应交增值税(进项税额) 6 620

　　贷:银行存款 58 620

(4) 货款已经预付,材料尚未验收入库。

【例 7-7】 远洋公司根据与甲公司的购销合同规定,为购买丁材料向甲公司预付 200 000 元货款的 40%,计 80 000 元,已通过汇兑方式汇出。编制会计分录如下。

借:预付账款 80 000

　　贷:银行存款 80 000

【例 7-8】 承例 7-7,远洋公司收到该企业运来的丁材料,已验收入库。有关发票账记载,该批货物的货款为 200 000 元,增值税税额为 26 000 元,对方代垫运杂费 3 000 元及增值税税额 270 元,所欠款项以银行存款付讫。编制会计分录如下。

① 材料入库时。

借:原材料——丁材料 203 000

　　应交税费——应交增值税(进项税额) 26 270

　　贷:预付账款 229 270

② 补付货款时。

借:预付账款 149 270

　　贷:银行存款 149 270

2. 自制原材料

自制并已验收入库的原材料,按实际成本借记"原材料"科目,贷记"生产成本"科目。

3. 委托外单位加工完成的原材料

委托外单位加工完成并已验收入库的原材料,按其实际成本,借记"原材料"科目;按专用发票上注明的增值税税额,借记"应交税费——应交增值税(进项税额)"科目;按准予抵扣的消费税,借记"应交税费——应交消费税"科目;按实际成本和支付的增值税等流转税,贷记"委托加工物资""应付账款"等科目。

4. 接受其他单位投入的原材料

企业接受其他单位以原材料作价投资时,应按评估确认的价值,借记"原材料"科目;按照专用发票上注明的增值税税额,借记"应交税费——应交增值税(进项税额)"科目;按投资合同或协议约定的投资者在企业注册资本或股本中所占份额的部分,贷记"实收资本"或"股本"科目,其差额贷记"资本公积"科目。

5. 接受捐赠的原材料

企业接受捐赠的原材料,按捐赠实物的发票、报关单、有关协议以及同类实物的市场价格等资料确定的价值,借记"原材料"科目;按照专用发票注明的增值税税额,借记"应交税费——应交增值税（进项税额）"科目；按照两者之和，贷记"营业外收入"科目。

（三）原材料出库的核算

1. 存货发出的计价方法

在日常工作中，企业发出的存货，可以按实际成本核算，也可以按计划成本核算。如果采用计划成本核算，会计期末应调整为实际成本。

企业应当根据各类存货的实物流转方式、企业管理的要求、存货的性质等实际情况，合理地确定发出存货成本的计算方法，以及当期发出存货的实际成本。对于性质和用途相同的存货，应当采用相同的成本计算方法确定发出存货的成本。在实际成本核算方式下，企业可以采用的发出存货成本的计价方法，包括先进先出法、月末一次加权平均法、移动加权平均法、个别计价法等。

（1）先进先出法。先进先出法是指以先购入的存货应先发出（销售或耗用）这样一种存货实物流动假设为前提，对发出存货进行计价的一种方法。采用这种方法，先购入的存货成本在后购入存货成本之前转出，据此确定发出存货和期末存货的成本。其具体方法是，收到存货时，逐笔登记收到存货的数量、单价和金额；发出存货时，按照先进先出的原则逐笔登记存货的发出成本和结存金额。

这种方法可以随时结转存货发出的成本，但比较烦琐。如果存货收发业务较多且存货单价不稳定时，其工作量较大。在物价上涨时，期末存货成本接近于市价，而发出成本偏低，会高估企业利润和库存存货价值；反之，会低估企业存货价值和当前利润。

【例 7-9】 远洋公司 2023 年 6 月甲材料的购进、发出和结存情况如表 7-1 所示。

表 7-1　存货明细账

存货类别：　　　　　　　　　　　　　　　　　　　　　　　　　　计量单位：件
存货编号：　　　　　　　　　　　　　　　　　　　　　　　　　　最高存量：
存货名称及规格：甲材料　　　　　　　　　　　　　　　　　　　　最低存量：

| 2023年 | | 凭证编号 | 摘要 | 购进 | | | 发出 | | | 结存 | | |
月	日			数量	单价	金额	数量	单价	金额	数量	单价	金额
6	1		期初结存							300	20	6 000
	5		购进	200	22	4 400				500		
	7		发出				400			100		
	16		购进	300	23	6 900				400		
	18		发出				200			200		
	27		购进	200	25	5 000				400		
6	30		期末结存	700		16 300	600			400		

采用先进先出法计算的甲材料本月发出和期末结存成本如下。

6 月 7 日发出甲材料成本 $= 300 \times 20 + 100 \times 22 = 8\,200$（元）

6 月 18 日发出甲材料成本 $= 100 \times 22 + 100 \times 23 = 4\,500$（元）

期末结存甲材料成本 $= 200 \times 23 + 200 \times 25 = 9\,600$（元）

（2）月末一次加权平均法。月末一次加权平均法是指以本月全部进货数量加上月初存货数量作为权数，去除本月全部进货成本加上月初存货成本，计算出存货的加权平均单位成本,以此为基础计算本月发出存货及期末存货成本的一种方法。其计算公式如下。

$$存货单位成本 = \frac{月初库存存货实际成本 + \sum 本月各批进货实际单位成本 \times 本月各批进货数量}{月初库存存货数量 + \sum 本月各批进货数量}$$

本月发出存货的成本＝本月发出存货的数量×存货单位成本

本月月末库存存货成本＝月末库存存货的数量×存货单位成本

或

本月月末库存存货成本＝月初库存存货的实际成本＋本月收入存货的实际成本
－本月发出存货的实际成本

【**例 7-10**】　承例 7-9,远洋公司 2023 年 6 月甲材料的购进、发出和结存情况如表 7-1 所示。采用月末一次加权平均法计算甲材料加权平均单位成本、本月发出甲材料和期末结存甲材料成本。其计算过程如下。

加权平均单位成本＝(6 000＋16 300)÷(300＋700)＝22.3(元)

本月发出甲材料成本＝(400＋200)×22.3＝13 380(元)

期末结存甲材料成本＝400×22.3＝8 920(元)

采用加权平均法只在月末一次计算加权平均单价,比较简单,有利于简化成本计算工作,但由于平时无法从账上提供发出和结存存货的单价及金额,所以不利于存货成本的日常管理与控制。另外,本月份的加权平均单价只能在月末计算,因而本月份往往要求使用上月份加权平均单价计算。

(3) 移动加权平均法。移动加权平均法是指在每次进货以后,即根据每次进货的成本加上原有库存存货的成本,除以每次进货数量加上原有库存存货的数量,计算新的平均单位成本,作为在下次进货前计算各次发出存货成本依据的一种方法。其计算公式如下。

$$存货的移动平均单位成本 = \frac{原有库存存货的实际成本 + 本次进货的实际成本}{原有库存存货数量 + 本次进货数量}$$

本次发出存货的成本＝本次发出存货数量×移动平均单位成本

本月月末库存存货成本＝月末库存存货的数量×月末存货的移动平均单位成本

【**例 7-11**】　承例 7-10,远洋公司 2023 年 6 月甲材料的购进、发出和结存情况见表 7-1。采用移动加权平均法计算甲材料加权平均单位成本、本月发出甲材料和期末结存甲材料成本。其计算过程如下。

6 月 5 日购进甲材料后的平均单位成本＝(6 000＋4 400)÷(300＋200)＝20.8(元)

6 月 7 日发出甲材料成本＝400×20.8＝8 320(元)

6 月 16 日购进甲材料后的平均单位成本＝(2 080＋6 900)÷(100＋300)≈22.5(元)

6 月 18 日发出甲材料成本＝200×22.5＝4 500(元)

6 月 27 日购进甲材料后的平均单位成本＝(4 500＋5 000)÷(200＋200)≈23.8(元)

本月发出甲材料成本＝8 320＋4 500＝12 820(元)

期末结存甲材料成本＝400×23.8＝9 520(元)

采用移动加权平均法能够使企业管理当局及时了解存货的结存情况,计算的平均单位成本以及发出和结存的存货成本比较客观。但由于每次购入都要计算一次平均单价,计算工作量较大,所以收发货较频繁的企业不适用此方法。

(4) 个别计价法。个别计价法也称个别认定法、具体辨认法、分批实际法。采用这一方法是假设存货具体项目的实物流转与成本流转相一致，按照各种存货逐一辨认各批发出存货和期末存货所属的购进批别或生产批别，分别按其购入或生产时所确定的单位成本，计算各批发出存货和期末存货成本的方法。采用这种方法时，把每一种存货的实际成本作为计算发出存货成本和期末存货成本的基础。

个别计价法的成本计算准确，符合实际情况，但在存货收发频繁情况下，其发出成本分辨的工作量较大。因此，这种方法适用于一般不能替代使用的存货、为特定项目专门购入或制造的存货以及提供的劳务，如珠宝、名画等贵重物品。

2. 原材料出库的核算

通常情况下，企业储备的各种原材料，主要是为车间生产经营或为管理部门管理生产而耗用的。由于企业发出材料的业务比较频繁、次数多、数量大，所以各种原材料的明细账应随时进行登记，但原材料的总账如果也根据相关的原始凭证进行登记，则材料核算的工作量就会太大。为了简化核算工作，会计实务中通常是在月末根据"领料单"或"限额领料单"中有关领料的单位、部门等加以归类，编制"发料凭证汇总表"，据以编制记账凭证、登记入账。发出材料实际成本的确定，可以由企业从使用的个别计价法、先进先出法、月末一次加权平均法和移动加权平均法等中选择。计价方法一经确定，不得随意变更。如需变更，应在附注中予以说明。

此外，还应根据材料发出的原因和不同用途进行会计处理：直接用于产品生产和辅助生产的材料，记入"生产成本"科目；车间管理部门耗用的材料，记入"制造费用"科目；企业行政管理部门领用的材料，记入"管理费用"科目；专设销售机构耗用的材料，记入"销售费用"科目；在建工程领用的材料，记入"在建工程"科目；对外销售原材料，记入"其他业务成本"科目。

【例 7-12】 远洋公司根据"发料凭证汇总表"的记录，6月基本生产车间领用甲材料500 000元，辅助生产车间领用甲材料40 000元，车间管理部门领用甲材料5 000元，行政管理部门领用甲材料4 000元，专设销售机构领用的甲材料1 000元，计550 000元。编制会计分录如下。

借：生产成本——基本生产成本	500 000
——辅助生产成本	40 000
制造费用	5 000
管理费用	4 000
销售费用	1 000
贷：原材料——甲材料	550 000

【例 7-13】 远洋公司为自行建造管理用房屋一间，领用生产用原材料30 000元，该批原材料购入时的增值税税额为3 900元。编制会计分录如下。

借：在建工程	30 000
贷：原材料	30 000

【例 7-14】 远洋公司销售一批原材料，售价为20 000元，增值税为2 600元，款项存入银行。该批材料的成本为16 000元。编制会计分录如下。

借：银行存款	22 600
贷：其他业务收入	20 000
应交税费——应交增值税（销项税额）	2 600

借:其他业务成本	16 000	
贷:原材料		16 000

　　按实际成本进行材料核算时,可以按照材料的品种、规格反映收入、发出和结存材料的实际成本,这样能在产品成本中反映出材料的实际费用,核算结果比较准确,而且总分类核算也较简单。但是,材料收发实际成本的计算工作和材料收发凭证的计价工作比较繁重(例如,发出材料还需采用一定方法确定其单价);同时,材料收发凭证计价和材料明细账的登记往往不及时,更不能反映材料采购及自制成本节约和超支的情况。因此,这种核算方法一般适用于规模较小、所用材料较少的企业。在规模较大的企业中,对于单位价值较高、耗用量大的主要原材料,也可以采用这种方法核算。

二、原材料收发按计划成本计价的核算

　　原材料采用计划成本核算时,其材料的收发及结存,无论总分类核算还是明细分类核算,均按照计划成本计价。材料实际成本与计划成本的差异,通过"材料成本差异"账户核算。月末,计算本月发出材料应负担的成本差异并进行分摊,同时,根据领用材料的用途或部门记入相关账户,并将发出材料的计划成本调整为实际成本。

(一)账户设置

　　1."原材料"账户

　　"原材料"账户用于核算企业库存的各种材料的计划成本。该账户的借方登记入库材料的计划成本,贷方登记发出材料的计划成本,期末余额在借方,反映企业库存原材料的计划成本。该账户应按照材料的保管地点、材料的类别或品种设置明细账进行明细核算。

　　2."材料采购"账户

　　"材料采购"账户主要用于对购入材料的采购成本采用计划成本进行日常核算,属于资产类账户。借方登记外购材料的实际成本,以及结转入库材料的实际成本小于计划成本的差异额(节约额),贷方登记已经验收入库的材料的计划成本,以及结转入库材料的实际成本大于计划成本的差异额(超支额),期末余额在借方,表示在途材料的实际成本。可按供应单位和材料品种进行明细核算。

　　3."材料成本差异"账户

　　"材料成本差异"账户主要用于核算采用计划成本进行日常核算的各种材料的实际成本与计划成本的差异,属于资产类账户,是"原材料"等账户的调整账户。该账户反映已入库各种材料的实际成本与计划成本的差异,借方登记入库材料实际成本大于计划成本的超支差异,贷方登记入库材料实际成本小于计划成本的节约差异和发出材料应负担的成本差异(超支差异用蓝字登记,节约差异用红字登记),期末如果是借方余额,反映企业库存材料的超支差异,如果是贷方余额,反映企业库存材料的节约差异。该账户应区分"原材料""周转材料"等,按照类别或品种进行明细核算,不能使用一个综合差异率。

(二)购入原材料的核算

　　在计划成本法下,企业购入材料时,不论材料的入库和货款支付时间是否一致,只要企业取得发票账单等原始凭证,并以此计算出材料的实际采购成本,均应按实际成本借记"材料采购"科目,按专用发票上注明的增值税额,借记"应交税费——应交增值税(进项税额)"

科目,贷记"银行存款""其他货币资金""应付票据""应付账款"等科目;材料验收入库后,按计划成本借记"原材料"科目,贷记"材料采购"科目。同时,还应结转入库材料的成本差异,当实际成本大于计划成本时,借记"材料成本差异"科目,贷记"材料采购"科目;当实际成本小于计划成本时,借记"材料采购"科目,贷记"材料成本差异"科目。由于企业收入材料的业务比较频繁,为了简化核算,也可以将材料验收入库和结转成本差异的会计核算留待月末一次性进行。

（1）发票账单与材料同时到达。

【例 7-15】 远洋公司购入甲材料一批,货款为 400 000 元,增值税为 52 000 元,发票账单已收到,计划成本为 420 000 元,材料已验收入库,全部款项以银行存款支付。编制会计分录如下。

借:材料采购	400 000
应交税费——应交增值税（进项税额）	52 000
贷:银行存款	452 000

（2）发票账单已到、材料未到。

【例 7-16】 远洋公司采用汇兑结算方式购入甲材料一批,货款 30 000 元,增值税为 3 900 元,发票账单已收到,计划成本为 28 000 元,材料尚未入库。编制会计分录如下。

借:材料采购	30 000
应交税费——应交增值税（进项税额）	3 900
贷:银行存款	33 900

【例 7-17】 远洋公司采用商业承兑汇票方式购入甲材料一批,货款 40 000 元,增值税为 5 200 元,发票账单已收到,计划成本为 42 000 元,材料已验收入库。编制会计分录如下。

借:材料采购	40 000
应交税费——应交增值税（进项税额）	5 200
贷:应付票据	45 200

（3）材料已到、发票账单未到。

【例 7-18】 远洋公司采用托收承付结算方式购入甲材料一批,发票账单未到,月末按照计划成本为 80 000 元估价入账。编制会计分录如下。

借:原材料——甲材料	80 000
贷:应付账款——暂估应付账款	80 000

下月初用红字冲回。

借:原材料——甲材料	80 000（红字）
贷:应付账款——暂估应付账款	80 000（红字）

【例 7-19】 远洋公司 6 月末汇总本月已付款或已开出并承兑商业汇票的入库甲材料的计划成本共 490 000 元（420 000＋28 000＋42 000）。编制会计分录如下。

借:原材料——甲材料	490 000
贷:材料采购	490 000

入库材料的实际成本为 470 000 元（400 000＋30 000＋40 000）,入库材料的成本差异为节约额 20 000 元（490 000－470 000）。编制会计分录如下。

借:材料采购	20 000

贷:材料成本差异　　　　　　　　　　　　　　　　　　20 000

(三) 发出原材料的核算

在计划成本法下,原材料发出的核算同实际成本核算一样。财会部门应根据签收的各种领料单,按其用途分类汇总,月末一次编制"发料凭证汇总表",作为编制材料发出的记账凭证和登记总账的依据。由于各种发料凭证都是按计划成本计价的,因此编制的发出材料汇总表也是按计划成本反映的,月末需要根据本月的材料成本差异率来确定发出材料应负担的成本差异,从而将本月发出材料的计划成本调整为实际成本,以便企业能正确地计算产品的生产成本和当期的损益。

$$材料成本差异率 = \frac{月初结存材料成本差异 + 本月收入材料差异}{月初结存材料计划成本 + 本月收入材料计划成本} \times 100\%$$

发出材料应负担成本差异 = 发出材料计划成本 × 材料成本差异率

发出材料的实际成本 = 发出材料的计划成本 + 发出材料应负担成本差异

期末结存材料成本差异 = 期末结存材料计划成本 × 材料成本差异率

$$\begin{array}{l}期末结存原材料的\\实际成本\end{array} = \begin{array}{l}"原材料"账户\\借方余额\end{array} + \begin{array}{l}"材料成本差异"账户借方余额\\(或 - "材料成本差异"账户贷方余额)\end{array}$$

【例 7-20】　远洋公司根据"发料凭证汇总表"的记录,本月发出原材料的计划成本分别为,基本生产车间领用 200 000 元,辅助生产车间领用 60 000 元,车间管理部门领用 10 000 元,厂部管理部门领用 5 000 元。编制会计分录如下。

借:生产成本——基本生产成本　　　　　　　　　200 000
　　　　　　——辅助生产成本　　　　　　　　　 60 000
　　制造费用　　　　　　　　　　　　　　　　　 10 000
　　管理费用　　　　　　　　　　　　　　　　　　5 000
　贷:原材料　　　　　　　　　　　　　　　　　　　　　　275 000

【例 7-21】　远洋公司 5 月初结存材料的计划成本为 10 000 元,结存材料的成本差异为超支额 3 000 元;本月入库材料的计划成本为 490 000 元,本月入库材料成本差异为节约额 20 000 元。材料成本差异和各部门应负担的成本差异计算如下。

材料成本差异率 = (3 000 - 20 000) ÷ (10 000 + 490 000) = -3.4%

各部门领用材料应负担成本差异分别为

基本生产车间 = 200 000 × (-3.4%) = -6 800(元)

辅助生产车间 = 60 000 × (-3.4%) = -2 040(元)

车间管理部门 = 10 000 × (-3.4%) = -340(元)

厂部管理部门 = 5 000 × (-3.4%) = -170(元)

结转发出材料成本差异的会计分录如下。

借:生产成本——基本生产成本　　　　　　　　　6 800
　　　　　　——辅助生产成本　　　　　　　　　2 040
　　制造费用　　　　　　　　　　　　　　　　　 340
　　管理费用　　　　　　　　　　　　　　　　　 170
　贷:材料成本差异　　　　　　　　　　　　　　　　　9 350

上述计算过程有以下几点需要说明。

（1）材料的成本差异分为超支差异和节约差异两种情况。超支差异指实际成本大于计划成本形成的差异，节约差异指实际成本小于计划成本形成的差异。在计算成本差异率时，超支差异用正数表示，节约差异用负数表示。

（2）发出材料应分担的成本差异，必须按月分摊，不得在季末或年末一次计算，发出材料应分担的成本差异，除委托加工物资可按上月差异率计算外，其他都应使用当月的实际差异率。如果上月的成本差异率与本月的成本差异率相差不大，也可按上月的成本差异率计算。计算方法一经确定，不得随意变更。

（3）从理论上讲，我们在计算材料成本差异率时，分子材料成本差异的计算口径应该与分母原材料计划成本的计算口径保持一致。但是在实务中，通常情况下，企业在计算材料成本差异率时，也将未确认成本差异的已验收入库但尚未办理结算手续的原材料的计划成本作为计算的基数。只有在这类入库材料的数额巨大，且对成本差异分摊产生重大影响的情况下，才不把其考虑在计算基数之内。

企业按计划成本核算材料主要是简化了材料收发凭证的计价和明细账的登记工作，便于考核各类或各种材料采购业务的经营成果，分析材料采购成本超支或节约的原因，加强材料采购的管理工作。可以剔除材料价格变动对成本的影响，便于分析车间损耗的节约或浪费情况，考核车间的经营成果。另外，按计划成本进行材料核算，虽然简化了核算工作，但必须按照材料类别计算实际成本，调整发出材料的成本差异，因此，核算的准确性要差些。这种方法一般适用于材料品种、规格繁多，材料计划成本比较准确、稳定的企业。

三、周转材料

周转材料是指企业能够多次使用，逐渐转移其价值但仍保持原有形态不确认为固定资产的材料，如包装物和低值易耗品等。

（一）包装物

1. 包装物的定义

包装物是指为包装本企业商品而储备的各种包装容器，如桶、箱、瓶、坛、袋等。其核算内容包括生产过程中用于包装产品作为产品组成部分的包装物，随同商品出售而不单独计价的包装物，随同商品出售而单独计价的包装物，出租或出借给购买单位使用的包装物。

2. 包装物的账务处理

为反映和监督包装物的增减变化及其价值损耗、结存等情况，企业应设置"周转材料——包装物"账户进行核算。对于生产领用包装物，应根据领用包装物的实际成本或计划成本，借记"生产成本"科目，贷记"周转材料——包装物""材料成本差异"等科目。随同商品出售而不单独计价的包装物，应于包装物发出时，按其实际成本计入销售费用，借记"销售费用"科目，贷记"周转材料——包装物""材料成本差异"等科目。随同商品出售且单独计价的包装物，一方面应反映其销售收入，计入其他业务收入，借记"银行存款"等科目，贷记"其他业务收入""应交税费"等科目；另一方面应反映其实际销售成本，计入其他业务成本，借记

"其他业务成本"科目,贷记"周转材料——包装物""材料成本差异"等科目。

(1)生产领用包装物的会计处理。

【例7-22】 远洋公司对包装物采用计划成本核算,某月生产产品领用包装物的计划成本为 200 000 元,材料成本差异率为−5%,编制会计分录如下。

借:生产成本   190 000
　　贷:周转材料——包装物   200 000
　　　　材料成本差异 $\boxed{10\ 000}$

(2)随同商品出售包装物的会计处理。

【例7-23】 远洋公司销售商品领用不单独计价的包装物一批,其计划成本为 60 000 元,材料成本差异率为−5%。编制会计分录如下。

借:销售费用   57 000
　　贷:周转材料——包装物   60 000
　　　　材料成本差异 $\boxed{3\ 000}$

【例7-24】 远洋公司销售商品领用单独计价的包装物一批,其计划成本为 8 0000 元,销售收入为 100 000 元,增值税额为 13 000 元,款项已存入银行。该包装物的材料成本差异率为 5%。编制会计分录如下。

① 销售单独计价的包装物。

借:银行存款   113 000
　　贷:其他业务收入   100 000
　　　　应交税费——应交增值税(销项税额)   13 000

② 转结出售单独计价的包装物成本。

借:其他业务成本   84 000
　　贷:周转材料——包装物   80 000
　　　　材料成本差异   4 000

出租或出借的包装物应当根据使用次数分次进行摊销,有关分次摊销法参见例 7-26。

(二)低值易耗品

1.低值易耗品的内容

低值易耗品通常被视同存货,作为流动资产进行核算和管理,一般划分为一般工具、专用工具、替换设备、管理用具、劳动保护用品和其他用具等。

2.低值易耗品的账务处理

为了反映和监督低值易耗品的增减变化及其结存情况,企业应当设置"周转材料——低值易耗品"账户,借方登记低值易耗品的增加,贷方登记低值易耗品的减少,期末余额在借方,通常反映企业期末结存低值易耗品的金额。

低值易耗品等企业的周转材料符合存货定义和条件的,按照使用次数分次计入成本费用。金额较小的,可在领用时一次计入成本费用,以简化核算,但为加强实物管理,应当在备查簿上进行登记。

低值易耗品的摊销方法有一次摊销法和分次摊销法。

(1)一次摊销法。采用一次摊销法摊销低值易耗品,在领用低值易耗品时,将其价值一次性、全部计入有关资产成本或者当期损益，主要适用于价值较低或极易损坏的低值易耗品的摊销。

【例 7-25】 远洋公司某生产车间领用一般工具一批，实际成本为 3 000 元，全部计入当期制造费用。编制会计分录如下。

> 借：制造费用　　　　　　　　　　　　　　　3 000
> 　贷：周转材料——低值易耗品　　　　　　　　　　　3 000

（2）分次摊销法。采用分次摊销法摊销低值易耗品，低值易耗品在领用时摊销其账面价值的单次平均摊销额。分次摊销法适用于可供多次反复使用的低值易耗品。在采用分次摊销法的情况下，需要单独设置"周转材料——低值易耗品——在用""周转材料——低值易耗品——在库""周转材料——低值易耗品——摊销"明细账户。

【例 7-26】 远洋公司某生产车间领用专用工具一批，实际成本为 100 000 元，采用分次摊销法进行摊销。该专用工具的估计使用次数为 2 次。编制会计分录如下。

① 仓库发出低值易耗品时。

> 借：周转材料——低值易耗品——在用　　　　　100 000
> 　贷：周转材料——低值易耗品——在库　　　　　　　100 000

② 领用时摊销其价值的一半。

> 借：制造费用　　　　　　　　　　　　　　　50 000
> 　贷：周转材料——低值易耗品——摊销　　　　　　　50 000

③ 报废时摊销其价值的另一半。

> 借：制造费用　　　　　　　　　　　　　　　50 000
> 　贷：周转材料——低值易耗品——摊销　　　　　　　50 000

④ 冲销在用低值易耗品的成本。

> 借：周转材料——低值易耗品——摊销　　　　　100 000
> 　贷：周转材料——低值易耗品——在用　　　　　　　100 000

四、委托加工物资

（一）委托加工物资的内容

委托加工物资是指企业委托外单位加工的各种材料、商品等物资。企业委托外单位加工物资的成本包括加工中实际耗用物资的成本和支付的加工费用及应负担的运杂费等。

支付的税金包括委托加工物资所应负担的消费税（指属于消费税应税范围的加工物资）等。

需要交纳消费税的委托加工物资，加工物资收回后直接用于销售的，由受托方代收代交的消费税应计入加工物资成本；如果收回的加工物资用于继续加工的，由受托方代收代交的消费税应先记入"应交税费——应交消费税"账户的借方，按规定用以抵扣加工的消费品销售后所负担的消费税。

（二）委托加工物资的核算

为反映和监督委托加工物资增减变动及其结存情况，企业应当设置"委托加工物资"账户。委托加工物资也可以采用计划成本或售价进行核算，其方法与库存商品相似。

1. 发出物资的核算

企业发给外单位加工物资时,根据发出物资的实际成本,借记"委托加工物资"科目,贷记"原材料""库存商品"等科目。如果采用计划成本或售价核算的,还应同时结转材料成本差异或商品进销差价,贷记或借记"材料成本差异"科目,或"商品进销差价"科目。

2. 支付加工费、运杂费等的核算

企业向受托加工单位支付加工费、运杂费等时,借记"委托加工物资"科目,贷记"银行存款"科目。需要交纳消费税的委托加工物资,由受托方代收代交的消费税,借记"委托加工物资"科目(收回后用于直接销售的)或"应交税费——应交消费税"科目(收回后用于继续加工的),贷记"应付账款""银行存款"等科目。

3. 加工完成验收入库的核算

企业收回委托外单位加工完成验收入库的物资和剩余的物资,按加工收回物资的实际成本和剩余物资的实际成本,借记"库存商品"等科目,贷记"委托加工物资"科目。

【例 7-27】　远洋公司委托丁公司加工商品一批(属于应税消费品)1 000 件,发出材料一批,计划成本为 50 000 元,材料成本差异率 4%。支付该商品的加工费 20 000 元,支付应当交纳的消费税 8 000 元,该商品收回后用于连续生产,消费税可抵扣,远洋公司和丁公司是一般纳税人适用增值税税率 13%。以银行存款支付往返运杂费 5 000 元,上述商品 1 000 件(每件计划成本为 80 元)加工完毕,公司已办理验收入库手续。远洋公司编制会计分录如下。

(1) 发出材料时。

借:委托加工物资　　　　　　　　　　　　　　52 000
　　贷:原材料　　　　　　　　　　　　　　　　　50 000
　　　　材料成本差异　　　　　　　　　　　　　 2 000

(2) 支付商品加工费时。

借:委托加工物资　　　　　　　　　　　　　　20 000
　　应交税费——应交消费税　　　　　　　　　 8 000
　　　　　　——应交增值税(进项税额)　　　　 2 600
　　贷:银行存款　　　　　　　　　　　　　　　30 600

(3) 支付运杂费时。

借:委托加工物资　　　　　　　　　　　　　　 5 000
　　贷:银行存款　　　　　　　　　　　　　　　 5 000

(4) 加工完毕商品验收入库时。

借:库存商品　　　　　　　　　　　　　　　　80 000
　　贷:委托加工物资　　　　　　　　　　　　　77 000
　　　　产品成本差异　　　　　　　　　　　　　 3 000

五、库存商品

(一)库存商品的概念

库存商品是指企业已完成全部生产过程并已验收入库、合乎标准规格和技术条件,可以按照合同规定的条件送交订货单位,或可以作为商品对外销售的产品,以及外购或委托加工完成验收入库用于销售的各种商品。

库存商品具体包括库存产成品、外购商品、存放在门市部准备出售的商品、发出展览的商品、寄存在外的商品、接受来料加工制造的代制品和为外单位加工修理的代修品等。已完成销售手续，但购买单位在月末未提取的产品，不应作为企业的库存商品，而应作为代管商品处理，单独设置代管商品备查簿进行登记。

库存商品可采用实际成本核算，也可采用计划成本核算，其方法与原材料相似。采用计划成本核算时，库存商品实际成本与计划成本的差异可单独设置"产品成本差异"账户核算。

为反映和监督库存商品的增减变化及其结存情况，企业应当设置"库存商品"账户。借方登记验收入库的库存商品成本，贷方登记发出的库存商品成本，期末余额在借方，反映各种库存商品的实际成本或计划成本。

（二）库存商品的核算

1. 验收入库商品

对于库存商品采用实际成本核算的企业，当库存商品生产完成并验收入库时，应按实际成本，借记"库存商品"科目，贷记"生产成本——基本生产成本"科目。

【例7-28】 远洋公司商品入库汇总表记载，某月已验收入库的A产品1 000台，实际单位成本5 000元，共计5 000 000元，B产品2 000台，实际单位成本1 000元，共计2 000 000元。远洋公司应编制的会计分录如下。

```
借：库存商品——A产品                    5 000 000
            ——B产品                    2 000 000
  贷：生产成本——基本生产成本——A产品       5 000 000
                          ——B产品       2 000 000
```

2. 发出商品

企业销售商品、确认收入结转销售成本，借记"主营业务成本"等科目，贷记"库存商品"科目。

【例7-29】 远洋公司月末汇总的发出商品中，当月已实现销售的A产品有500台，B产品有1 500台。该月A产品的实际单位成本5 000元，B产品的实际单位成本1 000元。在结转其销售成本时，远洋公司应编制的会计分录如下。

商品流通企业的
库存商品核算

```
借：主营业务成本                        4 000 000
  贷：库存商品——A产品                  2 500 000
            ——B产品                  1 500 000
```

第三节　存　货　清　查

一、存货清查的内容

存货清查是指通过对存货的实地盘点，确定存货的实有数量，并与账面结存数核对，从而确定存货实存数与账面结存数是否相符的一种专门方法。

由于存货种类繁多、收发频繁，在日常收发过程中可能发生计量错误、计算错误、自然损耗,还可能发生损坏变质以及贪污、盗窃等情况,造成账实不符,形成存货的盘盈、盘亏。所以对于存货的盘盈、盘亏,应填写存货盘点报告(如实存账存对比表),及时查明原因,并按照规定程序报批处理。

二、存货清查的核算

在存货清查过程中,如果账实不符,必须按规定先报有关部门审批,批准后才能进行账务处理。在有关部门批准之前,盘盈、盘亏数先记入"待处理财产损溢"账户,待批准后,再根据盘盈、盘亏的不同原因作出不同的处理。

"待处理财产损溢"账户用来核算企业在清查财产过程中查明的各种财产物资的盘盈、盘亏和毁损数,借方登记发生的盘亏、损毁金额及盘盈的转销金额,贷方登记存货的盘盈金额及盘亏的转销金额。企业清查的各种存货损溢,应查明原因,在期末结账前处理完毕,期末处理后,本账户无余额。该账户下设两个明细账户,即"待处理固定资产损溢"和"待处理流动资产损溢"明细账户。存货的盘盈、盘亏以及毁损在"待处理流动资产损溢"明细账户下核算。

(一)存货盘盈的核算

企业发生存货盘盈时,借记"原材料""库存商品"等科目,贷记"待处理财产损溢——待处理流动资产损溢"科目;在按管理权限报经批准后,借记"待处理财产损溢——待处理流动资产损溢"科目,贷记"管理费用"科目。

【例 7-30】 远洋公司在财产清查中盘盈甲材料 2 000 千克,实际单位成本 30 元,经查属于材料收发计量方面的错误。编制会计分录如下。

(1)批准处理前。

借:原材料 60 000
　贷:待处理财产损溢——待处理流动资产损溢 60 000

(2)批准处理后。

借:待处理财产损溢——待处理流动资产损溢 60 000
　贷:管理费用 60 000

(二)存货盘亏及毁损的核算

企业发生存货盘亏及损毁时,借记"待处理财产损溢"科目,贷记"原材料""库存商品""应交税费——应交增值税(进项税额转出)"等科目。在按管理权限报经批准后应做如下会计处理。对于入库的残料价值,记入"原材料"等科目;对于应由保险公司和过失人的赔款,记入"其他应收款"科目;扣除残料价值和应由保险公司、过失人赔款后的净损失,属于一般经营损失的部分,记入"管理费用"科目,属于非常损失的部分,记入"营业外支出"科目。

【例 7-31】 远洋公司 2023 年在财产清查中发现盘亏乙材料 300 千克,实际单位成本 100 元,经查属于一般经营损失。编制会计分录如下。

(1)批准处理前。

借:待处理财产损溢——待处理流动资产损溢 30 000
　贷:原材料 30 000

(2)批准处理后。

借:管理费用 30 000

　　　　贷：待处理财产损溢——待处理流动资产损溢　　　　　30 000

【例 7-32】　远洋公司 2023 年在财产清查中发现毁损乙材料 200 千克，实际单位成本 100 元，经查属于材料保管员的过失造成的，按规定由其个人赔偿 12 600 元，残料已办理入库手续，价值 2 000 元。编制会计分录如下。

（1）批准处理前。

借：待处理财产损溢——待处理流动资产损溢　　　　22 600

　　贷：原材料　　　　　　　　　　　　　　　　　　　20 000

　　　　应交税费——应交增值税（进项税额转出）　　　2 600

（2）批准处理后。

① 由过失人赔偿部分。

借：其他应收款　　　　　　　　　　　　　　　　　　12 600

　　贷：待处理财产损溢——待处理流动资产损溢　　　12 600

② 残料入库。

借：原材料　　　　　　　　　　　　　　　　　　　　2 000

　　贷：待处理财产损溢——待处理流动资产损溢　　　2 000

（3）材料毁损净损失。

借：管理费用　　　　　　　　　　　　　　　　　　　8 000

　　贷：待处理财产损溢——待处理流动资产损溢　　　8 000

【例 7-33】　远洋公司 2023 年因台风造成一批库存材料毁损，实际成本 100 000 元，根据保险责任范围及保险合同规定，应由保险公司赔偿 80 000 元。编制会计分录如下。

（1）批准处理前。

借：待处理财产损溢——待处理流动资产损溢　　　　100 000

　　贷：原材料　　　　　　　　　　　　　　　　　　　100 000

（2）批准处理后。

借：其他应收款——保险公司　　　　　　　　　　　　80 000

　　营业外支出——非常损失　　　　　　　　　　　　20 000

　　贷：待处理财产损溢——待处理流动资产损溢　　　100 000

第四节　存货的减值

　　存货的初始计量虽然以成本入账，但存货进入企业后可能发生毁损、陈旧或价格下跌等情况，因此，在会计期末，企业存货的价值并不一按成本记录，而应按成本与可变现净值孰低计量。《企业会计准则第 1 号——存货》第十五条规定："资产负债表日，存货应当按照成本与可变现净值孰低计量。"

一、存货跌价准备的计提和转回

　　资产负债表日，存货应当按照成本与可变现净值孰低计量。其中，成本是指期末存货的实际成本，如企业在存货成本的日常核算中采用计划成本法、售价金额核算法等简化核算方法，则成本为经调整后的实际成本。可变现净值是指在日常活动中，存货的估计售价减去至完工时估计将要发生的成本、估计的销售费用及估计的相关税费后的金额。可变现净值的特征表现为存货的预计未来净现金流量,而不是存货的售价或合同价。

当存货成本低于可变现净值时,存货按成本计价,当存货成本高于可变现净值时,存货按可变现净值计价。当存货成本高于可变现净值时,表明存货可能发生损失,应在存货销售之前确认这一损失,计入当期损益,并相应减少存货的账面价值。以前减记存货价值的影响因素已经消失的,减记的金额应当予以恢复,并在原已计提的存货跌价准备金额内转回,转回的金额计入当期损益。

二、存货跌价准备的账务处理

为了反映和监督存货跌价准备的计提、转回和转销情况,企业应当设置"存货跌价准备"账户,核算存货的存货跌价准备,该账户属于资产类账户。贷方登记计提的存货跌价准备金额,借方登记实际发生的存货跌价损失金额和冲减的存货跌价准备金额,期末余额一般在贷方,反映企业已计提但尚未转销的存货跌价准备。

(1)成本低于可变现净值。如果期末结存存货的成本低于可变现净值,则不需作账务处理,资产负债表中的存货仍按期末账面价值列示。

(2)可变现净值低于成本。如果期末存货的可变现净值低于成本,则必须在当期确认存货跌价损失,并进行有关账务处理。其具体做法是,期末,先比较成本与可变现净值以计算出应计提的准备,再与"存货跌价准备"账户的余额已提数进行比较,若应提数大于已提数,应予补提;反之,应冲销部分已提数。提取和补提存货跌价准备时,借记"资产减值损失"科目,贷记"存货跌价准备"科目;如已计提跌价准备的存货的价值以后又得以恢复时,应按恢复增加的数额,借记"存货跌价准备"科目,贷记"资产减值损失"科目。但是,当已计提跌价准备的存货的价值以后又得以恢复,其冲减的跌价准备金额,应以"存货跌价准备"科目的余额冲减至零为限。

【例 7-34】 远洋公司采用"成本与可变现净值孰低法"进行期末存货计价。2023 年年末存货的账面成本为 350 000 元,可变现净值为 330 000 元,应计提的存货跌价准备为 20 000 元。

(1)假设前期未计提存货跌价准备。根据上述资料,编制会计分录如下。

借:资产减值损失　　　　　　　　　　　　　　　20 000
　　贷:存货跌价准备　　　　　　　　　　　　　　　　20 000

(2)假设 2024 年年末存货的种类和数量未发生变化(下同),且存货的可变现净值为 320 000 元,应计提的存货跌价准备为 30 000 元(350 000－320 000)。由于前期已计提 20 000 元,应补提存货跌价准备 10 000 元。编制会计分录如下。

借:资产减值损失　　　　　　　　　　　　　　　10 000
　　贷:存货跌价准备　　　　　　　　　　　　　　　　10 000

(3)假设 2025 年年末存货的可变现净值为 332 000 元,应冲减已计提的存货跌价损失准备 2 000 元(332 000－330 000)。编制会计分录如下。

借:存货跌价准备　　　　　　　　　　　　　　　2 000
　　贷:资产减值损失　　　　　　　　　　　　　　　　2 000

(4)假设 2026 年年末存货的可变现净值为 351 000 元,应冲减已计提的存货跌价准备

28 000 元。编制会计分录如下。

　　借:存货跌价准备　　　　　　　　　　　　28 000
　　　贷:资产减值损失　　　　　　　　　　　　　28 000

 实训题

第七章
练习题

　　1. 远洋公司 2023 年 1 月初库存 A 材料 100 千克,每千克 50 元。本月 6 日购入 A 材料 300 千克,每千克 52 元。本月 15 日生产领用 A 材料 200 千克。本月 20 日购入 A 材料 500 千克,每千克 53 元。本月 25 日生产领用 A 材料 400 千克。

　　要求:根据上述资料,分别采用先进先出法、月末一次加权平均法和移动加权平均法计算发出材料的实际成本。

　　2. 远洋公司为增值税一般纳税人,增值税税率为 13%。原材料采用实际成本核算,原材料发出采用月末一次加权平均法计价,运输费不考虑增值税。2023 年 6 月,与甲材料相关的资料如下。

　　(1) 1 日,"原材料——甲材料"账户余额 10 000 元(共 1 000 千克,其中含 5 月末验收入库但因发票账单未到而以 2 000 元暂估入账的甲材料 200 千克)。

　　(2) 7 日,收到 5 月末以暂估价入库甲材料的发票账单,货款 2 000 元,增值税税额 260 元,对方代垫运输费 200 元,全部款项已用转账支票付讫。

　　(3) 10 日,以汇兑结算方式购入甲材料 4 000 千克,发票账单已收到,货款 40 000 元,增值税税额 5 200 元,运输费用 400 元。材料尚未到达,款项已由银行存款支付。

　　(4) 13 日,收到 10 日采购的甲材料,验收时发现只有 3 950 千克。经检查,短缺的 50 千克确定为运输途中的合理损耗,甲材料验收入库。

　　(5) 21 日,基本生产车间自制甲材料 50 千克验收入库,总成本为 400 元。

　　(6) 30 日,根据"发料凭证汇总表"的记录,6 月基本生产车间为生产产品领用甲材料 3 000 千克,车间管理部门领用甲材料 1 000 千克,企业管理部门领用甲材料 500 千克。

　　要求:
　　(1) 计算远洋公司 6 月发出甲材料的单位成本。
　　(2) 根据上述资料,不考虑其他费用的增值税,编制远洋公司 6 月与甲材料有关的会计分录。

　　3. 远洋公司 2023 年采用计划成本法核算原材料。月初"原材料"账户余额为 28 300 元,"材料成本差异"账户借方余额为 300 元,"材料采购"账户余额为 4 000 元。本月发生下列经济业务。

　　(1) 购买原材料一批,实际支付价款 40 000 元,增值税税率 13%,支付运费 200 元,该项批原材料已入库,计划成本 40 600 元。

　　(2) 上月在途材料入库,计划成本 3 900 元。

　　(3) 购买原材料一批,价款 20 000 元,增值税税率 13%,计划成本 21 000 元,款项已支付,材料尚未到达。

　　(4) 购买原材料一批,货已入库,结算发票尚未到达企业,该批原材料的计划成本为 8 000 元。

（5）购买原材料 2 000 千克，单价 42 元，计划成本 40 元，增值税税率 13%，材料运输途中发生合理损耗 5 千克，货款已用银行存款支付。

（6）生产部门领用原材料一批，计划成本 60 000 元；管理部门领用原材料一批，计划成本 10 000 元。

要求：计算本月材料成本差异率，结转发出材料负担的成本差异，不考虑其他费用的增值税并编制相关会计分录。

4．远洋公司某月销售商品领用不单独计价包装物的计划成本为 50 000 元，材料成本差异率为 −4%。

要求：编制相应的会计分录。

5．远洋公司的基本生产车间领用专用工具一批，实际成本为 120 000 元，不符合固定资产定义，采用分次摊销法进行摊销。该专用工具的估计使用次数为 4 次。

要求：编制相应的会计分录。

6．远洋公司 2023 年委托丁公司加工商品一批（属于应税消费品）100 000 件。发出材料一批，计划成本为 6 000 000 元，材料成本差异率为 −3%。支付商品加工费 120 000 元，支付应当交纳的消费税 660 000 元，该商品收回后直接对外销售，消费税不可抵扣，远洋公司和丁公司是一般纳税人，适用增值税税率为 13%。用银行存款支付往返运杂费 10 000 元。上述商品 100 000 件（每件计划成本为 65 元）加工完毕，公司已办理验收入库手续。

要求：编制相应的会计分录。

7．远洋公司 2023 年在期末财产清查中发生下列经济业务。

（1）发现盘亏乙材料一批，计划成本为 20 000 元。其中 15 000 元是由于当年发生水灾造成的；4 000 元是由于保管人员失职造成的；1 000 元是由于平时计量上的误差造成的。

（2）发现盘盈丙材料一批，该批计划成本为 5 000 元，材料成本差异率为 −2%。经核查，该批原材料的盘盈是由于计量上的误差造成的。

要求：编制相应的会计分录。

8．远洋公司 2023 年采用成本与可变现净值孰低法对存货进行期末计价。该公司还未计提存货跌价准备，现各期期末甲材料的账面实际成本与可变现净值如表 7-2 所示。

表 7-2　甲材料的账面实际成本与可变现净值　　　　　　　　　　　单位：元

时　　间	实际成本	可变现净值
第一期期末	295 000	260 000
第二期期末	300 000	280 000
第三期期末	460 000	465 000

要求：根据上述资料，计算各期末应计提的存货跌价准备，并编制相应的会计分录。

第八章

固 定 资 产

【知识目标】

通过本章的学习,熟悉固定资产的概念、特征、分类及确认条件;掌握固定资产不同取得方式的计价;掌握固定资产的折旧范围、各种折旧方法计算;辨析固定资产后续支出的类别;掌握固定资产处置的会计处理;掌握固定资产的清查及期末计价。

【技能目标】

能够运用相关账户,掌握固定资产进行初始计量、持有期间固定资产的折旧、后续支出、清查及减值等进行后续计量的会计处理。

【素质目标】

大到国家,小到个人,任何组织和个人都需要具备统筹发展的战略思想,对企业长期性质的资产做好统筹管理尤为重要,结合我国强调的新生态观和"两山理论",引导和培养学生树立国家大局意识。"实事求是"地工作,构建"诚实守信,条分缕析"的会计职业素养,强化会计人员"参与管理、当好参谋"的角色意识和责任意识。坚持以人为本,树立全面、协调、可持续的发展观,促进经济社会和人的全面发展。

第一节 固定资产概述

一、固定资产的概念和特征

第八章
案例引入

我国的《企业会计准则第 4 号——固定资产》规定:"固定资产,指同时具有以下特征的有形资产:为生产商品、提供劳务、出租或经营管理而持有的;使用寿命超过一个会计年度。"固定资产的使用寿命是指企业使用固定资产的预计期间,或者该固定资产所能生产产品或提供劳务的数量。

从这一定义可以看出,作为企业的固定资产应具备以下特征。

(1)为生产商品、提供劳务、出租或经营管理而持有的。企业持有固定资产的目的是生产商品、提供劳务、出租或经营管理,而不是直接用于出售,从而明显区别于流动资产。

(2)使用寿命超过一个会计年度。企业使用固定资产的期限较长,使用寿命一般超过一个会计年度。这一特征表明企业固定资产属于非流动资产,企业的收益期超过一年,能在一年以上的时间里为企业创造经济利益。

二、固定资产的分类

企业的固定资产类别繁多,为满足固定资产管理需要,便于组织会计核算,主要按以下标准进行分类。

(一)按固定资产的经济用途分类

固定资产按其经济用途分类,可分为生产经营用固定资产和非生产经营用固定资产。

(1)生产经营用固定资产是指直接服务于企业生产经营过程的各种固定资产。如生产经营用的房屋、建筑物、机器、设备、器具和工具等。

(2)非生产经营用固定资产是指不直接服务于生产经营过程的各种固定资产。如职工宿舍、食堂、浴室、理发室等使用的房屋、设备和其他固定资产等。

按照固定资产的经济用途分类,可以归类反映和监督企业生产经营用固定资产和非生产经营用固定资产之间的组成和变化情况,借以考核和分析企业固定资产的利用情况,促使企业合理地配备固定资产,充分发挥其效用。现行制度规定,企业的固定资产应按生产经营用固定资产和非生产经营用固定资产分别核算。

(二)按固定资产的经济用途和使用情况综合分类

采用这一分类方法,可把企业的固定资产分为以下七大类。

(1)生产经营用固定资产。

(2)非生产经营用固定资产。

(3)租出固定资产,是指经营性租赁方式下出租给外单位使用的固定资产。

(4)不需用的固定资产。

(5)未使用的固定资产。

(6)土地是指过去已经估价单独入账的土地。因征地而支付的补偿费,应计入与土地有关的房屋、建筑物的价值内,不单独作为土地价值入账。企业取得的土地使用权不能作为固定资产管理。

(7)租入固定资产是指企业除短期租赁和低价值租赁租入的固定资产,在租赁期内,应视同自有固定资产进行管理。

由于企业的经营性质不同,经营规模各异,对固定资产的分类不可能完全一致,企业可根据各自的具体情况和经营管理、会计核算的需要进行必要的分类。

三、固定资产会计核算应设置的账户

固定资产的核算涉及取得、后续计量、处置和清查等方面,为准确核算,主要会设置以下账户。

（一）"固定资产"账户

"固定资产"账户核算企业所有固定资产的原价。借方登记企业增加的固定资产原价，贷方登记企业减少的固定资产原价，期末借方余额反映结存的固定资产原价。

为反映固定资产的明细资料，企业应设置固定资产卡片和固定资产登记簿，可按固定资产的类别、使用部门和每项固定资产进行明细核算。

固定资产卡片是进行固定资产明细核算的账簿。应为每个独立的固定资产设置一张卡片，卡片上载明该固定资产的编号、名称、规格、主要技术参数、使用单位、开始使用日期、原值、预计使用年限、折旧率、停用记录和大修理记录等。固定资产卡片按类别保管，每类内按使用单位顺序排列，以便查找。凡增加固定资产，都应设置新的卡片；凡是有关大修理、停用、在企业内改变使用单位、进行清理或售出等，都应在卡片内进行登记；凡是减少的固定资产，都应将卡片抽出，另行保管。

固定资产登记簿应按固定资产类别开设账页，每个账页内按使用单位设专栏。年初，分别按固定资产类别和使用单位，登记固定资产原价的年初余额。每月按固定资产增减的日期按时登记，反映各类、各部门固定资产原价的增减变动。每月月末结出余额，作为下月计提折旧的依据。固定资产登记簿、固定资产卡片和固定资产总账的余额要定期核对。企业临时租入的固定资产应另设固定资产备查簿进行登记，不通过"固定资产"科目核算。

（二）"在建工程"账户

"在建工程"账户核算企业为建造或修理固定资产而进行的各项建筑工程、安装工程、包装固定资产新建工程、改扩建工程和大修理工程等所发生的实际支出，以及改扩建工程等转入的固定资产净值。借方登记企业各项在建工程的实际支出，贷方登记完工工程转出的实际支出，期末借方余额，反映尚未完工的工程实际成本。

（三）"工程物资"账户

"工程物资"账户核算企业为在建工程准备的各种物资的实际成本。借方登记购入工程物资的实际成本，贷方登记领用工程物资的实际成本，期末借方余额，反映企业库存工程物资的实际成本。

（四）"累计折旧"账户

"累计折旧"账户属于"固定资产"的调整账户，核算企业固定资产的累计折旧，贷方登记企业计提的固定资产折旧，借方登记处置固定资产转出的累计折旧，期末贷方余额，反映企业固定资产的累计折旧额。

（五）"固定资产清理"账户

"固定资产清理"账户核算企业因出售、报废、毁损、对外投资、非货币性资产交换和债务重组等原因转出的固定资产价值以及在清理过程中发生的收支，借方登记转出的固定资产账面价值、清理过程中应支付的相关税费及其他费用，贷方登记出售固定资产取得的价款、残料价值和变价收入。期末如为借方余额，反映企业尚未清理完毕的固定资产清理净损失；期末如为贷方余额，则反映企业尚未清理完毕的固定资产清理净收益。固定资产清理完成，借方登记转出的清理净收益，贷方登记转出的清理净损失，清理净损益结转后，"固定资产清理"科目无余额。企业应当按照被清理的固定资产项目设置明细账,进行明细核算。

（六）"固定资产减值准备"账户

"固定资产减值准备"账户属于固定资产的备抵账户,核算企业固定资产发生的减值,贷方登记企业计提的固定资产减值准备,借方登记固定资产转出的减值准备,期末贷方余额,反映企业固定资产已计提的减值准备。

此外,在固定资产核算时,还会涉及"在建工程减值准备""工程物资减值准备""应交税费""营业外收入""营业外支出""资产处置损益"等账户。

第二节　固定资产的取得

企业固定资产的取得途径主要包括购入、自行建造、投资者投入、接受捐赠、债务重组、租入及非货币性资产交换等。

一、外购取得固定资产的核算

企业外购的固定资产,应按实际支付的购买价款、相关税费、使固定资产达到预定可使用状态前所发生的可归属于该项资产的运输费、装卸费、安装费和专业人员服务费等,作为固定资产的取得成本。

企业购入不需要安装的固定资产,应按实际支付的购买价款、相关税费以及使固定资产达到预定可使用状态前所发生的可归属于该项资产的运输费、装卸费和专业人员服务费等,作为固定资产成本,借记"固定资产"科目,贷记"银行存款"等科目。若企业为增值税一般纳税人,则企业购进机器设备等固定资产的进项税额不纳入固定资产成本核算,可以在销项税额中抵扣,借记"应交税费——应交增值税(进项税额)"科目,贷记"银行存款"等科目。若企业为小规模纳税人,购入固定资产发生的进项税额不得抵扣,应计入固定资产成本。借记"固定资产"或"在建工程"科目,不通过"应交税费——应交增值税(进项税额)"科目核算。

购入需要安装的固定资产,应在购入的固定资产取得成本的基础上,加上安装调试成本等,作为购入固定资产的成本,先通过"在建工程"科目核算,待安装完毕达到预定可使用状态时,再由"在建工程"科目转入"固定资产"科目。企业购入固定资产时,按实际支付的购买价款、运输费、装卸费和其他相关税费等,借记"在建工程""工程物资""应交税费——应交增值税(进项税额)"等科目,按照应付或实际支付的金额,贷记"应付账款""应付票据""银行存款""长期应付款"等科目;支付安装费用等时,借记"在建工程"科目,贷记"银行存款"等科目;安装完毕达到预定可使用状态时,按其实际成本,借记"固定资产"科目,贷记"在建工程"科目。

企业以一笔款项购入多项没有单独标价的固定资产,应将各项资产单独确认为固定资产,并按各项固定资产公允价值的比例对总成本进行分配,分别确定各项固定资产的成本。

【例 8-1】　远洋公司为增值税一般纳税人,于 2023 年 6 月购入一台不需要安装的生产用设备,增值税专用发票价款 50 000 元,增值税税额 6 500 元,另支付包装费 700 元,增值税税率 6%,税款 42 元。款项用银行存款支付。编制会计分录如下。

借:固定资产　　　　　　　　　　　　　　　　　50 700

　　　　应交税费——应交增值税（进项税额）　　　　　　6 542
　　　　　贷：银行存款　　　　　　　　　　　　　　　　　　57 242

　　【例 8-2】　远洋公司为增值税一般纳税人，于 2023 年 6 月购入一台需要安装的生产设备，增值税专用发票上注明的设备买价为 300 000 元，增值税税额为 39 000 元，支付安装费 40 000 元，增值税税率 9%，增值税税额为 3 600 元。款项用银行存款支付。编制会计分录如下。

　　（1）购入进行安装时。

　　借：在建工程　　　　　　　　　　　　　　　　　　　300 000
　　　　应交税费——应交增值税（进项税额）　　　　　　39 000
　　　贷：银行存款　　　　　　　　　　　　　　　　　　339 000

　　（2）支付安装费时。

　　借：在建工程　　　　　　　　　　　　　　　　　　　40 000
　　　　应交税费——应交增值税（进项税额）　　　　　　3 600
　　　贷：银行存款　　　　　　　　　　　　　　　　　　43 600

　　（3）设备安装完毕交付使用时。

　　　　　　　　确定的固定资产成本＝300 000＋40 000＝340 000（元）

　　借：固定资产　　　　　　　　　　　　　　　　　　　340 000
　　　贷：在建工程　　　　　　　　　　　　　　　　　　340 000

　　【例 8-3】　远洋公司为增值税一般纳税人，于 2023 年 6 月以银行存款一次打包购入三台不需要安装的生产设备 A、B、C，增值税专用发票上注明的设备买价为 1 000 000 元，增值税税额为 130 000 元，设备 A、B、C 的公允价值分别为 291 500 元、467 500 元和 341 000 元。编制会计分录如下。

　　借：固定资产——A　　　　　　　　　　　　　　　　265 000
　　　　　　　　——B　　　　　　　　　　　　　　　　425 000
　　　　　　　　——C　　　　　　　　　　　　　　　　310 000
　　　　应交税费——应交增值税（进项税额）　　　　　　130 000
　　　贷：银行存款　　　　　　　　　　　　　　　　　1 130 000

　　【例 8-4】　远达公司为增值税小规模纳税人，于 2023 年 6 月购入一台不需要安装的生产用设备，增值税专用发票价款 50 000 元，增值税额 6 500 元。另发生包装费 700 元，取得增值税专用发票注明税率 6%，税款 42 元。款项用银行存款支付。编制会计分录如下。

　　借：固定资产　　　　　　　　　　　　　　　　　　　57 242
　　　贷：银行存款　　　　　　　　　　　　　　　　　　57 242

二、自行建造的固定资产

　　企业自行建造的固定资产，应当按照建造该项资产达到预定可使用状态前所发生的必要支出，作为固定资产的成本。

　　自建固定资产应先通过"在建工程"科目核算，工程达到预定可使用状态时，再从"在建工程"科目转入"固定资产"科目。企业自建固定资产，主要有自营和出包两种方式，由于采用的建造方式不同，其会计处理也不同。

（一）自营工程

自营工程是指企业自行组织工程物资采购、自行组织施工人员施工的建筑工程和安装工程。购入工程物资时，借记"工程物资""应交税费——应交增值税（进项税额）"科目，贷记"银行存款"等科目。领用工程物资时，借记"在建工程"科目，贷记"工程物资"科目。

在建工程领用本企业原材料时，借记"在建工程"科目，贷记"原材料"等科目。在建工程领用本企业生产的产品时，借记"在建工程"科目，贷记"库存商品"等科目。在建工程发生工程人员工资，借记"在建工程"科目，贷记"应付职工薪酬"科目。在建工程使用的固定资产计提的折旧，借记"在建工程"科目，贷记"累计折旧"科目。发生的其他费用，借记"在建工程"科目，贷记"银行存款"等科目。

自营工程达到预定可使用状态，按成本借记"固定资产"科目，贷记"在建工程"科目。

【例 8-5】　远洋公司为增值税一般纳税人，于 2023 年 6 月自建厂房一幢，购入为工程准备的各种物资 500 000 元，支付的增值税税额为 65 000 元，全部用于工程建设。领用本企业生产的水泥一批，实际成本为 80 000 元。工程人员应计工资 100 000 元，支付的其他费用 30 000 元。工程完工并达到预定可使用状态，不考虑其他税费。编制的会计分录如下。

（1）购入为工程准备的物资时。

借：工程物资　　　　　　　　　　　　　　　　　 500 000
　　应交税费——应交增值税（进项税额）　　　　　　 65 000
　　贷：银行存款　　　　　　　　　　　　　　　　　　　 565 000

（2）工程领用工程物资。

借：在建工程　　　　　　　　　　　　　　　　　 500 000
　　贷：工程物资　　　　　　　　　　　　　　　　　　　 500 000

（3）工程领用本企业生产水泥时。

借：在建工程　　　　　　　　　　　　　　　　　　 80 000
　　贷：库存商品　　　　　　　　　　　　　　　　　　　　 80 000

（4）分配工程人员工资时。

借：在建工程　　　　　　　　　　　　　　　　　 100 000
　　贷：应付职工薪酬——工资　　　　　　　　　　　　　 100 000

（5）支付工程发生的其他费用时。

借：在建工程　　　　　　　　　　　　　　　　　　 30 000
　　贷：银行存款　　　　　　　　　　　　　　　　　　　　 30 000

（6）工程完工转入固定资产时。

借：固定资产　　　　　　　　　　　　　　　　　 710 000
　　贷：在建工程　　　　　　　　　　　　　　　　　　　 710 000

应当注意，自行建造的固定资产，如果已达到预定可使用状态但尚未办理竣工决算手续的，可先按估计价值入账，待确定实际成本后再进行调整。

（二）出包工程

出包工程是指企业通过招标等方式将工程项目发包给建造承包商，由建造承包商组织施工的建筑工程和安装工程。

企业采用出包方式建设的固定资产工程，其工程的具体支出由承包商核算，在这种方式下，"在建工程"账户主要是企业与建造承包商办理工程价款的结算账户。企业按合理估计的发包工程进度和合同规定向建筑承包商结算的进度款，并由对方开具增值税专用发票，按增值税专用发票上注明的价款，借记"在建工程"科目，按增值税专用发票上注明的增值税进项税额，借记"应交税费——应交增值税（进项税额）"科目，按实际应付的款项，贷记"银行存款"科目等；工程达到预定可使用状态，按其实际成本，借记"固定资产"科目，贷记"在建工程"科目。

【例 8-6】 远洋公司于 2023 年 6 月年将一幢厂房的建造工程出包给丙公司承建，按合同估计的发包工程进度和合同规定，向丙公司结算进度款并取得增值税专用发票，价款为 1 000 000 元，增值税税额为 90 000 元。2023 年 12 月工程完工后，收到丙公司有关工程结算单据及增值税专用发票，补付工程款 500 000 元，增值税税额为 45 000 元。工程完工达到预定可使用状态。编制会计分录如下。

（1）向丙公司支付工程进度款时。

借：在建工程	1 000 000	
应交税费——应交增值税（进项税额）	90 000	
贷：银行存款		1 090 000

（2）补付工程款时。

借：在建工程	500 000	
应交税费——应交增值税（进项税额）	45 000	
贷：银行存款		545 000

（3）工程完工达到预定可使用状态时。

借：固定资产	1 500 000	
贷：在建工程		1 500 000

三、接受投资者投入的固定资产

对于接受固定资产投资的企业，在办理了固定资产移交手续之后，应按投资合同或协议约定的价值作为固定资产的入账价值，但合同或协议约定价值不公允的除外。一般纳税人接受投资者投入固定资产的增值税进项税额可以正常抵扣。

【例 8-7】 远洋公司于 2023 年 6 月接受甲公司投入本企业设备一台，公允价值为 100 000 元，增值税专用发票注明的价款为 100 000 元，增值税税额 13 000 元。编制会计分录如下。

借：固定资产	100 000	
应交税费——应交增值税（进项税额）	13 000	
贷：实收资本		113 000

四、接受捐赠、债务重组等方式取得的固定资产

接受捐赠取得的固定资产，在办理了移交手续以后，借记"固定资产""应交税费——应交增值税（进项税额）"科目，贷记"营业外收入"科目处理。

【例 8-8】 远洋公司于 2023 年 6 月接受乙公司捐赠转入的生产机器设备一台，专用发

票上注明的价款 400 000 元,增值税 52 000 元。编制会计分录如下。

$$
\begin{array}{lr}
借:固定资产 & 500\ 000 \\
\quad 应交税费——应交增值税(进项税额) & 52\ 000 \\
\quad 贷:营业外收入 & 552\ 000
\end{array}
$$

通过债务重组取得的固定资产的成本,应当按照《企业会计准则第 12 号——债务重组》确定。债务重组中债权人应当按照换入资产的公允价值作为入账价值,借记"固定资产""工程物资"等科目,按照专用发票上注明的增值税税额,借记"应交税费——应交增值税(进项税额)"科目,贷记"应收账款"等科目。债权人应当将相关债权的账面价值与换入资产的公允价值之间的差额计入债务重组损失,即计入当期损益。如果发生债务重组收益,贷记"营业外收入"科目,如果发生债务重组损失,则借记"营业外支出"科目。

【例 8-9】 远洋公司为增值税一般纳税人,2023 年 7 月 1 日丙公司购货未付款,形成远洋公司应收账款 1 000 000 元,双方约定货款偿还期限为 3 个月。2023 年 10 月 1 日,丙公司发生财务困难,无法偿还到期债务,与远洋公司协商进行债务重组。双方协议以丙公司生产的吊车抵偿债务,吊车成本 500 000 万元,公允价值(计税价格)为 800 000 元。远洋公司将吊车作为生产经营用固定资产。假设远洋公司未对该笔款项计提坏账准备,丙公司向远洋公司开具了专用发票,价款 800 000 万元,增值税 104 000 元。编制会计分录如下。

$$
\begin{array}{lr}
借:固定资产 & 800\ 000 \\
\quad 应交税费——应交增值税(进项税额) & 104\ 000 \\
\quad 营业外支出——债务重组损失 & 96\ 000 \\
\quad 贷:应收账款 & 1\ 000\ 000
\end{array}
$$

通过非货币性资产交换、租入等方式取得的固定资产的成本,应当分别按照《企业会计准则第 7 号——非货币性资产交换》《企业会计准则第 21 号——租赁》确定。

第三节　固定资产的折旧

企业的固定资产长期参加生产经营活动,虽然仍然保持其原有实物形态,但其价值将随着固定资产磨损而逐渐转移到生产的产品成本中,构成了企业的费用。这部分随着固定资产磨损而逐渐转移的价值即称为固定资产的折旧。固定资产折旧计入生产成本的过程,是随着固定资产价值的转移,以折旧的形式在产品销售收入中得到补偿,并转化为货币资金的过程。从本质上说,折旧也是一种费用,只不过这一费用没有在计提期间付出货币资金,但这种费用前期已经发生支出。因此,无论从哪个角度讲,计提折旧都是必要的,否则,都会导致企业计算损益有误。

固定资产折旧是指在固定资产使用寿命内,按照确定的方法对应计折旧额进行系统分摊,是固定资产在使用过程中由于损耗而减少的价值。其中,应计折旧额是指应当计提折旧的固定资产的原价扣除其预计净残值后的余额。如果已对固定资产计提减值准备,还应当扣除已计提的固定资产减值准备累计金额。

一、影响固定资产折旧的因素

企业应当根据固定资产的性质和使用情况,合理确定固定资产的使用寿命和预计净残值。固定资产的应计折旧额应当在其使用年限内系统而合理地摊销，才能保证合理、正确地计提固定资产的折旧。影响折旧的因素主要有以下几个方面。

（一）固定资产原价

固定资产原价是指固定资产取得时的实际成本，是计算固定资产折旧的基数。

（二）预计净残值

预计净残值是指假定固定资产预计使用寿命已满并处于使用寿命终了时的预期状态，企业目前从该项资产处置中获得的扣除预计处置费用后的金额。

（三）固定资产减值准备

固定资产减值准备是指固定资产已计提的减值准备累计金额。

（四）固定资产的使用寿命

固定资产的使用寿命是指企业使用固定资产的预计期间，或者该固定资产所能生产产品或提供劳务的数量。确定固定资产使用寿命应考虑如下几项因素。一是预计生产能力或实物产量；二是有形损耗或无形损耗；三是法律或者类似规定对资产使用的限制。

有形损耗是指固定资产在使用过程中，由于正常使用和自然力的作用而引起的使用价值的损失。例如，设备使用中发生的磨损、房屋建筑物受到的自然侵蚀等。无形损耗是指由于科学技术的进步和劳动生产率的提高而带来的固定资产价值上的损失。例如，因新技术的出现而使现有的资产技术水平相对陈旧，市场需求变化使其所产生的产品过时等。

固定资产的使用寿命、预计净残值一经确定，不得随意变更。但企业至少应于每年年度终了，对固定资产的使用寿命、预计净残值进行复核。使用寿命预计数与原先估计数有差异的，应调整固定资产使用寿命；预计净残值预计数与原先估计数有差异的，应调整预计净残值。与固定资产有关的经济利益预期实现方式有重大改变的，应当改变固定资产折旧方法。

二、固定资产折旧的范围

《企业会计准则第 4 号——固定资产》规定，除以下两种情况外，企业应当对所有固定资产计提折旧，即已提足折旧仍继续使用的固定资产和按规定单独计价入账的土地。

在确定计提折旧的范围时，还应注意以下几点。

（1）固定资产应当按月计提折旧，在实际计提折旧时，应以月初应计提折旧的固定资产账面价值为依据。当月增加的固定资产，当月不计提折旧，从下月起计提折旧；当月减少的固定资产，当月仍计提折旧，从下月起不计提折旧。

（2）固定资产提足折旧后，不论能否继续使用，均不再计提折旧。提前报废的固定资产，也不再补提折旧。所谓提足折旧，是指已经提足该项固定资产的应计折旧额。

（3）已达到预定可使用状态但尚未办理竣工决算的固定资产，应当按估计价值确定其成本，并计提折旧。待办理竣工决算后，再按实际成本调整原来的暂估价值，但不需要调整原已计提的折旧额。

企业至少应当于每年年度终了，对固定资产的使用寿命、预计净残值和折旧方法进行复核。如果发生改变应当作为会计估计变更进行会计处理。

三、固定资产折旧的计算方法

企业应当根据固定资产有关经济利益的预期实现方式,合理选择固定资产折旧方法。可选用的折旧方法包括年限平均法、工作量法、双倍余额递减法和年数总和法等。

(一)年限平均法

年限平均法又称直线法或平均年限法,它是指将固定资产的折旧额均衡地分摊到各期的一种方法。采用这种方法,各期折旧额相等。其计算公式如下。

$$固定资产年折旧额 = \frac{固定资产原价 - 预计净残值}{预计使用年限}$$

$$固定资产年折旧率 = \frac{年折旧额}{原始价值} \times 100\%$$

$$= \frac{1 - 预计净残值率}{预计使用年限} \times 100\%$$

$$预计净残值率 = \frac{预计净残值}{原始价值} \times 100\%$$

$$月折旧率 = \frac{年折旧率}{12}$$

$$月折旧额 = 固定资产原价 \times 月折旧率$$

上述公式确定的折旧率是按各项固定资产单独计算的称为个别折旧率。在实际工作中,为简化核算,也可以把性能、结构和使用年限相近的固定资产进行归类,按类别计算折旧率,其计算公式如下。

$$某类固定资产年折旧率 = \frac{\sum 该类固定资产年折旧额}{\sum 该类固定资产原价} \times 100\%$$

【例 8-10】 远洋公司有一幢厂房,原价为 5 000 000 元,预计可使用 20 年,预计报废时的净残值率为 2%。该厂房的折旧率和折旧额的计算如下。

$$年折旧率 = (1 - 2\%) \div 20 = 4.9\%$$

$$月折旧率 = 4.9\% \div 12 \approx 0.41\%$$

$$年折旧额 = 5\ 000\ 000 \times 4.9\% = 245\ 000(元)$$

$$月折旧额 = 5\ 000\ 000 \times 0.41\% = 20\ 500(元)$$

采用年限平均法计算的各年、各月的折旧额相等。其优点是计算过程简便易行,容易理解,是实际工作中应用比较广泛的一种方法。其缺点是只注重固定资产的使用寿命,而忽视固定资产的实际使用状况,而且在每个会计期间都计算提取同样的折旧费用,显然不够合理。

(二)工作量法

工作量法是指根据固定资产在使用期间完成的总工作量平均计算折旧的一种方法。其计算公式如下。

$$单位工作量折旧额 = \frac{固定资产原值 - 预计净残值}{预计总工作量}$$

$$单位工作量折旧额 = \frac{固定资产原值 \times (1 - 预计净残值率)}{预计总工作量}$$

$$月折旧额 = 单位工作量折旧额 \times 当月实际完成工作量$$

【例 8-11】 远洋公司的一辆运货卡车的原价为 600 000 元,预计总行驶里程为 500 000 千米,预计报废时的净残值率为 5%,本月行驶 4 000 千米。该辆汽车的月折旧额计算如下。

$$单位里程折旧额 = 600\ 000 \times (1 - 5\%) \div 500\ 000 = 1.14(元/千米)$$

$$本月折旧额 = 4\ 000 \times 1.14 = 4\ 560(元)$$

工作量法一般适用于运输设备和大型精密仪器的折旧计算,这些固定资产的价值一般较高,但各月的工作量很不均衡,采用年限平均法计算折旧,会使各月成本负担不合理。工作量法实际上也是直线法,只不过是按照固定资产所完成的工作量计算每期的折旧额。

（三）双倍余额递减法

双倍余额递减法是加速折旧法的一种,是按直线法折旧率的两倍,乘以固定资产在每个会计期间的期初账面净值计算折旧的方法。其计算公式如下。

$$年折旧率 = \frac{2}{预计使用年限} \times 100\%$$

$$月折旧率 = \frac{年折旧率}{12}$$

$$年折旧额 = 固定资产期初账面净值 \times 年折旧率$$

$$月折旧额 = 固定资产期初账面净值 \times 月折旧率$$

或

$$月折旧额 = \frac{年折旧额}{12}$$

从上述公式可以看出,双倍余额递减法是指在不考虑固定资产预计净残值的情况下,根据每期期初固定资产原价减去累计折旧后的金额和双倍的直线法折旧率计算固定资产折旧的一种方法。采用双倍余额递减法计提固定资产折旧,实际工作中企业一般应在固定资产使用寿命到期前两年内,将固定资产账面净值扣除预计净残值后的净值平均摊销。

【例 8-12】 远洋公司的某项设备,其原始价值 160 000 元,预计净残值率为 3%,预计使用年限为 5 年。按双倍余额递减法计算该设备的各年折旧额。其计算过程如下。

$$年折旧率 = \frac{2}{5} \times 100\% = 40\%$$

$$预计净残值 = 160\ 000 \times 3\% = 4\ 800(元)$$

$$第 1 年应提的折旧额 = 160\ 000 \times 40\% = 64\ 000(元)$$

$$第 2 年应提的折旧额 = (160\ 000 - 64\ 000) \times 40\% = 38\ 400(元)$$

$$第 3 年应提的折旧额 = (160\ 000 - 64\ 000 - 38\ 400) \times 40\% = 23\ 040(元)$$

$$第 4、5 年应提的折旧额 = (160\ 000 - 64\ 000 - 38\ 400 - 23\ 040 - 4\ 800) \div 2$$
$$= 14\ 880(元)$$

也可将上述计算结果填入表格,即各年折旧额的计算如表 8-1 所示。

表 8-1　折旧计算表（双倍余额递减法）　　　　　　　单位:元

年次	年初账面净值	年折旧率	年折旧额	累计折旧额	期末账面净值
1	160 000	40%	64 000	64 000	96 000
2	96 000	40%	38 400	102 400	57 600
3	57 600	40%	23 040	125 440	34 560
4	34 560	改用年限法	14 880	140 320	19 680
5	19 680	计提折旧	14 880	155 200	4 800

（四）年数总和法

年数总和法是指以固定资产的原值减去预计净残值后的净额为基数，以一个逐年递减的分数为折旧率，计算各年固定资产折旧额的一种折旧方法。这种方法的特点是计算折旧的基数是固定不变的，折旧率依固定资产尚可使用年限来确定，各年折旧率呈递减趋势，依此计算的折旧额也呈递减趋势。

年数总和法的各年折旧率，是以固定资产尚可使用年限作分子，以固定资产使用年限的逐年数字之和作分母。其计算公式如下。

$$年折旧率 = \frac{尚可使用年限}{预计使用年限的年数总和}$$

$$年折旧率 = \frac{预计使用年限-已使用年限}{预计使用年限 \times (预计使用年限+1)/2}$$

$$月折旧率 = \frac{年折旧率}{12}$$

$$月折旧额 = (固定资产原价-预计净残值) \times 月折旧率$$

【例 8-13】 远洋公司的某项设备，其原始价值 240 000 元，预计净残值为 9 600 元，预计使用 5 年。按年数总和法计算该设备的各年折旧额。其计算过程如下。

$$第 1 年折旧率 = \frac{5-0}{1+2+3+4+5} = \frac{5}{15}$$

$$第 2 年折旧率 = \frac{5-1}{1+2+3+4+5} = \frac{4}{15}$$

按照这种方法计算的第 3~5 年的折旧率分别为 $\frac{3}{15}$、$\frac{2}{15}$ 和 $\frac{1}{15}$。

$$第 1 年的月折旧率 = \frac{\frac{5}{15}}{12} \approx 2.78\%$$

$$第 2 年的月折旧率 = \frac{\frac{4}{15}}{12} \approx 2.22\%$$

按照这种方法计算的第 3~5 年的月折旧率分别为 1.67%、1.11% 和 0.56%。

各年、各月折旧基数 = 240 000-9 600 = 230 400（元）

各年折旧额的计算如表 8-2 所示。

表 8-2 折旧计算表（年数总和法） 单位：元

年次	原值-净残值	年折旧率	年折旧额	累计折旧额	账面净值
1	230 400	5/15	76 800	76 800	163 200
2	230 400	4/15	61 400	138 240	101 760
3	230 400	3/15	46 080	184 320	55 680
4	230 400	2/15	30 720	215 040	24 960
5	230 400	1/15	15 360	230 400	9 600

上述各种方法中，后两种方法计算的折旧额呈逐年递减的趋势。从理论上讲，固定资产在各期使用中对企业提供的收益是不同的。在使用前期工作效率相对较高，修理费用和无

形损耗相对较少；后期则相反。按照收益与补偿相对应的原则，固定资产折旧额逐年递减比较合理。折旧方法一经确定，不得随意变更。如需变更，应当在财务报表附注中予以说明。

四、固定资产折旧的账务处理

固定资产折旧通过"累计折旧"科目核算，每月计提的固定资产折旧费，应根据用途计入相关资产的成本或者当期损益，生产车间计提的折旧额，借记"制造费用"科目；行政管理部门计提的折旧额，借记"管理费用"科目；专设销售机构计提的折旧额，借记"销售费用"科目；自行建造固定资产过程中所使用的固定资产计提的折旧额，借记"在建工程"科目；经营租出固定资产计提的折旧额，借记"其他业务成本"科目；按企业计提的月折旧额合计数，贷记"累计折旧"科目。

【例 8-14】 远洋公司 2023 年 6 月计提固定资产折旧 12 500 元。其中企业生产车间使用的固定资产提取折旧 10 000 元；企业管理部门使用的固定资产提取折旧 2 000 元；企业专设销售机构使用的固定资产提取折旧 500 元。另外，企业管理部门当月新购置机器设备一台，价值为 5 400 元，预计使用寿命为 5 年，预计净残值为 400 元，该企业同类设备计提折旧采用年限平均法。编制会计分录如下。

```
借：制造费用                                    10 000
    管理费用                                     2 000
    销售费用                                       500
  贷：累计折旧                                              12 500
```

第四节　固定资产的后续支出

企业的固定资产在使用期间还会发生日常修理费、大修理费用、更新改造支出和装修费用等，这些支出统称为固定资产的后续支出。对于发生的固定资产后续支出，在会计处理上应区分为资本化后续支出和费用化后续支出两种情况，分别进行处理。

一、资本化后续支出

与固定资产有关的更新改造、修理费用等后续支出，满足固定资产确认条件的属于资本化的后续支出，应当在发生时计入固定资产成本，同时将被替换部分的账面价值扣除。

企业将固定资产进行更新改造的，应将相关固定资产的原价、已计提的累计折旧和减值准备转销，将固定资产的账面价值转入"在建工程"科目，并停止计提折旧。固定资产发生的可资本化的后续支出，通过"在建工程"科目核算，相关的增值税进项税额记入"应交税费——应交增值税（进项税额）"科目。在发生的固定资产后续支出完工达到预定可使用状态时，再由"在建工程"科目转入"固定资产"科目，从而固定资产有了新的账面价值，在这种情况下，需要按照重新确定的固定资产原价、使用寿命、折旧方法和预计净残值计提折旧。

【例 8-15】 远洋公司 2023 年 6 月 30 日决定对现有的一台生产用设备进行改良，该设备原值 300 000 元，已提折旧 60 000 元。改良中以银行存款支付费用 60 000 元，取得增值税专用发票，增值税税额 5 400 元。另外，改良过程中，替换下一个旧部件，该旧部件的账面价值为 40 000 元，将该部件出售，售价为 1 000 元（不考虑增值税）。7 月 31 日，该设备达到

可使用状态。编制会计分录如下。

（1）将生产设备转入在建工程时。

借：在建工程	240 000	
累计折旧	60 000	
贷：固定资产		300 000

（2）改良过程中发生支出时。

借：在建工程	60 000	
应交税费——应交增值税（进项税额）	5 400	
贷：银行存款		65 400

（3）改良过程中替换下一个旧部件时。

借：银行存款	1 000	
营业外支出——非流动资产处置损失	39 000	
贷：在建工程		40 000

（4）改良后设备达到可使用状态。

借：固定资产	260 000	
贷：在建工程		260 000

二、费用化后续支出

企业各部门的固定资产日常修理费用，通常不符合确认固定资产的两个特征，而属于费用化后续支出，应当在发生时计入当期管理费用或销售费用。

企业生产车间（部门）和行政管理部门等发生的固定资产修理费用等后续支出，借记"管理费用"科目，贷记"银行存款"等科目；企业发生的与专设销售机构相关的固定资产修理费用等后续支出，借记"销售费用"科目，贷记"银行存款"等科目。相关的增值税进项税额，借记"应交税费——应交增值税（进项税额）"科目。

【例 8-16】 远洋公司于 2023 年 6 月对现有一台专设销售机构使用的机器设备进行日常修理，发生维修费用取得增值税专用发票，注明的价款为 100 000 元，增值税税额 13 000 元。编制会计分录如下。

借：销售费用	100 000	
应交税费——应交增值税（进项税额）	13 000	
贷：银行存款		113 000

第五节　固定资产的处置

企业购置的固定资产是为本企业生产经营使用的，但对那些不再使用的固定资产，企业可以出售转让；企业的固定资产也可能由于使用而不断磨损直至最终报废，或由于技术进步等原因发生提前报废，或由于遭受自然灾害等非常损失发生毁损。另外，企业对外投资、对外捐赠、非货币性资产交换和债务重组等均属于固定资产的处置。

企业会计准则规定固定资产满足下列条件之一的，应当予以终止确认：①该固定资产处于处置状态；②该固定资产预期通过使用或处置不能产生经济利益。

一、固定资产处置的核算步骤

固定资产处置包括固定资产的出售、报废、毁损、对外投资、非货币资产交换和债务重组等。处置固定资产应通过"固定资产清理"科目核算，具体可以划分为以下几个步骤。

（1）将固定资产转入清理。企业因出售、报废、毁损、非货币性资产交换、债务重组等转出的固定资产，按该项固定资产的账面价值，借记"固定资产清理"科目；按已计提的累计折旧，借记"累计折旧"科目；按已计提的减值准备，借记"固定资产减值准备"科目；按其账面原价，贷记"固定资产"科目。

（2）发生的清理费用。固定资产在清理过程中应支付的相关税费及其他费用，借记"固定资产清理""应交税费——应交增值税（进项税额）"等科目，贷记"银行存款"等科目。这里需要注意的是，出售固定资产计算增值税需要考虑企业购入固定资产时点。

（3）出售收入和残料等的处理。收回出售固定资产的价款、残料价值和变价收入等，借记"银行存款""原材料"等科目，贷记"固定资产清理""应交税费——应交增值税（销项税额）"等科目。

（4）保险赔偿的处理。固定资产加入保险的，应由保险公司或过失人赔偿的损失，借记"其他应收款"等科目，贷记"固定资产清理"科目。

（5）清理净损益的处理。固定资产清理完成后，依据固定资产处置的方式不同，应采用不同的处理方法。

① 因已经丧失使用功能或自然灾害发生毁损等原因而报废清理产生的利得或损失应计入营业外收支。其中，属于生产期间正常报废清理产生的损失，借记"营业外支出——非流动资产处置损失"科目，贷记"固定资产清理"科目；属于生产经营期间自然灾害等非正常原因造成的损失，借记"营业外支出——非常损失"科目，贷记"固定资产清理"科目；如为净收益，借记"固定资产清理"科目，贷记"营业外收入——非流动资产处置利得"科目。

② 因出售、转让等原因产生的固定资产处理利得或损失应计入资产处置收益。产生处置净损失的，借记"资产处置损益"科目，贷记"固定资产清理"科目；如为净收益，借记"固定资产清理"科目，贷记"资产处置损益"科目。

二、固定资产不同处置方式的核算

（一）固定资产报废与毁损的核算

固定资产报废是指固定资产不能被继续使用而退出企业。固定资产毁损是指由于意外事故，如发生水灾、火灾、风灾、震灾或人为管理不善造成的固定资产提前报废。两者核算方法基本相同，区别之处在于固定资产报废不存在经济索赔问题，而固定资产毁损则可能获得保险公司或有关过失人的赔偿。报废、毁损的固定资产都可能会有残料的变价收入。

【例 8-17】 远洋公司 2023 年 10 月由于性能等原因决定提前报废一台机器设备，原价 600 000 元，已计提折旧 450 000 元，已计提减值准备 100 000 元。报废时残值变价收入 30 000 元（不含增值税），款项已收到。报废清理过程中发生自行清理费用 5 000 元。该机器设备是在全面"营改增"之后购入的，购入时抵扣了增值税进项税额。编制会计分录如下。

（1）将报废固定资产转入清理时。

借：固定资产清理　　　　　　　　　　　　　　50 000
　　累计折旧　　　　　　　　　　　　　　　　450 000
　　固定资产减值准备　　　　　　　　　　　　100 000
　　　贷：固定资产　　　　　　　　　　　　　　　　　600 000

（2）收回残料变价收入时，计算应纳增值税时。

$$30\ 000\times13\%=3\ 900(元)$$

借：银行存款　　　　　　　　　　　　　　　　33 900
　　　贷：固定资产清理　　　　　　　　　　　　　　　30 000
　　　　　应交税费——应交增值税（销项税额）　　　　3 900

（3）支付清理费用时。

借：固定资产清理　　　　　　　　　　　　　　5 000
　　　贷：银行存款　　　　　　　　　　　　　　　　　5 000

（4）结转报废固定资产发生的净损失时。

$$(50\ 000+5\ 000)-30\ 000=25\ 000(元)$$

借：营业外支出——处置非流动资产损失　　　　25 000
　　　贷：固定资产清理　　　　　　　　　　　　　　　25 000

【例 8-18】 远洋公司 2023 年 10 月因遭受水灾而毁损一座厂房，该厂房原价 4 000 000 元，已计提折旧 1 000 000 元，未计提减值准备。其残料估计价值 50 000 元，残料已入库，发生自行清理费用 20 000 元，以现金支付。经保险公司核定应赔偿损失 1 500 000 元，尚未收到赔款。编制会计分录如下。

（1）将报废固定资产转入清理时。

借：固定资产清理　　　　　　　　　　　　　　3 000 000
　　累计折旧　　　　　　　　　　　　　　　　1 000 000
　　　贷：固定资产　　　　　　　　　　　　　　　　　4 000 000

（2）残料入库时。

借：原材料　　　　　　　　　　　　　　　　　50 000
　　　贷：固定资产清理　　　　　　　　　　　　　　　50 000

（3）支付清理费用时。

借：固定资产清理　　　　　　　　　　　　　　20 000
　　　贷：库存现金　　　　　　　　　　　　　　　　　20 000

（4）确定应由保险公司的赔偿款项时。

借：其他应收款——保险公司赔款　　　　　　　1 500 000
　　　贷：固定资产清理　　　　　　　　　　　　　　　1 500 000

（5）结转毁损固定资产发生的净损失时。

$$(3\ 000\ 000+20\ 000)-(50\ 000+1\ 500\ 000)=1\ 470\ 000(元)$$

借：营业外支出——处置非流动资产损失　　　　1 470 000
　　　贷：固定资产清理　　　　　　　　　　　　　　　1 470 000

（二）固定资产出售的核算

企业的固定资产是为本企业生产经营使用的，一般不对外出售，但对于那些不需要或不适用的固定资产，企业为了有效地使用资金，可以出售转让。

【例 8-19】 2023 年 6 月 10 日，远洋公司出售一大型机器设备，原价为 5 000 000 元，已计提折旧 4 000 000 元，已计提减值准备 500 000 元，出售设备取得价款收入 1 200 000 元，已通过银行收回价款。编制会计分录如下。

（1）将出售固定资产转入清理时。

借：固定资产清理 500 000
　　累计折旧 4 000 000
　　固定资产减值准备 500 000
　　贷：固定资产 5 000 000

（2）收回出售固定资产的价款时。

借：银行存款 1 200 000
　　贷：固定资产清理 1 200 000

（3）结转出售固定资产实现的利得时。

借：固定资产清理 700 000
　　贷：资产处置损益 700 000

（三）固定资产捐赠转出的核算

对外捐赠固定资产应通过"固定资产清理"科目注销固定资产的账面价值和累计折旧，处置净值转入"营业外支出"科目。

【例 8-20】 远洋公司将电子计算机 6 台捐赠给某学校，原价 150 000 元，已提折旧 30 000 元，已提减值准备 8 000 元，不考虑相关税费。编制会计分录如下。

（1）将捐赠的固定资产转入清理时。

借：固定资产清理 112 000
　　累计折旧 30 000
　　固定资产减值准备 8 000
　　贷：固定资产 150 000

（2）转销固定资产净支出时。

借：营业外支出 112 000
　　贷：固定资产清理 112 000

（四）固定资产投资转出的核算

企业与其他单位开展联营、合资经营业务时，可以将自有固定资产对外进行投资。企业进行对外投资，应按照国家有关规定签订相关合同或协议，以确保双方的责、权、利。企业以固定资产对外投资，应按照《企业会计准则第 7 号——非货币性资产交换》进行处理。

首先将固定资产转入清理，借记"累计折旧""固定资产减值准备""固定资产清理"科目，贷记"固定资产"科目。再按应支付的清理费用，借记"固定资产清理"科目，贷记"银行存款"等科目。对长期股权投资初始入账价值的确定，一般以投资固定资产的公允价值和应支付的相关税费作为换入资产的成本，借记"长期股权投资"科目，贷记"固定资产清理、应交税费——应交增值税（销项税额）"科目。结转清理净收益时，借记"固定资产清理"科目，贷记"资产处置损益"科目；结转清理净损失时，做相反的会计分录。

【例 8-21】 2023 年 5 月 20 日，远洋公司以一台生产设备为合并对价，取得其非同一控制下的乙公司 80% 的股权，并于当日起能够对乙公司实施控制。合并日，该设备的账面原价为 700 万元，已提折旧 200 万元，已提减值准备 30 万元，公允价值为 800 万元，增值税税率为 13%。乙公司净资产的账面价值与公允价值一致，为 600 万元。远洋公司与乙公司的会计年度和采用的会计政策相同。编制会计分录如下。

（1）固定资产转入清理。

借：固定资产清理	4 700 000	
累计折旧	2 000 000	
固定资产减值准备	300 000	
贷：固定资产		7 000 000

（2）确定长期股权投资入账价值。

借：长期股权投资	9 040 000	
贷：固定资产清理		8 000 000
应交税费——应交增值税（销项税额）		1 040 000

（3）完成清理并结转损益。

借：固定资产清理	3 300 000	
贷：资产处置损益		3 300 000

第六节　固定资产的清查与减值

一、固定资产的清查

企业应定期或者至少于每年年末对固定资产进行清查盘点，以保证固定资产核算的真实性，充分挖掘企业现有固定资产的潜力。在固定资产清查过程中，如果发现盘盈、盘亏的固定资产，应填制固定资产盘盈盘亏报告表。清查固定资产的损溢，应及时查明原因，并按照规定程序报批处理。

（一）盘盈固定资产

企业在财产清查中盘盈的固定资产，根据《企业会计准则第 28 号——会计政策、会计估计变更和差错更正》作为前期差错处理。企业在财产清查中盘盈的固定资产，在按管理权限报经批准处理前应先通过"以前年度损益调整"账户核算。盘盈的固定资产，应按重置成本确定其入账价值，借记"固定资产"科目，贷记"以前年度损益调整"科目。

"以前年度损益调整"账户核算企业本年度发生的调整以前年度损益的事项，以及本年度发现的重要前期差错更正涉及调整以前年度损益的事项。其主要账务处理内容如下。

（1）企业调整增加以前年度利润或减少以前年度亏损，借记有关科目，贷记本科目；调整减少以前年度利润或增加以前年度亏损，做相反的会计分录。

（2）由于以前年度损益调整增加的所得税费用，借记本科目，贷记"应交税费——应交所得税"等科目；由于以前年度损益调整减少的所得税费用，做相反的会计分录。

（3）经上述调整后,应将本账户的余额转入"利润分配——未分配利润"科目。本科目如为贷方余额,借记本科目,贷记"利润分配——未分配利润"科目;如为借方余额,做相反的会计分录。

【例 8-22】 远洋公司在 2023 年 10 月进行财产清查过程中,发现一台未入账的设备,重置成本为 20 000 元(假定与其计税基础不存在差异)。根据规定,该盘盈固定资产作为前期差错处理。假定本公司适用的所得税税率为 25%,按净利润的 10% 计提法定盈余公积。编制会计分录如下。

（1）盘盈固定资产时。

借:固定资产 20 000
　　贷:以前年度损益调整 20 000

（2）确定应交纳的所得税时。

$$20\ 000 \times 25\% = 5\ 000(元)$$

借:以前年度损益调整 5 000
　　贷:应交税费——应交所得税 5 000

（3）结转为留存收益时。

$$20\ 000 - 5\ 000 = 15\ 000(元)$$

借:以前年度损益调整 15 000
　　贷:盈余公积——法定盈余公积 1 500
　　　　利润分配——未分配利润 13 500

（二）盘亏固定资产

固定资产盘亏造成的损失,应当计入当期损益。企业在财产清查中盘亏的固定资产,按盘亏固定资产的账面价值,借记"待处理财产损溢"科目;按已计提的累计折旧,借记"累计折旧"科目;按已计提的减值准备,借记"固定资产减值准备"科目;按固定资产的原价,贷记"固定资产"科目。

根据管理权限报经批准后处理时,按可收回的保险赔偿或过失人赔偿款项,借记"其他应收款"科目;按应计入营业外支出的金额,借记"营业外支出——盘亏损失"科目,贷记"待处理财产损溢"科目。

【例 8-23】 远洋公司在 2023 年 10 月进行财产清查,发现管理用设备盘亏一台,原价 10 000 元,已计提折旧 5 000 元,已计提固定资产减值准备 2 000 元。编制会计分录如下。

（1）盘亏固定资产时。

借:待处理财产损溢——待处理非流动资产损溢 3 000
　　累计折旧 5 000
　　固定资产减值准备 2 000
　　贷:固定资产 10 000

（2）报经批准转销时。

借:营业外支出——盘亏损失 3 000
　　贷:待处理财产损溢——待处理非流动资产损溢 3 000

二、固定资产的减值

固定资产的初始入账价值是历史成本,固定资产使用年限较长,市场条件和经营环境的变化、科学技术的进步以及企业经营管理不善等原因,都可能导致固定资产创造未来经济利益的能力大幅下降。因此,固定资产的真实价值有可能低于账面价值,在期末必须对固定资产减值损失进行确认。

固定资产在资产负债表日存在可能发生减值的迹象时,首先应确定可收回金额,即固定资产的公允价值减去处置费用后的净额与资产预计未来现金流量的现值两者之间较高者。其可收回金额低于账面价值的,企业应当将该固定资产的账面价值减记至可收回金额,减记的金额确认为减值损失,计入当期损益,同时计提相应的资产减值准备,借记"资产减值损失——固定资产减值准备"科目,贷记"固定资产减值准备"科目。固定资产减值损失一经确认,在以后会计期间不得转回。

【例8-24】 2023年12月31日,远洋公司的某生产线存在可能发生减值的迹象。经计算,该生产线的可收回金额合计为300 000元,账面价值为320 000元,以前年度未对该生产线计提过减值准备。

由于该生产线的可收回金额为300 000元,账面价值为320 000元。可收回金额低于账面价值,应按两者之间的差额20 000元(320 000-300 000)计提固定资产减值准备。编制会计分录如下。

借:资产减值损失——固定资产减值准备　　　　　　20 000
　　贷:固定资产减值准备　　　　　　　　　　　　　　　20 000

【例8-25】 远洋公司于2023年1月1日购入一台机器设备,原值为200 000元,预计净残值为8 000元,预计使用年限为5年,采用平均年限法计提折旧。2024年12月31日,该机器设备发生减值,预计可收回金额为110 000元。计提减值准备后,该机器设备的预计剩余使用年限为2年,预计净残值为2 000元。

(1)计算该机器设备2023年1月至2024年12月的累计折旧。

$$月折旧额=(200\,000-8\,000)\div(12\times5)=3\,200(元)$$

$$累计折旧=3\,200\times(11+12)=73\,600(元)$$

(2)计算该机器设备2026年12月31日的净值。

$$200\,000-73\,600=126\,400(元)$$

(3)由于该生产线的可收回金额为110 000元,账面价值为126 400元。可收回金额低于账面价值,计提减值准备。

$$126\,400-110\,000=16\,400(元)$$

借:资产减值损失——固定资产减值准备　　　　　　16 400
　　贷:固定资产减值准备　　　　　　　　　　　　　　　16 400

 实训题

1. 远洋公司用银行存款购入一台需要安装的设备,增值税专用发票上注明的设备买价为300 000元,增值税税额为39 000元;支付运输费10 000元,

第八章
练习题

增值税税额 900 元；支付安装费 30 000 元，增值税税额 1 800 元。不考虑相关税费。

要求：根据上述资料，编制远洋公司购入机器设备的会计分录。

2. 远洋公司自建厂房一幢，购入为工程准备的各种物资 300 000 元，支付的增值税税额为 39 000 元，全部用于工程建设。领用本公司生产的产品一批，实际成本为 70 000 元，税务部门确定的计税价格为 100 000 元，增值税税率 13%；工程人员应计工资 100 000 元，用银行存款支付的其他费用 30 000 元。不考虑其他税费，工程完工并达到预定可使用状态。

要求：根据上述资料，编制远洋公司自建厂房的会计分录。

3. 远洋公司接受甲企业投资转入旧汽车一辆，远洋公司账面原价为 45 000 元，已提折旧 10 000 元，双方协议价格（公允价值）为 30 000 元。

要求：根据上述资料，编制远洋公司接受投资转入汽车的会计分录。

4. 远洋公司某项固定资产的原价为 50 000 元，预计净残值率为 4%，预计使用年限为 5 年。

要求：根据上述资料，分别采用年限平均法、双倍余额递减法、年数总和法计算使用期间的折旧额。

5. 远洋公司 2023 年 6 月 20 日自行建造的一条生产线投入使用，该生产线建造成本为 80 万元，预计使用年限为 5 年，预计净残值为 5 万元。

要求：根据上述资料，采用年数总和法计算 2023 年和 2024 年该设备应计提的折旧额。

6. 远洋公司一台设备由于更新生产线，不能继续使用，进行报废清理，该设备原价为 50 000 元，已提折旧 25 000 元，取得的残料变价不含税收入为 5 000 元，支付清理费用为 2 000 元。不考虑相关税费。

要求：根据上述资料，编制远洋公司设备报废清理的会计分录。

7. 远洋公司的某项固定资产原价为 1 000 万元，采用年限平均法计提折旧，使用寿命为 10 年，预计净残值为 0，在使用第 5 年年初企业对该项固定资产进行更新改造，更换某一主要部件，发生支出合计 800 万元，以银行存款支付，符合准则规定的固定资产确认条件，被更换的部件的原价为 600 万元。

要求：根据上述资料，计算出固定资产进行更新改造后的原价，并编制相应会计分录。

8. 远洋公司出售机床一台，原价 42 000 元，已计提折旧 20 000 元，已计提减值准备 10 000 元，出售时取得不含税价款 13 000 元，增值税税率 13%。款项及税额已存入银行。

要求：根据上述资料，编制远洋公司有关出售固定资产的会计分录。

9. 远洋公司用一台设备对外投资，该设备的账面原价为 60 000 元，累计折旧为 18 000 元，双方确定的价值为 45 000 元，该价值为公允的。

要求：编制远洋公司对外投资的会计分录。

10. 远洋公司在财产清查中发现没有入账的设备一台，其重置完全价值为 20 000 元，估价折旧额为 6 000 元。

要求：根据上述资料，编制远洋公司盘盈设备的会计分录。

11. 远洋公司于 2023 年 4 月自行建造仓库，购入为工程准备的各种物资 2 200 000 元（不含增值税，增值税税率 13%），实际领用工程物资不含增值税 2 070 000 元，剩余物资转作企业生产用原材料。另外还领用企业生产用的原材料一批，实际成本为 300 000 元，采购该批原材料时的增值税为 39 000 元。分配工程人员工资 200 000 元，企业辅助生产车间为工程提供有关劳务支出 109 000 元,工程于 2024 年 4 月达到预定可使用状态并交付使用。

远洋公司对该项固定资产采用双倍余额递减法计提折旧,预计使用年限为 5 年,预计净残值率为 5%。2025 年 11 月,该仓库突遭火灾焚毁,残料估计价值 5 万元(不考虑增值税),验收入库,用银行存款支付清理费用 2 万元。经保险公司核定的应赔偿损失 120 万元,尚未收到赔款。

要求:根据上述资料,完成以下核算。

(1) 编制 2023 年与 2024 年建造固定资产有关的会计分录。

(2) 计算工程完工交付使用时固定资产的入账价值。

(3) 计算 2024 年和 2025 年该项固定资产的折旧额。

(4) 编制 2025 年 11 月清理该仓库的有关会计分录。

第九章

无形资产和其他资产

第一节 无 形 资 产

第九章
案例引入

一、无形资产的概念和特征

无形资产是指企业拥有或者控制的没有实物形态的可辨认非货币性资产。相对于其他资产,无形资产具有以下三个主要特征。

(1) 不具有实物形态。无形资产是不具有实物形态的非货币性资产,它不像固定资产和存货等有形资产具有实物形态。

(2) 具有可辨认性。资产满足下列条件之一的,符合无形资产定义中的可辨认性标准:①能够从企业中分离或者划分出来,并能单独,或者与相关合同、资产或负债一起,用于出售、转让、授予许可、租赁或者交换;②源自合同性权利或其他法定权利,无论这些权利是否可以从企业或其他权利和义务中转移或者分离。

商誉的存在无法与企业自身分离,不具有可辨认性,不在本节讲述。商誉由《企业会计准则第 20 号——企业合并》规范。

(3)属于非货币性资产。无形资产属于非货币性资产且能够在多个会计期间为企业带来经济利益。无形资产的使用年限在一年以上,其价值将在各个受益期间逐渐摊销。

二、无形资产的内容

无形资产主要包括专利权、非专利技术、商标权、著作权、土地使用权和特许权等。

无形资产

三、无形资产的核算

为核算无形资产的取得、摊销和处置等情况,企业应当设置"无形资产""累计摊销"等账户。企业无形资产发生减值的,还应当设置"无形资产减值准备"账户进行核算。

(一)无形资产的取得

无形资产应当按照成本进行初始计量。企业取得无形资产的主要方式有外购、自行研究开发、投资者投入和接受捐赠等。根据取得的方式不同,无形资产的会计处理也有所差别。

1. 外购的无形资产

外购的无形资产的成本包括购买价款、相关税费以及直接归属于使该项资产达到预定用途所发生的其他支出。企业购入的无形资产,应按实际支付的成本,借记"无形资产"科目,贷记"银行存款"等科目。

2. 自行研究开发的无形资产

企业内部研究开发项目所发生的支出应区分为研究阶段支出和开发阶段支出。研究是指为获取并理解新的科学或技术知识而进行的独创性有计划的调查;开发是指在进行商业性生产或使用前,将研究成果或其他知识应用于某项计划或设计,以生产出新的或具有实质性改进的材料、装置和产品等。

企业应当设置"研发支出"账户,核算企业进行研究与开发无形资产过程中发生的各项支出,按照研究开发项目,分别对"费用化支出"与"资本化支出"进行明细核算。企业自行开发无形资产发生的研发支出,不满足资本化条件的,借记"研发支出——费用化支出"科目,满足资本化条件的,借记"研发支出——资本化支出"科目,贷记"原材料""银行存款""应付职工薪酬"等科目。研究开发项目达到预定用途形成无形资产的,应按"研发支出——资本化支出"科目,借记"无形资产"科目,贷记"研发支出——资本化支出"科目。期(月)末,应将"研发支出——费用化支出"科目归集的金额转入"管理费用"科目,借记"管理费用"账户,贷记"研发支出——费用化支出"科目。

3. 投资者投入的无形资产

投资者投入的无形资产应当按照投资合同或协议约定的价值确定,在投资合同或协议约定的价值不公允的情况下,应按无形资产的公允价值入账。

【例 9-1】 远洋公司购入一项非专利技术,支付的买价和有关费用合计 900 000 元,以银行存款支付。编制会计分录如下。

借:无形资产——非专利技术　　　　　　　　　　　900 000

贷：银行存款　　　　　　　　　　　　　　　　　900 000

　　【例 9-2】　远洋公司自行研究开发一项技术，截至 2023 年 12 月 31 日，发生研发支出合计 2 000 000 元，取得增值税发票上注明的增值税额为 260 000 元。经测试，该项研发活动完成了研究阶段，从 2024 年 1 月 1 日开始进入开发阶段。2024 年发生研发支出 300 000 元，假定符合《企业会计准则第 6 号——无形资产》规定的开发支出资本化的条件，取得增值税发票上注明的增值税税额为 39 000 元。2024 年 6 月 30 日，该项研发活动结束，最终开发出一项非专利技术。编制会计分录如下。

　　（1）2023 年发生研发支出时。

　　　　借：研发支出——费用化支出　　　　　　　　　　2 000 000
　　　　　　应交税费——应交增值税（进项税额）　　　　　260 000
　　　　　　贷：银行存款等　　　　　　　　　　　　　　　　2 260 000

　　（2）2023 年 12 月 31 日，发生的研发支出全部属于研究阶段的支出时。

　　　　借：管理费用　　　　　　　　　　　　　　　　　2 000 000
　　　　　　贷：研发支出——费用化支出　　　　　　　　　2 000 000

　　（3）2024 年，发生开发支出并满足资本化确认条件时。

　　　　借：研发支出——资本化支出　　　　　　　　　　　300 000
　　　　　　应交税费——应交增值税（进项税额）　　　　　39 000
　　　　　　贷：银行存款等　　　　　　　　　　　　　　　　339 000

　　（4）2024 年 6 月 30 日，该技术研发完成并形成无形资产时。

　　　　借：无形资产——非专利技术　　　　　　　　　　　300 000
　　　　　　贷：研发支出——资本化支出　　　　　　　　　300 000

（二）无形资产的摊销

　　企业应当于取得无形资产时分析判断其使用寿命。使用寿命有限的无形资产应进行摊销。使用寿命不确定的无形资产不应摊销。对于使用寿命有限的无形资产应当自可供使用（即其达到预定用途）当月起开始摊销，处置当月不再摊销。无形资产使用寿命的确定根据以下原则。①源自合同性权利或其他法定权利的无形资产，其使用寿命不应超过合同性权利或其他法定权利规定的期限；②如果无形资产的预计使用期限短于合同性权利或其他法定权利规定的期限的，则应当按预计使用期限确认其使用寿命；③如果合同性权利或其他法定权利能够在到期时延续，而且此延续不需付出重大成本时，续约期应作为使用寿命的一部分；④没有明确的合同或法定期限的，应合理推定。当合理推定无法实现时，应界定为使用寿命不确定的无形资产，不摊销。

　　使用寿命有限的无形资产，其残值应当视为零。以下两种情况除外。①有第三方承诺在无形资产使用寿命结束时购买该无形资产，则其出售价款即为残值；②合理推定了无形资产使用寿命终了时的交易价。

　　无形资产摊销方法包括直线法、生产总量法等。企业选择无形资产的摊销方法，应当反映与该项无形资产有关的经济利益的预期实现方式。无法可靠确定预期实现方式的无形资产应当采用直线法摊销。

　　企业应当按月对无形资产进行摊销。无形资产的摊销额一般应当计入当期损益，并记入"累计摊销"科目。企业自用的无形资产，其摊销金额计入管理费用，借记"管理费用"科目，贷记"累计摊销"科目;出租的无形资产,其摊销金额计入其他业务成本,借记"其他业务成本"科目,贷记"累计摊销"科目。某项无形资产包含的经济利益通过所生产的产品或其他资产实现的,其摊销金额应当计入相关资产成本,借记"制造费用"等科目,贷记"累计摊销"科目。

企业至少应当于每年年度终了,对无形资产的使用寿命进行复核,如果有证据表明无形资产的使用寿命不同于以前的估计,则对于使用寿命有限的无形资产,应改变其摊销年限,并按照《企业会计准则第 28 号——会计政策、会计估计变更和差错更正》进行处理。

对使用寿命不确定的无形资产,在持有期间内不需要摊销,但需要至少于每一会计期末进行减值测试。按照《企业会计准则第 8 号——资产减值》的规定,需要计提减值准备的,应相应计提有关的减值准备。

【例 9-3】　远洋公司经批准购买了一项特许权,成本为 4 800 000 元,合同规定受益年限为 10 年。每月摊销时,编制会计分录如下。

借:管理费用　　　　　　　　　　　　　　　　40 000
　　贷:累计摊销　　　　　　　　　　　　　　　　40 000

【例 9-4】　远洋公司将其自行开发完成的非专利技术出租给丁公司,该非专利技术成本为 3 600 000 元,双方约定的租赁期限为 10 年。每月摊销时,编制会计分录如下。

借:其他业务成本　　　　　　　　　　　　　　30 000
　　贷:累计摊销　　　　　　　　　　　　　　　　30 000

(三)无形资产的出售

企业出售无形资产,应当将取得的价款扣除该无形资产账面价值和出售相关税费后的差额计入资产处置损益。无形资产的账面价值是无形资产账面余额扣减累计摊销和累计减值准备后的金额。

企业处置无形资产时,应按实际收到的金额等,借记"银行存款"等科目;按已计提的累计摊销,借记"累计摊销"科目;按已计提的减值准备,借记"无形资产减值准备"科目;按应支付的相关税费及其他费用,贷记"银行存款""应交税费——应交增值税(销项税额)"等科目;按无形资产账面余额,贷记"无形资产"科目,按其差额,借记或贷记"资产处置损益"科目。

【例 9-5】　远洋公司将其购买的一项专利权转让给乙公司,该专利权的成本为 600 000 元,已摊销 220 000 元,实际取得的不含税价款为 500 000 元,增值税税率为 6%,款项已存入银行。编制会计分录如下。

借:银行存款　　　　　　　　　　　　　　　　500 000
　　累计摊销　　　　　　　　　　　　　　　　220 000
　　贷:无形资产　　　　　　　　　　　　　　　　600 000
　　　　应交税费——应交增值税(销项税额)　　　30 000
　　　　资产处置损益　　　　　　　　　　　　　　90 000

(四)无形资产的出租

企业将无形资产的使用权出租时,仍保留对所转让的无形资产的所有权,即拥有占有、使用、取得收益及处置的权利。受让人只获得无形资产的使用权,而无所有权。企业转让无形资产使用权获得的收入,作为企业的其他业务收入处理,但仍保留无形资产所有权,故不需在账面上转销无形资产的账面成本,在企业内仍按规定分期摊销。

【例 9-6】 远洋公司出租专利权一项，期限为 6 年，每年收取专利权使用费（不含增值税）150 000 元，假定该专利权每年摊销 10 000 元。编制会计分录如下。

（1）收取专利权使用费。

借：银行存款 159 000
　　贷：其他业务收入 150 000
　　　　应交税费——应交增值税（销项税额） 9 000

（2）每年摊销。

借：其他业务成本 10 000
　　贷：累计摊销 10 000

（五）无形资产的报废

如果无形资产预期不能为企业带来经济利益（例如，某无形资产已被其他新技术所替代或超过法律保护期，不能再为企业带来经济利益），则不再符合无形资产的定义，应将其报废并予以转销，其账面价值转作当期损益。

【例 9-7】 远洋公司拥有一项非专利权技术，预期使用 10 年。现该项非专利技术已被内部研发成功的新技术所替代，并且根据市场调查，用该非专利技术生产的产品已没有市场，预期不能再为企业带来任何经济利益，故应予以转销。该项非专利技术的成本 200 000 元，已摊销 6 年，累计计提减值准备 30 000 元，该项非专利技术无残值。编制会计分录如下。

借：累计摊销 120 000
　　无形资产减值准备 30 000
　　营业外支出——非流动资产处置损失 50 000
　　贷：无形资产 200 000

四、无形资产的减值

无形资产在资产负债表日存在可能发生减值的迹象时，其可收回金额低于账面价值的，企业应当将该无形资产的账面价值减记至可收回金额，减记的金额确认为减值损失，计入当期损益，同时计提相应的资产减值准备。

企业计提无形资产减值准备，应当设置"无形资产减值准备"账户核算。企业按应减记的金额，借记"资产减值损失——计提的无形资产减值准备"科目，贷记"无形资产减值准备"科目。无形资产减值损失一经确认，在以后会计期间不得转回。

【例 9-8】 2023 年，市场上某项技术生产的产品销售势头较差，已对远洋公司产品的销售产生重大不利影响。公司外购的类似专利技术的账面价值为 150 000 元，剩余摊销年限为 3 年，经减值测试，该专利技术的可收回金额为 110 000 元。

由于该专利权在资产负债表日的账面价值为 150 000 元，可收回金额为 110 000 元，可收回金额低于其账面价值，应按其差额 40 000 元（150 000－110 000）计提减值准备。编制会计分录如下。

借：资产减值损失——计提的无形资产减值准备 40 000
　　贷：无形资产减值准备 40 000

【例 9-9】 远洋公司自行研究开发一项专利技术，与该项专利技术有关的资料如下。

2023 年 1 月,该项研发活动进入开发阶段,以银行存款支付开发费用 2 680 000 元,其中满足资本化条件的为 1 500 000 元。2023 年 7 月,开发活动结束,并按法律程序申请取得专利权,供企业行政管理部门使用;该项专利权法律规定有效期为 5 年,采用直线法摊销。2023 年 12 月 1 日,将该项专利技术转让,实际取得价款为 1 600 000 元,增值税税率 6%,款项已存入银行。编制会计分录如下。

(1) 发生开发支出时。

借:研发支出——费用化支出 1 180 000

　　　——资本化支出 1 500 000

　贷:银行存款 2 680 000

(2) 转销费用化开发支出时。

借:管理费用 1 180 000

　贷:研发支出——费用化支出 1 180 000

(3) 形成专利技术时。

借:无形资产 1 500 000

　贷:研发支出——资本化支出 1 500 000

(4) 专利技术摊销时。

借:管理费用 25 000

　贷:累计摊销 25 000

(5) 转让专利技术时。

借:银行存款 1 600 000

　累计摊销 125 000

　贷:无形资产 1 500 000

　　应交税费——应交增值税(销项税额) 90 566(1 600 000÷1.06×0.06)

　　资产处置损益 134 434

第二节 其 他 资 产

其他资产是指除货币资金、金融资产、应收及预付款项、存货、长期股权投资、固定资产和无形资产等以外的资产,如长期待摊费用等。

长期待摊费用是指企业已经发生,但应由本期和以后各期负担的、分摊期限在一年以上的各项费用,如以经营租赁方式租入的固定资产发生的改良支出等。企业应通过设置“长期待摊费用”账户进行核算。企业发生的长期待摊费用,借记“长期待摊费用”科目,贷记“原材料”“银行存款”等科目;摊销长期待摊费用,借记“管理费用”“销售费用”等科目,贷记“长期待摊费用”科目;“长期待摊费用”账户期末借方余额,反映企业尚未摊销完毕的长期待摊费用。“长期待摊费用”账户可按费用项目进行明细核算。

【例 9-10】 2023 年远洋公司对其以经营租赁方式新租入的办公楼进行装修,发生有关支出如下:领用生产用材料 500 000 元,购进该批原材料时支付的增值税进项税额为65 000 元;辅助生产车间为该装修工程提供的劳务支出为 180 000 元;有关人员职工薪酬520 000 元。2023 年 12 月 1 日,该办公楼装修完工,达到预定可使用状态并交付使用,并按租赁期 10 年开始进行摊销。不考虑其他因素,编制会计分录如下。

（1）装修领用原材料时。

借:长期待摊费用	500 000	
贷:原材料		500 000

（2）辅助生产车间为装修工程提供劳务时。

借:长期待摊费用	180 000	
贷:生产成本——辅助生产成本		180 000

（3）确认工程人员薪酬时。

借:长期待摊费用	520 000	
贷:应付职工薪酬		520 000

（4）2023 年 12 月末摊销装修支出时。

借:管理费用	10 000	
贷:长期待摊费用		10 000

 **实训题**

第九章
练习题

1. 远洋公司于 2023 年 12 月用银行存款 100 000 元购入一项专利权的所有权,该企业经营期为 20 年,该项专利权法律规定的有效期限为 10 年。2025 年 12 月,该企业将上述专利权的所有权转让,取得不含税收入 100 000 元,转让专利权涉及的增值税税率为 6%。

要求:编制该企业购入专利权、每年专利权摊销和转让专利权的会计分录。

2. 远洋公司 2023 年 7 月 1 日购入专利权一项,用银行存款支付价款 84 000 元,有效期限为 12 年。2024 年 1 月 3 日将该项专利权的所有权转让,收取价款 85 000 元,存入银行。无形资产转让收入增值税税率为 6%。

要求:根据上述资料,编制该企业购入专利权、摊销其价值以及转让专利权的会计分录;计算转让无形资产净损益。

3. 2023 年 1 月 1 日,远洋公司将一项专利技术出租给某企业使用,该专利技术账面余额 500 万元,摊销期限为 10 年,出租合同规定,承租方每销售一件用该专利生产的产品必须付给出租方 10 元专利技术使用费。假定承租方当年销售该产品 10 万件,不考虑相关税费。

要求:编制远洋公司取得技术使用费和专利技术摊销等的会计分录。

4. 远洋公司在筹建期间发生下列费用。以银行存款支付注册登记费 10 000 元;以现金报销差旅费 24 000 元;以银行存款购买办公用品 40 000 元;应付职工工资 90 000 元;以银行存款 40 000 元支付借款利息;其中 24 000 元为固定资产的借款利息。企业于当年正式投入运营,开办费分 5 年平均摊销,按月进行会计处理。

要求:根据上述资料,编制远洋公司有关开办费的全部会计分录。

5. 远洋公司对租入的房屋进行改造,领用原材料的实际成本为 60 000 元,应负担的税款为 7 800 元,应负担的工资费用为 24 000 元、福利费用为 3 360 元,以银行存款支付其他费用 10 000 元。改造完工交付使用。该房屋的租赁期为 5 年,投入使用后按月摊销其价值。

要求:编制该企业租入房屋后的相关会计分录。

第十章

投　资

【知识目标】

　　通过本章的学习,了解投资的概念、特点、分类;理解金融资产和长期股权投资的性质、范围;能够根据业务性质判断金融资产的所属类别;明确每一类投资使用账户的性质。

【技能目标】

　　运用相关账户,对三类金融资产分别进行初始计量及后续计量;区分长期股权投资的取得方式并进行初始计量,选择恰当的后续计量方法。

【素质目标】

　　随着经济的发展,投资行为越来越多,以历史事件与当前热点作为融入点,培养学生家国情怀,树立正确的投资价值观与社会责任感。结合典型案例体现风险与报酬并存,增强学生创新创业意识,坚定"理性思维",结合金融资产与长期股权投资新准则变化,树立终身学习意识。使学生具有勤学苦练的精神和科学的学习方法,具有不断提高会计专业技能的意识和愿望。

第一节　投资概述

一、投资的概念

　　企业除了从事自身的生产经营活动外,还可以通过投资获得利益,以实现其经营目标。投资是指企业为通过分配来增加财富,或为谋求其他利益而将资产让渡给其他单位所获得的另一项资产。投资有广义和狭义之分。广义的投资包括对外的权益性投资、债权性投资、期货投资和房地产投资以及对内的固定资产投资、无形资产投资等;狭义的投资一般仅包括对外的投资,

第十章
案例引入

投资的特点

而不包括对内投资。一般财务会计中所指的投资通常是狭义投资。

二、投资的分类

投资按照不同的标准有不同的分类，按变现能力可分为易于变现的投资和不易于变现的投资，按投资的性质可分为权益性投资、债权性投资和混合性投资。

投资的分类

第二节　金融资产

一、金融资产的概念

金融资产是指企业持有的现金、其他方的权益工具以及符合下列条件之一的资产。

（1）从其他方收取现金或其他金融资产的合同权利。例如，企业的银行存款、应收账款、应收票据和贷款等均属于金融资产。再如，预付账款不是金融资产，因其产生的未来经济利益是商品或服务，不是收取现金或其他金融资产的权利。

（2）在潜在有利条件下，与其他方交换金融资产或金融负债的合同权利。例如，企业持有的看涨期权或看跌期权等。

（3）将来须用或可用企业自身权益工具进行结算的非衍生工具合同，且企业根据该合同将收到可变数量的自身权益工具。

（4）将来须用或可用企业自身权益工具进行结算的衍生工具合同，但以固定数量的自身权益工具交换固定金额的现金或其他金融资产的衍生工具合同除外。其中，企业自身权益工具不包括应当按照《企业会计准则第 37 号——金融工具列报》分类为权益工具的可回售工具，或发行方仅在清算时才有义务向另一方按比例交付其净资产的金融工具，也不包括本身就要求在未来收取或交付企业自身权益工具的合同。

货币资金相关内容已在第五章讲解，本章不再涉及。

二、金融资产的分类

企业应当根据其管理金融资产的业务模式和金融资产的合同现金流量特征，将金融资产划分为以下三类：①以摊余成本计量的金融资产；②以公允价值计量且其变动计入其他综合收益的金融资产；③以公允价值计量且其变动计入当期损益的金融资产。上述分类一经确定，不得随意变更。

企业管理金融资产的业务模式是指企业如何管理其金融资产以产生现金流量。业务模式决定企业所管理金融资产现金流量的来源是收取合同现金流量、出售金融资产还是两者兼有。

金融资产的合同现金流量特征是指金融工具合同约定的、反映相关金融资产经济特征的现金流量属性。

（一）以摊余成本计量的金融资产

金融资产同时符合下列条件的，应当分类为以摊余成本计量的金融资产：①企业管理该金融资产的业务模式是以收取合同现金流量为目标；②该金融资产的合同条款规定，在特定日期产生的现金流量,仅为对本金和以未偿付本金金额为基础的利息的支付。

（二）以公允价值计量且其变动计入其他综合收益的金融资产

金融资产同时符合下列条件的,应当分类为以公允价值计量且其变动计入其他综合收益的金融资产:①企业管理该金融资产的业务模式既以收取合同现金流量为目标又以出售该金融资产为目标;②该金融资产的合同条款规定,在特定日期产生的现金流量,仅为对本金和以未偿付本金金额为基础的利息的支付。

【例 10-1】　远洋公司在销售中通常会给予客户一定的信用期。为盘活存量资产,提高资金使用效率,远洋公司与银行签订应收账款无追索权保理总协议,银行向远洋公司一次性授信 10 亿元人民币,远洋公司可以在需要时随时向银行出售应收账款。历史上远洋公司频繁向银行出售应收账款,且出售金额重大,上述出售满足终止确认的规定。

本例中,应收账款的业务模式符合既以收取合同现金流量为目标又以出售该金融资产为目标,且该应收账款符合本金加利息的合同现金流量特征,因此,应当分类为以公允价值计量且其变动计入其他综合收益的金融资产。

（三）以公允价值计量且其变动计入当期损益的金融资产

企业分类为以摊余成本计量的金融资产和以公允价值计量且其变动计入其他综合收益的金融资产之外的金融资产,应当分类为以公允价值计量且其变动计入当期损益的金融资产。例如,企业持有的下列投资产品通常应当分类为以公允价值计量且其变动计入当期损益的金融资产。

（1）股票。股票的合同现金流量源自被投资企业未来股利分配以及其清算时获得剩余收益的权利。由于股利及获得剩余收益的权利均不符合本章关于本金和利息的定义,因此,股票不符合本金加利息的合同现金流量特征。在不考虑指定的情况下,企业持有的股票应当分类为以公允价值计量且其变动计入当期损益的金融资产。

（2）基金。常见的基金类型有股票型基金、债券型基金、货币基金或混合基金,一般情况下不符合本金加利息的合同现金流量特征。企业持有的基金份额通常应当分类为以公允价值计量且其变动计入当期损益的金融资产。

（3）可转换债券。可转换债券除按一般债权类投资的特性,到期收回本金、获取约定利息或收益外,还嵌入了一项转股权。通过嵌入衍生工具,企业获得的收益在基本借贷安排的基础上,会产生基于其他因素变动的不确定性。可转换债券作为一个整体进行评估,由于其不符合本金加利息的合同现金流量特征,企业持有的可转换债券投资应当分类为以公允价值计量且其变动计入当期损益的金融资产。

此外,在初始确认时,如果能够消除或显著减少会计错配,企业可以将金融资产指定为以公允价值计量且其变动计入当期损益的金融资产。该指定一经作出,不得撤销。

（四）金融资产分类的特殊规定

权益工具投资一般不符合本金加利息的合同现金流量特征,因此,应当分类为以公允价值计量且其变动计入当期损益的金融资产。然而在初始确认时,企业可以将非交易性权益工具投资指定为以公允价值计量且其变动计入其他综合收益的金融资产,并按照规定确认股利收入。该指定一经作出,不得撤销。企业投资其他上市公司股票或者非上市公司股权的,都可能属于这种情形。

金融资产满足下列条件之一的,表明企业持有该金融资产的目的是交易性的。

（1）取得相关金融资产的目的主要是近期出售。例如,企业以赚取差价为目的从二级市场购入的股票、债券和基金等。

（2）相关金融资产在初始确认时属于集中管理的可辨认金融工具组合的部分,且有客观证据表明近期实际存在短期获利模式。在这种情况下,即使组合中有某个组成项目持有的期限稍长也不受影响。其中,"金融工具组合"指金融资产组合。

（3）相关金融资产属于衍生工具,但符合财务担保合同定义的衍生工具以及被指定为有效套期工具的衍生工具除外。例如,未作为套期工具的利率互换或外汇期权。

只有不符合上述条件的非交易性权益工具投资才可以进行该指定。

（五）不同类金融资产之间的重分类

企业改变其管理金融资产的业务模式时,应当对所有受影响的相关金融资产进行重分类。如果企业管理金融资产的业务模式没有发生变更,而金融资产的条款发生变更但未导致终止确认的,不允许重分类。如果金融资产条款发生变更导致金融资产终止确认的,不涉及重分类问题,企业应当终止确认原金融资产,同时按照变更后的条款确认新金融资产。

企业对金融资产进行重分类,应当自重分类日起采用未来适用法进行相关会计处理,不得对以前已经确认的利得、损失（包括减值损失或利得）或利息进行追溯调整。

三、金融资产的初始计量

企业初始确认金融资产,应当按照公允价值计量。对以公允价值计量且其变动计入当期损益的金融资产,相关交易费用应当直接计入当期损益;对其他类别的金融资产,相关交易费用应当计入初始确认金额。

公允价值是指市场参与者在计量日发生的有序交易中,出售一项资产所能收到或者转移一项负债所需支付的价格。交易费用是指可直接归属于购买、发行或处置金融工具的增量费用。增量费用是指企业没有发生购买、发行或处置相关金融工具的情形就不会发生的费用,包括支付给代理机构、咨询机构、券商、证券交易所、政府有关部门等的手续费、佣金、相关税费以及其他必要支出,不包括债券溢价、折价、融资费用、内部管理成本和持有成本等与交易不直接相关的费用。

企业取得金融资产所支付的价款中包含的已宣告但尚未发放的利息或现金股利,应当单独确认为应收项目处理。

（一）以摊余成本计量的金融资产的初始计量

企业取得的以摊余成本计量的债权投资,应按该投资的面值借记"债权投资——成本"科目,按支付的价款中包含的已宣告但尚未领取的利息借记"应收利息"科目,按实际支付的金额贷记"银行存款"等科目,按其差额借记或贷记"债权投资——利息调整"科目。

【例 10-2】 2023 年 1 月 1 日,远洋公司支付价款 2 246 万元（含交易费用）从公开市场购入 A 公司同日发行的 5 年期公司债券,债券票面价值总额为 2 000 万元,票面年利率为 10%,于年末支付本年度债券利息,本金在债券到期时一次性偿还。合同约定,该债券的发行方在遇到特定情况时可以将债券赎回,且不需要为提前赎回支付额外款项。远洋公司在购买该债券时,预计发行方不会提前赎回。远洋公司根据其管理该债券的业务模式和该债券的合同现金流量特征,将该债券分类为以摊余成本计量的金融资产。不考虑其他因素,编制会计分录如下(为简化,以万元为单位,下同)。

借:债权投资——成本　　　　　　　　　　　　　　2 000
　　　　　　——利息调整　　　　　　　　　　　　 246
　　贷:银行存款　　　　　　　　　　　　　　　　　　2 246

(二) 以公允价值计量且其变动计入其他综合收益的金融资产的初始计量

企业取得以公允价值计量且其变动计入其他综合收益的金融资产,应按该金融资产投资的面值,借记"其他债权投资——成本"科目;按支付的价款中包含的已宣告但尚未领取的利息,借记"应收利息"科目;按实际支付的金额,贷记"银行存款"等科目;按其差额,借记或贷记"其他债权投资——利息调整"科目。

【例 10-3】　2023 年 1 月 1 日,远洋公司支付价款 2 246 万元(含交易费用)从公开市场购入 A 公司同日发行的 5 年期公司债券,债券票面价值总额为 2 000 万元,票面年利率为10%,于年末支付本年度债券利息,本金在债券到期时一次性偿还。合同约定,该债券的发行方在遇到特定情况时,可以将债券赎回,且不需要为提前赎回支付额外款项。远洋公司在购买该债券时,预计发行方不会提前赎回。远洋公司根据其管理该债券的业务模式和该债券的合同现金流量特征,将该债券分类为以公允价值计量且其变动计入其他综合收益的金融资产。不考虑其他因素,编制会计分录如下。

借:其他债权投资——成本　　　　　　　　　　　　2 000
　　　　　　　　——利息调整　　　　　　　　　　　 246
　　贷:银行存款　　　　　　　　　　　　　　　　　　2 246

(三) 以公允价值计量且其变动计入当期损益的金融资产的初始计量

企业取得以公允价值计量且其变动计入当期损益的金融资产。按其公允价值,借记"交易性金融资产——成本"科目;按发生的交易费用,借记"投资收益"科目;按已到付息期但尚未领取的利息或已宣告但尚未发放的现金股利,借记"应收利息"或"应收股利"科目;按实际支付的金额,贷记"银行存款"等科目。

【例 10-4】　2023 年 1 月 1 日,远洋公司从二级市场购入 C 公司债券,支付价款合计1 035 万元(含已宣告但尚未领取的利息 25 万元),另发生交易费用 2 万元。该债券面值1 000 万元,剩余期限为 2 年,票面年利率为 5%,每半年末付息一次,其合同现金流量特征满足仅为对本金和以未偿付本金金额为基础的利息的支付。远洋公司根据其管理该债券的业务模式和该债券的合同现金流量特征,将该债券分类为以公允价值计量且其变动计入当期损益的金融资产。不考虑其他因素,编制会计分录如下。

借:交易性金融资产——成本　　　　　　　　　　　1 010
　　应收利息　　　　　　　　　　　　　　　　　　　 25
　　投资收益　　　　　　　　　　　　　　　　　　　　2
　　贷:银行存款　　　　　　　　　　　　　　　　　　1 037

(四) 指定为以公允价值计量且其变动计入其他综合收益的非交易性权益工具投资的初始计量

企业取得指定为以公允价值计量且其变动计入其他综合收益的非交易性权益工具投

资,按该投资的公允价值与交易费用之和,借记"其他权益工具投资——成本"科目;按支付的价款中包含的已宣告但尚未发放的现金股利,借记"应收股利"科目;按实际支付的金额,贷记"银行存款"等科目。

【例 10-5】 2023 年 5 月 6 日,远洋公司支付价款 1 025 万元(含交易费用 1 万元和已宣告发放现金股利 15 万元),购入 D 公司发行的股票 100 万股,占 D 公司有表决权股份的 1%。远洋公司将其指定为以公允价值计量且其变动计入其他综合收益的非交易性权益工具投资。不考虑其他因素,编制会计分录如下。

```
借:应收股利                                    15
   其他权益工具投资——成本                     1010
   贷:银行存款                                          1 025
```

四、金融资产的后续计量

金融资产的后续计量与金融资产的分类密切相关。企业应当对不同类别的金融资产,分别以摊余成本计量,以公允价值计量且其变动计入其他综合收益或以公允价值计量且其变动计入当期损益进行后续计量。

(一)以摊余成本计量的金融资产的后续计量

1. 实际利率法

实际利率法是指计算金融资产的摊余成本以及将利息收入或利息费用分摊计入各会计期间的方法。实际利率,是指将金融资产在预计存续期的估计未来现金流量,折现为该金融资产账面余额(不考虑减值)摊余成本所使用的利率。在确定实际利率时,应当在考虑金融资产所有合同条款的基础上估计预期现金流量,但不应当考虑预期信用损失。合同各方之间支付或收取的属于实际利率组成部分的各项费用、交易费用及溢价或折价等,应当在确定实际利率时予以考虑。

2. 摊余成本

金融资产摊余成本应当以该金融资产的初始确认金额经下列调整后的结果确定。先扣除已偿还的本金,再加上或减去采用实际利率法将该初始确认金额与到期日金额之间的差额进行摊销形成的累计摊销额,最后扣除计提的累计信用减值准备。

3. 具体会计处理

以摊余成本计量的金融资产的会计处理主要包括该金融资产实际利率的计算、摊余成本的确定、持有期间的收益确认及将其处置时损益的处理。以摊余成本计量的金融资产所产生的利得或损失,应当在终止确认、按照规定重分类、按照实际利率法摊销或确认减值时,计入当期损益。

以摊余成本计量的债权投资后续计量的账务处理如下。

(1)资产负债表日,以摊余成本计量的债权投资为分期付息、一次还本债券投资的,按票面利率计算确定的应收未收利息,借记"应收利息"科目;按该金融资产摊余成本和实际利率计算确定的利息收入,贷记"投资收益"科目;按其差额,借记或贷记"债权投资——利息调整"科目。

以摊余成本计量的债权投资为一次还本付息债券投资的,按票面利率计算确定的应收未收利息,借记"债权投资——应计利息"科目;按该金融资产摊余成本和实际利率计算确定的利息收入,贷记"投资收益"科目;按其差额借记或贷记"债权投资——利息调整"科目。

(2) 出售以摊余成本计量的债权投资,按实际收到的金额,借记"银行存款"等科目;按其账面余额,贷记"债权投资——成本、应计利息"科目,贷记或借记"债权投资——利息调整"科目;按其差额,贷记或借记"投资收益"科目。已计提信用减值准备的,还应同时结转信用减值准备。

企业持有的以摊余成本计量的应收款项、贷款等的账务处理原则,与债权投资大致相同,企业可使用"应收账款""贷款"等科目进行核算。

【例 10-6】 承例 10-2,假定不考虑所得税、减值损失等因素,该债券的实际利率 r 计算如下。

$$200 \times (1+r)^{-1} + 200 \times (1+r)^{-2} + 200 \times (1+r)^{-3} + 200 \times (1+r)^{-4} +$$
$$(200+2\,000) \times (1+r)^{-5} = 2\,246(\text{万元})$$

采用插值法,计算得出 $r = 7\%$。

远洋公司购买债券核算如表 10-1 所示。

表 10-1　远洋公司购买债券核算表　　　　　　单位:万元

年份	期初摊余成本 (A)	实际利息收入 (B=A×7%)	现金流入(C)	期末摊余成本 (D=A+B−C)
2023	2 246.00	157.22	200	2 203.22
2024	2 203.22	154.23	200	2 157.45
2025	2 157.45	151.02	200	2 108.47
2026	2 108.47	147.59	200	2 056.06
2027	2 056.06	143.94*	2 200	0

注:* 尾数调整 2 000+200−2 056.06=143.94(万元)。

根据表 10-1 中的数据,编制会计分录如下。

(1) 2023 年 1 月 1 日,购入 A 公司债券。

借:债权投资——成本　　　　　　　　　　2 000
　　　　　　——利息调整　　　　　　　　 246
　贷:银行存款　　　　　　　　　　　　　　　　　2 246

(2) 2023 年 12 月 31 日,确认 A 公司债券实际利息收入、收到债券利息。

借:应收利息　　　　　　　　　　　　　　 200
　贷:投资收益　　　　　　　　　　　　　　　　 157.22
　　债权投资——利息调整　　　　　　　　　　　 42.78
借:银行存款　　　　　　　　　　　　　　 200
　贷:应收利息　　　　　　　　　　　　　　　　 200

(3) 2024 年 12 月 31 日,确认 A 公司债券实际利息收入、收到债券利息。

借:应收利息　　　　　　　　　　　　　　 200
　贷:投资收益　　　　　　　　　　　　　　　　 154.23
　　债权投资——利息调整　　　　　　　　　　　 45.77

借：银行存款　　　　　　　　　　　　　　　　200

　　贷：应收利息　　　　　　　　　　　　　　　　　200

（4）2025 年 12 月 31 日，确认 A 公司债券实际利息收入、收到债券利息。

借：应收利息　　　　　　　　　　　　　　　　200

　　贷：投资收益　　　　　　　　　　　　　　　　151.02

　　　　债权投资——利息调整　　　　　　　　　　48.98

借：银行存款　　　　　　　　　　　　　　　　200

　　贷：应收利息　　　　　　　　　　　　　　　　　200

（5）2026 年 12 月 31 日，确认 A 公司债券实际利息收入、收到债券利息。

借：应收利息　　　　　　　　　　　　　　　　200

　　贷：投资收益　　　　　　　　　　　　　　　　147.59

　　　　债权投资——利息调整　　　　　　　　　　52.41

借：银行存款　　　　　　　　　　　　　　　　200

　　贷：应收利息　　　　　　　　　　　　　　　　　200

（6）2027 年 12 月 31 日，确认 A 公司债券实际利息收入、收到债券利息和本金。

借：应收利息　　　　　　　　　　　　　　　　200

　　贷：投资收益　　　　　　　　　　　　　　　　143.94

　　　　债权投资——利息调整　　　　　　　　　　56.06

借：银行存款　　　　　　　　　　　　　　　　200

　　贷：应收利息　　　　　　　　　　　　　　　　　200

借：银行存款　　　　　　　　　　　　　　　2 000

　　贷：债权投资——成本　　　　　　　　　　　　2 000

假定 2025 年 1 月 1 日，远洋公司预计本金的一半（即 1 000 万元）将会在该年末收回，而其余的一半将于 2027 年年末付清，则远洋公司应调整 2025 年年初的摊余成本，计入当期损益，调整时采用最初确定的实际利率。据此，调整表 10-1 中相关数据后如表 10-2 所示。

表 10-2　调整计算表（1）　　　　　　　　　　　　　　单位：万元

年　份	期初摊余成本 （A）	实际利息收入 （B＝A×7%）	现金流入 （C）	期末摊余成本 （D＝A＋B－C）
2023	2 246.00	157.22	200	2 203.22
2024	2 203.22	154.23	200	2 157.45
2025	2 106.79*	147.48	1 200	1 054.27
2026	1 054.27	73.80	100**	1 028.07
2027	1 028.07	71.93***	1 100	0

注：*（1 000＋200）×(P/F,7%,1)＋100×(P/F,7%,2)＋(1 000＋100)×(P/F,7%,3)＝2 106.79（万元）；

**1 000×7%＝70（万元）；

***1 000＋100－1 028.07＝71.93（万元）（尾数调整）。

根据上述调整，远洋公司的有关账务处理如下。

（1）2025 年 1 月 1 日，调整期初账面余额。

借：投资收益　　　　　　　　　　　　　　　50.66

贷:债权投资——利息调整	50.66

（2）2025 年 12 月 31 日,确认实际利息、收回本金等。

借:应收利息	200
贷:投资收益	147.48
债权投资——利息调整	52.52
借:银行存款	200
贷:应收利息	200
借:银行存款	1 000
贷:债权投资——成本	1 000

（3）2026 年 12 月 31 日,确认实际利息等。

借:应收利息	100
贷:投资收益	73.80
债权投资——利息调整	26.20
借:银行存款	100
贷:应收利息	100

（4）2027 年 12 月 31 日,确认实际利息、收回本金等。

借:应收利息	100
贷:投资收益	71.93
债权投资——利息调整	28.07
借:银行存款	100
贷:应收利息	100
借:银行存款	1 000
贷:债权投资——成本	1 000

假定远洋公司购买的 A 公司债券不是分次付息,而是到期一次还本付息,且利息不以复利计算。此时,远洋公司所购买 A 公司债券的实际利率 r 计算如下。

$$(200+200+200+200+200+2\ 000)\times(1+r)^{-5}=2\ 246(万元)$$

计算得出 $r=5.96\%$。

据此,调整表 10-1 中相关数据后如表 10-3 所示。

表 10-3 　调整计算表（2） 　　　　　　　　　　　单位:万元

年 份	期初摊余成本 （A）	实际利息收入 （B＝A×5.96％）	现金流入 （C）	期末摊余成本 （D＝A＋B－C）
2023	2 246.00	133.86	0	2 379.86
2024	2 379.86	141.84	0	2 521.70
2025	2 521.70	150.29	0	2 671.99
2026	2 671.99	159.25	0	2 831.24
2027	2 831.24	168.76*	3 000	0

注:* 尾数调整 2 000＋1 000－2 831.24＝168.76(万元)。

根据表 10-3 中的数据,编制会计分录如下。

（1）2023 年 1 月 1 日，购入 A 公司债券。

借：债权投资——成本　　　　　　　　　　　　　　2 000
　　　　　　——利息调整　　　　　　　　　　　　 246
　　贷：银行存款　　　　　　　　　　　　　　　　　　　　2 246

（2）2023 年 12 月 31 日，确认 A 公司债券实际利息收入。

借：债权投资——应计利息　　　　　　　　　　　　 200
　　贷：投资收益　　　　　　　　　　　　　　　　　　　 133.86
　　　债权投资——利息调整　　　　　　　　　　　　　　66.14

（3）2024 年 12 月 31 日，确认 A 公司债券实际利息收入。

借：债权投资——应计利息　　　　　　　　　　　　 200
　　贷：投资收益　　　　　　　　　　　　　　　　　　　 141.84
　　　债权投资——利息调整　　　　　　　　　　　　　　58.16

（4）2025 年 12 月 31 日，确认 A 公司债券实际利息收入。

借：债权投资——应计利息　　　　　　　　　　　　 200
　　贷：投资收益　　　　　　　　　　　　　　　　　　　 150.29
　　　债权投资——利息调整　　　　　　　　　　　　　　49.71

（5）2026 年 12 月 31 日，确认 A 公司债券实际利息收入。

借：债权投资——应计利息　　　　　　　　　　　　 200
　　贷：投资收益　　　　　　　　　　　　　　　　　　　 159.25
　　　债权投资——利息调整　　　　　　　　　　　　　　40.75

（6）2027 年 12 月 31 日，确认 A 公司债券实际利息收入、收回债券本金和票面利息。

借：债权投资——应计利息　　　　　　　　　　　　 200
　　贷：投资收益　　　　　　　　　　　　　　　　　　　 168.76
　　　债权投资——利息调整　　　　　　　　　　　　　　31.24
借：银行存款　　　　　　　　　　　　　　　　　　 3 000
　　贷：债权投资——成本　　　　　　　　　　　　　　　2 000
　　　　　　　——应计利息　　　　　　　　　　　　　　1 000

（二）以公允价值计量且其变动计入其他综合收益的金融资产的后续计量

以公允价值计量且其变动计入其他综合收益的金融资产后续计量的会计处理，与以公允价值计量且其变动计入当期损益的金融资产后续计量的会计处理存在类似之处。例如，两者均要求按公允价值进行后续计量。两者也有不同之处，以公允价值计量且其变动计入其他综合收益的金融资产所产生的利得或损失，除减值损失或利得和汇兑损益外，均应当计入其他综合收益，直至该金融资产终止确认或被重分类，而采用实际利率法计算的该金融资产的利息应当计入当期损益。终止确认时，之前计入其他综合收益的累计利得或损失应当从其他综合收益中转出，计入当期损益。

相关的后续计量账务处理如下。

（1）资产负债表日，以公允价值计量且其变动计入其他综合收益的金融资产为分期付息、一次还本债券投资的，应按票面利率计算确定的应收未收利息，借记"应收利息"科目；按债券的摊余成本和实际利率计算确定的利息收入，贷记"投资收益"科目，按其差额，借记或货记"其他债权投资——利息调整"科目。

以公允价值计量且其变动计入其他综合收益的金融资产为一次还本付息债券投资的，应按票面利率计算确定的应收未收利息，借记"其他债权投资——应计利息"科目；按债券的摊余成本和实际利率计算确定的利息收入，贷记"投资收益"科目，按其差额，借记或贷记"其他债权投资——利息调整"科目。

（2）资产负债表日，以公允价值计量且其变动计入其他综合收益的金融资产的公允价值高于其账面余额的差额，借记"其他债权投资——公允价值变动"科目，贷记"其他综合收益——其他债权投资公允价值变动"科目；公允价值低于其账面余额的差额，做相反的会计分录。

确定以公允价值计量且其变动计入其他综合收益的金融资产发生减值的，应按减值的金额，借记"信用减值损失"；按从其他综合收益中转出的累计损失金额，贷记"其他综合收益——信用减值准备"科目。

（3）出售以公允价值计量且其变动计入其他综合收益的金融资产，应按实际收到的金额，借记"银行存款"等科目；按其账面余额，贷记"其他债权投资——成本、应计利息"科目，贷记或借记"其他债权投资——公允价值变动、利息调整"科目；按应从其他综合收益中转出的公允价值累计变动额，借记或贷记"其他综合收益——其他债权投资公允价值变动"科目；按应从其他综合收益转出的信用减值准备累计金额，贷记或借记"其他综合收益——信用减值准备"，按其差额，贷记或借记"投资收益"科目。

【例 10-7】 承例 10-3，其他资料如下。

（1）2023 年 12 月 31 日，B 公司债券的公允价值为 2 400 万元（不含利息）。

（2）2024 年 12 月 31 日，B 公司债券的公允价值为 2 450 万元（不含利息）。

（3）2025 年 12 月 31 日，B 公司债券的公允价值为 2 350 万元（不含利息）。

（4）2026 年 12 月 31 日，B 公司债券的公允价值为 2 100 万元（不含利息）。

（5）2027 年 1 月 20 日，通过上海证券交易所出售 B 公司债券，取得价款 2 150 万元。

假定不考虑所得税、减值等因素，该债券的实际利率 r 计算如下。

$$200\times(1+r)^{-1}+200\times(1+r)^{-2}+200\times(1+r)^{-3}+200\times(1+r)^{-4}+$$
$$(200+2\,000)\times(1+r)^{-5}=2\,246（万元）$$

采用插值法，计算得出 $r=7\%$，相关计算如表 10-4 所示。

表 10-4 远洋公司购买 B 公司债券计算表　　　　　　　　　单位：万元

日　期	期初摊余成本（A）	实际利息收入（B=A×7%）	现金流入（C）	期末摊余成本（D=A+B−C）	公允价值（E）	公允价值变动累计金额（F=E−D）	公允价值变动额（G=F−上期 F）
2023 年12 月 31 日	2 246.00	157.22	200	2 203.22	2 400	196.78	196.78
2024 年12 月 31 日	2 203.22	154.23	200	2 157.45	2 450	292.53	95.75
2025 年12 月 31 日	2 157.45	151.02	200	2 108.47	2 350	241.53	−51
2026 年12 月 31 日	2 108.47	147.59	200	2 056.06	2 100	43.94	−197.59

根据表 10-4 中的数据,编制会计分录如下。

(1) 2023 年 1 月 1 日,购入 B 公司债券。

借:其他债权投资——成本   2 000
     ——利息调整   246
 贷:银行存款   2 246

(2) 2023 年 12 月 31 日,确认 B 公司债券实际利息收入、公允价值变动,收到债券利息。

借:应收利息   200
 贷:投资收益   157.22
  其他债权投资——利息调整   42.78
借:银行存款   200
 贷:应收利息   200
借:其他债权投资——公允价值变动 196.78
 贷:其他综合收益——其他债权投资公允价值变动 196.78

(3) 2024 年 12 月 31 日,确认 B 公司债券实际利息收入、公允价值变动,收到债券利息。

借:应收利息   200
 贷:投资收益   154.23
  其他债权投资——利息调整   45.77
借:银行存款   200
 贷:应收利息   200
借:其他债权投资——公允价值变动 95.75
 贷:其他综合收益——其他债权投资公允价值变动 95.75

(4) 2025 年 12 月 31 日,确认 B 公司债券实际利息收入、公允价值变动,收到债券利息。

借:应收利息   200
 贷:投资收益   151.02
  其他债权投资——利息调整   48.98
借:银行存款   200
 贷:应收利息   200
借:其他综合收益——其他债权投资公允价值变动 51
 贷:其他债权投资——公允价值变动   51

(5) 2026 年 12 月 31 日,确认 B 公司债券实际利息收入、公允价值变动,收到债券利息。

借:应收利息   200
 贷:投资收益   147.59
  其他债权投资——利息调整   52.41
借:银行存款   200
 贷:应收利息   200
借:其他综合收益——其他债权投资公允价值变动 197.59
 贷:其他债权投资——公允价值变动   197.59

(6) 2027 年 1 月 20 日,确认出售 B 公司债券实现的损益。

借:银行存款   2 150

其他综合收益——其他债权投资公允价值变动 43.94	
贷:其他债权投资——成本	2 000
——公允价值变动	43.94
——利息调整	56.06
投资收益	93.94

(三)以公允价值计量且其变动计入当期损益的金融资产的后续计量

以公允价值计量且其变动计入当期损益的金融资产后续计量的会计处理,着重反映该类金融资产公允价值的变化以及对企业财务状况和经营成果的影响。

相关的后续计量账务处理如下。

(1)以公允价值计量且其变动计入当期损益的金融资产持有期间收到被投资单位发放的现金股利,或在资产负债表日按分期付息、一次还本债券投资的票面利率计算的利息,或上述股利或利息已宣告但未发放,借记"现金""银行存款""应收股利""应收利息"等科目,贷记"投资收益"科目。

(2)资产负债表日,以公允价值计量且其变动计入当期损益的金融资产的公允价值高于其账面余额的差额,借记"交易性金融资产——公允价值变动"科目,贷记"公允价值变动损益"科目;公允价值低于其账面余额的差额,作相反的会计分录。

(3)出售以公允价值计量且其变动计入当期损益的金融资产,应按实际收到的金额,借记"银行存款"等科目;按该金融资产的账面余额,贷记"交易性金融资产——成本",贷记或借记"交易性金融资产——公允价值变动"等科目,按其差额,贷记或借记"投资收益"科目。

【例 10-8】 承例 10-4,其他资料如下。

(1)2023 年 1 月 5 日,收到 C 公司债券 2022 年下半年利息 25 万元。

(2)2023 年 6 月 30 日,C 公司债券的公允价值为 1 050 万元(不含利息)。

(3)2023 年 7 月 5 日,收到 C 公司债券 2023 年上半年利息。

(4)2023 年 12 月 31 日,C 公司债券的公允价值为 1 020 万元(不含利息)。

(5)2024 年 1 月 5 日,收到 C 公司债券 2023 年下半年利息。

(6)2024 年 2 月 20 日,通过二级市场出售 C 公司债券,取得价款 1 045 万元。

假定不考虑其他因素,编制会计分录如下。

(1)2023 年 1 月 5 日,收到该债券 2022 年下半年利息 25 万元。

借:银行存款	25
贷:应收利息	25

(2)2023 年 6 月 30 日,确认 C 公司债券公允价值变动和投资收益。

借:交易性金融资产——公允价值变动	40
贷:公允价值变动损益	40
借:应收利息	25
贷:投资收益	25

(3)2023 年 7 月 5 日,收到 C 公司债券 2023 年上半年利息。

借:银行存款	25
贷:应收利息	25

（4）2023 年 12 月 31 日，确认 C 公司债券公允价值变动和投资收益。

借：公允价值变动损益   30

    贷：交易性金融资产——公允价值变动   30

借：应收利息   25

    贷：投资收益   25

（5）2024 年 1 月 5 日，收到 C 公司债券 2023 年下半年利息。

借：银行存款   25

    贷：应收利息   25

（6）2024 年 6 月 20 日，通过二级市场出售 C 公司债券。

借：银行存款   1 045

    贷：交易性金融资产——成本   1 010

                  ——公允价值变动   10

        投资收益   25

（四）指定为以公允价值计量且其变动计入其他综合收益的非交易性权益工具投资的后续计量

指定为以公允价值计量且其变动计入其他综合收益的非交易性权益工具投资后续计量的会计处理，与分类为以公允价值计量且其变动计入其他综合收益的金融资产后续计量的会计处理有相同之处，但也有明显不同。相同之处在于，公允价值的后续变动均计入其他综合收益。不同之处在于，指定为以公允价值计量且其变动计入其他综合收益的非交易性权益工具投资不需计提减值准备，除了获得的股利收入（作为投资成本部分收回的股利收入除外）计入当期损益外，其他相关的利得和损失（包括汇兑损益）均应当计入其他综合收益，且后续不得转入损益；当终止确认时，之前计入其他综合收益的累计利得或损失应当从其他综合收益中转出，计入留存收益。

相关后续计量的账务处理如下。

（1）资产负债表日，指定为以公允价值计量且其变动计入其他综合收益的非交易性权益工具投资的公允价值高于其账面余额的差额，借记"其他权益工具投资——公允价值变动"科目，贷记"其他综合收益——其他权益工具投资公允价值变动"科目；公允价值低于其账面余额的差额，作相反的会计分录。

（2）出售指定为以公允价值计量且其变动计入其他综合收益的非交易性权益工具投资，应按实际收到的金额，借记"银行存款"等科目，按其账面余额，贷记"其他权益工具投资——成本、公允价值变动"科目，按应从其他综合收益中转出的公允价值累计变动额，借记或贷记"其他综合收益——其他权益工具投资公允价值变动"科目，按其差额，贷记或借记"盈余公积""利润分配——未分配利润"等科目。

【例 10-9】 承例 10-5，其他资料如下。

（1）2023 年 5 月 10 日，远洋公司收到 D 公司发放的现金股利 15 万元。

（2）2023 年 6 月 30 日，该股票市价为每股 11 元。

（3）2023 年 12 月 31 日，远洋公司仍持有该股票，当日，该股票市价为每股 10.3 元。

（4）2024 年 5 月 9 日，D 公司宣告发放股利 2 000 万元。

（5）2024 年 5 月 13 日，远洋公司收到 D 公司发放的现金股利。

（6）2024 年 5 月 20 日，远洋公司由于某特殊原因，以每股 10.6 元的价格将股票全部转让。

甲公司按净利润的 10％ 计提法定盈余公积，不考虑其他因素，编制会计分录如下。

（1）2023 年 5 月 10 日，收到现金股利。

借：银行存款　　　　　　　　　　　　　　　　　　15
　　贷：应收股利　　　　　　　　　　　　　　　　　　　　　15

（2）2023 年 6 月 30 日，确认股票价格变动。

借：其他权益工具投资——公允价值变动　　　　　　　　90
　　贷：其他综合收益——其他权益工具投资公允价值变动　　　90

（3）2023 年 12 月 31 日，确认股票价格变动。

借：其他综合收益——其他权益工具投资公允价值变动　70
　　贷：其他权益工具投资——公允价值变动　　　　　　　　70

（4）2024 年 5 月 9 日，确认应收现金股利。

借：应收股利　　　　　　　　　　　　　　　　　　20
　　贷：投资收益　　　　　　　　　　　　　　　　　　　　20

（5）2024 年 5 月 13 日，收到现金股利。

借：银行存款　　　　　　　　　　　　　　　　　　20
　　贷：应收股利　　　　　　　　　　　　　　　　　　　　20

（6）2024 年 5 月 20 日，出售股票。

借：盈余公积——法定盈余公积　　　　　　　　　　2
　　利润分配——未分配利润　　　　　　　　　　　18
　　贷：其他综合收益——其他权益工具投资公允价值变动　　20
借：银行存款　　　　　　　　　　　　　　　　　1 060
　　贷：其他权益工具投资——成本　　　　　　　　　　1 010
　　　　　　　　　　　　　——公允价值变动　　　　　　20
　　盈余公积——法定盈余公积　　　　　　　　　　　　3
　　利润分配——未分配利润　　　　　　　　　　　　27

金融资产重分类
的会计处理

五、金融资产终止确认及转移

金融资产终止确认是指企业将之前确认的金融资产从其资产负债表中予以转出。如企业收取该金融资产现金流量的合同权利终止，且因合同到期而使合同权利终止，金融资产不能再为企业带来经济利益，应当终止确认该金融资产。企业收取一项金融资产现金流量的合同权利并未终止，但若企业转移了该项金融资产，同时该转移满足终止确认的规定，企业也应当终止确认被转移的金融资产。

金融资产（包括单项或一组类似金融资产）转移是指企业（转出方）将金融资产（或其现金流量）让与或交付给该金融资产发行方之外的另一方（转入方）。企业金融资产转移，包括两种情形：一是企业将收取金融资产现金流量的合同权利转移给其他方；二是企业保留了收取金融资产现金流量的合同权利，但承担了将收取的该现金流量支付给一个或多个最终收款方的合同义务。

第三节　长期股权投资

一、长期股权投资概述

　　长期股权投资是指投资企业对被投资单位实施控制、重大影响的权益性投资，以及对其合营企业的权益性投资。除此之外，其他权益性投资不作为长期股权投资进行核算，而应当按照《企业会计准则第 22 号——金融工具确认和计量》的规定进行会计核算。

　　投资方能够对被投资单位实施控制的，则被投资单位为本企业的子公司。控制是指投资方拥有对被投资方的权力，通过参与被投资方的相关活动而享有可变回报，并且有能力运用对被投资方的权力影响其回报金额。

　　投资方与其他合营方一同对被投资单位实施共同控制且对被投资单位净资产享有权利的权益性投资，即对合营企业投资。共同控制是指按照相关约定对某项安排所共有的控制，并且该安排的相关活动必须经过分享控制权的参与方一致同意后才能决策。相关活动，是指对某项安排的回报产生重大影响的活动。某项安排的相关活动应当根据具体情况进行判断，通常包括商品或劳务的销售和购买、金融资产的管理、资产的购买和处置、研究与开发活动以及融资活动等。在判断是否存在共同控制时，应当首先判断所有参与方或参与方组合是否集体控制该安排，其次判断该安排相关活动的决策是否必须经过这些集体控制该安排的参与方一致同意。如果存在两个或两个以上的参与方组合能够集体控制某项安排的，不构成共同控制，仅享有保护性权利的参与方不享有共同控制。

　　投资方对被投资单位具有重大影响的权益性投资，即对联营企业投资。重大影响，是指对一个企业的财务和经营政策有参与决策的权力，但并不能够控制或者与其他方一起共同控制这些政策的制定。实务中，较为常见的重大影响体现为在被投资单位的董事会或类似权力机构中派有代表，通过在被投资单位财务和经营决策制定过程中的发言权实施重大影响。投资方直接或通过子公司间接持有被投资单位高于 20% 但低于 50% 的表决权时，一般认为对被投资单位具有重大影响；除非有明确的证据表明该种情况下不能参与被投资单位的生产经营决策，则不形成重大影响。在确定能否对被投资单位施加重大影响时，一方面应考虑投资方直接或间接持有被投资单位的表决权股份，另一方面要考虑投资方及其他方持有的当期可执行潜在表决权在假定转换为对被投资单位的股权后产生的影响。如被投资单位发行的当期可转换的认股权证、股份期权及可转换公司债券等的影响。

　　除上述以外其他的权益性投资，包括风险投资机构、共同基金，以及类似主体持有的、在初始确认时按照《企业会计准则第 22 号——金融工具确认和计量》的规定以公允价值计量且其变动计入当期损益的金融资产以及其他权益性投资，投资性主体对不纳入合并财务报表的子公司的权益性投资，应当按照本书金融资产的相关内容进行会计处理。

二、长期股权投资的初始计量

　　企业合并形成的长期股权投资，可分为同一控制下控股合并与非同一控制下控股合并，应分别确定其初始投资成本。

1. 企业合并形成的长期股权投资

(1) 同一控制下企业合并形成的长期股权投资。合并方以支付现金、转让非现金资产或承担债务方式作为合并对价的,应当在合并日按照所取得的被合并方在最终控制方合并财务报表中的净资产的账面价值的份额,作为长期股权投资的初始投资成本。被合并方在合并日的净资产账面价值为负数的,长期股权投资的初始投资成本按零确定,同时在备查簿中予以登记。长期股权投资的初始投资成本与支付的现金、转让的非现金资产及所承担债务账面价值之间的差额,应当调整资本公积(资本溢价或股本溢价),资本公积(资本溢价或股本溢价)的余额不足冲减的,依次冲减盈余公积和未分配利润。合并方以发行权益性工具作为合并对价的,应按发行股份的面值总额作为股本。长期股权投资的初始投资成本与所发行股份面值总额之间的差额,应当调整资本公积(股本溢价),资本公积(股本溢价)不足冲减的,依次冲减盈余公积和未分配利润。合并方发生的审计、法律服务、评估咨询等中介费用以及其他相关管理费用,于发生时计入当期损益。与发行权益性工具作为合并对价直接相关的交易费用,应当冲减资本公积(资本溢价或股本溢价),资本公积(资本溢价或股本溢价)不足冲减的,依次冲减盈余公积和未分配利润。与发行债务性工具作为合并对价直接相关的交易费用,应当计入债务性工具的初始确认金额。

【例 10-10】　2023 年 6 月 30 日,远洋公司向其母公司远达公司发行 10 000 000 股普通股(每股面值为 1 元,每股公允价值为 4.34 元),取得母公司远达公司拥有对光明公司 100% 的股权,并于当日起能够对光明公司实施控制。合并后光明公司仍维持其独立法人地位继续经营。2023 年 6 月 30 日,远达公司合并财务报表中的光明公司净资产账面价值为40 000 000元。假定远洋公司和光明公司都受远达公司最终同一控制,在企业合并前采用的会计政策相同。不考虑相关税费等其他因素影响。

远洋公司在合并日应确认对光明公司的长期股权投资,初始投资成本为应享有光明公司在远达公司合并财务报表中的净资产账面价值的份额,编制会计分录如下。

借:长期股权投资——投资成本　　　　　　　40 000 000
　贷:股本　　　　　　　　　　　　　　　　　　　10 000 000
　　资本公积——股本溢价　　　　　　　　　　　30 000 000

(2) 非同一控制下企业合并形成的长期股权投资。非同一控制下的企业合并中,购买方应当按照确定的企业合并成本作为长期股权投资的初始投资成本。企业合并成本包括购买方付出的资产、发生或承担的负债、发行的权益性工具或债务性工具的公允价值之和。购买方为企业合并发生的审计、法律服务、评估咨询等中介费用以及其他相关管理费用,应于发生时计入当期损益;购买方作为合并对价发行的权益性工具或债务性工具的交易费用,应当计入权益性工具或债务性工具的初始确认金额。

【例 10-11】　2023 年 3 月 31 日,远洋公司取得易通公司 70% 的股权,并于当日起能够对易通公司实施控制。合并中,远洋公司支付的有关资产在购买日的账面价值与公允价值如表 10-5 所示。合并中,远洋公司为核实易通公司的资产价值,聘请专业资产评估机构对易通公司的资产进行评估,支付评估费用 1 000 000 元。假定合并前远洋公司与易通公司不存在任何关联方关系。不考虑相关税费等其他因素影响。

表 10-5　远洋公司支付的有关资产购买日的账面价值与公允价值

2023 年 3 月 31 日　　　　　　　　　　　　　　　　　　　　单位：元

项　目	账面价值	公允价值
土地使用权（自用）	20 000 000 （成本为 30 000 000，累计摊销 10 000 000）	32 000 000
专利技术	8 000 000 （成本为 10 000 000，累计摊销 2 000 000）	10 000 000
银行存款	8 000 000	8 000 000
合　计	36 000 000	50 000 000

　　本例中因远洋公司与易通公司在合并前不存在任何关联方关系，应作为非同一控制下的企业合并处理。远洋公司对于合并形成的对易通公司的长期股权投资，应按支付对价的公允价值确定其初始投资成本。编制会计分录如下。

　　借：长期股权投资——投资成本　　　　　　50 000 000
　　　　累计摊销　　　　　　　　　　　　　　12 000 000
　　　　管理费用　　　　　　　　　　　　　　 1 000 000
　　　贷：无形资产　　　　　　　　　　　　　　　　40 000 000
　　　　　银行存款　　　　　　　　　　　　　　　　 9 000 000
　　　　　资产处置损益　　　　　　　　　　　　　　14 000 000

　　2. 企业合并以外的其他方式取得的长期股权投资

　　（1）以支付现金取得的长期股权投资，应当按照实际支付的购买价款作为初始投资成本，包括与取得长期股权投资直接相关的费用、税金及其他必要支出，但不包括应自被投资单位收取的已宣告但尚未发放的现金股利或利润。

　　【例 10-12】　远洋公司于 2023 年 2 月 10 日自公开市场中买入通用公司 20% 的股份，实际支付价款 80 000 000 元。在购买过程中支付手续费等相关费用 1 000 000 元。远洋公司取得该部分股权后能够对通用公司施加重大影响。假定远洋公司取得该项投资时，通用公司已宣告但尚未发放现金股利，远洋公司按其持股比例计算确定可分得 300 000 元。

　　远洋公司应当按照实际支付的购买价款扣减应收未收的现金股利后的余额作为取得长期股权投资的成本，编制会计分录如下。

　　借：长期股权投资——投资成本　　　　　　80 700 000
　　　　应收股利　　　　　　　　　　　　　　　 300 000
　　　贷：银行存款　　　　　　　　　　　　　　　　81 000 000

　　（2）以发行权益性证券取得的长期股权投资，应当按照发行权益性证券的公允价值作为初始投资成本，但不包括应自被投资单位收取的已宣告但尚未发放的现金股利或利润。为发行权益性证券支付的手续费、佣金等与发行直接相关的费用，不构成长期股权投资的初始投资成本。这部分费用应自所发行证券的溢价发行收入中扣除，溢价收入不足冲减的，应依次冲减盈余公积和未分配利润。

　　【例 10-13】　2023 年 3 月，远洋公司通过增发 40 000 000 股（每股面值 1 元）本企业普通股为对价，从非关联方处取得对大风公司 20% 的股权，所增发股份的公允价值为 52 000 000 元。

为增发该部分普通股,远洋公司支付了 2 000 000 元的佣金和手续费。取得大风公司股权后,远洋公司能够对大风公司施加重大影响。不考虑相关税费等其他因素影响。

本例中,远洋公司应当以所发行股份的公允价值作为取得长期股权投资的成本。编制会计分录如下。

借:长期股权投资——投资成本　　　　　　　52 000 000
　贷:股本　　　　　　　　　　　　　　　　　40 000 000
　　　资本公积——股本溢价　　　　　　　　12 000 000
借:资本公积——股本溢价　　　　　　　　　2 000 000
　贷:银行存款　　　　　　　　　　　　　　2 000 000

一般而言,投资者投入的长期股权投资应根据法律法规的要求进行评估作价,在公平交易当中,投资者投入的长期股权投资的公允价值,与所发行证券的公允价值不应存在重大差异。如有确凿证据表明,取得长期股权投资的公允价值比所发行证券的公允价值更加可靠的,以投资者投入的长期股权投资的公允价值为基础确定其初始投资成本。

投资方通过发行债务性证券(债务性工具)取得长期股权投资的,按照通过发行权益性证券(权益性工具)取得长期投资股权的处理。

(3)以非货币性资产交换、债务重组等方式取得的长期股权投资,其初始投资成本分别按《企业会计准则第 7 号——非货币性资产交换》与《企业会计准则第 12 号——债务重组》的相关内容确定。

三、长期股权投资的后续计量

企业取得的长期股权投资,在确定其初始投资成本后,持续持有期间,视对被投资单位的影响程度等情况的不同,应分别采用成本法及权益法进行核算。对子公司的长期股权投资应当按成本法核算,对合营企业、联营企业的长期股权投资应当按权益法核算。

1. 成本法

投资方持有的对子公司的投资应当采用成本法核算,投资方在判断其对被投资单位是否具有控制时,应综合考虑直接持有的股权和通过子公司间接持有的股权。

采用成本法核算的长期股权投资,应当按照初始投资成本计价。追加或收回投资应当调整长期股权投资的成本。在追加投资时,按照追加投资支付的成本的公允价值及发生的相关交易费用增加长期股权投资的账面价值。被投资单位宣告分派现金股利或利润的,投资方根据应享有的部分确认当期投资收益。

【例 10-14】　远洋公司于 2023 年 4 月 10 日自非关联方处取得发达公司 60% 股权,成本为 12 000 000 元,相关手续于当日完成,并能够对发达公司实施控制。2024 年 2 月 6 日,发达公司宣告分派现金股利,远洋公司按照持股比例可取得 100 000 元。发达公司于 2024 年 2 月 12 日实际分派现金股利。不考虑相关税费等其他因素的影响。

编制会计分录如下。

(1)2023 年 4 月 10 日取得股权时。

借:长期股权投资——投资成本　　　　　　　12 000 000
　贷:银行存款　　　　　　　　　　　　　　12 000 000

（2）2024 年 2 月 6 日宣告分派现金股利时。

借：应收股利　　　　　　　　　　　　　　　100 000
　　贷：投资收益　　　　　　　　　　　　　　　　　100 000

（3）2024 年 2 月 12 日实际分派现金股利时。

借：银行存款　　　　　　　　　　　　　　　100 000
　　贷：应收股利　　　　　　　　　　　　　　　　　100 000

2. 权益法

对合营企业和联营企业投资应当采用权益法核算。投资方在判断对被投资单位是否具有共同控制、重大影响时，应综合考虑直接持有的股权和通过子公司间接持有的股权。

采用权益法核算的长期股权投资，一般的会计处理如下。初始投资或追加投资时，按照初始投资成本或追加投资的投资成本，调整增加长期股权投资的账面价值。比较初始投资成本与投资时，应享有被投资单位可辨认净资产公允价值的份额，前者大于后者的，不调整长期股权投资账面价值；前者小于后者的，应当按照两者之间的差额，调整增加长期股权投资的账面价值，同时计入取得投资当期损益（营业外收入）。持有投资期间，随着被投资单位所有者权益的变动相应调整增加或减少长期股权投资的账面价值，并分别根据以下情况处理：对因被投资单位实现净损益和其他综合收益而产生的所有者权益的变动，投资方应当按照应享有的份额，增加或减少长期股权投资的账面价值，同时确认投资损益和其他综合收益；对被投资单位宣告分派的利润或现金股利计算应分得的部分，相应减少长期股权投资的账面价值；对被投资单位除净损益、其他综合收益以及利润分配以外的因素导致的其他所有者权益变动，相应调整长期股权投资的账面价值，同时确认资本公积（其他资本公积）。

（1）初始投资成本的调整。投资方取得对联营企业或合营企业的投资以后，对于取得投资时初始投资成本与应享有被投资单位可辨认净资产公允价值份额之间的差额，应区别情况处理。初始投资成本大于取得投资时应享有被投资单位可辨认净资产公允价值份额的，该部分差额是投资方在取得投资过程中通过作价体现出的与所取得股权份额相对应的商誉价值，这种情况下不要求对长期股权投资的成本进行调整；初始投资成本小于取得投资时应享有被投资单位可辨认净资产公允价值份额的，两者之间的差额体现为双方在交易作价过程中转让方的让步，该部分经济利益流入应计入取得投资当期的营业外收入，同时应调整增加长期股权投资的账面价值。

【例 10-15】　远洋公司于 2023 年 1 月 2 日取得风云公司 30% 的股权，支付价款 30 000 000 元。取得投资时被投资单位账面所有者权益的构成如下（假定该时点被投资单位各项可辨认资产、负债的公允价值与其账面价值相同，单位：元）。

实收资本	30 000 000
资本公积	24 000 000
盈余公积	6 000 000
未分配利润	15 000 000
所有者权益总额	75 000 000

① 假定在风云公司的董事会中，所有股东均以其持股比例行使表决权。远洋公司在取得对风云公司的股权后，派人参与了风云公司的财务和生产经营决策，能够对风云公司的生

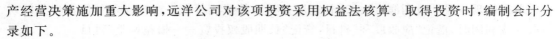

产经营决策施加重大影响,远洋公司对该项投资采用权益法核算。取得投资时,编制会计分录如下。

借:长期股权投资——投资成本　　　　　　　　30 000 000
　　贷:银行存款　　　　　　　　　　　　　　　　　30 000 000

长期股权投资的成本 30 000 000 元大于取得投资时应享有风云公司可辨认净资产公允价值的份额 22 500 000 元(75 000 000×30%),不对其初始投资成本进行调整。

② 假定上例中取得投资时风云公司可辨认净资产公允价值为 120 000 000 元,远洋公司按持股比例 30% 计算确定应享有 36 000 000 元,则初始投资成本与应享有风云公司可辨认净资产公允价值份额之间的差额 6 000 000 元应计入取得投资当期的损益。编制会计分录如下。

借:长期股权投资——投资成本　　　　　　　　36 000 000
　　贷:银行存款　　　　　　　　　　　　　　　　　30 000 000
　　　　营业外收入　　　　　　　　　　　　　　　　　6 000 000

(2) 投资损益的确认。采用权益法核算的长期股权投资,在确认应享有(或分担)被投资单位的净利润(或净亏损)时,在被投资单位实现的净利润(或净亏损)的基础上计算确认投资收益。

【例 10-16】 承例 10-15,假定远洋公司长期股权投资的成本大于取得投资时风云公司可辨认净资产公允价值份额的情况下,2023 年风云公司实现净利润 8 000 000 元。远洋公司、风云公司均以公历年度作为会计年度,采用相同的会计政策。由于投资时风云公司各项资产、负债的账面价值与其公允价值相同,不需要对风云公司的净利润进行调整。远洋公司应确认的投资收益为 2 400 000 元(8 000 000×30%),一方面增加长期股权投资的账面价值,另一方面作为利润表中的投资收益确认。编制会计分录如下。

借:长期股权投资——损益调整　　　　　　　　2 400 000
　　贷:投资收益　　　　　　　　　　　　　　　　　2 400 000

(3) 被投资单位其他综合收益变动的处理。被投资单位其他综合收益发生变动的,投资方应当按照归属于本企业的部分,相应调整长期股权投资的账面价值,同时增加或减少其他综合收益。

【例 10-17】 远洋公司持有泰源公司 30% 的股份,能够对泰源公司施加重大影响。当期,泰源公司因持有分类为以公允价值计量且其变动计入其他综合收益的金融资产(其他债权投资)。公允价值的变动计入其他综合收益的金额为 20 000 000 元,除该事项外,泰源公司当期实现的净利润为 80 000 000 元。假定远洋公司与泰源公司适用的会计政策、会计期间相同,两者在当期及以前期间未发生任何内部交易,投资时泰源公司各项可辨认资产、负债的公允价值与其账面价值相同。不考虑相关税费等其他因素影响。编制会计分录如下。

借:长期股权投资——损益调整　　　　　　　　24 000 000
　　　　　　　　　　——其他综合收益　　　　　　　6 000 000
　　贷:投资收益　　　　　　　　　　　　　　　　　24 000 000
　　　　其他综合收益　　　　　　　　　　　　　　　6 000 000

(4) 取得现金股利或利润的处理。按照权益法核算的长期股权投资,投资方自被投资单位取得的现金股利或利润,应抵减长期股权投资的账面价值。在被投资单位宣告分派现金股利或利润时,借记"应收股利"科目,贷记"长期股权投资——损益调整"科目。

(5)超额亏损的确认。权益法下,投资方确认应分担被投资单位发生的损失,原则上应以长期股权投资及其他实质上构成对被投资单位净投资的长期权益减记至零为限(投资方负有承担额外损失义务的除外)。这里所讲"其他实质上构成对被投资单位净投资的长期权益"通常是指长期应收项目,例如,投资方对被投资单位的长期债权,该债权没有明确的清收计划且在可预见的未来期间不准备收回的,实质上构成对被投资单位的净投资。应予说明的是,该类长期权益不包括投资方与被投资单位之间因销售商品、提供劳务等日常活动所产生的长期债权。

投资方在确认应分担被投资单位发生的损失时,应按照以下顺序处理。

① 减记长期股权投资的账面价值。

② 在长期股权投资的账面价值减记至零的情况下,考虑是否有其他构成长期权益的项目,如果有,则以其他实质上构成对被投资单位长期权益的账面价值为限,继续确认投资损失,冲减长期应收项目等的账面价值。

③ 在其他实质上构成对被投资单位长期权益的价值也减记至零的情况下,如果按照投资合同或协议约定,投资方需要履行其他额外的损失赔偿义务,则需按预计将承担责任的金额确认预计负债,计入当期投资损失。

除按上述顺序已确认的损失以外,仍有额外损失的,应在账外作备查登记,不再予以确认。

投资方按权益法确认应分担被投资单位的净亏损,或被投资单位其他综合收益减少净额,将有关长期股权投资冲减至零并产生了未确认投资净损失的,被投资单位在以后期间实现净利润或其他综合收益增加净额时,投资方应当按照以前确认或登记有关投资净损失时的相反顺序进行会计处理,即依次减记未确认投资净损失金额、恢复其他长期权益和恢复长期股权投资的账面价值,同时,投资方还应当重新复核预计负债的账面价值。

【例 10-18】 远洋公司持有云峰公司 40% 的股权,能够对云峰公司施加重大影响。2023年12月31日,该项长期股权投资的账面价值为 20 000 000 元。云峰公司 2024 年发生亏损 30 000 000 元。假定远洋公司取得投资时,云峰公司各项可辨认资产、负债的公允价值与其账面价值相同,两公司采用的会计政策和会计期间也相同。远洋公司 2024 年应确认的投资损失为 12 000 000 元。确认上述投资损失后,长期股权投资的账面价值变为 8 000 000元。

如果云峰公司 2024 年的亏损额为 60 000 000 元,则远洋公司按其持股比例确认应分担的损失为 24 000 000 元,但期初长期股权投资的账面价值仅为 20 000 000 元,如果没有其他实质上构成对被投资单位净投资的长期权益项目,远洋公司应确认的投资损失仅为 20 000 000 元,超额损失在账外进行备查登记;如果在确认了 20 000 000 元的投资损失后,远洋公司账上仍有应收云峰公司的长期应收款 8 000 000 元(实质上构成对云峰公司的净投资),则在长期应收款的账面价值大于 4 000 000 元的情况下,应进一步确认投资损失 4 000 000 元。编制会计分录如下。

借:投资收益   24 000 000

 贷:长期股权投资——损益调整   20 000 000

　　　　长期应收款——云峰公司——超额亏损　　　　　4 000 000

　　(6)被投资单位除净损益、其他综合收益以及利润分配以外的所有者权益的其他变动。被投资单位除净损益、其他综合收益以及利润分配以外的所有者权益的其他变动的因素,主要包括被投资单位接受其他股东的资本性投入、被投资单位发行可分离交易的可转债中包含的权益成分、以权益结算的股份支付、其他股东对被投资单位增资导致投资方持股比例变动等。投资方应按所持股权比例计算应享有的份额,调整长期股权投资的账面价值,同时计入资本公积(其他资本公积),并在备查簿中予以登记。投资方在后续处置股权投资但对剩余股权仍采用权益法核算时,应按处置比例将这部分资本公积转入当期投资收益;对剩余股权终止权益法核算时,将这部分资本公积全部转入当期投资收益。

四、长期股权投资的减值

　　投资方应当关注长期股权投资的账面价值是否大于享有被投资单位所有者权益账面价值的份额等类似情况。出现类似情况时,投资方应当按照《企业会计准则第 8 号——资产减值》的相关内容对长期股权投资进行减值测试,可收回金额低于长期股权投资账面价值的,应当计提减值准备。

　　企业计提长期股权投资减值准备,应当设置"长期股权投资减值准备"科目核算。企业按应减记的金额,借记"资产减值损失——计提的长期股权投资减值准备"科目,贷记"长期股权投资减值准备"科目。长期股权投资减值损失一经确认,在以后的会计期间不得转回。

五、长期股权投资的处置

　　处置长期股权投资时,应相应结转与所售股权相对应的长期股权投资的账面价值,一般情况下,出售所得价款与处置长期股权投资账面价值之间的差额,应确认为处置损益。

　　投资方全部处置权益法核算的长期股权投资时,原权益法核算的相关其他综合收益应当在终止采用权益法核算时,采用与被投资单位直接处置相关资产或负债相同的基础进行会计处理。因被投资方除净损益、其他综合收益和利润分配以外的其他所有者权益变动而确认的所有者权益,应当在终止采用权益法核算时,全部转入当期投资收益。投资方部分处置权益法核算的长期股权投资,剩余股权仍采用权益法核算的,原权益法核算的相关其他综合收益,应当采用与被投资单位直接处置相关资产或负债相同的基础处理并按比例结转。因被投资方除净损益、其他综合收益和利润分配以外的其他所有者权益变动而确认的所有者权益,应当按比例结转入当期投资收益。

　　【例 10-19】　远洋公司持有翔飞公司 40% 的股权并采用权益法核算。2023 年 7 月 1 日,远洋公司将翔飞公司 20% 的股权出售给非关联的第三方,对剩余 20% 的股权仍采用权益法核算。远洋公司取得翔飞公司股权至 2023 年 7 月 1 日期间,确认的相关其他综合收益为 8 000 000 元(为按比例享有的翔飞公司其他债权投资金融资产的公允价值变动),享有翔飞公司除净损益、其他综合收益和利润分配以外的其他所有者权益变动为 2 000 000 元。不考虑相关税费等其他因素影响。

　　(1)由于远洋公司处置后的剩余股权仍采用权益法核算,因此,相关的其他综合收益和其他所有者权益应按比例结转。编制会计分录如下。

借：其他综合收益   4 000 000

    资本公积——其他资本公积   1 000 000

  贷：投资收益   5 000 000

（2）假设，2023 年 7 月 1 日，远洋公司将翔飞公司 35％的股权出售给非关联的第三方。剩余 5％股权作为以公允价值计量且其变动计入当期损益的金融资产核算。由于远洋公司处置后的剩余股权按照金融资产的相关内容进行会计处理，因此，相关的其他综合收益和其他所有者权益应全部结转。编制会计分录如下。

借：其他综合收益   8 000 000

    资本公积——其他资本公积   2 000 000

  贷：投资收益   10 000 000

 **实训题**

第十章 练习题

1. 远洋公司 2023 年、2024 年发生如下业务。

（1）2023 年 1 月 1 日，甲公司购入 A 公司发行的公司债券，支付价款为 2 600 万元（其中包含已到期但尚未领取的债券利息 50 万元），另支付交易费用 30 万元。该笔 A 公司债券于 2017 年 7 月 1 日发行，面值为 2 500 万元，票面利率为 4％。上年债券利息于下年年初支付。远洋公司将其划分为交易性金融资产核算。

（2）2023 年 1 月 31 日，远洋公司收到该笔债券利息 50 万元。

（3）2023 年 6 月 30 日，远洋公司购买的 A 公司债券的公允价值为 2 670 万元。

（4）2023 年 12 月 31 日，A 公司债券的公允价值为 2 580 万元。

（5）2024 年年初，远洋公司收到债券利息 100 万元。假定债券利息不考虑相关税费。

（6）2024 年 3 月 15 日，远洋公司出售了所持有的全部 A 公司债券，售价为 3 550 万元。

要求：编制远洋公司 2023 年、2024 年相关的会计分录。

2. 远洋公司 2023 年至 2026 年发生如下业务。

（1）2023 年 1 月 1 日，远洋公司购入 B 公司当日发行的一批 5 年期债券，面值 5 000 万元，实际支付价款为 4 639.52 万元（含交易费用 9.52 万元），票面利率为 10％，每年末支付利息，到期一次归还本金。初始确认时确定的实际利率为 12％。

（2）该债券 2023 年年末、2024 年年末公允价值分别为 5 000 万元、4 900 万元。

（3）2025 年 12 月 31 日，由于市场利率变动，该债务工具的公允价值跌至 4 800 万元。远洋公司认为，该工具的信用风险自初始确认后并无显著增加，应按 12 个月内预期信用损失计量损失准备，损失准备金额为 200 万元。

（4）2026 年 1 月 6 日，远洋公司决定以当日的公允价值 4 730.99 万元，出售该债务工具。

要求：如果将该债券划分为以摊余成本计量的金融资产，编制 2023 年至 2026 年远洋公司相关的会计分录。若将该债券划分为以公允价值计量且其变动计入其他综合收益的金融资产应当如何处理？

3. 远洋公司 2023 年至 2025 年发生如下业务。

（1）2023 年 3 月 6 日以赚取差价为目的从二级市场购入的一批 C 公司发行的股票

100 万股,作为交易性金融资产,取得时公允价值为每股为 5.2 元,含已宣告但尚未发放的现金股利为 0.2 元,另支付交易费用 5 万元,全部价款以银行存款支付。

(2) 2023 年 3 月 16 日,收到最初支付价款中所含现金股利。

(3) 2023 年 12 月 31 日,该股票公允价值为每股 4.5 元。

(4) 2024 年 2 月 6 日,C 公司宣告发放 2023 年股利,每股 0.3 元。

(5) 2024 年 3 月 9 日,收到 C 公司股利。

(6) 2024 年 12 月 31 日,该股票公允价值为每股 5.3 元。

(7) 2025 年 2 月 11 日,C 公司宣告发放 2024 年股利,每股 0.1 元。

(8) 2025 年 3 月 1 日,收到 C 公司股利。

(9) 2025 年 3 月 16 日,将该股票全部处置,每股 5.1 元,交易费用为 6 万元。

要求:编制远洋公司有关交易性金融资产的会计分录,并计算 2023 年至 2025 年该股票投资的账面价值及该项股票投资的累计损益。

4. 远洋公司于 2023 年 1 月 1 日购入 D 公司于当日发行的 5 年期、一次还本、分期付息的公司债券,次年 1 月 3 日支付利息,票面年利率为 5%,面值总额为 3 000 万元,实际支付价款为 3 130 万元;另支付交易费用 2.27 万元,实际利率为 4%。甲公司根据其管理该债券的业务模式和该债券的合同现金流量特征,将该债券分类为以摊余成本计量的金融资产。

要求:编制远洋公司 2023 年、2024 年的会计分录。

5. 长期股权投资采用成本法的核算。

(1) 2023 年 1 月 1 日,远洋公司支付现金 8 000 000 元给乙公司,受让乙公司持有的丙公司 15% 的股权。远洋公司对其不具有重大影响,但准备长期持有,受让时发生直接相关费用和税金 100 000 元。远洋公司在取得该项股权投资时,丙公司经审计认定的可辨认净资产公允价值为 54 000 000 元。远洋公司与丙公司不属于同一控制下的企业。

(2) 2023 年 3 月 25 日,经丙公司股东大会批准宣告分配 2016 年现金股利 1 000 000 元,远洋公司于 4 月 8 日收到现金股利 150 000 元,2023 年,丙公司实现净利润 3 000 000 元,按照实现净利润的 10% 提取法定盈余公积 300 000 元。

(3) 2024 年 3 月 28 日,经丙公司股东大会批准宣告分派 2023 年现金股利为 800 000 元。2024 年,由于丙公司的经营状况恶化,导致发生巨额亏损 10 000 000 元,2024 年年末,远洋公司经测算所持丙公司的投资未来现金流量现值为 7 700 000 元。

(4) 2025 年 1 月 20 日,远洋公司经协商,将持有的丙公司的全部股权转让给 H 公司,收到股权转让款 7 900 000 元,相关法律手续均已办理完毕。

要求:根据上述资料,编制远洋公司对丙公司长期股权投资的会计分录,并列示长期股权投资有关的明细账户。

6. 长期股权投资采用权益法的核算。

(1) 2023 年 1 月 1 日,远洋公司支付现金 900 000 元向乙公司投资,远洋公司的投资占乙公司有表决权资本的 40%,并准备长期持有,双方投资合同约定远洋公司不负有承担出资额以外损失的责任。远洋公司初始投资成本与应享有乙公司所有者权益份额相等,乙公司采用的会计政策及会计期间与远洋公司一致。

(2) 2023 年,乙公司全年实现净利润 150 000 元。

（3）2024 年 3 月 16 日，宣告分派现金股利 350 000 元，2024 年，乙公司全年净亏损 3 200 000 元。

（4）2025 年乙公司全年实现净利润 950 000 元。

要求：根据上述资料，编制远洋公司对乙公司长期股权投资的会计分录，并列示长期股权投资有关的明细账户。

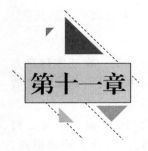

第十一章

负 债

负债是指企业过去的交易或交易事项形成的,预期会导致经济利益流出企业的现时义务。负债按其流动性,可分为流动负债和非流动负债。流动负债是指预计在 1 年内或超过 1 年的一个正常营业周期内清偿的债务,包括短期借款、应付票据、应付账款、应付利息、合同负债、应付职工薪酬、应交税费、应付股利和其他应付款等。非流动负债是指流动负债以外的负债,包括长期借款、应付债券和长期应付款等。

第十一章
案例引入

第一节　流 动 负 债

一、短期借款

（一）短期借款的含义

短期借款是指企业向银行或其他金融机构等借入的期限在 1 年以下(含 1 年)的各种借

款。短期借款一般是企业为维持正常的生产经营所需，或者为抵偿某项债务而借入的款项。

（二）短期借款的利息结算方式

短期借款的利息结算方式分为按月支付、按季支付、按半年支付和到期一次还本付息方式。如果企业的短期借款利息按月支付，或者利息是在借款到期归还本金时一并支付且数额不大的，可以在实际支付或收到银行的计息通知时，直接计入当期损益。

如果短期借款的利息按期支付（如按季），或者利息是在借款到期归还本金时一并支付且数额较大的，为了正确计算各期的盈亏，应采用预提的办法，先按月预提，计入当期损益，到期再进行支付。

（三）短期借款的核算

为总括反映短期借款的借入、归还和结余情况，企业应设置"短期借款"科目。该科目应按债权人户名和借款种类进行明细核算。企业借入各种短期借款时，应借记"银行存款"科目，贷记"短期借款"科目；归还短期借款时，借记"短期借款"科目，贷记"银行存款"科目。

企业短期借款利息的支出，一般应作为财务费用。实际工作中，银行一般于每季末收取短期借款利息，为此，企业对于短期借款的利息一般采用按月预提的方式进行核算，即各月末应借记"财务费用"科目，贷记"应付利息"科目；支付利息时，再借记"应付利息"科目，贷记"银行存款"科目。对于季末月份的短期借款利息，也可以直接借记"财务费用"科目，贷记"银行存款"科目，而不再进行预提。

【例 11-1】 远洋公司于 2023 年 1 月 1 日向银行借入 800 000 元，期限 9 个月，年利率 4.5%，该借款的利息按季支付，本金到期归还。编制会计分录如下。

（1）1 月 1 日借入款项时。

借：银行存款	800 000
贷：短期借款	800 000

（2）1 月末、2 月末计提利息时。

借：财务费用	3 000
贷：应付利息	3 000

（3）3 月末支付本季度应付利息时。

借：财务费用	3 000
应付利息	6 000
贷：银行存款	9 000

第二季度、第三季度的利息处理同上。

（4）10 月 1 日偿还借款本金时。

借：短期借款	800 000
贷：银行存款	800 000

二、应付账款

应付账款是指因购买原材料、商品，或接受劳务供应等发生的应付但未付的款项。应付账款的发生，本质上是因为购入货物时间与实际付款时间不一致而享有的延期付款，是一种商业信用，是应付账款方承担的一种短期负债。企业因购买原材料、商品或接受劳务供应等发生的应付但尚未支付的款项,通过"应付账款"账户进行核算。

1. 应付账款入账时间的确定

应付账款的确认时间,是以权责发生制为基础进行确认的,即以所购买物资所有权有关的风险和报酬已经转移或以劳务已经接受为标志进行确认。在实务工作中,一般是以货物已验收入库、发票到达之后才据以登记入账,以避免因先入账而在验收入库时发现购入物资质量不合格要求退货、换货等问题所带来的调账行为。需要特别说明的是,若恰逢结账日,即使货物尚未验收入库、发票尚未收到,企业也应对该笔购买行为暂估入账,日后再行调整。

2. 应付账款入账金额的确定

应付账款的核算方法,有总价法和净价法两种。总价法,是指企业在确认应付账款入账金额时,假定不会享受现金折扣,按照全部实际价款计入应付账款账户的一种方法。在总价法下,若获得现金折扣,则冲减财务费用。总价法是我国会计实务中采用的方法。净价法,是指企业在确认应付账款入账金额时,假定付款方一定会享受现金折扣,按照应付账款实际总价扣除现金折扣以后的净额入账的一种方法。在净价法下,若未能享受到现金折扣,则支付的现金折扣计入财务费用。

【例 11-2】 远洋公司 2023 年 10 月 15 日向宏达公司购入原材料一批(已经入库),数量 300 000 件,每件 2 元,总价 600 000 元。由于数量比较大,宏达公司同意给予总价 1% 的商业折扣,远洋公司尚未支付款项。双方约定一个月后付款,现金折扣条件为"2/10,n/30"。(为简化处理,本案例暂不考虑增值税)。

由于在购买时销售方宏达公司同意给予总价 1% 的商业折扣,则远洋公司按扣除商业折扣后的净额入账,入账金额为 600 000−600 000×1%=594 000(元)。

远洋公司在总价法下的会计处理如下。

(1) 2023 年 10 月 15 日赊购原材料时。

借:原材料 594 000
　贷:应付账款 594 000

(2) 若远洋公司在 10 天之内支付了款项,则可享受 2% 的现金折扣,可冲减财务费用。

借:应付账款 594 000
　贷:财务费用 11 880
　　银行存款 582 120

(3) 若远洋公司在 10 天之后但 30 天之内支付了款项,则不能享受现金折扣。

借:应付账款 594 000
　贷:银行存款 594 000

企业开出商业汇票抵付应付账款,借记"应付账款"科目,贷记"应付票据"科目。对由于债权单位撤销或其他原因而无法支付的应付账款,应按其账面余额直接计入营业外收入,即借记"应付账款"科目,贷记"营业外收入"科目。

三、应付票据

应付票据是指由出票人出票,委托付款人在指定日期无条件支付特定的金额给收款人或者持票人的票据。企业通过"应付票据"账户核算相关会计业务。企业开出商业汇票或以商业汇票抵付货款时,借记"原材料""应交税费""应付账款"等科目,贷记"应付票据"科目;

商业汇票到期付款时，借记"应付票据"科目，贷记"银行存款"科目；如为带息商业汇票到期付款时，借记"应付票据""财务费用"科目，贷记"银行存款"科目。对于带息商业汇票利息费用处理有两种方法。一是按月计提，到期支付，每月月末计提时，借记"财务费用"科目，贷记"应付利息"科目；到期支付时，借记"应付利息"科目，贷记"银行存款"科目。二是到期计提，在商业汇票到期日一次计算确认其全部利息费用，并据以借记"财务费用"科目，贷记"银行存款"科目。

应付的商业汇票

企业开出并需承兑的商业承兑汇票，若在到期时不能支付的，应先将其转到"应付账款"科目中，借记"应付票据"，贷记"应付账款"，之后再做进一步处理。对于银行承兑汇票而言，若企业无力支付到期票款时，承兑银行要无条件地支付票款给持票人。企业根据银行转来的"××号汇票无款支付转入逾期贷款户"通知凭证，将应付票据转入"短期借款"科目，借记"应付票据"科目，贷记"短期借款"科目。

四、合同负债

合同负债是指企业已收或应收客户对价而应向客户转让商品的义务，是一种流动负债。该科目贷方登记企业在向客户转让商品之前已经收到或已经取得无条件收取合同对价权利的金额，借方登记企业向客户转让商品时冲销的金额；期末贷方余额，反映企业在向客户转让商品之前，已经收到的合同对价或已经取得的无条件收取合同对价权利的金额该科目按合同进行明细核算。

五、应付利息

应付利息是指企业按照合同约定应支付的利息，包括吸收存款、分期付息到期还本的长期借款和企业债券等应支付的利息。

资产负债表日，应按摊余成本和实际利率计算确定的利息费用，借记"在建工程""财务费用"等科目；按合同利率计算确定的应付未付利息，贷记"应付利息"；按借贷双方之间的差额，借记或贷记"长期借款"等科目。

合同利率与实际利率差异较小的，也可以采用合同利率计算确定利息费用。实际支付利息时，借记"应付利息"科目，贷记"银行存款"等科目。本科目期末贷方余额，反映企业应付未付的利息。

六、应付职工薪酬

（一）职工薪酬的含义及内容

职工薪酬是指企业为获得职工提供的服务或解除劳动关系而给予的各种形式的报酬或补偿。职工薪酬包括短期薪酬、离职后福利、辞退福利和其他长期职工福利。企业提供给职工配偶、子女、受赡养人、已故员工遗属及其他受益人等的福利，也属于职工福利。

这里所称的"职工"，主要包括三类人员：一是与企业订立劳动合同的所有人员，含全职、兼职和临时职工；二是未与企业订立劳动合同，但由企业正式任命的企业治理层和管理层人员，如董事会成员、监事会成员等；三是在企业的计划和控制下，虽未与企业订立劳动合同或未由其正式任命，但向企业所提供服务与职工所提供服务类似的人员，也属于职工的范畴，包括通过企业与劳务中介公司签订用工合同而向企业提供服务的人员。

职工薪酬主要包括以下内容。

1. 短期薪酬

短期薪酬是指企业在职工提供相关服务的年度报告期间结束后 12 个月内需要全部予以支付的职工薪酬,因解除与职工的劳动关系给予的补偿除外。短期薪酬具体包括以下内容。

(1) 职工工资、奖金、津贴和补贴。职工工资、奖金、津贴和补贴是指按照国家统计局《关于职工工资总额组成的规定》,构成工资总额的计时工资、计件工资、支付给职工的超额劳动报酬和增收节支的劳动报酬、为了补偿职工特殊或额外的劳动消耗和因其他特殊原则支付给职工的津贴,以及为保证职工工资水平不受物价影响支付给职工的物价补贴等。企业按规定支付给职工的加班加点工资,根据国家法律、法规和政策规定,企业在职工因病、工伤、产假、计划生育假、婚丧假、事假、探亲假、定期休假、停工学习、执行国家或社会义务等特殊情况下,按照计时工资或计件工资标准的一定比例支付的工资,也属于职工工资范畴,在职工休假时,不应当从工资总额中扣除。

(2) 职工福利费。

① 为职工卫生保健、生活等发放或支付的各项现金补贴和非货币性福利,包括职工因公赴外地就医费用、职工疗养费用和防暑降温费等。

② 企业尚未分离的内设集体福利部门所发生的设备、设施和人员费用。

③ 发放给在职职工的生活困难补助以及按规定发生的其他职工福利支出,如丧葬补助费、抚恤费、职工异地安家费和独生子女费等。

(3) 医疗保险费、工伤保险费等社会保险费。医疗保险费、工伤保险费等社会保险费是指企业按照国家规定的基准和比例计算,向社会保险经办机构缴纳的医疗保险费、工伤保险费。此外,以商业保险形式提供给职工的各种保险待遇也属于企业提供的职工薪酬。

(4) 住房公积金。住房公积金是指企业按照国务院《住房公积金管理条例》规定的基准和比例计算,向住房公积金管理机构缴存的住房公积金。

(5) 工会经费和职工教育经费。工会经费和职工教育经费是指企业为了改善职工文化生活、提高职工业务素质用于开展工会活动和职工教育及职业技能培训,根据国家规定的基准和比例,从成本费用中提取的金额。

(6) 短期带薪缺勤。短期带薪缺勤是指职工虽然缺勤但企业仍向其支付报酬的安排,包括年休假、病假、婚假、产假、丧假、探亲假等。长期带薪缺勤属于其他长期职工福利。

(7) 短期利润分享计划。短期利润分享计划是指因职工提供服务而与职工达成的基于利润或其他经营成果提供薪酬的协议。长期利润分享计划属于其他长期职工福利。

(8) 其他短期薪酬。其他短期薪酬是指除上述薪酬外的其他为获得职工提供的服务而给予的短期薪酬。

2. 离职后福利

离职后福利是指企业为获得职工提供的服务而在职工退休或与企业解除劳动关系后,提供的各种形式的报酬和福利(短期薪酬和辞退福利除外)。企业应当将离职后福利计划分类为设定提存计划和设定受益计划。离职后福利计划,是指企业与职工就离职后福利达成的协议,或者企业为向职工提供离职后福利制定的规章或办法等。其中,设定提存计划是指向独立的基金缴存固定费用后,企业不再承担进一步支付义务的离职后福利计划;设定受益计划是指除设定提存计划以外的离职后福利计划。

3. 辞退福利

辞退福利是指企业在职工劳动合同到期之前解除与职工的劳动关系,或者为鼓励职工自愿接受裁减而给予职工的补偿。

4. 其他长期职工福利

其他长期职工福利是指除短期薪酬、离职后福利、辞退福利之外所有的职工薪酬,包括长期带薪缺勤、长期残疾福利和长期利润分享计划等。

（二）职工薪酬的核算

企业应当设置"应付职工薪酬"科目,核算应付职工薪酬的提取、结算和使用等情况。该科目的贷方登记已分配计入有关成本费用项目的职工薪酬的数额,借方登记实际发放职工薪酬的数额,包括扣还的款项等;该科目期末贷方余额,反映企业应付未付的职工薪酬。"应付职工薪酬"科目应当按照"工资""职工福利""社会保险费""住房公积金""工会经费""职工教育经费""非货币性福利""带薪缺勤""利润分享计划""设定提存计划""设定受益计划""辞退福利"等职工薪酬项目设置明细科目,进行明细核算。

企业应当在职工为其提供服务的会计期间,将实际发生的短期薪酬确认为负债,并计入当期损益,其他会计准则要求或允许计入资产成本的除外。

1. 货币性职工薪酬

对职工工资、奖金、津贴和补贴等货币性职工薪酬,企业应当在职工为其提供服务的会计期间,将实际发生的职工工资、奖金、津贴和补贴等,根据职工提供服务的受益对象,将应确认的职工薪酬,借记"生产成本""制造费用""合同履约成本"等科目,贷记"应付职工薪酬——工资、奖金、津贴和补贴"科目。

【例 11-3】 远洋公司 2023 年 10 月应付职工薪酬总额 462 000 元,其中,产品生产人员工资为 320 000 元,生产部门管理人员工资为 70 000 元,公司行政管理人员工资为 60 400 元,销售人员工资 11 600 元。编制会计分录如下。

借:生产成本——基本生产成本	320 000
制造费用	70 000
管理费用	60 400
销售费用	11 600
贷:应付职工薪酬——工资、奖金、津贴和补贴	462 000

企业在计量应付职工薪酬时,应当注意国家是否有相关的明确计提标准加以区别处理。一般而言,企业应向社会保险经办机构(或企业年金基金账户管理人)缴纳医疗保险费、养老保险费、失业保险费和工伤保险费等社会保险费,应向住房公积金管理中心缴存住房公积金,以及应向工会部门缴纳工会经费等,国家(或企业年金计划)统一规定了计提基础和计提比例,应当按照国家规定的标准计提;而职工福利费等职工薪酬,国家(或企业年金计划)没有明确规定计提基础和计提比例,企业应当根据历史经验数据和实际情况,合理预计当期应付职工薪酬。当期实际发生金额大于预计金额的,应当补提应付职工薪酬;当期实际发生金额小于预计金额的,应当冲回多提的应付职工薪酬。

【例 11-4】 远洋公司下设一所职工食堂,每月根据在岗职工数量及岗位分布情况、相关历史经验数据等计算需要补贴食堂的金额,从而确定企业每期因职工食堂而需要承担的福利费金额。2023 年 10 月,公司在岗职工共计 100 人,其中管理部门 20 人,生产车间 80 人,公司的历史经验数据表明,每个职工每月需补贴食堂 120 元。编制会计分录如下。

借:制造费用	9 600
管理费用	2 400
贷:应付职工薪酬——职工福利	12 000

【例 11-5】 根据国家规定的计提标准计算,远洋公司 2023 年 10 月应向社会保险经办机构缴纳职工基本养老保险费共计 64 680 元,其中,应计入基本生产车间生产成本的金额为 44 800 元,应计入制造费用的金额为 9 800 元,应计入管理费用的金额为 10 080 元。编制会计分录如下。

借:生产成本——基本生产成本	44 800
制造费用	9 800
管理费用	10 080
贷:应付职工薪酬——社会保险费	64 680

2. 非货币性职工薪酬

企业向职工发放非货币性职工薪酬时,应区分情况而做不同的处理。

(1)以自产的产品或外购的商品发放给职工作为福利的,自产的产品要视同销售处理,按照该产品的公允价值和相关税费计量,应计入相关资产成本或当期损益,同时确认应付职工薪酬。外购商品按照该商品的公允价值和相关税费计量,应计入成本费用,同时确认应付职工薪酬。

(2)将企业拥有的房屋等资产无偿提供给职工使用的,应当根据受益对象,将该住房每期应计提的折旧计入相关资产成本或当期损益,同时确认应付职工薪酬,借记"管理费用""生产成本""制造费用"等科目,贷记"应付职工薪酬——非货币性福利"科目,并且同时借记"应付职工薪酬——非货币性福利"科目,贷记"累计折旧"科目。

(3)租赁住房等资产供职工无偿使用的,应当根据受益对象,将每期应付的租金计入相关资产成本或当期损益,并确认应付职工薪酬,借记"管理费用""生产成本""制造费用"等科目,贷记"应付职工薪酬——非货币性福利"科目。

【例 11-6】 2023 年 10 月 27 日,远洋公司以其外购的每台不含税价为 7 000 元的笔记本电脑 100 台作为职工福利发放给公司 100 名职工。这 100 名职工中,20 人为管理人员,80 人为直接生产人员。假设远洋公司适用的增值税税率为 13%。编制会计分录如下。(假设每台笔记本电脑的成本为 5 000 元)

应计入管理费用的金额=7 000×20+7 000×20×13%=140 000+18 200=158 200(元)

应计入生产成本的金额=7 000×80+7 000×80×13%=560 000+72 800=632 800(元)

借:生产成本	632 800
管理费用	158 200
贷:应付职工薪酬——非货币性福利	791 000

实际购买笔记本电脑时的会计处理如下。

借:应付职工薪酬——非货币性福利	791 000
贷:银行存款	791 000

（三）职工薪酬的发放

1. 支付职工工资、奖金、津贴和补贴

企业按照有关规定向职工支付工资、奖金、津贴等，借记"应付职工薪酬——工资、奖金、津贴和补贴"科目，贷记"银行存款""库存现金"等科目；企业从应付职工薪酬中扣还的各种款项（代垫的家属药费、个人所得税等），借记"应付职工薪酬——工资、奖金、津贴和补贴"科目，贷记"银行存款""库存现金""其他应收款""应交税费——应交个人所得税"等科目。

【例 11-7】 远洋公司根据"工资结算汇总表"结算本月应付职工工资总额 462 000 元，其中代扣职工社会保险费 35 000 元，企业代垫职工家属医药费 5 000 元，代扣个人所得税 2 000 元，实发工资 420 000 元。编制会计分录如下。

（1）向银行提取现金。

借：库存现金		420 000
贷：银行存款		420 000

（2）以现金发放工资。

借：应付职工薪酬——工资、奖金、津贴和补贴		420 000
贷：库存现金		420 000

（3）代扣款项。

借：应付职工薪酬——工资、奖金、津贴和补贴	42 000
贷：其他应付款——社会保险费	35 000
其他应收款——代垫医药费	5 000
应交税费——应交个人所得税	2 000

2. 支付职工福利费用

企业向职工食堂、职工医院和生活困难职工等支付职工福利费时，借记"应付职工薪酬——职工福利"科目，贷记"银行存款""库存现金"等科目。

【例 11-8】 2023 年 10 月，远洋公司以现金支付职工张某生活困难补助 800 元。编制会计分录如下。

借：应付职工薪酬——职工福利	800
贷：库存现金	800

【例 11-9】 承例 11-4，2023 年 11 月，远洋公司支付 12 000 元补贴给食堂。编制会计分录如下。

借：应付职工薪酬——职工福利	12 000
贷：库存现金	12 000

3. 支付工会经费、职工教育经费和缴纳社会保险费、住房公积金

企业支付工会经费和职工教育经费用于工会运作和职工培训，或按照国家有关规定缴纳社会保险费或住房公积金时，借记"应付职工薪酬——工会经费（或职工教育经费、社会保险费或住房公积金）"科目，贷记"银行存款""库存现金"等科目。

【例 11-10】 远洋公司以银行存款缴纳社会保险费 99 680 元，编制会计分录如下。

借：应付职工薪酬——社会保险费	64 680
其他应付款——社会保险费	35 000
贷：银行存款	99 680

4. 发放非货币性福利

企业以自产产品作为职工薪酬发放给职工时,应确认主营业务收入,借记"应付职工薪酬——非货币性福利"科目,贷记"主营业务收入"科目,同时结转相关成本,涉及增值税销项税额的,还应进行相应的处理。

企业支付租赁住房等资产供职工无偿使用所发生的租金,借记"应付职工薪酬——非货币性福利"科目,贷记"银行存款"科目。

【例 11-11】 承例 11-6,远洋公司向职工发放自产的笔记本电脑作为福利,应确认主营业务收入,同时要根据相关税收规定,计算增值税销项税额。实际发放自产的笔记本电脑时,编制会计分录如下。

借:应付职工薪酬——非货币性福利　　　　　　791 000
　　贷:主营业务收入　　　　　　　　　　　　　700 000
　　　　应交税费——应交增值税(销项税额)　　　91 000
借:主营业务成本　　　　　　　　　　　　　　500 000
　　贷:库存商品　　　　　　　　　　　　　　　500 000

七、应交税费

企业在一定期间获得的收入、实现的利润或因为特定的经营行为,要按照相关规定向国家缴纳税金。在企业按规定计算并确定应当缴纳的税金但尚未上缴之前,就形成了企业的一项负债。以下将按税金项目分别介绍。

企业根据税法规定应交纳的各种税费包括增值税、消费税、资源税、环境保护税、土地增值税、企业所得税、契税、车辆购置税、房产税、车船税、城镇土地使用税、城市维护建设税、教育费附加、矿产资源补偿费、印花税和耕地占用税等。

企业应通过"应交税费"账户,总括反映各种税费的应交、应纳等情况。该账户贷方登记应交纳的各种税费等,借方登记实际交纳的税费;期末余额一般在贷方,反映企业尚未交纳的税费,期末余额如在借方,则反映企业多交或尚未抵扣的税费。本账户按应交的税费项目设置明细科目进行明细核算。

企业代扣代交的个人所得税、教育费附加、地方教育附加和土地资源补偿费等,也通过"应交税费"账户核算,而企业交纳的印花税、耕地占用税、车辆购置税和契税等一般不需要预计应交的税金,不通过"应交税费"账户核算。

(一)应交增值税

1. 增值税概述

增值税是以商品(含应税劳务、应税行为)在流转过程中产生的增值额作为计税依据而征收的一种流转税。按照我国现行增值税制度规定,在我国境内销售货物、加工修理修配劳务、服务、无形资产或不动产以及进口货物的企业、单位、个人为增值税的纳税人。其中,"服务"是指提供交通运输服务、建筑服务、邮政服务、电信服务、金融服务、现代服务和生活服务。

为保证增值税的税收公平,还有一些特殊规定。①视同销售货物。将货物交付其他单位或者个人代销;销售代销货物;设有两个以上机构并实行统一核算的纳税人,将货物从一个机构移送其他机构用于销售,但相关机构设在同一县(市)的除外;将自产、委托加工的货物用于集体福利或者个人消费;将自产、委托加工或者购进的货物作为投资,提供给其他单位或者个体工商户;将自产、委托加工或者购进的货物分配给股东或者投资者;将自产、委托加工或者购进的货物无偿赠送其他单位或者个人。②视同提供应税服务。向其他单位或者个人无偿提供服务,但用于公益事业或者以社会公众为对象的除外;向其他单位或者个人无偿转让无形资产或者不动产,但用于公益事业或者以社会公众为对象的除外;财政部和国家税务总局规定的其他情形。

根据经营规模大小及会计核算健全程度,增值税纳税人分为一般纳税人和小规模纳税人。一般纳税人采用购进扣税法计算当期增值税应纳税额,即先按当期销售额和适用税率计算出销项税额,然后对当期购进项目向对方支付的税款进行抵扣,从而间接计算出当期的应纳税额。当期销项税额小于当期进项税额不足抵扣时,其不足部分可以结转下期继续抵扣。小规模纳税人销售货物、提供应税劳务和应税服务,实行按照销售额和征收率计算应纳税额的简易计税方法,且不得抵扣进项税额。

可以抵扣增值税进项税额的法定凭证通常包括以下内容。

(1)取得的增值税专用发票。

(2)海关进口增值税专用缴款书。

(3)购进免税农产品的收购凭证,如用于生产税率为9%的产品按照农产品收购发票或者销售发票注明的农产品买价和9%的扣除率计算进项税额;如用于生产税率为13%的产品,按照农产品收购发票或者销售发票上注明的农产品买价和10%的扣除率计算进项税额。

(4)纳税人购进国内旅客运输服务,其进项税额允许从销项税额中抵扣。

① 取得增值税电子普通发票的,为发票注明的税额。

② 取得注明旅客身份信息的航空运输电子客票行程单的,按照下列公式计算进项税额。

$$航空旅客运输进项税额＝(票价＋燃油附加费)÷(1＋9\%)×9\%$$

③ 取得注明旅客身份信息的铁路车票的,按照下列公式计算进项税额。

$$铁路旅客运输进项税额＝票面金额÷(1＋9\%)×9\%$$

④ 取得注明旅客身份信息的公路、水路等其他客票的,按照下列公式计算进项税额。

$$公路、水路等其他旅客运输进项税额＝票面金额÷(1＋3\%)×3\%$$

2. 增值税核算的账户设置

为核算企业应交增值税的发生、抵扣、缴纳、退税及转出等情况,增值税一般纳税人应当在"应交税费"账户下设置"应交增值税""未交增值税""预交增值税""待抵扣进项税额""待认证进项税额""待转销项税额""增值税留抵税额""简易计税""转让金融商品应交增值税""代扣代交增值税"等明细账户。这些账户是按现行《增值税会计处理规定》的通知执行的。

(1)增值税一般纳税人应在"应交增值税"明细账内设置"进项税额""已交税金""减免税款""销项税额抵减""出口抵减内销产品应纳税额""转出未交增值税""销项税额""进项税额转出""出口退税""转出多交增值税"等专栏。其中"进项税额"专栏,记录一般纳税人购进货物、加工修理修配劳务、服务、无形资产或固定资产而支付或负担的,准予从当期销项税额中抵扣的增值税额;"已交税金"专栏,记录一般纳税人当月已交纳的应交增值税额;"减免税款"专栏记录一般纳税人按现行增值税制度规定准予减免的增值税额;"销项税额抵减"专栏,记录一般纳税人按现行增值税制度规定因扣减销售额而减少的销项税额;"销项税额"专栏,记录一般纳税人销售货物、加工修理修配劳务、服务、无形资产或不动产应收取的增值税额;"进项税额转出"专栏,记录一般纳税人购进货物、加工修理修配劳务、服务、无形资产或不动产等发生非正常损失以及其他原因而不应从销项税额中抵扣、按规定转出的进项税额;"转出未交增值税"专栏,记录一般纳税人月末终了转出当月应交增值税;"转出多交增值税"专栏,记录一般纳税人月末终了转出当月多交增值税。

(2)"未交增值税"明细账户,核算一般纳税人月度终了从"应交增值税"或"预交增值税"明细账户转入当月应交未交、多交或预缴的增值税额,以及当月交纳以前期间未交的增值税额。

(3)"预交增值税"明细账户,核算一般纳税人转让不动产、提供不动产经营租赁服务、提供建筑服务、采用预收款方式销售自行开发的房地产项目等,以及其他按现行增值税制度规定应预缴的增值税额。

(4)"待抵扣进项税额"明细账户,核算一般纳税人已取得增值税扣税凭证并经税务机关认证,按照现行增值税制度规定准予以后期间从销项税额中抵扣的进项税额。

(5)"待认证进项税额"明细账户,核算一般纳税人由于未经税务机关认证而不得从当期销项税额中抵扣的进项税额,具体包括一般纳税人已取得增值税扣税凭证、按照现行增值税制度规定准予从销项税额中抵扣,但尚未经税务机关认证的进项税额;一般纳税人已申请稽核但尚未取得稽核相符结果的海关缴款书进项税额。

(6)"待转销项税额"明细账户,核算一般纳税人销售货物、加工修理修配劳务、服务、无形资产或不动产,已确认相关收入(或利得)但尚未发生增值税纳税义务,需于以后期间确认为销项税额的增值税额。

(7)"简易计税"明细账户,核算一般纳税人采用简易计税方法发生的增值税计提、扣减、预缴和缴纳等业务。

(8)"转让金融商品应交增值税"明细账户,核算增值税纳税人转让金融商品发生的增值税额。

(9)"代扣代交增值税"明细账户,核算纳税人购进在境内未设经营机构的境外单位或个人在境内的应税行为代扣代缴的增值税。

(10)小规模纳税人只需在"应交税费"账户下设置"应交增值税"明细账户,不需要设置上述专栏及除"转让金融商品应交增值税""代扣代交增值税"外的明细账户。

3. 一般纳税人账务处理

(1)取得资产或接受劳务或服务等业务的账务处理。

① 一般纳税人购进货物、加工修理修配劳务、服务、无形资产或固定资产,按应计入相关成本费用或资产的金额,借记"在途物资"或"原材料""库存商品""生产成本""无形资产""固定资产""管理费用"等科目;按当月已认证的可抵扣增值税额,借记"应交税费——应交增值税(进项税额)"科目,按应付或实际支付的金额,贷记"应付账款""应付票据""银行存款"等科目。如果发生退货的,应根据税务机关开具的红字增值税专用发票做相反的会计分录;如原增值税专用发票未做认证,应将发票退回并做相反的会计分录。

　　提示：a. 一般纳税人购入固定资产（动产）支付的增值税，记入"应交税费——应交增值税（进项税额）"科目，在购置当期全部一次性扣除。b. 对于购入的免税农产品可以按收购金额的一定比率（9%或10%）计算进项税额，并准予从销项税额中抵扣。c. 企业购进货物以及在生产经营过程中支付的运费按照取得增值税专用发票注明的税额作为进项税额。d. 属于购进货物时即能认定进项税额不能抵扣的，直接将增值税专用发票上注明的增值税税额计入购入货物或接受劳务的成本。

　　【例 11-12】 远洋公司为增值税一般纳税人，适用的增值税税率为 13%，原材料按实际成本核算，销售商品价格为不含增值税的公允价格。2023 年 6 月 5 日，购入原材料一批，增值税专用发票上注明货款 120 000 元，增值税税额 15 600 元，货物尚未到达，货款和进项税额已用银行存款支付。用银行存款支付运输公司的运输费用 5 000 元，增值税税额 450 元。增值税扣税凭证已经过税务机关认证。编制会计分录如下。

借：在途物资　　　　　　　　　　　　　　　　　125 000
　　应交税费——应交增值税（进项税额）　　　　　16 050
　贷：银行存款　　　　　　　　　　　　　　　　　　　141 050
　　　　　　进项税额＝15 600＋450＝16 050（元）
　　　　　　材料成本＝120 000＋5 000＝125 000（元）

　　② 一般纳税人已取得增值税扣税凭证，按照现行增值税制度规定准予从销项税额中抵扣，但尚未经税务机关认证的进项税额；一般纳税人已申请稽核但尚未取得稽核相符结果的海关缴款书进项税额。取得增值税专用发票时，应借记相关成本费用或资产科目，借记"应交税费——待认证进项税额"科目，贷记"银行存款""应付账款"等科目；经认证准予抵扣时，借记"应交税费——应交增值税（进项税额）"，贷记"应交税费——待认证进项税额"科目，待认证进项税额转作进项税额。

　　③ 货物等已验收入库但尚未取得增值税扣税凭证的账务处理。一般纳税人购进的货物等已到达并验收入库，但尚未收到增值税扣税凭证并未付款的，应在月末按货物清单或相关合同协议上的价格暂估入账，不需要将增值税的进项税额暂估入账，借记"原材料——暂估入库""库存商品——暂估入库"等科目，按暂估应付金额，贷记"应付账款——暂估"等科目。下月初，用红字冲销原暂估入账金额，借记"原材料——暂估入库"（红字）"库存商品——暂估入库"（红字）等科目，按暂估应付金额，贷记"应付账款——暂估"（红字）等科目。待取得相关增值税扣税凭证并经认证后，按应计入相关成本费用或资产的金额，借记"原材料""库存商品""固定资产""无形资产"等科目，按可抵扣的增值税额，借记"应交税费——应交增值税（进项税额）"科目，按应付金额，贷记"应付账款"等科目。

　　④ 购买方作为扣缴义务人的账务处理。按照现行增值税制度规定，境外单位或个人在境内发生应税行为，在境内未设有经营机构的，以购买方为增值税扣缴义务人。境内一般纳税人购进服务、无形资产或不动产，按应计入相关成本费用或资产的金额，借记"生产成本""无形资产""固定资产""管理费用"等科目；按可抵扣的增值税额，借记"应交税费——进项税额"科目（小规模纳税人应借记相关成本费用或资产科目）；按应付或实际支付的金额，贷记"应付账款"等科目；按应代扣代缴的增值税额，贷记"应交税费——代扣代交增值税"科目。实际缴纳代扣代缴增值税时，按代扣代缴的增值税额，借记"应交税费——代扣代交增值税"科目，贷记"银行存款"科目。

扣缴义务人凭完税凭证抵扣进项税额的,应当具备书面合同、付款证明和境外单位的对账单或者发票。资料不全的,其进项税额不得从销项税额中抵扣。

⑤ 进项税额转出。企业单独确认进项税额的购进货物、加工修理修配劳务或服务、无形资产或不动产但其事后改变用途(如用于简易计税方法的计税项目、免增值税项目、非增值税应税项目等),或发生非正常损失,原已计入进项税额、待抵扣进项税额或待认证进项税额,按照现行增值税制度规定不得从销项税额中抵扣,应转入"应交税费——应交增值税(进项税额转出)"科目。

注:这里所说的"非正常损失"是指因管理不善造成货物被盗、丢失、霉烂变质,以及因违反法律法规造成货物或者不动产被依法没收、销毁、拆除的情形。

【例 11-13】 远洋公司 2023 年 6 月 10 日库存材料因意外火灾毁损一批,有关增值税专用发票确认的成本为 10 000 元,增值税额 1 300 元。编制会计分录如下。

借:待处理财产损溢   11 300

   贷:原材料   10 000

      应交税费——应交增值税(进项税额转出)   1 300

(2) 销售等业务的账务处理。

① 销售业务的账务处理。企业销售货物、加工修理修配劳务、服务、无形资产或不动产,应当按应收或已收的金额,借记"应收账款""应收票据""银行存款"等科目;按取得的收入金额,贷记"主营业务收入""其他业务收入"等科目;按现行增值税制度规定计算的销项税额(或采用简易计税方法计算的应纳增值税额),贷记"应交税费——应交增值税(销项税额)"或"应交税费——简易计税"科目。发生销售退回的,应根据按规定开具的红字增值税专用发票做相反的会计分录。销售退回相反会计分录需要依据按规定开具的红字增值税专用发票作为凭证附件。

按国家统一的会计制度确认收入或利得的时点早于按增值税制度确认增值税纳税义务发生时点的,应将相关销项税额计入"应交税费——待转销项税额"科目,待实际发生纳税义务时再转入"应交税费——应交增值税(销项税额)"或"应交税费——简易计税"科目。

【例 11-14】 远洋公司 2023 年 7 月 3 日销售给甲企业一批货物,价款 100 000 元,增值税额 13 000 元,货物已发运至甲企业,采取托收承付收款方式,但托收手续尚未办妥。

a. 确认收入时。

借:应收账款   113 000

   贷:主营业务收入   100 000

      应交税费——待转销项税额   13 000

b. 结转销项税额时。

借:应交税费——待转销项税额   13 000

   贷:应交税费——应交增值税(销项税额)   13 000

按照增值税制度确认增值税纳税义务发生时点早于按照国家统一的会计制度确认收入或利得的时点的,应将应纳增值税额,借记"应收账款"科目,贷记"应交税费——应交增值税(销项税额)"或"应交税费——简易计税"科目,按照国家统一的会计制度确认收入或利得时,应按扣除增值税销项税额后的金额确认收入。

② 视同销售的账务处理。企业将自产或委托加工的货物用于集体福利或个人消费,将

自产、委托加工或购买的货物作为投资、分配给股东或投资者、无偿赠送他人等，税法上视为视同销售行为，并按照现行增值税制度规定计算的销项税额（或采用简易计税方法计算的应纳增值税额），借记"应付职工薪酬""应付股利""长期股权投资""营业外支出"等科目，贷记"应交税费——应交增值税（销项税额）"或"应交税费——简易计税"科目（小规模纳税人应计入"应交税费——应交增值税"科目）。

③ 处置固定资产的账务处理。企业处置固定资产，应将固定资产账面价值转入"固定资产清理"账户，按现行增值税制度规定计算的销项税额（或采用简易计税方法计算的应纳增值税额），贷记"应交税费——应交增值税（销项税额）"或"应交税费——简易计税"科目。

（3）出口退税的账务处理。为核算纳税人出口货物应收取的出口退税款，设置"应收出口退税款"科目，该科目借方反映销售出口货物按规定向税务机关申报应退回的增值税、消费税等，贷方反映实际收到的出口货物应退回的增值税、消费税等。期末借方余额，反映尚未收到的应退税额。

（4）交纳增值税的账务处理。企业交纳当月应交的增值税，借记"应交税费——应交增值税（已交税金）"科目，贷记"银行存款"科目。企业交纳以前期间未交的增值税，借记"应交税费——未交增值税"科目，贷记"银行存款"科目。企业预缴增值税时，借记"应交税费——预交增值税"科目，贷记"银行存款"科目。月末，企业应将"预交增值税"明细科目余额转入"未交增值税"明细科目，借记"应交税费——未交增值税"科目，贷记"应交税费——预交增值税"科目。房地产开发企业等在预缴增值税后，应直至纳税义务发生时方可从"应交税费——预交增值税"科目结转至"应交税费——未交增值税"科目。对于当期直接减免的增值税，借记"应交税费——应交增值税（减免税款）"科目，贷记损益类相关科目。

（5）月末转出多交增值税和未交增值税的账务处理。月度终了，企业应将当月应交未交或多交的增值税自"应交增值税"明细科目转入"未交增值税"明细科目。当月应交未交的增值税，借记"应交税费——应交增值税（转出未交增值税）"科目，贷记"应交税费——未交增值税"科目。当月多交的增值税，借记"应交税费——未交增值税"科目，贷记"应交税费——应交增值税（转出多交增值税）"科目。

4. 小规模纳税人的账务处理

小规模纳税人不享有进项税额可抵扣权，购买物资、服务、无形资产或不动产，取得增值税专用发票上注明的增值税应计入相关成本费用或资产，不通过"应交税费——应交增值税"科目核算。借记"材料采购""在途物资"等科目，贷记"银行存款"等科目。交纳当月应交增值税的账务处理，小规模纳税人应借记"应交税费——应交增值税"科目，贷记"银行存款"科目。

小规模纳税企业应当按照不含税销售额和规定的增值税征收率计算交纳增值税，销售货物或提供应税劳务和应税服务时一般开具普通发票；需要开具增值税专用发票的，可以自愿使用增值税发票管理系统自行开具。选择自行开具增值税专用发票的小规模纳税人，税务机关不再为其代开增值税专用发票。应按不含税的销售额，贷记"主营业务收入"等科目；按应纳增值税税额，贷记"应交税费——应交增值税"科目。

小规模纳税企业销售其取得（不含自建）的不动产（不含个体工商户销售购买的住房和其他个人销售不动产），应以取得的全部价款和价外费用，减去该项不动产购置原价或者取得不动产时的作价后的余额为销售额，按照5%的征收率计算应纳税额。销售其自建的不动产,应以取得的全部价款和价外费用为销售额,按照5%的征收率计算应纳税额。小规模纳税人销售自己使用过的固定资产(除不动产),按照3%征收率减按2%征收增值税。

【**例11-15**】 远洋公司为增值税小规模纳税人,适用增值税征收率为3%,原材料按实际成本核算。该公司发生经济交易如下。购入原材料一批,取得的专用发票中注明货款30 000元,增值税3 900元,款项以银行存款支付,材料验收入库。销售产品一批,所开出的普通发票中注明的货款(含税)51 500元,款项已存入银行。用银行存款交纳增值税1 500元。编制会计分录如下。

(1) 购入原材料。

借:原材料   33 900

 贷:银行存款   33 900

(2) 销售产品。

借:银行存款   51 500

 贷:主营业务收入   50 000

  应交税费——应交增值税 1 500

不含税销售额=含税销售额÷(1+征收率)=51 500÷(1+3%)=50 000(元)

应纳增值税=不含税销售额×征收率=50 000×3%=1 500(元)

(3) 缴纳增值税。

借:应交税费——应交增值税 1 500

 贷:银行存款   1 500

5. 差额征税的账务处理

(1) 企业发生相关成本费用允许扣减销售额的账务处理。按现行增值税制度规定企业发生相关成本费用允许扣减销售额的,发生成本费用时,按应付或实际支付的金额,借记"主营业务成本""存货""合同履约成本"等科目,贷记"应付账款""应付票据""银行存款"等科目。待取得合规增值税扣税凭证且纳税义务发生时,按照允许抵扣的税额,借记"应交税费——应交增值税(销项税额抵减)"或"应交税费——简易计税"科目(小规模纳税人应借记"应交税费——应交增值税"科目),贷记"主营业务成本""存货""合同履约成本"等科目。

【**例11-16**】 远洋公司为增值税一般纳税人,增值税采用差额征税方式核算,2023年6月该公司为甲公司提供职工境内旅游服务,向甲公司收取团费636 000元,其中包含增值税36 000元,全部款项已收妥入账。远洋公司以银行存款支付其他接团旅游公司和其他单位相关费用合计530 000元。其中,根据税法规定可以扣减销售额而减少的销项税额30 000元。编制会计分录如下。

① 确认旅游业务收入。

借:银行存款   636 000

 贷:主营业务收入   600 000

  应交税费——应交增值税(销项税额) 36 000

② 支付旅游费用等。

借:主营业务成本   530 000

 贷:银行存款   530 000

③ 根据增值税扣税凭证抵减销项税额并调整成本。

借:应交税费——应交增值税(销项税额抵减)　　　30 000
　　贷:主营业务成本　　　　　　　　　　　　　　　　　　30 000

上述业务②③可合并编会计分录如下。

借:主营业务成本　　　　　　　　　　　　　　　500 000
　　应交税费——应交增值税(销项税额抵减)　　　30 000
　　贷:银行存款　　　　　　　　　　　　　　　　　　530 000

（2）金融商品转让按规定以盈亏相抵后的余额作为销售额的账务处理。金融商品实际转让月末,如产生转让收益,则按应纳税额借记"投资收益"等科目,贷记"应交税费——转让金融商品应交增值税"科目;如产生转让损失,则按可结转下月抵扣税额,借记"应交税费——转让金融商品应交增值税"科目,贷记"投资收益"等科目。交纳增值税时,应借记"应交税费——转让金融商品应交增值税"科目,贷记"银行存款"科目。年末,本科目如有借方余额,则借记"投资收益"等科目,贷记"应交税费——转让金融商品应交增值税"科目。

（二）应交消费税

1. 消费税概述

消费税是指在我国境内从事生产、委托加工和进口应税消费品的单位和个人,按其流转额交纳的一种税。消费税有从价定率、从量定额及从价定率和从量定额复合征税三种计算方法。采取从价定率方法征收的消费税,以不含增值税的销售额为税基,按照税法规定的税率计算。企业的销售收入包含增值税的,应将其换算为不含增值税的销售额。采取从量定额计征的消费税,根据按税法确定的企业应税消费品的数量和单位应税消费品应缴纳的消费税计算确定。复合征税是将以上两种方法结合用于同一应税消费品计算税额。

2. 应交消费税的账务处理

企业应在"应交税费"科目下设置"应交消费税"明细科目,核算应交消费税的发生、交纳情况。该科目贷方登记应交纳的消费税,借方登记已交纳的消费税;期末贷方余额反映企业尚未交纳的消费税,借方余额反映企业多交纳的消费税。

（1）销售应税消费品。企业销售应税消费品应交的消费税,借记"税金及附加"科目,贷记"应交税费——应交消费税"科目。

【例11-17】　远洋公司 2023 年 7 月 8 日销售所生产的化妆品,价款 1 000 000 元(不含增值税),适用的消费税税率为 30％,不考虑其他相关税费。编制会计分录如下。

借:税金及附加　　　　　　　　　　　　　　　　300 000
　　贷:应交税费——应交消费税　　　　　　　　　　　300 000
　　　　应纳消费税额＝1 000 000×30％＝300 000(元)

（2）自产自用应税消费品。公司将生产的应税消费品用于在建工程等非生产机构时,按规定应交纳的消费税,借记"在建工程""应付职工薪酬"等科目,贷记"应交税费——应交消费税"科目。

【例11-18】　远洋公司 2023 年 7 月 10 日在建工程领用自产柴油成本为 50 000 元,应纳消费税 6 000 元。不考虑其他相关税费。编制会计分录如下。

借:在建工程　　　　　　　　　　　　　　　　　56 000
　　贷:库存商品　　　　　　　　　　　　　　　　　　50 000
　　　　应交税费——应交消费税　　　　　　　　　　　　6 000

【例 11-19】 远洋公司下设的职工食堂享受企业提供的补贴,2023 年 7 月领用自产产品一批,该产品的账面成本 20 000 元,市场价格 30 000 元(不含增值税),适用的消费税税率为 10%。不考虑其他相关税费。编制会计分录如下。

```
借:应付职工薪酬——职工福利                33 900
    贷:主营业务收入                         30 000
        应交税费——应交增值税(销项税额)      3 900
借:税金及附加                            3 000
    贷:应交税费——应交消费税                 3 000
借:主营业务成本                          20 000
    贷:库存商品                           20 000
```

(3) 委托加工应税消费品。企业如有应交消费税的委托加工物资,一般应由受托方代收代缴税款。委托加工物资收回后,直接用于销售的,应将受托方代收代缴的消费税计入委托加工物资的成本,借记"委托加工物资"等科目,贷记"应付账款""银行存款"等科目;委托加工物资收回后用于连续生产应税消费品的,按规定准予抵扣的,应按已由受托方代收代缴的消费税,借记"应交税费——应交消费税"科目,贷记"应付账款""银行存款"等科目,待用委托加工的应税消费品生产出应纳消费税的产品销售时,再缴纳消费税。

【例 11-20】 远洋公司 2023 年 7 月 15 日委托乙企业代为加工一批应交消费税的材料(非金银首饰)。远洋公司的材料成本为 2 000 000 元,加工费为 400 000 元,由乙企业代收代缴的消费税为 160 000 元(不考虑增值税)。2023 年 8 月 11 日材料已经加工完成,并由远洋公司收回验收入库,加工费尚未支付。远洋公司采用实际成本法进行原材料的核算。编制会计分录如下。

① 如果委托加工物资收回继续用于生产应税消费品。

```
借:委托加工物资                         2 000 000
    贷:原材料                           2 000 000
借:委托加工物资                           400 000
    应交税费——应交消费税                  160 000
    贷:应付账款                           560 000
借:原材料                             2 400 000
    贷:委托加工物资                        2 400 000
```

② 如果委托加工物资收回直接对外销售。

```
借:委托加工物资                         2 000 000
    贷:原材料                           2 000 000
借:委托加工物资                           560 000
    贷:应付账款                           560 000
借:库存商品                           2 560 000
    贷:委托加工物资                        2 560 000
```

(4) 进口应税消费品。企业进口应税物资在进口环节应交的消费税,计入该项物资的成本,借记"材料采购""固定资产"等科目,贷记"银行存款"科目。

【例 11-21】 远洋公司 2023 年 7 月 25 日从国外进口一批需要交纳消费税的商品,价值

1 000 000 元,进口环节需要交纳的消费税为 200 000 元(不考虑增值税),采购的商品已经验收入库,货款尚未支付,税款已经用银行存款支付。编制会计分录如下。

借:库存商品   1 200 000
 贷:应付账款   1 000 000
  银行存款   200 000

（三）其他应交税费

其他应交税费是指除上述应交税费以外的其他各种应上交国家的税费,包括应交资源税、应交城市维护建设税、应交土地增值税、应交企业所得税、应交房产税、应交城镇土地使用税、应交车船税、应交教育费附加、应交矿产资源补偿费和应交个人所得税等。企业应当在"应交税费"科目下设置相应的明细科目进行核算,贷方登记应交纳的有关税费,借方登记已交纳的有关税费,期末贷方余额反映尚未交纳的有关税费。

1. 应交资源税

资源税是对在我国境内开采矿产品或者生产盐的单位或个人征收的税。对外销售应税产品应缴纳的资源税应记入"税金及附加"科目,借记"税金及附加"科目,贷记"应交税费——应交资源税"科目;自产自用应税产品应交纳的资源税应记入"生产成本""制造费用"等科目,借记"生产成本""制造费用"等科目,贷记"应交税费——应交资源税"科目。

【例 11-22】 远洋公司 2023 年 6 月对外销售资源税应税矿产品 3 600 吨,将自产资源税应税矿产品 800 吨用于其产品生产,税法规定每吨矿产品应交资源税 5 元。编制会计分录如下。

(1)计算对外销售应税矿产品应交资源税。

借:税金及附加   18 000
 贷:应交税费——应交资源税   18 000
   远洋公司对外销售应税产品而应交的资源税＝3 600×5＝18 000(元)

(2)计算自用应税矿产品应交资源税。

借:生产成本   4 000
 贷:应交税费——应交资源税   4 000
   远洋公司自产自用应税矿产品而应交纳的资源税＝800×5＝4 000(元)

(3)缴纳资源税。

借:应交税费——应交资源税   22 000
 贷:银行存款   22 000

2. 应交城市维护建设税

城市维护建设税是以增值税、消费税为计税依据征收的一种税。其纳税人为交纳增值税、消费税的单位或个人,以纳税人实际缴纳的增值税、消费税税额为计税依据,并分别与两项税金同时缴纳。税率因纳税人所在地不同分为 1％、5％及 7％。应纳税额的计算公式如下。

$$应纳税额＝(应交增值税＋应交消费税)×适用税率$$

企业按规定计算出应交的城市维护建设税,借记"税金及附加"等科目,贷记"应交税费——应交城市维护建设税"科目。缴纳城市维护建设税,借记"应交税费——应交城市维护建设税"科目,贷记"银行存款"科目。

【例 11-23】　远洋公司 2023 年 6 月实际应交增值税 360 000 元、消费税 240 000 元,适用的城市维护建设税税率为 7%。编制会计分录如下。

借:税金及附加　　　　　　　　　　　　　　　42 000
　　贷:应交税费——应交城市维护建设税　　　　　　42 000

3. 应交教育费附加

教育费附加是指为了发展教育事业而向企业征收的附加费用,企业按应交流转税的一定比例计算缴纳。企业按规定计算出应交的教育费附加,借记"税金及附加"等科目,贷记"应交税费——应交教育费附加"科目。

【例 11-24】　远洋公司按税法规定计算,2023 年 8 月应交纳教育费附加 300 000 元。款项已经用银行存款支付。编制会计分录如下。

(1) 计算应交的教育费附加。

借:税金及附加　　　　　　　　　　　　　　　300 000
　　贷:应交税费——应交教育费附加　　　　　　　300 000

(2) 缴纳教育费附加。

借:应交税费——应交教育费附加　　　　　　　300 000
　　贷:银行存款　　　　　　　　　　　　　　　300 000

4. 应交房产税、城镇土地使用税、车船税、印花税和矿产资源补偿费

房产税是指国家对在城市、县城、建制镇和工矿区征收的由产权所有人缴纳的一种税。房产税依照房产原值一次减除 10%～30% 后的余额计算交纳。没有房产原值作为依据的,由房产所在地税务机关参考同类房产核定;房产出租的,以房产租金收入为房产税的计税依据。

城镇土地使用税是指以城市、县城、建制镇、工矿区范围内使用土地的单位和个人为纳税人,以其实际占用的土地面积和规定税额计算征收。

车船税是指以车辆、船舶(简称车船)为课税对象,向车船的所有人或者管理人征收的一种税。

印花税是指对经济活动和经济交往中书立、领受具有法律效力的凭证的行为所征收的一种税。这些凭证包含证券、合同、凭证、书据、账簿及权利许可证等。

矿产资源补偿费是对在我国领域和管辖海域开采矿产资源而征收的费用。矿产资源补偿费按照矿产品销售收入的一定比例计征,由采矿人交纳。

企业应交的房产税、城镇土地使用税、车船税,记入"税金及附加"科目,借记"税金及附加"科目,贷记"应交税费——应交房产税(或应交城镇土地使用税、应交车船税)或银行存款"科目。企业应交的矿产资源补偿费,记入"管理费用"科目,借记"管理费用",贷记"应交税费——应交矿产资源补偿费"。

【例 11-25】　远洋公司 2023 年 10 月按税法规定本期应交纳房产税 160 000 元、车船税 38 000 元、印花税 10 000 元、城镇土地使用税 45 000 元。编制会计分录如下。

(1) 计算应交上述税金。

借:税金及附加　　　　　　　　　　　　　　　243 000
　　贷:应交税费——应交房产税　　　　　　　　　160 000

——应交城镇土地使用税	45 000
——应交车船税	38 000

（2）用银行存款缴纳上述税金。

借：应交税费——应交房产税　　　　　　　160 000
　　　　　　——应交城镇土地使用税　　　　45 000
　　　　　　——应交车船税　　　　　　　　38 000
　　税金及附加　　　　　　　　　　　　　　10 000
　　贷：银行存款　　　　　　　　　　　　　　253 000

5. 应交个人所得税

企业职工按规定应缴纳的个人所得税通常由单位代扣代缴。企业按规定计算的代扣代缴的职工个人所得税，借记"应付职工薪酬"科目，贷记"应交税费——应交个人所得税"科目；企业交纳个人所得税时，借记"应交税费——应交个人所得税"科目，贷记"银行存款"等科目。

【例 11-26】　2023 年 6 月，远洋公司结算应付职工工资总额 300 000 元，按税法规定应代扣代缴的职工个人所得税共计 3 000 元，实发工资 297 000 元。编制会计分录如下。

（1）代扣个人所得税。

借：应付职工薪酬——工资、奖金、津贴和补贴　　3 000
　　贷：应交税费——应交个人所得税　　　　　　　　3 000

（2）缴纳个人所得税。

借：应交税费——应交个人所得税　　　　　　　3 000
　　贷：银行存款　　　　　　　　　　　　　　　　3 000

八、应付股利及其他应付款

（一）应付股利

应付股利是指企业根据股东大会或类似机构审议批准的利润分配方案确定分配给投资者的现金股利或利润。企业通过"应付股利"账户，核算企业确定或宣告支付但尚未实际支付的现金股利或利润。该账户贷方登记应支付的现金股利或利润，借方登记实际支付的现金股利或利润；期末贷方余额反映企业应付未付的现金股利或利润。本账户应按照投资者设置明细科目进行明细核算。企业根据股东大会或类似机构审议批准的利润分配方案，确认应付给投资者的现金股利或利润时，借记"利润分配——应付现金股利或利润"科目，贷记"应付股利"科目；向投资者实际支付现金股利或利润时，借记"应付股利"科目，贷记"银行存款"等科目。

【例 11-27】　远洋公司有甲、乙两个股东，分别占注册资本的 30% 和 70%。2023 年度该公司实现净利润 6 000 000 元，经过股东会批准，决定 2024 年分配股利 4 000 000 元。股利已用银行存款支付。编制会计分录如下。

（1）确认应付投资者利润。

借：利润分配——应付股利　　　　　　　4 000 000
　　贷：应付股利——甲股东　　　　　　　　　1 200 000
　　　　　　　　——乙股东　　　　　　　　　2 800 000

（2）支付投资者利润。

借：应付股利——甲股东　　　　　　　　　　　1 200 000

　　　　　——乙股东　　　　　　　　　　　2 800 000

　　贷：银行存款　　　　　　　　　　　　　　　　　　4 000 000

　　　　甲股东应分配的股利＝4 000 000×30%＝1 200 000（元）

　　　　乙股东应分配的股利＝4 000 000×70%＝2 800 000（元）

此外，需要说明的是，企业董事会或类似机构通过的利润分配方案中拟分配的现金股利或利润，不需要进行账务处理，但应在附注中披露。企业分配的股票股利不通过"应付股利"科目核算。

（二）其他应付款

其他应付款是指企业除应付票据、应付账款、预收账款、应付职工薪酬、应交税费和应付股利等经营活动以外的其他各项应付、暂收的款项，如应付经营租赁固定资产租金、租入包装物租金和存入保证金等。企业应通过"其他应付款"科目，支付或退回其他各种应付、暂收款项时，借记"其他应付款"科目，贷记"银行存款"等科目。

【例 11-28】　从 2023 年 1 月 1 日起，远洋公司以经营租赁方式租入管理用办公设备一批，每月租金 8 000 元，按季支付。3 月 31 日，远洋公司以银行存款支付应付租金 24 000 元。编制会计分录如下。

（1）1 月 31 日计提应付经营租入固定资产租金。

借：管理费用　　　　　　　　　　　　　　　　　8 000

　　贷：其他应付款　　　　　　　　　　　　　　　　　8 000

2 月底计提应付经营租入固定资产租金的会计处理同上。

（2）3 月 31 日支付租金。

借：其他应付款　　　　　　　　　　　　　　　　16 000

　　管理费用　　　　　　　　　　　　　　　　　8 000

　　贷：银行存款　　　　　　　　　　　　　　　　　24 000

第二节　非流动负债

一、长期借款

（一）长期借款概述

长期借款是指企业向银行或其他金融机构借入的期限在 1 年以上（不含 1 年）的各项借款。长期借款，企业一般用于固定资产的购建、改扩建工程、大修理工程、对外投资以及保持长期经营能力等方面的需要。与短期借款相比，长期借款除数额大、偿还期限较长外，其借款费用需要根据权责发生制的要求，按期预提计入所构建资产的成本或直接计入当期财务费用。由于长期借款的期限较长，至少为 1 年，所以在资产负债表非流动负债项目中列示。由于长期借款的使用关系到企业的生产经营规模和效益，所以必须加强管理与核算。企业除了要遵守有关的贷款规定、编制借款计划并要有不同形式的担保外，还应监督借款的使用、按期支付长期借款的利息以及按规定的期限归还借款本金等。因此，长期借款会计处理的基本要求是反映和监督长期借款的借入、借款利息的结算和借款本息的归还情况,促使企业遵守信贷纪律、提高信用等级,同时也要确保长期借款发挥效益。

（二）长期借款的账务处理

企业应通过"长期借款"账户,核算长期借款的借入、归还等情况。该账户的贷方登记长期借款本息的增加额;借方登记本息的减少额;贷方余额表示企业尚未偿还的长期借款。本账户可按照贷款单位和贷款种类设置明细账,分别在"本金""利息调整"等进行明细核算。长期借款账务处理的内容主要包括取得长期借款、确认利息以及归还长期借款。

1. 长期借款的取得与使用

企业借入长期借款,应按实际收到的金额,借记"银行存款"科目,贷记"长期借款——本金"科目;如存在差额,还应借记"长期借款——利息调整"科目。

【例11-29】 远洋公司为增值税一般纳税人,于2023年11月30日从银行借入资金、3 000 000元,借款期限为3年,借款年利率为6.9%,到期一次还本付息,不计复利,所借款项存入银行。远洋公司用该借款于当日购买不需安装的设备一台,价款2 400 000 元,增值税税额408 000 元,另支付保险等费用32 000 元,设备已于当日投入使用。编制会计分录如下。

（1）取得借款。

借:银行存款　　　　　　　　　　　　　3 000 000
　　贷:长期借款——本金　　　　　　　　　　　　3 000 000

（2）支付设备款及保险费。

借:固定资产　　　　　　　　　　　　　2 432 000
　　应交税费——应交增值税（进项税额）　　408 000
　　贷:银行存款　　　　　　　　　　　　　　　2 840 000

2. 长期借款利息的确认

长期借款利息费用应在资产负债表日按照实际利率法计算确定,实际利率与合同利率差异较小的,也可采用合同利率计算确定利息费用。长期借款按合同利率计算确定的应付未付利息,属于分期付息的,记入"应付利息"科目,属于到期一次还本付息的,记入"长期借款——应计利息"科目。长期借款计算确定的利息费用,应按以下原则计入有关成本、费用。属于筹建期间的,计入管理费用;属于生产经营期间的,如果长期借款用于购建固定资产等符合资本化条件的资产,在资产尚未达到预定可使用状态前,所发生的利息支出数应资本化,计入在建工程等相关资产成本;资产达到预定可使用状态后发生的利息支出,以及按规定不予资本化的利息支出,计入财务费用。账务处理方法为借记"在建工程""管理费用""财务费用""研发支出"等科目,贷记"应付利息"或"长期借款——应计利息"科目。

【例11-30】 承例11-29,远洋公司于2023年12月31日计提长期借款利息。编制会计分录如下。

借:财务费用　　　　　　　　　　　　　17 250
　　贷:长期借款——应计利息　　　　　　　　　17 250

2023年12月31日计提的长期借款利息＝3 000 000×6.9%÷12＝17 250（元）
2024年1月至2026年10月每月末预提利息分录同上。

3. 长期借款的归还

企业归还长期借款的本金时,应按归还的金额,借记"长期借款——本金"科目,贷记"银行存款"科目;按归还的利息,借记"应付利息"或"长期借款——应计利息"科目,贷记"银行存款"科目。

【例 11-31】 承例 11-29 和例 11-30,远洋公司于 2026 年 11 月 30 日,偿还该笔银行借款本息。编制会计分录如下。

借:长期借款——本金   3 000 000
　　　　——应计利息   603 750
　　财务费用   17 250
　　贷:银行存款   3 621 000

二、应付债券

(一) 应付债券概述

应付债券是指企业为筹集(长期)资金而发行的债券。通过发行债券取得的资金,构成企业一项非流动负债,企业会在未来某一特定日期按债券所记载的利率、期限等约定还本付息。企业债券发行价格的高低一般取决于债券票面金额、债券票面利率、发行当时的市场利率以及债券期限的长短等因素。债券发行分为面值发行、溢价发行和折价发行三种情况。企业债券按其面值价格发行,称为面值发行;以低于债券面值价格发行,称为折价发行;以高于债券面值价格发行,则称为溢价发行。债券溢价或折价不是债券发行企业的收益或损失,而是发行债券企业在债券存续期内对利息费用的一种调整。我国债券只能按面值或者溢价发行。

(二) "应付债券"科目

应付债券的账务处理企业应通过设置"应付债券"账户,核算应付债券发行、计提利息和还本付息等情况。该账户贷方登记应付债券的本金和利息,借方登记归还的债券本金和利息;期末贷方余额表示企业尚未偿还的长期债券。本账户可按"面值""利息调整""应计利息"等设置明细账户进行明细核算。企业应当设置"企业债券备查簿",详细登记每一企业债券的票面金额、债券票面利率、还本付息期限与方式、发行总额、发行日期和编号、委托代售单位和转换股份等资料。企业债券到期结清时,应当在备查簿内逐笔注销。本书只讲解债券按面值发行的会计处理。

1. 发行债券

企业按面值发行债券时,应按实际收到的金额,借记"银行存款"等科目,按债券票面金额,贷记"应付债券——面值"科目;存在差额的,还应借记或贷记"应付债券——利息调整"科目。

【例 11-32】 远洋公司于 2023 年 7 月 1 日发行三年期、到期时一次还本付息、年利率为 8%(不计复利)、发行面值总额为 30 000 000 元的债券,假定年利率等于实际利率。该债券按面值发行。编制会计分录如下。

借:银行存款   30 000 000
　　贷:应付债券——面值   30 000 000

2. 债券利息的确认

发行长期债券的企业，应按期计提利息。对于按面值发行的债券，在每期采用票面利率计算计提利息时，应当按照与长期借款相一致的原则计入有关成本费用，借记"在建工程""管理费用""财务费用""研发支出"等科目；其中，对于分期付息、到期一次还本的债券，按票面利率计算确定的应付未付利息通过"应付利息"科目核算；对于一次还本付息的债券，按票面利率计算确定的应付未付利息通过"应付债券——应计利息"科目核算。应付债券按实际利率（实际利率与票面利率差异较小时也可按票面利率）计算确定的利息费用，应按照与长期借款相一致的原则计入有关成本、费用。

【例11-33】 承例11-32，远洋公司发行债券所筹资金于当日用于建造固定资产，至2023年12月31日工程尚未完工，计提本年长期债券利息。远洋公司按照《企业会计准则第17号——借款费用》的规定计算，将该期债券产生的实际利息费用应全部资本化，作为在建工程成本。编制会计分录如下。

借：在建工程　　　　　　　　　　　　　　　　1 200 000

　　贷：应付债券——应计利息　　　　　　　　　　1 200 000

本例中，至2023年12月31日，远洋公司债券发行在外的时间为6个月，该年应计的债券利息＝30 000 000×8％÷12×6＝1 200 000（元）。由于该长期债券为到期时一次还本付息，利息1 200 000元应记入"应付债券——应计利息"科目。

3. 债券还本付息

长期债券到期，企业支付债券本息时，借记"应付债券——面值""应付债券——应计利息""应付利息"等科目，贷记"银行存款"等科目。

【例11-34】 承例11-32和例13-33，2026年7月1日，远洋公司偿还债券本金和利息。编制会计分录如下。

借：应付债券——面值　　　　　　　　　　　　30 000 000

　　　　　　——应计利息　　　　　　　　　　　7 200 000

　　贷：银行存款　　　　　　　　　　　　　　37 200 000

本例中，2023年7月1日至2026年7月1日，远洋公司长期债券的应计利息＝30 000 000×8％×3＝7 200 000（元）。

三、长期应付款

长期应付款是指企业除长期借款、应付债券和融资租入固定资产的租赁费外的其他各种长期应付款项，主要包括以分期付款方式购入固定资产发生的应付款项等。长期应付款除具有长期负债的一般特点外，还具有款项主要形成固定资产并分期付款的特点。企业应设置"长期应付款"账户，核算企业以分期付款方式购入固定资产时应付的款项及偿还情况。该账户贷方反映应付的长期应付款项；借方反映偿还的长期应付款项；期末贷方余额反映企业应付未付的长期应付款项。本账户可按长期应付款的种类和债权人设置明细账户进行明细核算。

企业购买资产，如果延期支付的购买价款超过正常信用条件，实质上具有融资性质的，所购资产的成本应当以延期支付购买价款的现值为基础确定。实际支付的价款与购买价款的现值之间的差额，应当在信用期间内采用实际利率法进行摊销，计入相关资产成本或当期损益。具体来说,企业购入资产超过正常信用条件延期付款实质上具有融资性质时,应按购买价款的现值,借记"固定资产""在建工程"等科目;按应支付的价款总额,贷记"长期应付款"科目;按其差额,借记"未确认融资费用"科目。企业在信用期间内采用实际利率法摊销未确认融资费用,应按摊销额,借记"在建工程""财务费用"等科目,贷记"未确认融资费用"科目。

 实训题

第十一章
练习题

1. 远洋公司为增值税一般纳税人,2023 年 4 月发生经济业务如下。

(1) 4 月 1 日,向银行借入 100 000 元,年利率为 6%,期限为 5 个月,到期一次还本付息。该公司按季计提利息,8 月 30 日连本带息一次偿还。

(2) 公司购入产品一批,价款为 26 000 元,增值税额为 3 380 元,公司签发并承兑的银行汇票一张。

(3) 经计算 4 月份应付生产工人工资 13 500 元,车间管理人员工资 8 000 元,厂部管理人员工资 6 000 元,在建工程人员工资 5 000 元。

(4) 本期购入原材料,增值税专用发票上注明的价款为 100 000 元、增值税额为 13 000 元,公司开出商业承兑汇票,材料尚未到达。

要求:根据以上资料,编制相关的会计分录。

2. 远洋公司为增值税一般纳税人,2023 年 4 月 1 日"应交税费——应交增值税"账户有借方余额 1 800 元,2023 年 4 月,该公司发生经济业务如下。

(1) 购进原材料一批,取得的增值税专用发票上注明的原材料价款为 10 000 元,增值税额为 1 300 元,价税款已支付,所购材料已验收入库。

(2) 公司销售商品一批,价款 100 000 元,增值税额为 13 000 元。

(3) 本月公司在建工程领用库存商品成本为 10 000 元,计税价格为 15 000 元。

(4) 以库存商品向股东支付股利。该批库存商品成本 8 500 元,计税价格 10 000 元。

(5) 月末原材料盘亏 1 000 元,转出增值税 130 元;经查明属非正常损失。

(6) 缴纳本月增值税 18 500 元。

要求:

(1) 计算该公司 4 月应交纳增值税。

(2) 根据以上资料,编制会计分录。

3. 远洋公司为一般纳税人,2023 年 4 月发生经济业务如下。

(1) 从甲厂购入一批原材料,价款为 10 000 元,增值税额为 1 300 元,对方代垫运费 1 000 元,材料已到并已验收入库。开出为期 4 个月的银行承兑汇票一张,并以银行存款支付承兑手续费 50 元。

(2) 公司取得普通运输费发票一张,以 2 000 元的现金支票支付;同时使用现金 500 元支付装卸费等杂费。

(3) 公司向乙公司销售产品一批,价款为 30 000 元,增值税额为 3 900 元,原预收 32 000 元,不足部分对方开出转账支付付讫。

(4) 上述银行承兑汇票到期,公司账面存款金额不足以支付。会计部门将不足支付的 3 000 元票款予以转账处理。

要求：根据以上资料，编制会计分录。

4. 远洋公司于 2023 年 5 月 1 日发行三年期、到期时一次还本付息、年利率为 6%（不计复利）、发行面值总额为 6 000 000 元的债券，假定年利率等于实际利率，不考虑发行费用，该债券按面值发行。

要求：根据以上资料，编制 2023 年、2024 年、2025 年、2026 年的会计分录。

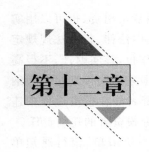

第十二章

所有者权益

【知识目标】

　　通过本章的学习,熟悉所有者权益的概念及其构成与分类;区别所有者权益与负债并明确二者的联系;明确公司分配的程序;掌握所有者权益相关账户的性质。

【技能目标】

　　运用所有者权益账户,对实收资本(或股本)、资本公积和留存收益进行会计处理。

【素质目标】

　　所有者权益是归属于所有者享有的,结合学生创业典型案例,启发学生对于组织的责任感和奉献精神,树立正确的价值观。无论是参加大学生创新创业大赛还是未来创业,都要树立创新精神、创业意识和团队合作意识,并鼓励学生要有超越自我、奋发有为的可贵精神,这是我们中华民族的优良传统。

　　所有者权益是指企业资产扣除负债后由所有者享有的剩余权益。公司所有者权益又称股东权益。按其形成来源的角度可以分为投资者投入的资本、其他综合收益和留存收益等,通常由实收资本(或股本)、其他权益工具、资本公积、其他综合收益、专项储备和留存收益构成。

第十二章
案例引入

第一节　实收资本或股本

一、实收资本或股本概述

　　实收资本是指企业按照章程规定或合同、协议约定,接受投资者投入企业的资本。实收资本的构成比例或股东的股份比例,是确定所有者在企业所有者权益中份额的基础,也是企业进行利润或股利分配的主要依据。我国《公司法》规定，股东可以用货币出资，也可以用实物、知识产权、土地使用权等可以依法转让的非货币财产作价出资，其中法律、行政法规规定不得作为出资的财产除外。企业应当对作为出资的非货币财产评估作价，核实财产，不得高估或者低估作价。法律、行政法规对评估作价有规定的，从其规定。股东应当按期足额缴纳公司章程中规定的各自所认缴的出资额。不论以何种方式出资，投资者如在投资过程中违反投资合约或协议约定，不按规定如期缴足出资额，企业可以依法追究投资者的违约责任。

企业收到所有者投入企业的资本后，应根据有关原始凭证（如投资清单、银行通知单等），分别按不同的出资方式进行会计处理。

二、实收资本或股本的账务处理

股份有限公司应设置"股本"科目，其他类型企业设置"实收资本"科目，反映和监督企业实际收到的投资者投入资本的情况。"实收资本"账户贷方登记企业收到投资者符合注册资本的出资额；借方登记企业按照法定程序报经批准减少的注册资本额；期末余额在贷方，反映企业实有的资本额。"实收资本"账户应按照投资者设置明细账进行明细核算。"股本"账户贷方登记已发行的股票面值；借方登记经批准核销的股票面值；期末贷方余额反映发行在外的股票面值。"股本"账户应当按照股票的类别设置明细账进行明细核算。

（一）接受现金资产投资

1. 股份有限公司以外的企业接受现金资产投资

【例 12-1】 甲、乙、丙共同投资设立远洋公司，注册资本 2 000 000 元，甲、乙、丙持股比例分别为 60%、25% 和 15%。按章程规定，甲、乙、丙投入资本分别为 1 200 000 元、500 000 元和 300 000 元。远洋公司已如期收到各投资者一次缴足的款项，编制会计分录如下。

借：银行存款　　　　　　　　　　　　　2 000 000
　　贷：实收资本——甲　　　　　　　　　　1 200 000
　　　　　　　　——乙　　　　　　　　　　　500 000
　　　　　　　　——丙　　　　　　　　　　　300 000

实收资本的构成比例即投资者的出资比例或股东的股份比例，通常是确定所有者在企业所有者权益中所占的份额和参与企业生产经营决策的基础，也是企业进行利润分配或股利分配的依据，同时还是企业清算时确定所有者对净资产的要求权的依据。

2. 股份有限公司接受现金资产投资

股份有限公司发行股票时，既可以按面值发行股票，也可以溢价发行（我国目前不允许折价发行）。股份有限公司在核定的股本总额及核定的股份总额的范围内发行股票时，应在实际收到现金资产时进行会计处理。发行股票收到现金资产时，借记"银行存款"等科目，按每股股票面值和发行股份总数的乘积计算的金额，贷记"股本"科目，实际收到的金额与该股本之间的差额，贷记"资本公积——股本溢价"科目。发行股票产生的手续费、佣金等交易费用，应当从溢价中扣除，冲减"资本公积——股本溢价"科目。

【例 12-2】 远洋公司发行普通股 10 000 000 股，每股面值 1 元，每股发行价格 5 元。假定股票发行成功，股款 50 000 000 元已全部收到，不考虑发行过程中的税费等因素。根据上述资料，编制会计分录如下。

应记入"资本公积"科目的金额＝50 000 000－10 000 000×1＝40 000 000(元)

借:银行存款　　　　　　　　　　　　　　　50 000 000

　　贷:股本　　　　　　　　　　　　　　　　　10 000 000

　　　　资本公积——股本溢价　　　　　　　　　40 000 000

本例中,远洋公司发行股票实际收到的款项为 50 000 000 元,应借记"银行存款"科目;实际发行的股票面值总额为 10 000 000 元,应贷记"股本"科目,按其差额,贷记"资本公积——股本溢价"科目。

(二)接受非现金资产投资

企业接受投资者作价投入的非现金资产,应按投资合同或协议约定价值确定资产价值(价值不公允的除外),按投资合同或协议约定在注册资本中应享有的份额作为实收资本或股本入账,若投资价值(价值不公允的除外)超过投资者所占份额,超过部分计入"资本公积——资本溢价(或股本溢价)"科目。

1. 接受投入固定资产

企业接受投资者作价投入的房屋、建筑物、机器设备等固定资产,应按投资合同或协议约定价值确定固定资产价值(价值不公允的除外)及在注册资本中应享有的份额。

【例 12-3】　远洋公司于设立时收到甲公司作为资本投入的一台不需要安装的机器设备,合同约定该机器设备的价值为 1 000 000 元,增值税进项税额为 130 000 元(由投资方支付税款并提供或开具增值税专用发票)。经约定,远洋公司接受甲公司的投入资本为1 130 000元。合同约定的固定资产价值与公允价值相符,不考虑其他因素,编制会计分录如下。

借:固定资产　　　　　　　　　　　　　　　1 000 000

　　应交税费——应交增值税(进项税额)　　　　130 000

　　贷:实收资本——甲公司　　　　　　　　　　1 130 000

本例中,该项固定资产合同约定的价值与公允价值相符,远洋公司接受甲公司投入的固定资产按合同约定金额与增值税进项税额作为实收资本,因此,可按 1 130 000 元的金额贷记"实收资本"科目。

2. 接受投入材料物资

企业接受投资者作价投入的材料物资,应按投资合同或协议约定价值确定材料物资价值(价值不公允的除外)及在注册资本中应享有的份额。

【例 12-4】　远洋公司于设立时收到乙公司作为资本投入的原材料一批,该批原材料投资合同或协议约定价值(不含可抵扣的增值税进项税额部分)为 100 000 元,增值税进项税额为 13 000 元(由投资方支付税款并提供或开具增值税专用发票)。假设合同约定的价值与公允价值相符,不考虑其他因素,原材料按实际成本进行日常核算。编制会计分录如下。

借:原材料　　　　　　　　　　　　　　　　100 000

　　应交税费——应交增值税(进项税额)　　　　13 000

　　贷:实收资本——乙公司　　　　　　　　　　113 000

本例中,原材料的合同约定价值与公允价值相符,因此,可按照 100 000 元的金额借记"原材料"科目;同时,该进项税额允许抵扣,因此,增值税专用发票上注明的增值税税额13 000元,应借记"应交税费——应交增值税(进项税额)"科目。远洋公司接受的乙公司投入的原材料按合同约定金额与增值税进项税额之和作为实收资本，因此，可按 113 000 元的金额贷记"实收资本"科目。

3. 接受投入无形资产

企业收到以无形资产方式投入的资本，应按投资合同或协议约定价值确定无形资产价值（价值不公允的除外）及在注册资本中应享有的份额。

【例 12-5】 远洋公司于设立时收到丙公司作为资本投入的非专利技术一项，该非专利技术投资合同约定价值为 30 000 元；同时收到丁公司作为资本投入的土地使用权一项，投资合同约定价值为 100 000 元。假设远洋公司接受该非专利技术和土地使用权符合国家注册资本管理的有关规定，可按合同约定作实收资本入账，合同约定的价值与公允价值相符。不考虑其他因素，编制会计分录如下。

借：无形资产——非专利技术　　　　　　　　　　30 000
　　　　　——土地使用权　　　　　　　　　　100 000
　　贷：实收资本——丙公司　　　　　　　　　　　　30 000
　　　　　——丁公司　　　　　　　　　　　　　100 000

本例中，非专利技术与土地使用权的合同约定价值与公允价值相符，因此，可分别按 30 000 元和 100 000 元借记"无形资产"科目。丙、丁公司投入的非专利技术和土地使用权按合同约定金额作为实收资本，因此，可分别按 30 000 元和 100 000 元的金额贷记"实收资本"科目。这里注意接受无形资产投资也涉及增值税进项税额的处理，本例中做了简化处理。

（三）实收资本（或股本）的增减变动

一般情况下，企业的实收资本应相对固定不变，但在某些特定情况下，实收资本也可能发生增减变化。我国《企业法人登记管理条例》规定，除国家另有规定外，企业的注册资金应当与实收资本相一致，当实收资本比原注册资金增加或减少的幅度超过 20% 时，应持资金使用证明或者验资证明，向原登记主管机关申请变更登记。企业如擅自改变注册资本或抽逃资金，要受到市场监督管理部门的处罚。

1. 实收资本（或股本）的增加

一般企业增加资本主要有三个途径：接受投资者追加投资、资本公积转增资本和盈余公积转增资本。接受投资者追加投资的核算与投资者初次投入相同。资本公积和盈余公积均属于所有者权益，用其转增资本时，如果是独资企业，直接结转即可；如果是股份有限公司或有限责任公司，应该按照原投资者各自出资比例相应增加各投资者的出资额。

【例 12-6】 甲、乙、丙三人共同投资设立了远洋公司，原注册资本为 4 000 000 元，甲、乙、丙分别出资 500 000 元、2 000 000 元和 1 500 000 元。为扩大经营规模，经批准，远洋公司注册资本扩大为 5 000 000 元，甲、乙、丙按照原出资比例分别追加投资 125 000 元、500 000 元和 375 000 元。远洋公司如期收到甲、乙、丙追加的现金投资。不考虑其他因素，编制会计分录如下。

借：银行存款　　　　　　　　　　　　　　1 000 000
　　贷：实收资本——甲　　　　　　　　　　　　125 000
　　　　　——乙　　　　　　　　　　　　　500 000
　　　　　——丙　　　　　　　　　　　　　375 000

本例中,甲、乙、丙三人按原出资比例追加实收资本,因此,远洋公司应分别按照 125 000 元、500 000 元和 375 000 元的金额贷记"实收资本"科目中甲、乙、丙明细分类账。

【例 12-7】　承例 12-6,因扩大经营规模需要,经批准,远洋公司按原出资比例将资本公积 1 000 000 元转增资本。编制会计分录如下。

借:资本公积　　　　　　　　　　　　　　　　　1 000 000
　　贷:实收资本——甲　　　　　　　　　　　　　　125 000
　　　　　　　——乙　　　　　　　　　　　　　　500 000
　　　　　　　——丙　　　　　　　　　　　　　　375 000

本例中,资本公积 1 000 000 元按原出资比例转增实收资本,远洋公司应分别按 125 000 元、500 000 元和 375 000 元的金额贷记"实收资本"科目中甲、乙、丙明细分类账。

【例 12-8】　承例 12-6,因扩大经营规模需要,经批准,远洋公司按原出资比例将盈余公积 1 000 000 元转增资本。编制会计分录如下。

借:盈余公积　　　　　　　　　　　　　　　　　1 000 000
　　贷:实收资本——甲　　　　　　　　　　　　　　125 000
　　　　　　　——乙　　　　　　　　　　　　　　500 000
　　　　　　　——丙　　　　　　　　　　　　　　375 000

本例中,盈余公积 1 000 000 元按原出资比例转增实收资本,远洋公司应分别按 125 000 元、500 000 元和 375 000 元的金额贷记"实收资本"科目中甲、乙、丙明细分类账。

2. 实收资本(或股本)的减少

企业减少实收资本应按法定程序报经批准,按减少的注册资本金额减少实收资本。股份有限公司采用收购本公司股票方式减资的,通过"库存股"科目核算回购股份的金额。减资时,按股票面值和注销股数计算的股票面值总额冲减股本,按注销库存股的账面余额与所冲减股本的差额冲减股本溢价,股本溢价不足冲减的,应依次冲减"盈余公积""利润分配——未分配利润"等科目。如果回购股票支付的价款低于面值总额的,所注销库存股的账面余额与所冲减股本的差额作为增加资本公积(股本溢价)处理。

【例 12-9】　远洋公司 2023 年 12 月 31 日的股本为 100 000 000 元(面值为 1 元),资本公积(股本溢价)为 30 000 000 元,盈余公积为 40 000 000 元。经股东大会批准,远洋公司以现金回购本公司股票 20 000 000 股并注销。假定远洋公司按每股 2 元回购股票,不考虑其他因素,编制会计分录如下。

(1) 回购本公司股份时。

借:库存股　　　　　　　　　　　　　　　　　40 000 000
　　贷:银行存款　　　　　　　　　　　　　　　　40 000 000
　　　　　库存股成本＝20 000 000×2＝40 000 000(元)

(2) 注销本公司股份时。

借:股本　　　　　　　　　　　　　　　　　　20 000 000
　　资本公积——股本溢价　　　　　　　　　　20 000 000
　　贷:库存股　　　　　　　　　　　　　　　　　40 000 000
　　　　　应冲减的资本公积＝20 000 000×2－20 000 000×1＝20 000 000(元)

【例 12-10】　承例 12-9,假定远洋公司按每股 3 元回购股票,其他条件不变,编制会计分录如下。

（1）回购本公司股份时。

借：库存股   60 000 000

  贷：银行存款   60 000 000

        库存股成本＝20 000 000×3＝60 000 000（元）

（2）注销本公司股份时。

借：股本   20 000 000

    资本公积——股本溢价   30 000 000

    盈余公积   10 000 000

  贷：库存股   60 000 000

        应冲减的资本公积＝20 000 000×3－20 000 000×1＝40 000 000（元）

本例中，由于应冲减的资本公积大于公司现有的资本公积，所以只能冲减资本公积 30 000 000 元，剩余的 10 000 000 元应冲减盈余公积。

【例 12-11】 承例 12-9，假定远洋公司按每股 0.9 元回购股票，其他条件不变，编制会计分录如下。

（1）回购本公司股份时。

借：库存股   18 000 000

  贷：银行存款   18 000 000

        库存股成本＝20 000 000×0.9＝18 000 000（元）

（2）注销本公司股份时。

借：股本   20 000 000

  贷：库存股   18 000 000

    资本公积——股本溢价   2 000 000

        应增加的资本公积＝20 000 000×1－20 000 000×0.9＝2 000 000（元）

本例中，因折价回购，股本与库存股成本的差额 2 000 000 元应作为增加资本公积处理。

第二节　资 本 公 积

一、资本公积概述

资本公积是指企业收到投资者出资额超出其在注册资本（或股本）中所占份额的部分以及其他资本公积等，即资本公积包括资本溢价（或股本溢价）和其他资本公积等。

形成资本溢价（或股本溢价）的原因有溢价发行股票、投资者超额缴入资本等。

其他资本公积是指除资本溢价（或股本溢价）、净损益、其他综合收益和利润分配以外所有者权益的其他变动。如企业的长期股权投资采用权益法核算时，因被投资单位除净损益、其他综合收益和利润分配以外所有者权益的其他变动，投资企业按应享有份额而增加或减少的资本公积，直接计入投资方所有者权益"资本公积——其他资本公积"科目。

企业根据国家有关规定实行股权激励的，如果在等待期内取消了授予的

资本公积与实收资本（或股本）、留存收益、其他综合收益的区别

权益工具,企业应在进行权益工具加速行权处理时,将剩余等待期内应确认的金额立即计入当期损益,并同时确认资本公积。企业集团(由母公司和其全部子公司构成)内发生的股份支付交易,如结算企业是接受服务企业的投资者,应当按照授予日权益工具的公允价值或应承担负债的公允价值确认为对接受服务企业的长期股权投资,同时确认资本公积(其他资本公积)或负债。

资本公积的核算包括资本溢价(或股本溢价)的核算、其他资本公积的核算和资本公积转增资本的核算等内容。

二、资本公积的账务处理

(一)资本溢价(或股本溢价)

1. 资本溢价

除股份有限公司外的其他类型的企业在创立时,投资者认缴的出资额与注册资本一致,一般不会产生资本溢价。但在企业重组或有新的投资者加入时,常常会出现资本溢价。因为在企业进行正常生产经营后,其资本利润率通常要高于企业初创阶段,另外,企业有内部积累,新投资者加入企业后,对这些积累也要分享,所以新加入的投资者往往要付出大于原投资者的出资额,才能取得与原投资者相同的出资比例,投资者多缴的部分就形成资本溢价。

【例 12-12】 远洋公司由两位投资者投资 400 000 元设立,各出资 200 000 元。一年后,为扩大经营规模,经批准,远洋公司注册资本增加到 600 000 元,并引入第三位投资者加入。按照投资协议,新投资者需缴入现金 220 000 元,同时享有该公司 1/3 的股份。远洋公司已收到该现金投资。不考虑其他因素,远洋公司应编制如下会计分录。

借:银行存款　　　　　　　　　　　　　　　　220 000
　　贷:实收资本　　　　　　　　　　　　　　　　200 000
　　　　资本公积——资本溢价　　　　　　　　　　20 000

本例中,远洋公司收到第三位投资者的现金投资 220 000 元中,200 000 元属于第三位投资者在注册资本中所享有的份额,应记入"实收资本"科目,20 000 元属于资本溢价,应记入"资本公积——资本溢价"科目。

2. 股本溢价

股份有限公司是以发行股票的方式筹集股本的,股票可按面值发行,也可按溢价发行,我国目前不准折价发行。与其他类型的企业不同,股份有限公司在成立时可能会溢价发行股票,因而在成立之初,就可能会产生股本溢价。股本溢价是指股份有限公司发行股票时实际收到的款额超过股票面值总额的部分。

在按面值发行股票的情况下,企业发行股票取得的收入,应全部作为股本处理;在溢价发行股票的情况下,企业发行股票取得的收入,等于股票面值部分作为股本处理,超出股票面值的部分应作为股本溢价处理。

发行股票相关的手续费、佣金等交易费用,如果是溢价发行股票的,应从溢价中抵扣,冲减资本公积(股本溢价);无溢价发行股票或溢价金额不足以抵扣的,应将不足抵扣的部分冲减盈余公积和未分配利润。

【例 12-13】 远洋公司首次公开发行了普通股 50 000 000 股,每股面值 1 元,每股发行价格为 4 元。远洋公司与证券公司约定,按发行收入的 3% 收取佣金,从发行收入中扣除。

假定收到的股款已存入银行。不考虑其他因素,编制会计分录如下。

公司收到证券公司转来的发行收入 $=50\,000\,000×4×(1-3\%)=194\,000\,000$（元）

应记入"资本公积"科目的金额＝溢价收入－发行佣金

$$=50\,000\,000×(4-1)-50\,000\,000×4×3\%$$

$$=144\,000\,000（元）$$

借:银行存款	194 000 000
贷:股本	50 000 000
资本公积——股本溢价	144 000 000

（二）其他资本公积

企业对被投资单位的长期股权投资采用权益法核算的,在持股比例不变的情况下,对因被投资单位除净损益、其他综合收益和利润分配以外的所有者权益的其他变动,应按持股比例计算其应享有或应分担被投资单位所有者权益的增减数额,调整长期股权投资的账面价值和资本公积。在处置长期股权投资时,应转销与该笔投资相关的其他资本公积。

【例 12-14】 远洋公司于 2023 年 1 月 1 日向甲公司投资 8 000 000 元,拥有该公司 20% 的股份,并对该公司有重大影响,因而对甲公司长期股权投资采用权益法核算。2023 年 12 月 31 日,甲公司除净损益、其他综合收益和利润分配之外的所有者权益增加了 1 000 000 元。假定除此以外,甲公司的所有者权益没有变化,远洋公司的持股比例没有变化,甲公司资产的账面价值与公允价值一致。不考虑其他因素,编制会计分录如下。

借:长期股权投资——甲公司	200 000
贷:资本公积——其他资本公积	200 000

远洋公司对甲公司投资增加的资本公积 $=1\,000\,000×20\%=200\,000$（元）

本例中,远洋公司对甲公司的长期股权投资采用权益法核算,持股比例未发生变化,甲公司发生了除净损益、其他综合收益和利润分配之外的所有者权益的其他变动,远洋公司应按其持股比例计算应享有的甲公司权益数额 200 000 元作为增加其他资本公积处理。

（三）资本公积转增资本

经股东大会或类似机构决议,用资本公积转增资本时,应冲减资本公积,同时按照转增资本前的实收资本(或股本)的结构或比例,将转增的金额记入"实收资本"(或"股本")科目下各所有者的明细分类账。

第三节　留存收益

一、留存收益概述

留存收益是指企业从历年实现的利润中提取或形成的留存于企业的内部积累,包括盈余公积和未分配利润两类。

盈余公积是指企业按照有关规定从净利润中提取的积累资金。公司制企业的盈余公积包括法定盈余公积和任意盈余公积。法定盈余公积是指企业按照规定的比例从净利润中提取的盈余公积。任意盈余公积是指企业按照股东会或股东大会决议提取的盈余公积。

企业提取的盈余公积经批准可用于弥补亏损、转增资本、发放现金股利或利润等。

未分配利润是指企业实现的净利润经过弥补亏损、提取盈余公积和向投资者分配利润后留存在企业的、历年结存的利润。相对于所有者权益的其他部分来说，企业对于未分配利润的使用有较大的自主权。

二、留存收益的账务处理

（一）利润分配

利润分配是指企业根据国家有关规定和企业章程、投资者协议等，对企业当年可供分配的利润所进行的分配。

$$可供分配的利润 = \frac{当年实现的净利润}{（或净亏损）} + \frac{年初未分配利润}{（或-年初未弥补亏损）} + 其他转入$$

利润分配的顺序依次是提取法定盈余公积、提取任意盈余公积、向投资者分配利润。

企业应通过"利润分配"科目，核算企业利润的分配（或亏损的弥补）和历年分配（或弥补）后的未分配利润（或未弥补亏损）。该科目应分为"提取法定盈余公积""提取任意盈余公积""应付现金股利或利润""盈余公积补亏""未分配利润"等进行明细核算。企业未分配利润通过"利润分配——未分配利润"明细科目进行核算。年度终了，企业应将全年实现的净利润或发生的净亏损，自"本年利润"科目转入"利润分配——未分配利润"科目，并将"利润分配"科目所属其他明细科目的余额，转入"未分配利润"明细科目。结转后，"利润分配——未分配利润"科目如为贷方余额，表示累积未分配的利润数额；如为借方余额，则表示累积未弥补的亏损数额。

【例 12-15】 远洋公司年初未分配利润为 0 元，本年实现净利润 2 000 000 元，本年提取法定盈余公积 200 000 元，宣告发放现金股利 800 000 元。不考虑其他因素，远洋公司应编制如下会计分录。

（1）结转实现净利润时。

借：本年利润　　　　　　　　　　　　　　　2 000 000
　　贷：利润分配——未分配利润　　　　　　　　　　2 000 000

企业当年发生亏损，应借记"利润分配——未分配利润"科目，贷记"本年利润"科目。

（2）提取法定盈余公积、宣告发放现金股利时。

借：利润分配——提取法定盈余公积　　　　　　200 000
　　　　　　　——应付现金股利　　　　　　　800 000
　　贷：盈余公积——法定盈余公积　　　　　　　　200 000
　　　　应付股利　　　　　　　　　　　　　　　800 000

（3）将"利润分配"科目所属其他明细科目的余额结转至"未分配利润"明细科目。

借：利润分配——未分配利润　　　　　　　　　1 000 000
　　贷：利润分配——提取法定盈余公积　　　　　　　200 000
　　　　　　　　　——应付现金股利　　　　　　　800 000

结转后，如果"未分配利润"明细科目的余额在贷方，表示累积未分配的利润；如果余额在借方，则表示累积未弥补的亏损。本例中，"利润分配——未分配利润"明细科目的余额在贷方，此贷方余额 1 000 000 元（本年利润 2 000 000 元－提取法定盈余公积 200 000 元－应付现金股利 800 000 元）即为远洋公司本年年末的累计未分配利润。

（二）盈余公积

按照《公司法》有关规定，公司制企业应按照净利润（减弥补以前年度亏损，下同）的10％提取法定盈余公积。非公司制企业法定盈余公积的提取比例可超过净利润的10％，法定盈余公积累计额已达注册资本的50％时可以不再提取。值得注意的是，如果以前年度未分配利润有盈余（即年初未分配利润余额为正数），在计算提取法定盈余公积的基数时，不应包括企业年初未分配利润；如果以前年度有亏损（即年初未分配利润余额为负数），应先弥补以前年度亏损再提取盈余公积。公司制企业可根据股东会或股东大会的决议提取任意盈余公积。非公司制企业经类似权力机构批准，也可提取任意盈余公积。法定盈余公积和任意盈余公积的区别在于其各自计提的依据不同，前者以国家的法律法规为依据；后者由企业的权力机构自行决定。

企业提取的盈余公积经批准可用于弥补亏损、转增资本、发放现金股利或利润等。盈余公积转增资本时，转增后留存的盈余公积的数额不得少于原注册资本的25％。

1. 提取盈余公积

企业按规定提取盈余公积时，应通过"利润分配"和"盈余公积"等科目核算。

【例 12-16】 远洋公司本年实现净利润为 5 000 000 元，年初未分配利润为 0 元。经股东大会批准，远洋公司按当年净利润的10％提取法定盈余公积。不考虑其他因素，编制会计分录如下。

借：利润分配——提取法定盈余公积 500 000
　贷：盈余公积——法定盈余公积 500 000
　　　本年提取法定盈余公积金额＝5 000 000×10％＝500 000（元）

2. 盈余公积补亏

【例 12-17】 经股东大会批准，远洋公司用以前年度提取的盈余公积弥补当年亏损，当年弥补亏损的数额为 600 000 元。不考虑其他因素，编制会计分录如下。

借：盈余公积 600 000
　贷：利润分配——盈余公积补亏 600 000

3. 盈余公积转增资本

【例 12-18】 因扩大经营规模需要，经股东大会批准，远洋公司将盈余公积 400 000 元转增股本。不考虑其他因素，编制会计分录如下。

借：盈余公积 400 000
　贷：股本 400 000

4. 用盈余公积发放现金股利或利润

【例 12-19】 远洋公司 2023 年 12 月 31 日股本为 50 000 000 元（每股面值 1 元），可供投资者分配的利润为 5 000 000 元，盈余公积为 20 000 000 元。2024 年 3 月 20 日，股东大会批准了 2023 年度利润分配方案，按每 10 股 2 元发放现金股利。远洋公司共需要分派10 000 000元现金股利，其中动用可供投资者分配的利润 5 000 000 元、盈余公积 5 000 000 元。不考虑其他因素，编制会计分录如下。

（1）发放现金股利时。

借：利润分配——应付现金股利 5 000 000

| 盈余公积 | 5 000 000 | |
| 　贷：应付股利 | | 10 000 000 |

（2）支付股利时。

| 借：应付股利 | 10 000 000 | |
| 　贷：银行存款 | | 10 000 000 |

本例中，远洋公司经股东大会批准，以未分配利润和盈余公积发放现金股利，其中，属于以未分配利润发放现金股利的部分 5 000 000 元应记入"利润分配——应付现金股利"科目，属于以盈余公积发放现金股利的部分 5 000 000 元应记入"盈余公积"科目。

 实训题

第十二章
练习题

1. 2023 年 5 月，甲、乙两人各出现金 100 万元成立远洋公司，出资款全部存入公司开户银行。2024 年 5 月，丙、丁两人愿意各出资 130 万元加入远洋公司，各占公司 100 万元注册资本份额。增资手续办理完成，出资款全部存入银行。

要求：根据上述资料，编制会计分录，并说明丙、丁两人各自多出 30 万元投资额的原因。

2. 远洋公司于 2023 年 3 月委托某证券公司承销发行普通股股票 200 万股，每股面值 1 元，发行价格 5 元。协议规定，证券公司按发行收入的 4% 收取承销费用，直接从发行收入中扣除。3 月 15 日，远洋公司收到证券公司转交的股票发行收入，存入开户银行。另外，发行期间，远洋公司还用银行存款向会计师事务所和律师事务所支付注册会计师费用、评估费用、律师费用等，共计 10 万元。

要求：根据上述资料，编制会计分录。

3. 远洋公司 2023 年至 2024 年发生与其股票有关的业务如下。

（1）2023 年 1 月 4 日，经股东大会决议，并报有关部门核准，增发普通股 4 000 万股，每股面值 1 元，每股发行价格 5 元，股款已全部收到并存入银行。假定不考虑相关税费。

（2）2023 年 6 月 20 日，经股东大会决议，并报有关部门核准，以资本公积 10 000 万元转增股本。

（3）2024 年 6 月 20 日，经股东大会决议，并报有关部门核准，以银行存款回购本公司股票 2 000 万股，每股回购价格为 5 元。

（4）2024 年 6 月 26 日，经股东大会决议并报有关部门核准，将回购的本公司股票 2 000 万股注销。假设远洋公司此时资本公积（股本溢价）6 000 万元，盈余公积 4 000 万元。

要求：逐笔编制远洋公司上述业务的会计分录。

4. 远洋公司年初未分配利润为 0 元，本年实现净利润 200 万元，本年提取法定盈余公积 20 万元，宣告发放现金股利 80 万元。

要求：假定不考虑其他因素，编制远洋股份有限公司有关会计分录。

5. 远洋公司 2023 年 1 月 1 日的所有者权益为 20 000 万元（其中股本为 15 000 万元，资本公积为 1 000 万元，盈余公积为 1 000 万元，未分配利润为 3 000 万元）。远洋公司 2023 年实现净利润为 2 000 万元，按实现净利润的 10% 提取法定盈余公积金。2024 年远洋公司发生亏损 500 万元，用以前年度的未分配利润每股分派现金股利 0.1 元，每 10 股分派股票股利 1 股。

要求：

（1）编制远洋公司 2023 年和 2024 年结转盈亏、利润分配业务的会计分录。

（2）计算远洋公司 2024 年 12 月 31 日所有者权益的余额（金额用万元表示）。

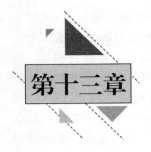

第十三章

收入、费用和利润

【知识目标】

通过本章的学习,理解收入、费用和利润的含义、分类与特点;区分广义与狭义的收入与费用;掌握收入、费用的确认方法;熟悉利润的构成及利润各个因素之间的关系;掌握利润形成的核算,掌握利润分配的顺序及核算。

【技能目标】

计算不同层次的利润指标;明确企业分配的法定要求和章程要求;运用相关账户进行收入、费用和利润的会计处理。

【素质目标】

会计是为经济服务的,经济的发展、层出不穷的新业务也在不断促进会计核算进行改革。引导学生在基本准则的规范下开拓创新思维,既"坚持准则"也能够"与时俱进",有持续学习的能力,适应时代的发展;引导学生积极创业、踏实守业,培养学生"静以修身、俭以养德"的道德品质,量入为出,防范铺张浪费的出现。

第一节　收　入

第十三章
案例引入

企业在确认和计量收入时,应遵循的基本原则:确认收入的方式应当反映其向客户转让商品或提供服务的模式,收入的金额应当反映企业因转让商品或提供服务而预期有权收取的对价金额。通过收入确认和计量能进一步如实地反映企业的生产经营成果,准确核算企业实现的损益。

一、收入的确认和计量

（一）收入确认的原则

企业应当在履行了合同中的履约义务,即在客户取得相关商品控制权时确认收入。取得相关商品控制权是指客户能够主导该商品的使用并从中获得几乎全部经济利益，也包括有能力阻止其他方主导该商品的使用并从中获得经济利益。取得商品控制权包括三个要素：一是客户必须拥有现时权利，能够主导该商品的使用并从中获得几乎全部经济利益。如果客户只能在未来的某一期间主导该商品的使用并从中获益，则表明其尚未取得该商品的控制权。二是客户有能力主导该商品的使用，即客户在其活动中有权使用该商品，或者能够允许或阻止其他方使用该商品。三是客户能够获得商品几乎全部的经济利益。商品的经济利益是指商品的潜在现金流量，既包括现金流入的增加，也包括现金流出的减少。客户可以通过使用、消耗、出售、处置、交换、抵押或持有等多种方式直接或间接地获得商品的经济利益。

需要说明的是，本章所称的客户是指与企业订立合同以向该企业购买其日常活动产出的商品并支付对价的一方；本章所称的商品包括商品和服务。本章的收入不涉及企业对外出租资产收取的租金、进行债权投资收取的利息、进行股权投资取得的现金股利以及保费收入等。

（二）收入确认的前提条件

企业与客户之间的合同同时满足下列五项条件的，企业应当在客户取得相关商品控制权时确认收入。

（1）合同各方已批准该合同并承诺将履行各自义务。

（2）该合同明确了合同各方与所转让商品相关的权利和义务。

（3）该合同有明确的与所转让商品相关的支付条款。

（4）该合同具有商业实质，即履行该合同将改变企业未来现金流量的风险、时间分布或金额。

（5）企业因向客户转让商品而有权取得的对价很可能收回。

（三）收入确认和计量的步骤

根据《企业会计准则第 14 号——收入》（2018），收入确认和计量大致分为以下五步。

（1）识别与客户订立的合同。合同是指双方或多方之间订立有法律约束力的权利义务的协议。合同有书面形式、口头形式以及其他形式。合同的存在是企业确认客户合同收入的前提，企业与客户之间的合同一经签订，企业即享有从客户取得与转移商品和服务对价的权利，同时负有向客户转移商品和服务的履约义务。

（2）识别合同中的单项履约义务。履约义务是指合同中企业向客户转让可明确区分商品或服务的承诺。企业应当将向客户转让可明确区分商品（或者商品的组合）的承诺以及向客户转让一系列实质相同且转让模式相同的、可明确区分商品的承诺作为单项履约义务。

（3）确定交易价格。交易价格是指企业因向客户转让商品而预期有权收取的对价金额，不包括企业代第三方收取的款项（如增值税）以及企业预期将退还给客户的款项。合同条款所承诺的对价，可能是固定金额或可变金额，或两者兼有。

（4）将交易价格分摊至各单项履约义务。当合同中包含两项或多项履约义务时，需要将交易价格分摊至各单项履约义务，分摊的方法是在合同开始日，按照各单项履约义务所承诺商品的单独售价（企业向客户单独销售商品的价格）的相对比例，将交易价格分摊至各单项履约义务。通过分摊交易价格，使企业分摊至各单项履约义务的交易价格能够反映其因向客户转让已承诺的相关商品而有权收取的对价金额。

(5) 履行各单项履约义务时确认收入。当企业将商品转移给客户,客户取得了相关商品的控制权,意味着企业履行了合同履约义务,此时企业应确认收入。企业将商品控制权转移给客户,可能在某一时段内(即履行履约义务的过程中)发生,也可能在某一时点(即履约义务完成时)发生。企业应当根据实际情况,首先判断履约义务是否满足在某一时段内履行的条件,如不满足,则该履约义务属于在某一时点履行的履约义务。

收入确认和计量的五个步骤中,(1)(2)(5)主要与收入的确认有关,(3)(4)主要与收入的计量有关。一般而言,确认和计量任何一项合同收入都应考虑全部的五个步骤。但履行某些合同义务时,确认收入不一定都经过五个步骤,如企业按照第二步确定某项合同仅为单项履约义务时,可以从第三步直接进入第五步确认收入,不需要第四步(分摊交易价格)。

二、收入核算应设置的账户

为核算企业与客户之间的合同产生的收入及相关的成本费用,一般需要设置"主营业务收入""其他业务收入""主营业务成本""其他业务成本""合同取得成本""合同履约成本""合同资产""合同负债"等账户。

(1)"主营业务收入"账户核算企业确认的销售商品、提供服务等主营业务的收入。该账户贷方登记企业主营业务活动实现的收入,借方登记期末转入"本年利润"科目的主营业务收入,结转后该科目应无余额。该账户可按主营业务的种类进行明细核算。

(2)"其他业务收入"账户核算企业确认的除主营业务活动以外的其他经营活动实现的收入,包括出租固定资产、出租无形资产、出租包装物和商品、销售材料、用材料进行非货币性资产交换(非货币性资产交换具有商业实质且公允价值能够可靠计量)或债务重组等实现的收入。该账户贷方登记企业其他业务活动实现的收入,借方登记期末转入"本年利润"科目的其他业务收入,结转后该科目应无余额。该账户可按其他业务的种类进行明细核算。

(3)"主营业务成本"账户核算企业确认销售商品、提供服务等主营业务收入时应结转的成本。该账户借方登记企业应结转的主营业务成本,贷方登记期末转入"本年利润"科目的主营业务成本,结转后该科目应无余额。该账户可按主营业务的种类进行明细核算。

(4)"其他业务成本"账户核算企业确认的除主营业务活动外的其他经营活动形成的成本,包括出租固定资产的折旧额、出租无形资产的摊销额、出租包装物的成本或摊销额、销售材料的成本等。该账户借方登记企业应结转的其他业务成本,贷方登记期末转入"本年利润"科目的其他业务成本,结转后该科目应无余额。该账户可按其他业务的种类进行明细核算。

(5)"合同取得成本"账户核算企业取得合同发生的、预计能够收回的增量成本。该账户借方登记发生的合同取得成本,贷方登记摊销的合同取得成本,期末借方余额,反映企业尚未结转的合同取得成本。该账户可按合同进行明细核算。

(6)"合同履约成本"账户核算企业为履行当前或预期取得的合同所发生的、不属于其他企业会计准则规范范围且按照收入准则应当确认为一项资产的成本。该账户借方登记发生的合同履约成本,贷方登记摊销的合同履约成本,期末借方余额反映企业尚未结转的合同履约成本。该账户可按合同分为"服务成本""工程施工"等进行明细核算。

(7)"合同资产"账户核算企业已向客户转让商品而有权收取对价的权利,且该权利取决于时间流逝之外的其他因素（如履行合同中的其他履约义务）。该账户借方登记因已转让商品而有权收取的对价金额，贷方登记取得无条件收款权的金额，期末借方余额，反映企业已向客户转让商品而有权收取的对价金额。该账户按合同进行明细核算。

（8）"合同负债"账户核算企业已收或应收客户对价而应向客户转让商品的义务。该账户贷方登记企业在向客户转让商品之前，已经收到或已经取得的无条件收取合同对价权利的金额；借方登记企业向客户转让商品时冲销的金额；期末贷方余额，反映企业在向客户转让商品之前，已经收到的合同对价或已经取得的无条件收取合同对价权利的金额。该账户按合同进行明细核算。

此外，企业发生减值的，还应当设置"合同履约成本减值准备""合同取得成本减值准备""合同资产减值准备"等账户进行核算。

三、履行履约义务确认收入的账务处理

（一）在某一时点履行履约义务确认收入

对于在某一时点履行的履约义务，企业应当在客户取得相关商品控制权时点确认收入。在判断控制权是否转移时，企业应当综合考虑下列迹象：企业就该商品享有现时收款权利，即客户就该商品负有现时付款义务；企业已将该商品的法定所有权转移给客户，即客户已拥有该商品的法定所有权；企业已将该商品实物转移给客户，即客户已占有该商品实物；企业已将该商品所有权上的主要风险和报酬转移给客户，即客户已取得该商品所有权上的主要风险和报酬；客户已接受该商品；其他表明客户已取得商品控制权的迹象。

1. 一般销售商品业务收入的账务处理

【例 13-1】 远洋公司向乙公司销售商品一批，开具的增值税专用发票上注明售价为 400 000 元，增值税税额为 52 000 元；远洋公司收到乙公司开出的不带息银行承兑汇票一张，票面金额为 45 200 元，期限为 2 个月；远洋公司以银行存款支付代垫运费，增值税专用发票上注明运输费 2 000 元，增值税税额为 180 元，所垫运费尚未收到；该批商品成本为 320 000 元；乙公司收到商品并验收入库。

本例中远洋公司已经收到乙公司开出的不带息银行承兑汇票，客户乙公司收到商品并验收入库，因此，销售商品为单项履约义务且属于在某一时点履行的履约义务。不考虑其他因素，编制会计分录如下。

（1）销售实现时。

借：应收票据   452 000

    贷：主营业务收入   400 000

        应交税费——应交增值税（销项税额）   52 000

借：主营业务成本   320 000

    贷：库存商品   320 000

（2）代垫运费时。

借：应收账款   2 180

    贷：银行存款   2 180

2. 已经发出商品但不能确认收入的账务处理

企业按合同发出商品，合同约定客户只有在商品售出取得价款后才支付货款。企业向

客户转让商品的对价未达到"很可能收回"收入确认条件。在发出商品时,企业不应确认收入,将发出商品的成本记入"发出商品"科目,借记"发出商品"科目,贷记"库存商品"科目。如已发出的商品被客户退回,应编制相反的会计分录。"发出商品"科目核算企业商品已发出但客户没有取得商品的控制权的商品成本。当企业收到货款或取得收取货款权利时,确认收入,借记"银行存款""应收账款"科目,贷记"主营业务收入"科目,贷记"应交税费——应交增值税(销项税额)"科目,同时结转已销商品成本,借记"主营业务成本"科目,贷记"发出商品"科目。

【例 13-2】 远洋公司与乙公司均为增值税一般纳税人。2023 年 6 月 3 日,远洋公司与乙公司签订委托代销合同,远洋公司委托乙公司销售 W 商品 1 000 件,W 商品已经发出,每件商品成本为 70 元。合同约定乙公司应按每件 100 元对外销售,远洋公司按不含增值税的销售价格的 10% 向乙公司支付手续费。除非这些商品在乙公司存放期间内由于乙公司的责任发生毁损或丢失,否则在 W 商品对外销售之前,乙公司没有义务向甲公司支付货款。乙公司不承担包销责任,没有售出的 W 商品须退回给甲公司,同时,远洋公司也有权要求收回 W 商品或将其销售给其他客户。至 2023 年 6 月 30 日,乙公司实际对外销售 1 000 件,开出的增值税专用发票上注明的销售价款为 100 000 元,增值税税额为 13 000 元。

本例中,远洋公司将 W 商品发送至乙公司后,乙公司虽然已经承担 W 商品的实物保管责任,但仅为接受远洋公司的委托销售 W 商品,并根据实际销售的数量赚取一定比例的手续费。远洋公司有权要求收回 W 商品或将其销售给其他客户,乙公司并不能主导这些商品的销售,这些商品对外销售与否、是否获利以及获利多少等不由乙公司控制,乙公司没有取得这些商品的控制权。因此,远洋公司将 W 商品发送至乙公司时,不应确认收入,而应当在乙公司将 W 商品销售给最终客户时确认收入。

(1) 2023 年 6 月 3 日,远洋公司按合同约定发出商品时,编制会计分录如下。

借:发出商品——乙公司　　　　　　　　　　70 000
　　贷:库存商品——W 商品　　　　　　　　　　　　70 000

(2) 2023 年 6 月 30 日,远洋公司收到乙公司开具的代销清单时,编制会计分录如下。

借:应收账款　　　　　　　　　　　　　　113 000
　　贷:主营业务收入　　　　　　　　　　　　　　100 000
　　　　应交税费——应交增值税(销项税额)　　　　13 000
借:主营业务成本　　　　　　　　　　　　　70 000
　　贷:发出商品　　　　　　　　　　　　　　　　70 000
借:销售费用　　　　　　　　　　　　　　　10 000
　　应交税费——应交增值税(进项税额)　　　　600
　　贷:应收账款　　　　　　　　　　　　　　　　10 600

(3) 远洋公司收到乙公司支付的货款时,编制会计分录如下。

借:银行存款　　　　　　　　　　　　　　102 400
　　贷:应收账款　　　　　　　　　　　　　　　　102 400

3. 商业折扣、现金折扣和销售退回的账务处理

商业折扣与现金折扣在第六章应收及预付款项已经做过解释,此处不再赘述。

销售退回是指企业因售出商品在质量、规格等方面不符合销售合同规定条款的要求,客

户要求企业予以退货。企业销售商品发生退货，表明企业履约义务的减少和客户商品控制权及其相关经济利益的丧失。已确认销售商品收入的售出商品发生销售退回的，除属于资产负债表日后事项的外，企业收到退回的商品时，应退回货款或冲减应收账款，并冲减主营业务收入和增值税销项税额，借记"主营业务收入""应交税费——应交增值税（销项税额）"等科目，贷记"银行存款""应收票据""应收账款"等科目。收到退回商品验收入库，按照商品成本，借记"库存商品"科目，贷记"主营业务成本"科目。如该项销售退回已发生现金折扣，应同时调整相关财务费用的金额。

【例 13-3】 远洋公司 2023 年 5 月 20 日销售 A 商品一批，增值税专用发票上注明售价为 350 000 元，增值税税额为 45 500 元，该批商品成本为 182 000 元。A 商品于 2023 年 5 月 20 日发出，客户于 5 月 27 日付款。该项业务属于在某一时点履行的履约义务并确认销售收入。2023 年 9 月 16 日，该商品质量出现严重问题，客户将该批商品全部退回给远洋公司。远洋公司同意退货，于退货当日支付了退货款，并按规定向客户开具了增值税专用发票（红字）。不考虑其他因素，编制会计分录如下。

（1）2023 年 5 月 20 日确认收入时。

借：应收账款	395 500
贷：主营业务收入	350 000
应交税费——应交增值税（销项税额）	45 500
借：主营业务成本	182 000
贷：库存商品	182 000

（2）2023 年 5 月 27 日收到货款时。

借：银行存款	395 500
贷：应收账款	395 500

（3）2023 年 9 月 16 日销售退回时。

借：主营业务收入	350 000
应交税费——应交增值税（销项税额）	45 500
贷：银行存款	395 500
借：库存商品	182 000
贷：主营业务成本	182 000

4. 销售折让

销售折让是指企业因售出商品质量不符合要求等原因而在售价上给予的减让。企业将商品销售给买方后，如买方发现商品在质量、规格等方面不符合要求，可能要求卖方在价格上给予一定的减让。

销售折让如发生在确认销售收入之前，则应在确认销售收入时直接按扣除销售折让后的金额确认；已确认销售收入的售出商品发生销售折让，且不属于资产负债表日后事项的，应在发生时冲减当期销售商品收入，如按规定允许扣减增值税税额的，还应冲减已确认的应交增值税销项税额。

【例 13-4】 远洋公司销售一批商品给乙公司，开出的增值税专用发票上注明的售价为 100 000 元，增值税税额为 13 000 元；该批商品的成本为 70 000 元；货到后乙公司发现商品质量不符合合同要求，要求在价格上给予 5% 的折让。乙公司提出的销售折让要求符合原合同的约定,远洋公司同意并办妥了相关手续,开具了增值税专用发票(红字)。假定此前远洋公司已确认该批商品的销售收入,销售款项尚未收到,发生的销售折让允许扣减当期增值税销项税额。不考虑其他因素,编制会计分录如下。

(1) 销售实现时。

借:应收账款——乙公司　　　　　　　　　　113 000
　　贷:主营业务收入　　　　　　　　　　　　　　　100 000
　　　　应交税费——应交增值税(销项税额)　　　　13 000
借:主营业务成本　　　　　　　　　　　　　70 000
　　贷:库存商品　　　　　　　　　　　　　　　　70 000

(2) 发生销售折让时。

借:主营业务收入　　　　　　　　　　　5 000(100 000×5%)
　　应交税费——应交增值税(销项税额)　　　650
　　贷:应收账款——乙公司　　　　　　　　　　　5 650

(3) 实际收到款项时。

借:银行存款　　　　　　　　　　　　　107 350
　　贷:应收账款——乙公司　　　　　　　　　　107 350

本例中,假定发生销售折让前,因该项销售在货款收回上存在不确定性,远洋公司未确认该批商品的销售收入,纳税义务也未发生;发生销售折让后2个月,乙公司承诺近期付款。不考虑其他因素,编制会计分录如下。

(1) 发出商品时。

借:发出商品　　　　　　　　　　　　　70 000
　　贷:库存商品　　　　　　　　　　　　　　　70 000

(2) 乙公司承诺付款,远洋公司确认销售时。

借:应收账款——乙公司　　　　　　　　107 350
　　贷:主营业务收入　　　　　　　　95 000(100 000−100 000×5%)
　　　　应交税费——应交增值税(销项税额)　　12 350
借:主营业务成本　　　　　　　　　　　70 000
　　贷:发出商品　　　　　　　　　　　　　　70 000

(3) 实际收到款项时。

借:银行存款　　　　　　　　　　　　　107 350
　　贷:应收账款——乙公司　　　　　　　　　　107 350

5. 销售材料等存货的账务处理

企业在日常活动中会发生对外销售不需用的原材料、随同商品对外销售单独计价的包装物等业务。企业销售原材料、包装物等存货取得收入的确认和计量原则比照商品销售。企业销售原材料、包装物等存货确认的收入作为其他业务收入处理,结转的相关成本作为其他业务成本处理。

【例 13-5】 远洋公司向乙公司销售一批原材料,开具的增值税专用发票上注明售价为100 000 元,增值税税额为 13 000 元;远洋公司收到乙公司支付的款项存入银行;该批原材料的实际成本为 90 000 元;乙公司收到原材料并验收入库。

本例中远洋公司已经收到乙公司支付的货款，乙公司收到原材料并验收入库，因此，该项业务为单项履约义务且属于在某一时点履行的履约义务。不考虑其他因素，编制会计分录如下。

（1）确认收入时。

借：银行存款　　　　　　　　　　　　　　　113 000

　　贷：其他业务收入　　　　　　　　　　　　　　　100 000

　　　　应交税费——应交增值税（销项税额）　　　　13 000

（2）结转原材料成本。

借：其他业务成本　　　　　　　　　　　　　　90 000

　　贷：原材料　　　　　　　　　　　　　　　　　　90 000

（二）在某一时段内履行履约义务确认收入

对于在某一时段内履行的履约义务，企业应当在该段时间内按照履约进度确认收入，履约进度不能合理确定的除外。满足下列条件之一的，属于在某一时段内履行的履约义务：①客户在企业履约的同时即取得并消耗企业履约所带来的经济利益；②客户能够控制企业履约过程中在建的商品；③企业履约过程中所产出的商品具有不可替代用途，且该企业在整个合同期间内有权就累计至今已完成的履约部分收取款项。

企业应当考虑商品的性质，采用实际测量的完工进度、评估已实现的结果、时间进度、已完工或交付的产品等产出指标，或采用投入的材料数量、花费的人工工时、机器工时、发生的成本和时间进度等投入指标确定恰当的履约进度，并且在确定履约进度时，应当扣除那些控制权尚未转移给客户的商品和服务。资产负债表日，企业按照合同的交易价格总额乘以履约进度扣除以前会计期间累计已确认的收入后的金额，确认当期收入。

【例 13-6】 远洋公司为增值税一般纳税人，装修服务适用增值税税率为 9%。2023 年12 月 1 日，远洋公司与乙公司签订一项为期 3 个月的装修合同，合同约定装修价款为500 000 元，增值税税额为 45 000 元，装修费用每月末按完工进度支付。2023 年 12 月 31 日，经专业测量师测量后，确定该项劳务的完工程度为 25%；乙公司按完工进度支付价款及相应的增值税款。截至 2023 年 12 月 31 日，远洋公司为完成该合同累计发生劳务成本 100 000 元（假定均为装修人员薪酬），估计还将发生劳务成本 300 000 元。

假定该业务属于远洋公司的主营业务，全部由其自行完成；该装修服务构成单项履约义务，并属于在某一时段内的履约义务；远洋公司按照实际测量的完工进度确定履约进度。不考虑其他因素，编制会计分录如下。

（1）实际发生劳务成本 100 000 元。

借：合同履约成本　　　　　　　　　　　　　100 000

　　贷：应付职工薪酬　　　　　　　　　　　　　　　100 000

（2）2023 年 12 月 31 日确认劳务收入并结转劳务成本。

　　2023 年 12 月 31 日确认的劳务收入＝500 000×25%－0＝125 000（元）

借：银行存款　　　　　　　　　　　　　　　136 250

　　贷：主营业务收入　　　　　　　　　　　　　　　125 000

　　　　应交税费——应交增值税（销项税额）　　　　11 250

借：主营业务成本　　　　　　　　　　　　　100 000

　　贷:合同履约成本　　　　　　　　　　　　　　　　　100 000

　　2024 年 1 月 31 日,经专业测量师测量后,确定该项劳务的完工程度为 70%;乙公司按完工进度支付价款同时支付对应的增值税款。2024 年 1 月,为完成该合同发生劳务成本 180 000 元(假定均为装修人员薪酬),为完成该合同估计还将发生劳务成本 120 000 元。不考虑其他因素,编制会计分录如下。

　　(1)实际发生劳务成本 180 000 元。

　　借:合同履约成本　　　　　　　　　　　　　　　　180 000
　　　贷:应付职工薪酬　　　　　　　　　　　　　　　　180 000

　　(2)2024 年 1 月 31 日确认劳务收入并结转劳务成本。

　　　2024 年 1 月 31 日确认的劳务收入＝500 000×70%－125 000＝225 000(元)

　　借:银行存款　　　　　　　　　　　　　　　　　　245 250
　　　贷:主营业务收入　　　　　　　　　　　　　　　　225 000
　　　　应交税费——应交增值税(销项税额)　　　　　　20 250
　　借:主营业务成本　　　　　　　　　　　　　　　　180 000
　　　贷:合同履约成本　　　　　　　　　　　　　　　　180 000

　　2024 年 2 月 28 日,远洋公司装修完工;乙公司验收合格,按完工进度支付价款同时支付对应的增值税款。2024 年 2 月,为完成该合同发生劳务成本 120 000 元(假定均为装修人员薪酬)。不考虑其他因素,编制会计分录如下。

　　(1)实际发生劳务成本 120 000 元。

　　借:合同履约成本　　　　　　　　　　　　　　　　120 000
　　　贷:应付职工薪酬　　　　　　　　　　　　　　　　120 000

　　(2)2024 年 2 月 28 日确认劳务收入并结转劳务成本。

　　2024 年 2 月 28 日确认的劳务收入＝500 000－125 000－225 000＝150 000(元)

　　借:银行存款　　　　　　　　　　　　　　　　　　163 500
　　　贷:主营业务收入　　　　　　　　　　　　　　　　150 000
　　　　应交税费——应交增值税(销项税额)　　　　　　13 500
　　借:主营业务成本　　　　　　　　　　　　　　　　120 000
　　　贷:合同履约成本　　　　　　　　　　　　　　　　120 000

　　【例 13-7】　远洋公司经营一家健身俱乐部。2023 年 7 月 1 日,某客户与远洋公司签订合同,成为远洋公司的会员,并向远洋公司支付会员费 3 600 元(不含税价),客户可在未来的 12 个月内在该俱乐部健身,且没有次数的限制。该业务适用的增值税税率为 6%。

　　本例中,客户在会籍期间可随时来俱乐部健身,且没有次数限制,客户已使用俱乐部健身的次数不会影响其未来继续使用的次数。远洋公司在该合同下的履约义务是承诺随时准备在客户需要时为其提供健身服务,因此,该履约义务属于在某一时段内履行的履约义务,并且该履约义务在会员的会籍期间内随时间的流逝而被履行。因此,远洋公司按照直线法确认收入,每月应当确认的收入为 300 元(3 600÷12)。不考虑其他因素,编制会计分录如下。

　　(1)2023 年 7 月 1 日收到会员费时。

　　借:银行存款　　　　　　　　　　　　　　　　　　3 600

贷：合同负债　　　　　　　　　　　　　　　　　　　3 600

本例中，客户签订合同时支付了合同对价，可在未来的 12 个月内在该俱乐部进行健身消费，且没有次数的限制。企业在向客户转让商品之前已经产生一项负债，即合同负债。

（2）2023 年 7 月 31 日确认收入，开具增值税专用发票并收到税款时。

借：合同负债　　　　　　　　　　　　　　　　　　　300
　　银行存款　　　　　　　　　　　　　　　　　　　18
　　贷：主营业务收入　　　　　　　　　　　　　　　300
　　　　应交税费——应交增值税（销项税额）　　　　18

2023 年 8 月至 2024 年 6 月，每月确认收入同上。

当履约进度不能合理确定时，企业已经发生的成本预计能够得到补偿的，应当按照已经发生的成本金额确认收入，直到履约进度能够合理确定为止。

四、合同成本

企业在与客户建立合同关系过程中发生的成本主要有合同取得成本和合同履约成本。

（一）合同取得成本

企业为取得合同发生的增量成本预期能够收回的，应作为合同取得成本确认为一项资产。增量成本是指企业不取得合同就不会发生的成本，也就是企业发生的与合同直接相关，但又不是所签订合同的对象或内容（如建造商品或提供服务）本身所直接发生的费用，例如销售佣金等，如果销售佣金等预期可通过未来的相关服务收入予以补偿，该销售佣金（即增量成本）应在发生时确认为一项资产，即合同取得成本。

企业取得合同发生的增量成本已经确认为资产的，应当采用与该资产相关的商品收入确认相同的基础进行摊销，计入当期损益。为简化实务操作，该资产摊销期限不超过一年的，可以在发生时计入当期损益。

企业为取得合同发生的、除预期能够收回的增量成本之外的其他支出，如无论是否取得合同均会发生的差旅费、投标费、为准备投标资料发生的相关费用等，应当在发生时计入当期损益，除非这些支出明确由客户承担。

【例 13-8】 远洋公司是一家咨询公司，通过竞标赢得一个服务期为 5 年的客户，该客户每年末支付含税咨询费 1 908 000 元。为取得与该客户的合同，远洋公司聘请外部律师进行尽职调查支付相关费用 15 000 元，为投标而发生的差旅费 10 000 元，支付销售人员佣金 50 000 元。远洋公司预计这些支出未来均能够收回。此外，远洋公司根据其年度销售目标、整体盈利情况及个人业绩等，向销售部门经理支付年度奖金 10 000 元。

在本例中，远洋公司因签订该客户合同而向销售人员支付的佣金属于取得合同发生的增量成本，应将其作为合同取得成本确认为一项资产；远洋公司聘请外部律师进行尽职调查发生的支出、为投标发生的差旅以及向销售部门经理支付的年度奖金（不能直接归属于可识别的合同）不属于增量成本，应于发生时直接计入当期损益。不考虑其他因素，编制会计分录如下。

（1）支付相关费用。

借：合同取得成本　　　　　　　　　　　　　　　　　50 000

管理费用	25 000
销售费用	10 000
贷：银行存款	85 000

(2) 每月确认服务收入，摊销销售佣金。

$$服务收入＝1\ 908\ 000÷(1＋6\%)÷12＝150\ 000(元)$$

$$销售佣金摊销额＝50\ 000÷5÷12≈833.33(元)$$

借：应收账款	159 000
销售费用	833.33
贷：合同取得成本	833.33
主营业务收入	150 000
应交税费——应交增值税(销项税额)	9 000

(二) 合同履约成本

合同履约成本是指企业为履行当前或预期取得的合同所发生的、属于《企业会计准则第14号——收入》(2018)规范范围并且按照该准则应当确认为一项资产的成本。

企业为履行合同可能会发生各种成本，企业在确认收入的同时应当对这些成本进行分析，属于《企业会计准则第14号——收入》(2018)准则规范范围且同时满足下列条件的，应当作为合同履约成本确认为一项资产。

(1) 该成本与一份当前或预期取得的合同直接相关。

① 与合同直接相关的成本，包括直接人工(如支付给直接为客户提供所承诺服务的人员的工资、奖金等)；直接材料(如为履行合同耗用的原材料、辅助材料、构配件、零件、半成品的成本和周转材料的摊销及租赁费用等)；制造费用或类似费用(如组织和管理相关生产、施工、服务等活动发生的费用，包括管理人员的职工薪酬、劳动保护费、固定资产折旧费及修理费、物料消耗、取暖费、水电费、办公费、差旅费、财产保险费、工程保修费和临时设施摊销费等)。

② 明确由客户承担的成本以及仅因该合同而发生的其他成本(如支付给分包商的成本、机械使用费、设计和技术援助费用、施工现场二次搬运费、生产工具和用具使用费、检验试验费、工程定位复测费、工程点交费用和场地清理费等)。

(2) 该成本增加了企业未来用于履行(包括持续履行)履约义务的资源。

(3) 该成本预期能够收回。

企业应当在下列支出发生时，将其计入当期损益：一是管理费用，除非这些费用明确由客户承担；二是非正常消耗的直接材料、直接人工和制造费用(或类似费用)，这些支出为履行合同发生，但未反映在合同价格中；三是与履约义务已履行(包括已全部履行或部分履行)部分相关的支出，即该支出与企业过去的履约活动相关；四是无法在尚未履行的与已履行(或已部分履行)的履约义务之间区分的相关支出。

企业发生合同履约成本时，借记"合同履约成本"科目，贷记"银行存款""应付职工薪酬""原材料"等科目；对合同履约成本进行摊销时，借记"主营业务成本""其他业务成本"等科目，贷记"合同履约成本"科目。涉及增值税的，还应进行相应的处理。

【例13-9】　远洋公司经营一家酒店，该酒店是远洋公司的自有资产。2023年12月，远洋公司计提与酒店经营直接相关的酒店、客房以及客房内的设备家具等折旧120 000元、酒店土地使用权摊销费用 65 000 元。经计算，当月确认房费、餐饮等服务含税收入 424 000 元，全部存入银行。

本例中，远洋公司经营酒店主要是通过提供客房服务赚取收入，而客房服务的提供直接依赖于酒店物业（包含土地）以及家具等相关资产，这些资产折旧和摊销属于甲公司为履行与客户的合同而发生的合同履约成本。已确认的合同履约成本在收入确认时予以摊销，计入营业成本。不考虑其他因素，编制会计分录如下。

（1）确认资产的折旧费、摊销费。

借：合同履约成本　　　　　　　　　　　　　　　　185 000
　　贷：累计折旧　　　　　　　　　　　　　　　　　120 000
　　　　累计摊销　　　　　　　　　　　　　　　　　　65 000

（2）12 月确认酒店服务收入并摊销合同履约成本。

借：银行存款　　　　　　　　　　　　　　　　　　424 000
　　贷：主营业务收入　　　　　　　　　　　　　　　400 000
　　　　应交税费——应交增值税（销项税额）　　　　24 000
借：主营业务成本　　　　　　　　　　　　　　　　185 000
　　贷：合同履约成本　　　　　　　　　　　　　　　185 000

第二节　费　　用

一、费用的概念及特点

费用是指企业在日常活动中发生的、会导致所有者权益减少的、与向所有者分配利润无关的经济利益的总流出。费用包括企业日常活动所产生的经济利益的总流出，主要指企业为取得营业收入进行产品销售等营业活动所发生的企业货币资金的流出，具体包括成本费用和期间费用。企业为生产产品、提供劳务等发生的资金流出可归属于产品成本、劳务成本等的费用，应当在确认销售商品收入、提供劳务收入等时，将已销售商品、已提供劳务的成本等计入当期损益。成本费用包括主营业务成本、其他业务成本和税金及附加等。期间费用是指企业日常活动发生的不能计入特定核算对象的成本，而应计入发生当期损益的费用。期间费用发生时直接计入当期损益。期间费用包括销售费用、管理费用和财务费用。

费用具有以下特点。

（1）费用是企业在日常活动中形成的。费用必须是企业在其日常活动中所形成的，这些日常活动的界定与收入定义中涉及的日常活动的界定相一致。因日常活动所产生的费用通常包括销售成本（营业成本）、管理费用等。将费用界定为日常活动所形成的，目的是将其与损失相区分，企业非日常活动所形成的经济利益的流出不能确认为费用，而应计入损失。

（2）费用会导致企业所有者权益的减少。与费用相关的经济利益的流出应当导致所有者权益的减少，不会导致所有者权益减少的经济利益的流出不符合费用的定义，不应确认为费用。企业经营管理中的某些支出并不减少企业的所有者权益，也就不构成费用。

（3）费用导致的经济利益总流出与向所有者分配利润无关。费用的发生会导致经济利益的流出，从而导致资产的减少或者负债的增加（最终也会导致资产的减少）。其表现形式包括现金或者现金等价物的流出,存货、固定资产和无形资产等的流出或者消耗等。企业向所有者分配利润也会导致经济利益流出,而该经济利益的流出属于投资者投资的回报分配,是所有者权益的直接抵减项目,不应确认为费用,应当将其排除在费用的定义之外。

二、营业成本

营业成本是指企业为生产产品、提供劳务等发生的可归属于产品成本、劳务成本等的费用,应当在确认销售商品收入、提供劳务收入等时,将已销售商品、已提供劳务的成本等计入当期损益。营业成本包括主营业务成本和其他业务成本。

(一)主营业务成本

主营业务成本是指企业销售商品、提供劳务等经常性活动所发生的成本。企业一般在确认销售商品、提供劳务等主营业务收入时,或在月末,将已销售商品、已提供劳务的成本转入主营业务成本。企业应当设置"主营业务成本"账户,按主营业务的种类进行明细核算,用于核算企业因销售商品、提供劳务或让渡资产使用权等日常活动而发生的实际成本,借记该科目,贷记"库存商品""劳务成本"等科目。期末,将主营业务成本的余额转入"本年利润"科目,借记"本年利润",贷记该科目,结转后该科目无余额。

【例 13-10】 远洋公司 2023 年 3 月末计算已销售的甲、乙、丙三种产品的实际成本,分别为 10 000 元、20 000 元和 25 000 元。不考虑其他因素,编制会计分录如下。

(1)月末结转已销产品成本。

借:主营业务成本	55 000
贷:库存商品——甲产品	10 000
——乙产品	20 000
——丙产品	25 000

(2)将主营业务成本结转至本年利润。

借:本年利润	55 000
贷:主营业务成本	55 000

【例 13-11】 远洋公司 2023 年 3 月 10 日销售甲产品 100 件,单价 1 000 元,单位成本 800 元,增值税专用发票上注明价款 100 000 元,增值税税额 13 000 元,购货方尚未付款,销售成立。当月 25 日,因产品质量问题购货方退货。不考虑其他因素,编制会计分录如下。

(1)销售产品时。

借:应收账款	113 000
贷:主营业务收入	100 000
应交税费——应交增值税(销项税额)	13 000
借:主营业务成本	80 000
贷:库存商品——甲产品	80 000

(2)销售退回时。

借:主营业务收入	100 000
应交税费——应交增值税(销项税额)	13 000

贷：应收账款		113 000
借：库存商品——甲产品	80 000	
贷：主营业务成本		80 000

（二）其他业务成本

其他业务成本是指企业确认的除主营业务活动以外的其他经营活动所发生的支出。其他业务成本包括销售材料的成本、出租固定资产的折旧额、出租无形资产的摊销额、出租包装物的成本或摊销额等。采用成本模式计量投资性房地产的，其投资性房地产计提的折旧额或摊销额，也构成其他业务成本。企业应当设置"其他业务成本"科目，核算企业确认的除主营业务活动以外的其他经营活动所发生的支出，包括销售材料的成本、出租固定资产的折旧额、出租无形资产的摊销额、出租包装物的成本或摊销额等。企业发生的其他业务成本，借记本科目，贷记"原材料""周转材料""累计折旧""累计摊销""应付职工薪酬""银行存款"等科目。本科目按其他业务成本的种类进行明细核算。期末，本科目余额转入"本年利润"科目，结转后本科目无余额。

【例 13-12】 2023 年 5 月 2 日，远洋公司销售一批原材料，开具的增值税专用发票上注明的售价为 10 000 元，增值税税额为 1 300 元，款项已由银行收妥。该批原材料的实际成本为 7 000 元。不考虑其他因素，编制会计分录如下。

（1）销售实现时。

借：银行存款	11 300	
贷：其他业务收入		10 000
应交税费——应交增值税（销项税额）		1 300
借：其他业务成本	7 000	
贷：原材料		7 000

（2）期末，将其他业务成本结转至本年利润时。

借：本年利润	7 000	
贷：其他业务成本		7 000

【例 13-13】 2023 年 1 月 1 日，远洋公司将自行开发完成的非专利技术出租给另一家公司，该非专利技术成本为 240 000 元，双方约定的租赁期限为 10 年，远洋公司每月应摊销 2 000 元（240 000÷10÷12）。不考虑其他因素，编制会计分录如下。

（1）每月摊销非专利技术成本时。

借：其他业务成本	2 000	
贷：累计摊销		2 000

（2）期末，将其他业务成本结转至本年利润。

借：本年利润	2 000	
贷：其他业务成本		2 000

三、税金及附加

税金及附加是指企业经营活动应负担的相关税费，包括消费税、城市维护建设税、资源税、教育费附加及房产税、城镇土地使用税、车船使用税和印花税等。

　　企业应当设置"税金及附加"科目,这个科目是全面试行营改增后,由"营业税金及附加"科目调整而来,用来核算企业经营活动发生的消费税等相关税费。按规定计算确定的与经营活动相关的税费,企业应借记"税金及附加"科目,贷记"应交税费"科目。期末,应将"税金及附加"科目余额转入"本年利润"科目,结转后本科目无余额。

　　【例 13-14】　远洋公司 2023 年 2 月 1 日取得应纳消费税的销售商品收入 3 000 000 元,该产品适用的消费税税率为 25%。不考虑其他因素,编制会计分录如下。

　　(1) 计算应交消费税额 750 000 元(3 000 000×25%)。

借:税金及附加　　　　　　　　　　　　　　　　750 000
　　贷:应交税费——应交消费税　　　　　　　　　　　750 000

　　(2) 缴纳消费税时。

借:应交税费——应交消费税　　　　　　　　　　750 000
　　贷:银行存款　　　　　　　　　　　　　　　　　750 000

　　运用"税金及附加"账户核算城市维护建设税、资源税、教育费附加及房产税、城镇土地使用税、车船使用税和印花税等税种。

　　【例 13-15】　2023 年 4 月,远洋公司当月实际应交增值税 350 000 元,应交消费税 150 000 元,城建税税率为 7%,教育费附加为 3%。不考虑其他因素,编制与城建税、教育费附加有关的会计分录如下。

　　(1) 计算应交城建税和教育费附加时。

$$城建税=(350\ 000+150\ 000)×7\%=35\ 000(元)$$

$$教育费附加=(350\ 000+150\ 000)×3\%=15\ 000(元)$$

借:税金及附加　　　　　　　　　　　　　　　　50 000
　　贷:应交税费——应交城建税　　　　　　　　　　　35 000
　　　　　　　　——应交教育费附加　　　　　　　　　15 000

　　(2) 实际缴纳城建税和教育费附加时。

借:应交税费——应交城建税　　　　　　　　　　35 000
　　　　　　——应交教育费附加　　　　　　　　　15 000
　　贷:银行存款　　　　　　　　　　　　　　　　　50 000

　　【例 13-16】　2023 年 12 月,远洋公司一幢房产的原值为 2 000 000 元,已知房产税税率为 1.2%,当地规定的房产税扣除比例为 30%。不考虑其他因素,编制会计分录如下。

　　(1) 计算应交房产税税额 16 800 元[2 000 000×(1−30%)×1.2%]。

借:税金及附加　　　　　　　　　　　　　　　　16 800
　　贷:应交税费——应交房产税　　　　　　　　　　　16 800

　　(2) 实际缴纳房产税时。

借:应交税费——应交房产税　　　　　　　　　　16 800
　　贷:银行存款　　　　　　　　　　　　　　　　　16 800

　　【例 13-17】　2023 年 12 月,远洋公司按规定当月实际应交车船税 24 000 元,应交城镇土地使用税 50 000 元。不考虑其他因素,编制会计分录如下。

　　(1) 计算应缴纳的车船税、城镇土地使用税时。

借:税金及附加　　　　　　　　　　　　　　　　74 000

  贷：应交税费——应交车船税   24 000

      ——应交城镇土地使用税   50 000

  （2）实际缴纳车船税、城镇土地使用税时。

  借：应交税费——应交车船税   24 000

      ——应交城镇土地使用税   50 000

    贷：银行存款   74 000

四、期间费用

（一）期间费用概述

  期间费用是指企业日常活动发生的不能计入特定核算对象的成本，而应计入发生当期损益的费用。

  期间费用是企业日常活动中所发生的经济利益的流出。之所以不计入特定的成本核算对象，主要是因为期间费用是企业为组织和管理整个经营活动所发生的费用，与可以确定特定成本核算对象的材料采购、产成品生产等没有直接关系，因而期间费用不计入有关核算对象的成本，而是直接计入当期损益。

  期间费用包含以下两种情况：一种是企业发生的支出不产生经济利益，或者即使产生经济利益但不符合或者不再符合资产确认条件的，应当在发生时确认为费用，计入当期损益；另一种是企业发生的交易或者事项导致其承担了一项负债，而又不确认为一项资产的，应当在发生时确认为费用计入当期损益。

（二）期间费用的账务处理

  期间费用包括销售费用、管理费用和财务费用。

  1. 销售费用

  销售费用是指企业销售商品和材料、提供劳务的过程中发生的各种费用，包括保险费、包装费、展览费和广告费、商品维修费、预计产品质量保证损失、运输费、装卸费等以及为销售本企业商品而专设的销售机构（含销售网点、售后服务网点等）的职工薪酬、业务费、折旧费等经营费用。企业发生的与专设销售机构相关的固定资产修理费用等后续支出也属于销售费用。

  销售费用是与企业销售商品活动有关的费用，但不包括销售商品本身的成本和劳务成本。

  企业应通过"销售费用"科目，核算销售费用的发生和结转情况。该科目借方登记企业所发生的各项销售费用，贷方登记期末转入"本年利润"科目的销售费用，结转后该科目应无余额。该科目应按销售费用的费用项目进行明细核算。

  【例 13-18】 远洋公司销售部 2023 年 8 月共发生费用 220 000 元，其中销售人员薪酬 100 000 元，销售部专用办公设备折旧费 50 000 元，业务费 70 000 元（用银行存款支付）。

  （1）发生销售费用。

  借：销售费用   220 000

    贷：应付职工薪酬   100 000

      累计折旧   50 000

银行存款	70 000

（2）结转本年利润。

借：本年利润　　　　　　　　　　　　　220 000

　　贷：销售费用　　　　　　　　　　　　　220 000

2. 管理费用

管理费用是指企业为组织和管理生产经营发生的各种费用，包括企业在筹建期间内发生的开办费、董事会和行政管理部门在企业的经营管理中发生的以及应由企业统一负担的公司经费（包括行政管理部门职工工资及福利费、物料消耗、低值易耗品摊销、办公费和差旅费等）、行政管理部门负担的工会经费、董事会费（包括董事会成员津贴、会议费和差旅费等）、聘请中介机构费、咨询费（含顾问费）、诉讼费、业务招待费、技术转让费、研究费用、矿产资源补偿费、排污费等。企业生产车间（部门）和行政管理部门发生的固定资产修理费用等后续支出，也作为管理费用核算。

企业应设置"管理费用"科目，核算管理费用的发生和结转情况。该科目借方登记企业发生的各项管理费用，贷方登记期末转入"本年利润"科目的管理费用，结转后该科目应无余额。该科目按管理费用的费用项目进行明细核算。商品流通企业管理费用不多的，可不设本科目，相关核算内容可并入"销售费用"科目核算。

【例 13-19】　远洋公司 2023 年 4 月 5 日为拓展产品销售市场发生业务招待费 50 000 元，用银行存款支付。

（1）发生管理费用。

借：管理费用——业务招待费　　　　　　50 000

　　贷：银行存款　　　　　　　　　　　　　50 000

（2）结转本年利润。

借：本年利润　　　　　　　　　　　　　50 000

　　贷：管理费用　　　　　　　　　　　　　50 000

3. 财务费用

财务费用是指企业为筹集生产经营所需资金等而发生的筹资费用，包括利息支出（减利息收入）、汇兑损益以及相关的手续费、企业发生的现金折扣等。

企业应通过"财务费用"科目，核算财务费用的发生和结转情况。该科目借方登记企业发生的各项财务费用，贷方登记期末转入"本年利润"科目的财务费用，结转后该科目应无余额。该科目应按财务费用的费用项目进行明细核算。

【例 13-20】　远洋公司 2023 年 4 月 30 日用银行存款支付本月应负担的短期借款利息 24 000 元，还支付银行手续费 400 元。

（1）发生财务费用。

借：财务费用——利息支出　　　　　　　24 000

　　　　　　　——手续费　　　　　　　　400

　　贷：银行存款　　　　　　　　　　　　　24 400

（2）结转本年利润。

借：本年利润　　　　　　　　　　　　　24 400

　　贷：财务费用　　　　　　　　　　　　　24 400

第三节 利　润

一、利润的构成

利润包括收入减去费用后的净额、直接计入当期利润的利得和损失等。未计入当期利润的利得和损失扣除所得税影响后的净额计入其他综合收益项目。净利润与其他综合收益的合计金额为综合收益总额。利得是指由企业非日常活动所形成的、会导致所有者权益增加的、与所有者投入资本无关的经济利益的流入。损失是指由企业非日常活动所发生的、会导致所有者权益减少的、与向所有者分配利润无关的经济利益的流出。

（一）营业利润

营业利润的计算公式如下。

营业利润＝营业收入－营业成本－税金及附加－销售费用－管理费用

　　　　　－研发费用－财务费用＋其他收益＋投资收益（－投资损失）

　　　　　＋净敞口套期收益（－净敞口套期损失）＋公允价值变动收益（－公允价值变动损失）

　　　　　－信用减值损失－资产减值损失＋资产处置收益（－资产处置损失）

营业收入是指企业经营业务所实现的收入总额，包括主营业务收入和其他业务收入。

营业成本是指企业经营业务所发生的实际成本总额，包括主营业务成本和其他业务成本。

研发费用是指企业进行研究与开发过程中发生的费用化支出，以及计入管理费用的自行开发无形资产的摊销。

其他收益主要是指与企业日常活动相关，除冲减相关成本费用以外的政府补助。

投资收益（或损失）是指企业以各种方式对外投资所取得的收益（或损失）。

公允价值变动收益（或损失）是指企业交易性金融资产等公允价值变动形成的应计入当期损益的利得（或损失）。

信用减值损失是指企业计提各项金融工具信用减值准备所确认的信用损失。

资产减值损失是指企业计提有关资产减值准备所形成的损失。

资产处置收益（或损失）反映企业出售划分为持有待售的非流动资产（金融工具、长期股权投资和投资性房地产除外）或处置组（子公司和业务除外）时确认的处置利得或损失，以及处置未划分为持有待售的固定资产、在建工程、生产性生物资产及无形资产而产生的处置利得或损失，还包括债务重组中因处置非流动资产产生的利得或损失和非货币性资产交换中换出非流动资产产生的利得或损失。

（二）利润总额

利润总额的计算公式如下。

利润总额＝营业利润＋营业外收入－营业外支出

营业外收入是指企业发生的与其日常活动无直接关系的各项利得。

营业外支出是指企业发生的与其日常活动无直接关系的各项损失。

（三）净利润

净利润的计算公式如下。

净利润＝利润总额－所得税费用

所得税费用是指企业确认的应从当期利润总额中扣除的所得税费用。

二、营业外收支

（一）营业外收入

1. 营业外收入核算的内容

营业外收入是指企业确认的与其日常活动无直接关系的各项利得。营业外收入并不是企业经营资金耗费所产生的，实际上是经济利益的净流入，不需要与有关的费用进行配比。营业外收入主要包括非流动资产毁损报废收益、与企业日常活动无关的政府补助、盘盈利得、捐赠利得和债务重组利得等。

非流动资产毁损报废收益是指因自然灾害等发生毁损、已丧失使用功能而报废非流动资产所产生的清理收益。

与企业日常活动无关的政府补助是指企业从政府无偿取得货币性资产或非货币性资产，且与企业日常活动无关的利得。

盘盈利得是指企业对现金等资产清查盘点时发生盘盈，报经批准后计入营业外收入的金额。

捐赠利得是指企业接受捐赠产生的利得。

2. 营业外收入的账务处理

企业应设置"营业外收入"科目，核算营业外收入的取得及结转情况。该科目贷方登记企业确认的营业外收入，借方登记期末将"营业外收入"科目余额转入"本年利润"科目的营业外收入，结转后"营业外收入"科目无余额。"营业外收入"科目可按营业外收入项目进行明细核算。

（二）营业外支出

1. 营业外支出的核算内容

营业外支出是指企业发生的与其日常活动无直接关系的各项损失，主要包括非流动资产毁损报废损失、捐赠支出、盘亏损失、非常损失、罚款支出、债务重组损失等。

非流动资产毁损报废损失是指因自然灾害等发生毁损、已丧失使用功能而报废非流动资产所产生的清理损失。

捐赠支出是指企业对外进行捐赠发生的支出。

盘亏损失主要是指对于财产清查盘点中盘亏的资产，查明原因并报经批准计入营业外支出的损失。

非常损失是指企业对于因客观因素（如自然灾害等）造成的损失，扣除保险公司赔偿后应计入营业外支出的净损失。

罚款支出是指企业支付的行政罚款、税务罚款，以及其他违反法律法规、合同协议等而支付的罚款、违约金和赔偿金等支出。

2. 营业外支出的账务处理

企业应设置"营业外支出"科目，核算营业外支出的发生及结转情况。该科目借方登记确认的营业外支出，贷方登记期末将"营业外支出"科目余额转入"本年利润"科目的营业外支出，结转后"营业外支出"科目无余额。"营业外支出"科目可按营业外支出项目进行明细核算。

三、所得税费用

企业的所得税费用包括当期所得税和递延所得税两个部分。其中当期所得税是指当期应交所得税。递延所得税包括递延所得税资产和递延所得税负债。递延所得税资产是指以未来期间很可能取得用来抵扣可抵扣暂时性差异的应纳税所得额为限确认的一项资产。递延所得税负债是指根据应纳税暂时性差异计算的未来期间应付所得税的金额。

（一）应交所得税的计算

应交所得税是指企业按照企业所得税法规定计算确定的针对当期发生的交易和事项，即应交纳给税务部门的所得税金额。应纳税所得额是在企业税前会计利润（即利润总额）的基础上调整确定的，计算公式如下。

$$应纳税所得额＝税前会计利润＋纳税调整增加额－纳税调整减少额$$

纳税调整增加额主要包括企业所得税法规定允许扣除项目中，企业已计入当期费用但超过税法规定扣除标准的金额（如超过企业所得税法规定标准的职工福利费、工会经费、职工教育经费、业务招待费、公益性捐赠支出、广告费和业务宣传费等），以及企业已计入当期损失但企业所得税法规定不允许扣除项目的金额（如税收滞纳金、罚金、罚款等）。

纳税调整减少额主要包括按企业所得税法规定允许弥补的亏损和准予免税的项目，如前5年内未弥补亏损和国债利息收入等。

企业当期应交所得税的计算公式如下。

$$应交所得税＝应纳税所得额×所得税税率$$

【例 13-21】 远洋公司 2023 年度利润总额（税前会计利润）为 19 800 000 元，所得税税率为 25％。远洋公司全年实发工资、薪金为 2 000 000 元，职工福利费 300 000 元，工会经费 50 000 元，职工教育经费 210 000 元；经查，远洋公司当年营业外支出中有 120 000 元为税收滞纳罚金。假定远洋公司全年无其他纳税调整因素。

《企业所得税法》规定：企业发生的合理的工资、薪金支出准予据实扣除；企业发生的职工福利费支出，不超过工资、薪金总额 14％ 的部分准予扣除；企业拨缴的工会经费，不超过工资、薪金总额 2％ 的部分准予扣除；除国务院财政、税务主管部门另有规定外，企业发生的职工教育经费支出，不超过工资、薪金总额 8％ 的部分准予扣除，超过部分准予结转以后纳税年度扣除。

本例中，按《企业所得税法》规定，企业在计算当期应纳税所得额时，可以扣除工资、薪金支出 2 000 000 元，扣除职工福利费支出 280 000 元（2 000 000×14％），工会经费支出 40 000 元（2 000 000×2％），职工教育经费支出 160 000 元（2 000 000×8％）。

远洋公司有两种纳税调整因素：一种是已计入当期费用但超过《企业所得税法》规定标准的费用支出；另一种是已计入当期营业外支出但按《企业所得税法》规定不允许扣除的税收滞纳金，这两种因素均应调整增加应纳税所得额。远洋公司当期所得税的计算如下。

$$纳税调整增加额＝(300\,000－280\,000)＋(50\,000－40\,000)$$
$$＋(210\,000－160\,000)＋120\,000$$
$$＝200\,000(元)$$

$$应纳税所得额＝税前会计利润＋纳税调整增加额$$
$$＝19\,800\,000＋200\,000＝20\,000\,000(元)$$
$$当期应交所得税额＝20\,000\,000×25\%＝5\,000\,000(元)$$

【例 13-22】　远洋公司 2023 年全年利润总额(即税前会计利润)为 10 200 000 元,其中包括本年实现的国债利息收入 200 000 元,所得税税率为 25%。假定远洋公司全年无其他纳税调整因素。

按照《企业所得税法》的有关规定,企业购买国债的利息收入免交所得税,即在计算应纳税所得额时可将其扣除。远洋公司当期所得税的计算如下。

$$应纳税所得额＝税前会计利润－纳税调整减少额$$
$$＝10\,200\,000－200\,000＝10\,000\,000(元)$$
$$当期应交所得税额＝10\,000\,000×25\%＝2\,500\,000(元)$$

(二)所得税费用的账务处理

企业根据《企业会计准则》的规定,计算确定的当期所得税和递延所得税之和,即为应从当期利润总额中扣除的所得税费用。所得税费用计算公式如下。

$$所得税费用＝当期所得税＋递延所得税$$
$$递延所得税＝(递延所得税负债的期末余额－递延所得税负债的期初余额)$$
$$－(递延所得税资产的期末余额－递延所得税资产的期初余额)$$

企业应设置"所得税费用"科目,核算企业所得税费用的确认及其结转情况。期末,应将"所得税费用"科目的余额转入"本年利润"科目,借记"本年利润"科目,贷记"所得税费用"科目,结转后"所得税费用"科目应无余额。

【例 13-23】　2023 年,远洋公司当年应交所得税税额为 5 000 000 元;递延所得税负债年初数为 400 000 元,年末数为 500 000 元;递延所得税资产年初数为 250 000 元,年末数为 200 000 元。

远洋公司所得税费用的计算如下。

$$递延所得税＝(500\,000－400\,000)－(200\,000－250\,000)＝150\,000(元)$$
$$所得税费用＝5\,000\,000＋150\,000＝5\,150\,000(元)$$

不考虑其他因素,远洋公司应编制会计分录如下。

借:所得税费用	5 150 000
贷:应交税费——应交所得税	5 000 000
递延所得税负债	100 000
递延所得税资产	50 000

四、本年利润

(一)结转本年利润的方法

会计期末,结转本年利润的方法有表结法和账结法两种。

1. 表结法

表结法下,各损益类科目每月末只需结计出本月发生额和月末累计余额,不结转到"本年利润"科目,只有在年末时才将全年累计余额结转入"本年利润"科目。但每月末要将损益类科目的本月发生额合计数填入利润表的本月数栏，同时将本月末累计余额填入利润表的本年累计数栏，通过利润表计算反映各期的利润（或亏损）。表结法下，年中损益类科目无须结转入"本年利润"科目，从而减少了转账环节和工作量，同时并不影响利润表的编制及有关损益指标的利用。

2. 账结法

账结法下，每月末均需编制转账凭证，将在账上结计出的各损益类科目的余额结转入"本年利润"科目。结转后"本年利润"科目的本月余额反映当月实现的利润或发生的亏损，"本年利润"科目的本年余额反映本年累计实现的利润或发生的亏损。账结法在各月均可通过"本年利润"科目提供当月及本年累计的利润（或亏损）额，但增加了转账环节和工作量。

（二）结转本年利润的账务处理

企业应设置"本年利润"科目，核算企业本年度实现的净利润（或发生的净亏损）。会计期末，企业应将"主营业务收入""其他业务收入""其他收益""营业外收入"等科目的余额分别转入"本年利润"科目的贷方，将"主营业务成本""其他业务成本""税金及附加""销售费用""管理费用""财务费用""信用减值损失""资产减值损失""营业外支出""所得税费用"等科目的余额分别转入"本年利润"科目的借方。企业还应将"投资收益""公允价值变动损益""资产处置损益"科目的净收益转入"本年利润"科目的贷方，将"投资收益""公允价值变动损益""资产处置损益"科目的净损失转入"本年利润"科目的借方。结转后"本年利润"科目如为贷方余额，表示当年实现的净利润；如为借方余额，表示当年发生的净亏损。

年度终了，企业还应将"本年利润"科目的本年累计余额转入"利润分配——未分配利润"科目。如"本年利润"为贷方余额，借记"本年利润"科目，贷记"利润分配——未分配利润"科目；如"本年利润"为借方余额，作相反的会计分录，借记"利润分配——未分配利润"科目，贷记"本年利润"科目。结转后"本年利润"科目应无余额。

【例 13-24】 远洋公司 2023 年有关损益类科目的年末余额如表 13-1 所示（该企业采用表结法年末一次结转损益类科目，所得税税率为 25%）。

表 13-1　损益类科目的年末余额　　　　　　　　　　单位：元

科 目 名 称	金 额	科 目 名 称	金 额
主营业务收入	6 000 000	其他业务成本	400 000
其他业务收入	700 000	税金及附加	80 000
其他收益	150 000	销售费用	500 000
投资收益	1 000 000	管理费用	770 000
营业外收入	50 000	财务费用	300 000
主营业务成本	4 000 000	营业外支出	250 000

远洋公司 2023 年末结转本年利润，编制会计分录如下。

（1）将各损益类科目年末余额结转至"本年利润"科目。

① 结转各项收入、利得类科目。

借：主营业务收入　　　　　　　　　　　　　　6 000 000

　　其他业务收入　　　　　　　　　　　　　　　700 000

　　其他收益　　　　　　　　　　　　　　　　　150 000

投资收益	1 000 000	
营业外收入	50 000	
贷：本年利润		7 900 000

② 结转各项费用、损失类科目。

借：本年利润	6 300 000	
贷：主营业务成本		4 000 000
其他业务成本		400 000
税金及附加		80 000
销售费用		500 000
管理费用		770 000
财务费用		300 000
营业外支出		250 000

（2）经过上述结转后，"本年利润"科目的贷方发生额合计 7 900 000 元减去借方发生额合计 6 300 000 元即为税前会计利润 1 600 000 元。

（3）假设远洋公司 2023 年度不存在所得税纳税调整以及递延所得税因素。

（4）应交所得税＝1 600 000×25%＝400 000（元）。

① 确认所得税费用。

| 借：所得税费用 | 400 000 | |
| 贷：应交税费——应交所得税 | | 400 000 |

② 将所得税费用转入"本年利润"科目。

| 借：本年利润 | 400 000 | |
| 贷：所得税费用 | | 400 000 |

（5）将"本年利润"科目年末余额 1 200 000 元（7 900 000－6 300 000－400 000）转入"利润分配——未分配利润"科目。

| 借：本年利润 | 1 200 000 | |
| 贷：利润分配——未分配利润 | | 1 200 000 |

 实训题

1. 远洋公司发生如下经济业务。

（1）向本地新中公司销售一批化妆品，增值税发票上注明该批商品售价 50 000 元，增值税 6 500 元，收到新中公司交来支票一张。该批商品的生产成本为 25 000 元。

（2）向新华公司销售甲产品 1 000 件，每件售价 200 元，增值税发票上注明增值税款为 26 000 元，售价为 200 000 元，开出支票为新华公司代垫运杂费 1 500 元。甲产品已经发出，并已向银行办妥托收手续。该批产品生产成本为 120 000 元。

（3）经批准将无法支付的应付账款 200 000 元，转作营业外收入。

（4）销售商品一批，增值税发票上的售价为 80 000 元，增值税额为 10 400 元，货到后买方发现商品质量不合格，要求在价格上给予 5% 的折让。

第十三章
练习题

（5）2023 年 11 月 18 日，销售 A 商品一批，售价 50 000 元，增值税款 6 500 元，成本 26 000 元。因产品质量问题，商品于 2023 年 12 月 31 日被退回。

（6）委托 B 企业销售甲产品 100 件，协议价为 100 元/件，该商品成本为 60 元/件，增值税率为 13%。收到 B 企业开来的代销商品清单时，开具增值税发票，发票上注明的售价为 10 000 元，增值税为 1 300 元。B 企业实际销售时开具的增值税发票上注明的商品售价 12 000 元，增值税额为 1 560 元。

要求：根据上述资料，编制会计分录。

2. 承上题，假定远洋公司委托 B 企业销售甲产品代销合同规定，B 企业应按每件 100 元售给客户，远洋公司按售价的 10% 支付 B 企业手续费。B 企业实际销售时，即向买方开出增值税专用发票。发票注明金额为售价 10 000 元，增值税款 1 300 元。远洋公司收到 B 企业交来代销商品清单时，向 B 企业开具一张相同金额的增值税发票。

要求：根据上述资料，编制会计分录。

3. 远洋公司 2023 年 12 月 1 日接受一项产品的安装任务，安装期为 4 个月，合同总收入为 90 000 元，至年底已预收款项 40 000 元，实际发生成本 8 000 元，估计还要发生 16 000 元。

要求：根据上述资料，编制会计分录。

4. 远洋公司销售甲材料一批，货款 50 000 元，增值税 6 500 元，货款收回存入银行。该批材料成本为 40 000 元。按 7% 的税率计提城市维护建设税，按 3% 的教育费附加计提教育费附加。

要求：根据上述资料，编制会计分录。

5. 远洋公司 2023 年 6 月 30 日发生如下业务。

（1）远洋公司 2023 年 6 月 30 日各损益类账户余额如表 13-2 所示，期末将各收入类账户余额转入"本年利润"账户，将支出类账户余额转入"本年利润"。

表 13-2　损益类账户余额

单位：元

科 目 名 称	金 额	科 目 名 称	金 额
主营业务收入	30 000 000	税金及附加	700 000
其他业务收入	1 500 000	销售费用	200 000
营业外收入	5 000 000	管理费用	600 000
投资收益	3 500 000	财务费用	300 000
主营业务成本	20 000 000	营业外支出	100 000
其他业务成本	800 000	所得税费用	264 000

（2）依上题有关资料，该公司按 10% 提取法定盈余公积。

（3）远洋公司应向投资者分配普通股股利 20 000 元。

（4）将上述利润分配有关明细科目转入未分配利润明细科目，结转本年利润。

要求：根据上述资料，编制会计分录。

第十四章

产品成本核算

【知识目标】

　　通过本章的学习,辨析费用与成本的不同点;掌握费用的主要内容;了解成本核算的基本要求;熟悉成本核算的一般程序;掌握产品成本计算的基本方法。

【技能目标】

　　明确各种要素费用的归集与分配;能够结合工业企业实际,结合产品成本计算的基本方法,进行产品成本独立核算。

【素质目标】

　　产品成本的核算是由多个相互联系的环节组成的,对成本进行明确、清晰的核算需要不同岗位的人员协作完成,在核算过程中,培养学生大局意识、团队合作意识,建立学生强烈的集体荣誉感和责任心。将"一丝不苟、精益求精"的工匠精神发扬到我们的职业中,养成知敬畏、明是非、守底线的职业道德操守,形成细致严谨务实的工作作风。树立"精益化"管理的思维意识,革新管理观念,有效地遏制浪费,提高资金运用效率,帮助企业增强竞争力。

第一节　成本核算的要求和一般程序

第十四章
案例引入

　　产品成本是指企业在生产产品过程中所发生的材料费用、职工薪酬等,以及不能直接计入而按一定标准分配计入的各种间接费用。产品成本核算,是对生产经营过程中实际发生的成本、费用进行计算,并进行相应的账务处理。成本核算一般是对成本计划执行的结果进行事后的反映。企业通过产品成本核算,一方面,可以审核各项生产费用和经营管理费用的支出,分析和考核产品成本计划的执行情况,促使企业降低成本和费用;另一方面,还可以为计算利润、进行成本和利润预测提供数据,有助于提高企业生产技术和经营管理水平。

成本核算的要求

一、成本核算的要求

（1）做好各项基础工作。

（2）正确划分各种费用支出的界限。

（3）根据生产特点和管理要求选择适当的成本计算方法。

产品成本的计算，关键是选择适当的产品成本计算方法。产品成本计算的方法必须根据产品的生产特点、管理要求及工艺过程等予以确定。否则，产品成本就会失去真实性，无法进行成本分析和考核。目前，企业常用的产品成本计算方法有品种法、分批法、分步法、分类法、定额法和标准成本法等。

二、成本核算的一般程序

成本核算的一般程序，是指对企业在生产经营过程中发生的各项生产费用和期间费用，按照成本核算的要求，逐步进行归集和分配，最后计算出各种产品的生产成本和各项期间费用的过程。成本核算的一般程序如下。

（1）根据生产特点和成本管理的要求，确定成本核算对象。

（2）确定成本项目。企业计算产品生产成本，一般应当设置原材料、燃料和动力、工资及福利费、车间经费四个成本项目。

（3）设置有关成本和费用明细账。如生产成本明细账、制造费用明细账、产成品和自制半成品明细账等。

（4）收集确定各种产品的生产量、入库量、在产品盘存量以及材料、工时、动力消耗等，并对所有已发生费用进行审核。

（5）归集所发生的全部费用，并按照确定的成本计算对象予以分配，按成本项目计算各种产品的在产品成本、产成品成本和单位成本。

（6）结转产品销售成本。为了进行成本核算，企业一般应设置"生产成本""制造费用""销售费用""管理费用""财务费用"等科目。如果需要单独核算废品损失和停工损失，还应设置"废品损失"和"停工损失"科目。

三、成本与费用的关系

费用是企业在日常活动中发生的、会导致所有者权益减少的、与向所有者分配利润无关的经济利益的总流出，构成产品成本的基础。产品成本是为生产某种产品而发生的各种耗费的总和，是对象化的费用。

第二节　成本核算对象和成本项目

一、成本核算对象

（一）成本核算对象的概念

成本核算对象是指确定归集和分配生产费用的具体对象，即生产费用承担的客体。成本核算对象的确定,是设立成本明细分类账户、归集和分配生产费用以及正确计算成本的前提。具体的成本核算对象应当根据企业生产经营特点和管理要求加以确定。

(二) 成本核算对象的确定

由于产品工艺、生产方式、成本管理等要求不同,产品项目不等于成本核算对象。一般情况下,对工业企业而言,大批大量单步骤生产产品或管理上不要求提供有关生产步骤成本信息的,以产品品种为成本核算对象;小批单件生产产品的,以每批或每件产品为成本核算对象;多步骤连续加工产品且管理上要求提供有关生产步骤成本信息的,以每种产品及各生产步骤为成本核算对象;产品规格繁多的,可将产品结构、耗用原材料和工艺过程基本相同的各种产品适当合并作为成本核算对象。成本核算对象确定后,各种会计、技术资料的归集应与此一致,一般不应中途变更,以免造成成本核算不实、结算漏账和经济责任不清的弊端。

企业内部管理有相关要求的,还可以按照现代企业多维度、多层次的管理要求,确定多元化的产品成本核算对象。多维度是指以产品的最小生产步骤或作业为基础,按照企业有关部门的生产流程及其相应的成本管理要求,利用现代信息技术,组合出产品维度、工序维度、车间班组维度、生产设备维度、客户订单维度、变动成本维度和固定成本维度等不同的成本核算对象。多层次,是指根据企业成本管理需要,划分为企业管理部门、工厂、车间和班组等成本管理层次。

二、成本项目

(一) 成本项目的概念

为具体反映计入产品生产成本的生产费用的各种经济用途,还应将其进一步划分为若干个项目,即产品生产成本项目,简称产品成本项目或成本项目。企业应当按经济用途和生产要素内容相结合的原则或成本性态等设置成本项目。

设置成本项目可以反映产品成本的构成情况,满足成本管理的目的和要求,有利于了解企业生产费用的经济用途,便于企业分析和考核产品成本计划的执行情况。

(二) 成本项目的设置

成本项目的设置应根据管理上的要求确定,对于工业企业而言,一般可设置"直接材料""燃料及动力""直接人工"和"制造费用"等项目。

(1) 直接材料。直接材料是指构成产品实体的原材料以及有助于产品形成的主要材料和辅助材料,包括原材料、辅助材料、备品配件、外购半成品、包装物和低值易耗品等费用。

(2) 燃料及动力。燃料及动力是指直接用于产品生产的外购和自制的燃料和动力。

(3) 直接人工。直接人工是指直接从事产品生产的工人的职工薪酬。

上述直接费用根据实际发生数进行核算,并按照成本核算对象进行归集,根据原始凭证或原始凭证汇总表直接计入成本。

(4) 制造费用。制造费用是指企业为生产产品和提供劳务而发生的各项间接费用,如车间管理人员的工资及提取的福利费、车间房屋建筑物和机器设备的折旧费、租赁费、机物料消耗、水电费、办公费以及停工损失、信息系统维护费等。不能根据原始凭证或原始凭证汇总表直接计入成本的费用,需要按一定标准分配计入成本核算对象。

由于生产的特点、各种费用支出的比重及成本管理和核算的要求不同，各企业可根据具体情况，增设"废品损失""停工损失"等成本项目。

第三节　要素费用的归集和分配

工业企业的费用按照经济内容可划分为以下要素费用，即外购材料、外购燃料、外购动力、职工薪酬、折旧费、利息费用、税金和其他费用。按照要素费用分类核算工业企业的费用，反映了工业企业在一定时期内发生了哪些费用及其金额，可以用于分析各时期费用的构成和各要素费用所占的比重，进而分析考核各时期各种要素费用支出的执行情况。

一、成本核算的账户设置

（一）"生产成本"账户

"生产成本"账户核算企业进行工业性生产发生的各项生产成本，包括生产各种产品（产成品、自制半成品等）、自制材料、自制工具和自制设备等。该账户借方反映所发生的各项生产费用，贷方反映完工转出的产品成本，期末借方余额反映尚未加工完成的各项产品成本。该账户应按产品品种等成本核算对象设置基本生产成本和辅助生产成本明细账户。基本生产成本应当分别按照基本生产车间和成本核算对象（产品的品种、类别、订单、批别、生产阶段等）设置明细账（或成本计算单），并按规定的成本项目设置专栏，如表 14-1 所示。

表 14-1　基本生产成本明细表
（产品成本明细账）

车间：第一车间　　　　　　　　　　　　　　　　　　　　　　产品：A　　单位：元

月	日	摘　要	产量/件	成本项目			成本合计
				直接材料	直接人工	制造费用	
5	31	在产品成本		35 000	4 000	7 500	46 500
6	30	本月生产费用		420 000	23 000	47 000	490 000
6	30	生产费用合计		455 000	27 000	54 500	536 500
6	30	本月完工产品成本	200	400 000	20 000	40 000	460 000
6	30	完工产品单位成本		2 000	100	200	2 300
6	30	在产品费用		55 000	7 000	14 500	76 500

辅助生产是为基本生产服务而进行的产品生产和劳务供应。该科目按辅助生产车间和提供的产品、劳务分设辅助生产成本明细账，按辅助生产的成本项目分设专栏。期末，对共同负担的费用按照一定的分配标准分配给各受益对象。

（二）"制造费用"账户

制造费用是指工业企业为生产产品（或提供劳务）而发生的，应计入产品成本但没有专设成本项目的各项间接费用。该账户核算企业生产车间（部门）为生产产品和提供劳务而发生的各项间接费用，以及虽然直接用于产品生产但管理上不要求或不便于单独核算的费用。企业可按照不同的生产车间、部门和费用项目进行明细核算。期末，将共同负担的制造费用按照一定的标准分配计入各成本核算对象,除季节性生产外,本科目期末应无余额。

对小型工业企业而言,也可以将"生产成本"和"制造费用"两个会计科目合并为"生产费用"一个会计科目,下设"基本生产成本""辅助生产成本""制造费用"三个二级明细科目。单独核算废品损失和停工损失的企业,还可以另外增设相应的明细科目。

二、材料、燃料、动力

(一)材料、燃料、动力的归集和分配

无论是外购的,还是自制的,发生材料、燃料和动力等各项要素费用时,对于直接用于产品生产、构成产品实体的原材料,一般分产品领用,应根据领退料凭证直接计入相应产品成本的"直接材料"项目。

对于不能分产品领用的材料,如化工生产中为几种产品共同耗用的材料,需要采用适当的分配方法,分配计入各相关产品成本的"直接材料"成本项目。分配标准的选择可依据材料消耗与产品的关系,对于材料、燃料耗用量与产品重量、体积有关的,按其重量或体积分配,如以生铁为原材料生产各种铁铸件,应以生产的铁铸件的重量比例为分配依据,燃料也可以按照所耗用的原材料作为分配标准,动力一般按用电(或水)度(或吨)数,也可按产品的生产工时或机器工时进行分配,相应的计算公式如下:

$$材料、燃料、动力费用分配率 = \frac{材料、燃料、动力消耗总额}{分配标准(如产品重量、耗用的原材料、生产工时等)}$$

$$\begin{array}{l}某种产品应负担的材料、 \\ 燃料、动力费用\end{array} = \begin{array}{l}该产品的重量、耗用的原材料、 \\ 生产工时等\end{array} \times \begin{array}{l}材料、燃料、动力 \\ 费用分配率\end{array}$$

在消耗定额比较准确的情况下,原材料、燃料也可按照产品的材料定额消耗量比例或材料定额费用比例进行分配。按材料定额消耗量比例分配材料费用的计算公式如下。

$$某种产品材料定额消耗量 = 该种产品实际产量 \times 单位产品材料消耗定额$$

$$材料消耗量分配率 = \frac{材料实际总消耗量}{各种产品材料定额消耗量之和}$$

$$某种产品应分配的材料费用 = 该种产品材料定额消耗量 \times 材料消耗量分配率 \times 材料单价$$

【例 14-1】 远洋公司 2023 年 5 月生产 A、B 两种产品领用某材料 4 400 千克,每千克 20 元。本月投产的 A 产品为 200 件,B 产品为 250 件。A 产品的材料消耗定额为 15 千克,B 产品的材料消耗定额为 10 千克。

$$A 产品的材料定额消耗量 = 200 \times 15 = 3\ 000(千克)$$

$$B 产品的材料定额消耗量 = 250 \times 10 = 2\ 500(千克)$$

$$材料消耗量分配率 = 4\ 400 \div (3\ 000 + 2\ 500) = 0.8$$

$$A 产品分配负担的材料费用 = 3\ 000 \times 0.8 \times 20 = 48\ 000(元)$$

$$B 产品分配负担的材料费用 = 2\ 500 \times 0.8 \times 20 = 40\ 000(元)$$

$$A、B 产品材料费用合计 = 48\ 000 + 40\ 000 = 88\ 000(元)$$

(二)材料、燃料、动力分配的账务处理

材料、燃料、动力费用的分配一般通过材料、燃料、动力分配表进行,这种分配表应根据领退料凭证和有关资料编制,其中,退料凭证的数额可以从相应的领料凭证的数额中扣除;对外购电力而言,应根据有关的转账凭证或付款凭证等资料编制。

【例 14-2】 承例 14-1,编制的材料费用分配表如表 14-2 所示。

表 14-2 材料费用分配表

单位名称:远洋公司　　　　　　　2023 年 5 月 31 日　　　　　　　　单位:元

应 借 科 目		成本项目	直接计入	分配计入 （分配率 0.8）	材料费用合计
生产成本—— 基本生产成本	A 产品	直接材料	95 000	48 000	143 000
	B 产品	直接材料	87 000	40 000	127 000
	小　计		182 000	88 000	270 000
生产成本—— 辅助生产成本	机修车间	直接材料	15 000		15 000
	运输车间				
	小　计		15 000		15 000
制造费用	基本车间	机物料	8 000		8 000
	机修车间	机物料	4 000		4 000
	运输车间	机物料	1 000		1 000
	小　计		13 000		13 000
合　计					298 000

根据表 14-2 编制会计分录如下。

借:生产成本——基本生产成本——A 产品　　　143 000
　　　　　　　　　　　　　　——B 产品　　　127 000
　　辅助生产成本　　　　　　　　　　　　　 15 000
　　制造费用　　　　　　　　　　　　　　　 13 000
　贷:原材料　　　　　　　　　　　　　　　　　　　298 000

三、职工薪酬

职工薪酬是指企业在生产产品或提供劳务活动过程中所发生的各种直接和间接人工费用的总和。对于职工薪酬的分配,实务中通常有两种处理方法:一种是按本月应付金额分配本月工资费用,该方法适用于月份之间工资差别较大的情况;另一种是按本月支付工资金额分配本月工资费用,该方法适用于月份之间工资差别不大的情况。

（一）职工薪酬的归集和分配

职工薪酬的归集,必须有一定的原始记录作为依据。计时工资,是以考勤记录中的工作时间记录为依据;计件工资,是以产量记录中的产品数量和质量记录为依据;计时工资和计件工资以外的各种奖金、津贴、补贴等,按照国家和企业的有关规定计算。

工资结算和支付的凭证为工资结算单或工资单,为便于成本核算和管理,一般按车间、部门分别填制,是职工薪酬分配的依据。直接进行产品生产的生产工人的职工薪酬,直接计入产品成本的"直接人工"成本项目;不能直接计入产品成本的职工薪酬,按工时、产品产量、产值比例等方式进行合理分配,计入各有关产品成本的"直接人工"项目,相应的计算公式如下。

生产工资费用分配率＝各种产品生产工资总额÷各种产品生产工时之和

某种产品应分配的生产工资＝该种产品生产工时×生产工资费用分配率

如果取得各种产品的实际生产工时数据比较困难，而各种产品的单件工时定额比较准确，也可按产品的定额工时比例分配职工薪酬，相应的计算公式如下。

某种产品耗用的定额工时＝该种产品投产量×单位产品工时定额

生产工资费用分配率＝各种产品生产工资总额÷各种产品定额工时之和

某种产品应分配的生产工资＝该种产品定额工时×生产工资费用分配率

【例 14-3】 远洋公司基本生产车间生产 A、B 两种产品，共发生生产工人职工薪酬 2 700 万元，按生产工时比例分配，A 产品的生产工时为 500 小时，B 产品的生产工时为 400 小时。

生产工资费用分配率＝2 700÷(500＋400)＝3(万元/小时)

A 产品应分配的职工薪酬＝500×3＝1 500(万元)

B 产品应分配的职工薪酬＝400×3＝1 200(万元)

(二)职工薪酬的账务处理

职工薪酬的分配应通过职工薪酬分配表进行。该表根据工资结算单和有关的分配标准等资料编制。

【例 14-4】 承例 14-3，编制的职工薪酬分配表如表 14-3 所示。

表 14-3 职工薪酬分配表

单位名称：远洋公司　　　　　　　　2023 年 5 月 31 日　　　　　　　　单位：万元

应 借 科 目		成本项目	生产工人职工薪酬	其他人员职工薪酬	职工薪酬合计
生产成本——基本生产成本	A 产品	直接人工	1 500		1 500
	B 产品	直接人工	1 200		1 200
	小　计		2 700		2 700
生产成本——辅助生产成本	辅助车间	直接人工		200	200
制造费用	基本车间	直接人工		1 800	1 800
	辅助车间	直接人工		150	150
	小　计			1 950	1 950
管理费用	行政管理部门	直接人工		800	800
销售费用	销售部门	直接人工		500	500
合　计					6 150

根据表 14-3 编制如下会计分录。

借：生产成本——基本生产成本——A 产品　　　　15 000 000

　　　　　　　　　　　　　——B 产品　　　　12 000 000

　　　　　　——辅助生产成本　　　　2 000 000

　　制造费用　　　　19 500 000

　　管理费用　　　　8 000 000

　　销售费用　　　　5 000 000

　　贷：应付职工薪酬　　　　　　61 500 000

四、辅助生产费用

（一）辅助生产费用的归集

辅助生产费用的归集通过辅助生产成本总账及明细账进行。一般按车间及产品和劳务设立明细账。当辅助生产发生各项费用时记入"生产成本——辅助生产成本"科目及其明细科目。一般情况下，辅助生产的制造费用，与基本生产的制造费用一样，先通过"制造费用"科目进行单独归集，然后再转入"生产成本——辅助生产成本"科目。对于辅助生产车间规模很小、制造费用很少且辅助生产不对外提供产品和劳务的，为简化核算工作，辅助生产的制造费用也可以不通过"制造费用"科目，而直接记入"生产成本——辅助生产成本"科目。

（二）辅助生产费用的分配及账务处理

辅助生产费用的分配应通过辅助生产费用分配表进行。辅助生产费用的分配方法很多，通常采用直接分配法、交互分配法、计划成本分配法、顺序分配法和代数分配法等。

1. 直接分配法

直接分配法的特点是不考虑各辅助生产车间之间相互提供劳务或产品的情况，而是将各种辅助生产费用直接分配给辅助生产以外的各受益单位。采用此方法，各辅助生产费用只进行对外分配，分配一次，计算简单，但分配结果不够准确。此方法适用于辅助生产内部相互提供产品和劳务不多、不进行费用的交互分配、对辅助生产成本和企业产品成本影响不大的情况。

【例 14-5】 假定远洋公司设有机修和供电两个辅助生产车间，2023 年 12 月在分配辅助生产费用以前，机修车间发生费用 1 200 万元，按修理工时分配费用，提供修理总工时 500 小时，其中供电车间 20 小时，其他车间耗用工时如表 14-4 所示；供电车间发生费用 2 400 万元，按耗电度数分配费用，提供供电度数 20 万千瓦时，其中机修车间耗用 4 万千瓦时，其他车间耗用电度数如表 14-4 所示。远洋公司辅助生产的制造费用不通过"制造费用"科目核算。

表 14-4　辅助生产费用分配表（直接分配法）
2023 年 12 月　　　　　　　　数量单位：小时、万千瓦时

单位名称：远洋公司　　　　　　　　　　　　　　　　　　金额单位：万元

辅助生产车间名称		机修车间		供电车间		合　计
		修理工时	修理费用	供电度数	供电费用	
待分配辅助生产费用及劳务数量		480	1 200	16	2 400	3 600
费用分配率（单位成本）			2.5		150	
基本生产车间耗用（计入"制造费用"）	第一车间	300	750	9	1 350	2 100
	第二车间	120	300	4	600	900
	小　计	420	1 050	13	1 950	3 000
行政管理部门耗用（计入"管理费用"）		40	100	2	300	400
销售部门耗用（计入"销售费用"）		20	50	1	150	200
合　计		480	1 200	16	2 400	3 600

根据表 14-4,编制如下会计分录。

借:制造费用——第一车间　　　　　　　　21 000 000

　　　　　　——第二车间　　　　　　　　9 000 000

　　管理费用　　　　　　　　　　　　　4 000 000

　　销售费用　　　　　　　　　　　　　2 000 000

　　贷:生产成本——辅助生产成本——机修车间　12 000 000

　　　　　　　　　　　　　——供电车间　24 000 000

2. 交互分配法

交互分配法的特点是辅助生产费用通过两次分配完成。首先将辅助生产明细账上的合计数根据各辅助生产车间、部门相互提供的劳务数量计算分配率,在辅助生产车间进行交互分配;然后将各辅助生产车间交互分配后的实际费用(即交互前的费用加上交互分配转入的费用,减去交互分配转出的费用),按提供的劳务量在辅助生产车间以外的各受益单位之间进行分配。这种分配方法的优点是提高了分配的正确性,但同时加大了分配的工作量。

【例 14-6】 仍以例 14-5 为例,其车间生产费用分配如表 14-5 所示。

表 14-5　辅助生产费用分配表

(交互分配法)

2023 年 12 月　　　　　　　　数量单位:小时、万千瓦时

单位名称:远洋公司　　　　　　　　　　　金额单位:万元

辅助生产车间名称			交互分配			对外分配		
			机 修	供 电	合 计	机 修	供 电	合 计
待分配辅助生产费用			1 200	2 400	3 600	1 632	1 968	3 600
供应劳务数量			500	20		480	16	
费用分配率(单位成本)			2.4	120		3.4	123	
辅助生产车间耗用(计入"辅助生产成本")	机修车间	耗用量		4				
		分配金额		480	480			
	供电车间	耗用量	20					
		分配金额	48		48			
	小　计		48	480	528			
基本生产车间耗用(计入"制造费用")	第一车间	耗用量				300	9	
		分配金额				1 020	1 107	2 127
	第二车间	耗用量				120	4	
		分配金额				408	492	900
	小　计					1 428	1 599	3 027
行政部门耗用(计入"管理费用")	耗电量					40	2	
	分配金额					136	246	382
销售部门耗电(计入"销售费用")	耗电量					20	1	
	分配金额					68	123	191
合　　计								3 600

根据表 14-5，编制如下会计分录。

（1）交互分配。

借：生产成本——辅助生产成本——机修车间   4 800 000

　　　　　　　　　　　　　　——供电车间   480 000

　　贷：生产成本——辅助生产成本——机修车间   480 000

　　　　　　　　　　　　　　——供电车间   4 800 000

（2）对外分配。

借：制造费用——第一车间   21 270 000

　　　　　　——第二车间   9 000 000

　　管理费用   3 820 000

　　销售费用   1 910 000

　　贷：生产成本——辅助生产成本——机修车间   16 320 000

　　　　　　　　　　　　　　——供电车间   19 680 000

3. 计划成本分配法

计划成本分配法的特点是辅助生产为各受益单位提供的劳务，都按劳务的计划单位成本进行分配。辅助生产车间实际发生的费用，与按计划单位成本分配转出的费用之间的差额采用简化计算方法全部计入管理费用。这种方法便于考核和分析各受益单位的成本，有利于分清各单位的经济责任，但成本分配不够准确。这种分配方法适用于辅助生产劳务计划单位成本比较准确的企业。

【例 14-7】　承例 14-5，假定机修车间每修理工时耗费 25 000 元，供电车间每度电耗费 0.0118 万元，辅助生产费用分配如表 14-6 所示。

表 14-6　辅助生产费用分配表

（计划成本分配法）

2023 年 12 月　　　　　　　　数量单位：小时、万千瓦时

单位名称：远洋公司　　　　　　　　　　　　金额单位：万元

辅助生产车间名称			机修车间	供电车间	合　计
待分配辅助生产费用			1 200	2 400	3 600
计划单位成本（万元/小时、万元/度）			2.5	118	
辅助生产车间耗用（计入"辅助生产成本"）	机修车间	耗用量		4	
		分配金额		472	472
	供电车间	耗用量	20		
		分配金额	50		50
	小　计		50	472	522
基本生产车间耗用（计入"制造费用"）	第一车间	耗用量	300	9	
		分配金额	750	1 062	1 812
	第二车间	耗用量	120	4	
		分配金额	300	472	772
	小　计		1 050	1 534	2 584

续表

辅助生产车间名称		机修车间	供电车间	合 计
行政部门耗(计入"管理费用")	耗电量	40	2	
	分配金额	100	236	336
销售部门耗(计入"销售费用")	耗电量	20	1	
	分配金额	50	118	168
按计划成本分配金额合计		1 250	2 360	3 610
辅助生产实际成本		1 672	2 450	4 122
辅助生产成本差异		+422	+90	+512

其中：

$$50+1\,050+100+50=1\,250(万元)$$
$$1\,200+472=1\,672(万元)$$
$$472+1\,534+236+118=2\,360(万元)$$
$$2\,400+50=2\,450(万元)$$

① 按计划成本分配。

借：生产成本——辅助生产成本——机修车间　　4 720 000

　　　　　　　　　　　　　　——供电车间　　　500 000

　　制造费用——第一车间　　　　　　　　　18 120 000

　　　　　　——第二车间　　　　　　　　　 7 720 000

　　管理费用　　　　　　　　　　　　　　　 3 360 000

　　销售费用　　　　　　　　　　　　　　　 1 680 000

　　贷：生产成本——辅助生产成本——机修车间　 12 500 000

　　　　　　　　　　　　　　——供电车间　　 23 600 000

② 辅助生产成本差异按规定记入"管理费用"的"其他"项目。

借：管理费用——其他　　　　　　　　　　　 5 120 000

　　贷：生产成本——辅助生产成本——机修车间　 4 220 000

　　　　　　　　　　　　　　——供电车间　　　 900 000

经上述分配后，"辅助生产成本——机修车间"借方余额合计为 1 672 万元(1 200＋472)，贷方余额合计为 1 672 万元(1 250＋422)，"辅助生产成本——供电车间"借方余额合计为 2 450 万元(2 400＋50)，贷方余额合计为 2 450 万元(2 360＋90)。也可以按照计划成本法分配辅助生产费用，如表 14-7 所示。

表 14-7　辅助生产费用分配表

（计划成本分配法）　　　　　　　　　　数量单位：小时、万千瓦时

单位名称：远洋公司 2023 年 12 月　　　　　　　　　金额单位：万元

辅助生产车间名称	机修车间	供电车间	合 计
待分配辅助生产费用	1 200	2 400	3 600
计划单位成本(万元/小时、万元/度)	2.5	118	

辅助生产车间名称			机修车间	供电车间	合 计
辅助生产车间耗用（计入"辅助生产成本"）	机修车间	耗用量		4	
		分配金额		472	472
	供电车间	耗用量	20		
		分配金额	50		50
	小 计		50	472	522
基本生产车间耗用（计入"制造费用"）	第一车间	耗用量	300	9	
		分配金额	750	1 062	1 812
	第二车间	耗用量	120	4	
		分配金额	300	472	772
	小 计		1 050	1 534	2 584
行政部门耗（计入"管理费用"）	耗电量		40	2	
	分配金额		100	236	336
销售部门耗（计入"销售费用"）	耗电量		20	1	
	分配金额		50	118	168
按计划成本分配金额合计			778	2 310	3 088
辅助生产实际成本			1 200	2 400	3 600
辅助生产成本差异			+422	+90	+512

其中： 1 050＋100＋50＋50－472＝778（万元）

1 534＋236＋118＋472－50＝2 310（万元）

根据表 14-7 编制会计分录如下。

借：制造费用——第一车间   18 120 000

          ——第二车间   7 720 000

    管理费用——行政部门   3 360 000

          ——其他   5 120 000

    销售费用   1 680 000

  贷：生产成本——辅助生产成本——机修车间   12 000 000

                  ——供电车间   24 000 000

4. 顺序分配法

顺序分配法也称梯形分配法，其特点是按照辅助生产车间受益多少的顺序分配费用，受益少的先分配，受益多的后分配，先分配的辅助生产车间不负担后分配的辅助生产车间的费用。此种分配方法适用于各辅助生产车间之间相互受益程度有明显顺序的企业。

【例 14-8】 承例 14-5，由于供电车间耗用的劳务费用 48 万元（1 200÷500×20）少于机修车间耗用的劳务费用 480 万元（2 400÷20×4），因此供电车间应先分配费用，具体如表 14-8 所示。

表 14-8 辅助生产费用分配表

（顺序分配表）

数量单位:小时、千瓦时

单位名称:远洋公司 2023 年 12 月

金额单位:万元

| 会计科目 | 辅助生产成本 | | | | | | 制造费用 | | | | 管理费用 | | 销售费用 | | 分配金额合计 |
| | 供电车间 | | | 机修车间 | | | 第一车间 | | 第二车间 | | | | | | |
	劳务数量	待分配费用	分配率	劳务数量	待分配费用	分配率	耗用数量	耗用金额	耗用数量	耗用金额	耗用数量	耗用金额	耗用数量	耗用金额	
车间部门	200 000	2 400	0.012	500	1 200										
分配供电费用	−200 000	−2 400		40 000	480		90 000	1 080	40 000	480	20 000	240	10 000	120	
分配修理费用 修理费用合计					1 680										
	分配修理费用 480					3.5	300	1 050	120	420	40	140	20	70	1 680
分配金额合计								2 130		900		380		190	3 600

根据表 14-8 编制会计分录如下。

(1)分配供电费用。

借:生产成本——辅助生产成本——机修车间 4 800 000

制造费用——第一车间 10 800 000

——第二车间 4 800 000

管理费用 2 400 000

销售费用 1 200 000

贷:生产成本——辅助生产成本——供电车间 24 000 000

(2)分配修理费用。

借:制造费用——第一车间 10 500 000

——第二车间 4 200 000

管理费用 1 400 000

销售费用 700 000

贷:生产成本——辅助生产成本——机修车间 16 800 000

5. 代数分配法

代数分配法的特点是先根据解联立方程的原理,计算辅助生产劳务或产品的单位成本,然后根据各受益单位耗用的数量和单位成本分配辅助生产费用。此方法有关费用的分配结果是最正确的,但在辅助生产车间较多的情况下,未知数较多,计算工作比较复杂,因此,本方法适用于已经实现电算化的企业。

【例 14-9】 承例 14-5,辅助生产费用分配如表 14-9 所示。假设 X 为每小时修理成本,Y 为每万千瓦时电耗用成本,设立联立方程如下。

$$1\ 200 + 4Y = 500X$$

$$2\ 400+20X=20Y$$

解得 $X\approx3.39$（元）,$Y\approx123.39$（元）。

根据表 14-9 编制会计分录如下。

借:生产成本——辅助生产成本——机修车间　　4 935 500

　　　　　　　　　　　　　——供电车间　　　677 400

　　制造费用——第一车间　　　　　　　　21 266 100

　　　　　——第二车间　　　　　　　　　9 000 000

　　管理费用　　　　　　　　　　　　　　3 822 600

　　销售费用　　　　　　　　　　　　　　1 911 300

贷:生产成本——辅助生产成本——机修车间　16 935 500

　　　　　　　　　　　　　——供电车间　24 677 400

　　上述辅助生产费用分配方法中,除直接分配法外,其他方法中的"生产成本——辅助生产成本"科目的发生额合计都大于原来待分配费用合计数 3 600 万元（1 200+2 400）,这是由辅助生产费用交互分配而相互转账引起的。但各种方法最后分配到其他各受益单位的辅助生产费用的合计数,都仍是待分配费用的合计数。

表 14-9　辅助生产费用分配表

（代数分配法）

2023 年 12 月　　　　　　　　　　　　数量单位:小时、万千瓦时

单位名称:远洋公司　　　　　　　　　　　　　　　金额单位:万元

辅助生产车间名称			机修车间	供电车间	合　计
待分配辅助生产费用			1 200	2 400	3 600
供应劳务的数量			500	20	
用代数算出的实际单位成本			3.387 096	123.387 096	
辅助生产车间耗用（计入"辅助生产成本"）	机修车间	耗用量		4	
		分配金额		493.55	493.55
	供电车间	耗用量	20		
		分配金额	67.74		67.74
	小　计		67.74	493.55	561.29
基本生产车间耗用（计入"制造费用"）	第一车间	耗用量	300	9	
		分配金额	1 016.13	1 110.48	2 126.61
	第二车间	耗用量	120	4	
		分配金额	406.45	493.55	900
	小　计		1 422.58	1 604.03	3 026.61
行政部门耗（计入"管理费用"）	耗电量		40	2	
	分配金额		135.48	246.77	382.25
销售部门耗（计入"销售费用"）	耗电量		20	1	
	分配金额		67.74	123.39	191.13
分配金额合计			1 693.54	2 467.74	4 161.28

五、制造费用

（一）制造费用的归集

制造费用的内容比较复杂,包括物料消耗,车间管理人员的薪酬,车间管理所用房屋和设备的折旧费、租赁费和保险费,车间管理用具摊销,车间管理用的照明费、水费、取暖费、劳动保护费、设计制图费、试验检验费、差旅费、办公费以及季节性或修理期间停工损失等。为了减少费用项目,简化核算工作,可将性质相同的费用合并设立相应的费用项目,如将用于产品生产的固定资产的折旧费合并设立"折旧费"项目,也可根据费用比重大小和管理上的要求另行设立制造费用项目。但是,为了使各期成本、费用资料可比,制造费用项目一经确定,不应任意变更。

"制造费用"科目应当根据有关付款凭证、转账凭证和前述各种成本分配表登记。此外,还应按不同的车间设立明细账,账内按照成本项目设立专栏,分别反映各车间各项制造费用的发生情况和分配转出情况。基本生产车间和辅助生产车间发生的直接用于生产,但没有专设成本项目的各种材料成本,以及用于组织和管理生产活动的各种材料成本,一般应借记"制造费用"及其明细科目(基本生产车间或辅助生产车间)的相关成本项目,贷记"原材料"等科目。基本生产车间和辅助生产车间管理人员的工资、福利费等职工薪酬,应记入"制造费用"科目和所属明细科目的借方,同时贷记"应付职工薪酬"科目。月末,应按照一定的方法将通过"制造费用"科目归集的制造费用从贷方分配转入有关成本计算对象。

（二）制造费用的分配

制造费用一般应先分配辅助生产的制造费用,将其计入辅助生产成本;然后再分配辅助生产费用,将其中应由基本生产负担的制造费用计入基本生产的制造费用;最后再分配基本生产的制造费用。制造费用应当按照车间分别进行,不应将各车间的制造费用汇总,在企业范围内统一分配。

企业应当根据制造费用的性质,合理选择分配方法。也就是说,企业所选择的制造费用分配方法,必须与制造费用的发生具有比较密切的相关性,并且使分配到每种产品上的制造费用金额基本合理,同时还应适当考虑计算手续的简便。制造费用的分配方法很多,通常采用生产工人工时比例法(或生产工时比例法)、生产工人工资比例法(或生产工资比例法)、机器工时比例法和按年度计划分配率分配法等。企业具体选用哪种分配方法,由企业自行决定。分配方法一经确定,不得随意变更。如需变更,应当在附注中予以说明。

制造费用常用计算公式概括如下。

$$\text{制造费用分配率} = \frac{\text{制造费用总额}}{\begin{array}{c}\text{各产品分配标准之和(如产品生产工时总数或生产工}\\ \text{人定额工时总数、生产工人工资总和、机器工时总数、}\\ \text{产品计划产量的定额工时总数)}\end{array}}$$

某种产品应分配的制造费用＝该种产品分配标准×制造费用分配率

由于生产工时是分配间接费用的常用标准之一,所以生产工人工时比例法较为常用;生产工人工资比例分配法适用于各种产品生产机械化程度相差不多的企业,如果生产工人工资是按生产工时比例分配,该方法实际上等同于生产工人工时比例法;机器工时比例法是按照各产品生产所用机器设备运转时间的比例分配制造费用的方法,适用于产品生产的机械化程度较高的车间；按年度计划分配率分配法是按照年度开始前确定的全年度适用的计划分配率分配费用的方法，分配率计算公式的分母按定额工时计算，年度内如果发生全年的制造费用实际数与计划数差别较大，应及时调整计划分配率，该方法特别适用于季节性生产企业。

（三）制造费用的账务处理

制造费用的分配方法一经确定，不应任意变更。无论采用哪种分配方法，都应根据分配计算结果编制制造费用分配表，根据制造费用分配表进行制造费用分配的总分类核算和明细核算。相关会计分录借记"生产成本"，贷记"制造费用"。

然后将归集在辅助生产成本的费用按照辅助生产费用的方法进行分配，其中，分配给基本生产的制造费用在归集了全部基本生产车间的制造费用后，转入"基本生产成本"科目。

【例 14-10】 假定远洋公司 2023 年 5 月基本生产车间 P 产品机器工时为 50 000 小时，S 产品机器工时为 40 000 小时，本月共发生制造费用 900 000 元。按照机器工时总数分配制造费用如下。

$$制造费用分配率 = 900\,000 \div (50\,000 + 40\,000) = 10(元/小时)$$
$$P\,产品应负担的制造费用 = 50\,000 \times 10 = 500\,000(元)$$
$$S\,产品应负担的制造费用 = 40\,000 \times 10 = 400\,000(元)$$

编制制造费用分配表，如表 14-10 所示。

表 14-10 制造费用分配表

单位名称：远洋公司　　　　　　　　2023 年 12 月　　　　　　　　单位：元

应 借 科 目	机器工时	分配金额（分配率：10）
生产成本——基本生产成本——P 产品	50 000	500 000
生产成本——基本生产成本——S 产品	40 000	400 000
合　计	90 000	900 000

根据表 14-10 编制会计分录如下。

```
借：生产成本——基本生产成本——P 产品    500 000
                        ——S 产品    400 000
    贷：制造费用                               900 000
```

六、废品损失和停工损失

废品损失是指在生产过程中产出失败产品不能销售产生的损失。废品损失包括在生产过程中发现的和入库后发现的不可修复废品的生产成本，加上可修复废品的修复费用，扣除回收的废品残料价值和应由过失单位或个人赔偿以后的损失。

废品损失和停工损失的核算

停工损失是指生产车间或车间内某个班组在停工期间发生的各项费用，包括停工期间发生的原材料费用、工资及福利费和制造费用等。

第四节 生产费用在完工产品和在产品之间的归集和分配

一、在产品数量的核算

在产品是指没有完成全部生产过程、不能作为商品销售的产品,包括正在车间加工中的在产品(包括正在返修的废品)和已经完成一个或几个生产步骤但还需要继续加工的半成品(包括未经验收入库的产品和等待返修的废品)两部分。在产品不包括对外销售的自制半成品。对某个车间或生产步骤而言,在产品只包括该车间或该生产步骤正在加工中的那部分产品。

在产品数量是核算在产品成本的基础,在产品成本与完工产品成本之和就是产品的生产费用总额。月末,产品成本明细账按照成本项目归集了相应的生产费用后,为确定完工产品总成本和单位成本,还应当将已经归集的产品成本在完工产品和月末在产品之间进行分配。为此,需要取得完工产品和在产品收发结存的数量资料。

二、完工产品和在产品之间费用的分配

每月月末,当月生产成本明细账中按照成本项目归集了本月生产成本以后,这些成本就是本月发生的生产成本,并不是本月完工产品的成本。计算本月完工产品成本,还需要将本月发生的生产成本,加上月初在产品成本,然后再将其在本月完工产品和月末在产品之间进行分配,以求得本月完工产品成本。

完工产品与在产品成本之间的关系如下。

本月完工产品成本＝本月发生成本＋月初在产品成本－月末在产品成本

根据这一关系,结合生产特点,企业应当根据在产品数量的多少、各月在产品数量变化的大小、各项成本比重的大小以及定额管理基础的好坏等具体条件,采用适当的分配方法将生产成本在完工产品和在产品之间进行分配。常用的分配方法有不计算在产品成本法、在产品按固定成本计价法、在产品按所耗直接材料成本计价法、约当产量比例法、在产品按定额成本计价法和定额比例法等。

(一)不计算在产品成本法

采用不计算在产品成本法时,虽然月末有在产品,但不计算其成本。也就是说,这种产品每月发生的成本,全部由完工产品负担,其每月发生的成本之和即为每月完工产品成本。这种方法适用于各月末在产品数量很小的产品。

(二)在产品按固定成本计价法

采用在产品按固定成本计价法,各月末在产品的成本固定不变。某种产品本月发生的生产成本就是本月完工产品的成本。但在年末,在产品成本不应再按固定不变的金额计价,否则会使按固定金额计价的在产品成本与其实际成本有较大差异,影响产品成本计算的正确性。因而在年末,应当根据实际盘点的在产品数量,具体计算在产品成本,据以计算12月份产品成本。这种方法适用于月末在产品数量较多但各月变化不大的产品,或月末在产品数量很小的产品。

（三）在产品按所耗直接材料成本计价法

采用在产品按所耗直接材料成本计价法,月末在产品只计算其所耗用的直接材料成本,不计算直接人工等加工费用,即产品的直接材料成本(月初在产品的 A 直接材料成本与本月发生的直接材料成本之和)需要在完工产品和月末在产品之间进行分配,而生产产品本月发生的加工成本全部由完工产品成本负担。这种方法适用于各月月末在产品数量较多,各月在产品数量变化也较大,或直接材料成本在生产成本中所占比重较大且材料在生产开始时一次就全部投入的产品。

（四）约当产量比例法

采用约当产量比例法,应将月末在产品数量按其完工程度折算为相当于完工产品的产量,即约当产量,然后将产品应负担的全部成本按照完工产品产量与月末在产品约当产量的比例分配计算完工产品成本和月末在产品成本。这种方法适用产品数量较多,各月在产品数量变化也较大,且生产成本中直接材料成本和直接人工等加工成本的比重相差不大的产品。其计算公式如下。

$$在产品约当产量＝在产品数量×完工程度$$
$$单位成本＝（月初在产品成本＋本月发生生产成本）$$
$$÷（完工产品产量＋在产品约当产量）$$
$$完工产品成本＝完工产品产量×单位成本$$
$$在产品成本＝在产品约当产量×单位成本$$

【例 14-11】 远洋公司的 A 产品本月完工 370 台,在产品 100 台,平均完工程序为 30%,发生生产成本合计为 800 000 元。其各项成本分配结果如下。

$$单位成本＝800\ 000÷（370＋100×30\%）＝2\ 000（元/台）$$
$$完工产品成本＝370×2\ 000＝740\ 000（元）$$
$$在产品成本＝100×30\%×2\ 000＝60\ 000（元）$$

【例 14-12】 远洋公司 B 产品单位工时定额 400 小时,经两道工序制成。第一道工序 160 小时,第二道工序 240 小时。为简化核算,假定各工序内在产品完工程度平均为 50%,则在产品完工程度计算结果如下。

$$第一道工序\ 160×50\%÷400×100\%＝20\%$$
$$第二道工序（160＋240×50\%）÷400×100\%＝70\%$$

有了各工序在产品完工程度和各工序在产品盘存数量,即可求得在产品的约当产量。各工序产品的完工程度可事先制定,产品工时定额不变时可长期使用。如果各工序在产品数量和单位工时定额都相差不多,在产品的完工程度也可按 50% 计算。

应当指出,在很多加工生产中,材料是在生产开始时一次投入的。这时,在产品无论完工程度如何,都应和完工产品负担同样的材料成本。如果材料是随着生产过程陆续投入的,则应按照各工序投入的材料成本在全部材料成本中所占的比例计算在产品的约当产量。

【例 14-13】 远洋公司 C 产品本月完工产品产量 3 000 个,在产品数量 400 个,完工程度按平均 50% 计算;材料在开始生产时一次投入,其他成本按约当产量比例分配。C 产品本月月初在产品和本月耗用直接材料成本共计 1 360 000 元,其中直接人工成本 640 000 元,制造费用 960 000 元。C 产品各项成本的分配计算如下。

由于材料在开始生产时一次投入,因此,应按完工产品和在产品的实际数量比例进行分配,不必计算约当产量。

(1) 直接材料成本的分配。

完工产品应负担的直接材料成本$=1\,360\,000\div(3\,000+400)\times3\,000=1\,200\,000$(元)

在产品应负担的直接材料成本$=1\,360\,000\div(3\,000+400)\times400=160\,000$(元)

直接人工成本和制造费用均应按约当产量进行分配,在产品400个折合约当产量200个($400\times50\%$)。

(2) 直接人工成本的分配。

完工产品应负担的直接人工成本$=640\,000\div(3\,000+200)\times3\,000=600\,000$(元)

在产品应负担的直接人工成本$=640\,000\div(3\,000+200)\times200=40\,000$(元)

(3) 制造费用的分配。

完工产品应负担的制造费用$=960\,000\div(3\,000+200)\times3\,000=900\,000$(元)

在产品应负担的制造费用$=960\,000\div(3\,000+200)\times200=60\,000$(元)

通过以上按约当产量法分配计算的结果,可以汇总C产品完工产品成本和在产品成本。

C产品本月完工产品成本$=1\,200\,000+600\,000+900\,000=2\,700\,000$(元)

C产品本月在产品成本$=160\,000+40\,000+60\,000=260\,000$(元)

根据C产品完工产品总成本编制完工产品入库的会计分录如下。

借:库存商品——C产品　　　　　　　　　　2 700 000

　　贷:生产成本——基本生产成本　　　　　　　　　2 700 000

(五) 在产品按定额成本计价法

采用在产品按定额成本计价法,月末在产品成本按定额成本计算,该种产品的全部成本(如果有月初在产品,包括月初在产品成本在内)减去按定额成本计算的月末在产品成本,余额作为完工产品成本;每月生产成本脱离定额的节约差异或超支差异全部计入当月完工产品成本。这种方法是事先经过调查研究、技术测定或按定额资料对各个加工阶段上的在产品直接确定一个单位定额成本。这种方法适用于各项消耗定额或成本定额比较准确、稳定,而且各月末在产品数量变化不是很大的产品。这种方法的计算公式如下。

月末在产品成本=月末在产品数量×在产品单位定额成本

完工产品总成本=(月初在产品成本+本月发生生产成本)-月末在产品成本

完工产品单位成本=完工产品总成本÷产成品产量

【例14-14】　承例14-13,远洋公司C产品本月完工产品产量3 000个,在产品数量400个;在产品单位定额成本分别为直接材料400元,直接人工100元,制造费用150元。C产品本月月初在产品和本月耗用直接材料成本共计1 360 000元,其中直接人工成本640 000元,制造费用960 000元。按定额成本计算在产品成本及完工产品成本,计算结果如表14-11所示。

根据C产品完工产品总成本编制完工产品入库的会计分录如下。

借:库存商品——C产品　　　　　　　　　　2 700 000

　　贷:生产成本——基本生产成本　　　　　　　　　2 700 000

表 14-11　在产品及完工产品成本计算表　　　单位:元

项　目	在产品定额成本	完工产品成本
直接材料	400×400＝160 000	1 360 000－160 000＝1200 000
直接人工	100×400＝40 000	640 000－40 000＝600 000
制造费用	150×400＝60 000	960 000－60 000＝900 000
合　计	260 000	2 700 000

（六）定额比例法

采用定额比例法,产品的生产成本在完工产品和月末在产品之间按照两者的定额消耗量或定额成本比例分配。其中直接材料成本,按直接材料的定额消耗量或定额成本比例分配。直接人工等加工成本,可以按该定额成本的比例分配,也可按定额工时比例分配。这种方法适用于各项消耗定额或成本定额比较准确、稳定,但各月末在产品数量变动较大的产品。这种方法的计算公式如下(以按定额成本比例为例)。

直接材料成本分配率＝(月初在产品实际材料成本＋本月投入的实际材料成本)

÷(完工产品定额材料成本＋月末在产品定额材料成本)

完工产品应负担的直接材料成本＝完工产品定额材料成本×直接材料成本分配率

月末在产品应负担的直接材料成本＝月末在产品定额材料成本×直接材料成本分配率

直接人工成本分配率＝(月初在产品实际人工成本＋本月投入的实际人工成本)

÷(完工产品定额工时＋月末在产品定额工时)

完工产品应负担的直接人工成本＝完工产品定额工时×直接人工成本分配率

月末在产品应负担的直接人工成本＝月末在产品定额工时×直接人工成本分配率

【例 14-15】　远洋公司 D 产品本月完工产品产量 300 个,在产品数量 40 个;单位产品消耗定额为材料 400 千克/个,100 小时/个。单位在产品材料定额 400 千克,工时定额 50 小时。有关成本资料如表 14-12 所示。

要求:按定额比例法计算在产品成本及完工产品成本。

表 14-12　在产品及完工产品成本计算表　　　单位:元

项　目	直接材料	直接人工	制造费用	合　计
期初在产品成本	400 000	40 000	60 000	500 000
本期发生成本	960 000	600 000	900 000	2 460 000
合　计	1 360 000	640 000	960 000	2 960 000

（1）按完工产品定额与在产品定额各占总定额的比例分配成本。

完工产品直接材料定额消耗＝400×300＝120 000(千克)

完工产品直接人工定额消耗＝100×300＝30 000(小时)

在产品直接材料定额消耗＝400×40＝16 000(千克)

在产品直接人工定额消耗＝50×40＝2 000(小时)

在产品制造费用定额消耗＝50×40＝2 000(小时)

（2）计算定额比例。

在产品直接材料定额消耗比例＝16 000÷(120 000＋16 000)×100%≈11.76%

在产品直接人工定额消耗比例＝2 000÷(30 000＋2 000)×100%≈6.25%

在产品制造费用定额消耗比例＝2 000÷(30 000＋2 000)×100%≈6.25%

完工产品直接材料定额消耗比例＝120 000÷(120 000＋16 000)×100%≈88.24%

完工产品直接人工定额消耗比例＝30 000÷(30 000＋2 000)×100%≈93.75%

完工产品制造费用定额消耗比例＝30 000÷(30 000＋2 000)×100%≈93.75%

（3）分配成本。

完工产品应负担的直接材料成本＝1 360 000×88.24%＝1 200 064(元)

在产品应负担的直接材料成本＝1 360 000×11.76%＝159 936(元)

完工产品应负担的直接人工成本＝640 000×93.75%＝600 000(元)

在产品应负担的直接人工成本＝640 000×6.25%＝40 000(元)

完工产品应负担的制造费用＝960 000×93.75%＝900 000(元)

在产品应负担的制造费用＝960 000×6.25%＝60 000(元)

通过以上按定额比例法分配计算的结果,可以汇总 D 产品完工产品成本和在产品成本。

D 产品本月完工产品成本＝1 200 064＋600 000＋900 000＝2 700 064(元)

D 产品本月在产品成本＝159 936＋40 000＋60 000＝259 936(元)

根据 D 产品完工产品总成本编制完工产品入库的会计分录如下。

借:库存商品——D 产品 　　　　　　　　　　2 700 064

　贷:生产成本——基本生产成本 　　　　　　　　　　2 700 064

三、联产品和副产品的成本分配

（一）联产品成本的分配

联合产品分配
方法

联产品是指使用同种原料,经过同一生产过程同时生产出来的两种或两种以上的主要产品。联产品的生产特点是在生产开始时各产品尚未分离,在同一加工过程中对联产品联合加工,而当生产过程进行到一定生产步骤,产品才会分离。在分离点以前发生的生产成本,称为联合成本。分离点是指在联产品生产中,投入相同原料,经过同一生产过程,分离为各种联产品的时点。分离后的联产品,有的可以直接销售,有的还需进一步加工才可供销售。

联产品成本的计算通常分为两个阶段进行:第一阶段是联产品分离前发生的生产成本即联合成本,可按一个成本核算对象设置一个成本明细账进行归集,然后将其总额按一定分配方法,如售价法、实物数量法等,在各联产品之间进行分配;第二阶段是分离后对各种产品分别设置明细账,归集其分离后所发生的加工成本。

联产品成本计算的一般程序如下。

（1）将联产品作为成本核算对象,设置成本明细账。联产品的特点决定了联产品在分离之前,不可能按各种产品分别计算成本,只能按联产品作为成本核算对象。

（2）归集联产品成本,计算联合成本。联产品发生的成本为联合成本。联产品的在产品一般比较稳定,可不计算期初、期末在产品成本,本期发生的生产成本全部为联产品的完工产品成本。

（3）计算各种产品的成本。联产品的联合成本在分离点后,可按一定分配方法,如相对销售价格分配法、实物数量法、系数分配法等,在各联产品之间进行分配,分别确定各种产品的成本。

（二）副产品成本的分配

副产品成本的
分配

副产品是指在同一生产过程中使用同种原料，在生产主产品的同时附带生产出来的非主要产品。它的产量取决于主产品的产量，随主产品产量的变动而变动，如甘油是生产肥皂这个主产品的副产品。

在分配主产品和副产品的生产成本时，通常先确定副产品的生产成本，然后确定主产品的生产成本。确定副产品成本的方法有：不计算副产品扣除成本法、副产品成本按固定价格或计划价格计算法、副产品只负担继续加工成本法、联合成本在主副产品之间分配法以及副产品作价扣除法等。副产品作价扣除法需要从产品售价中扣除继续加工成本、销售费用、销售税金及相应的利润，其计算公式如下。

副产品扣除单价＝单位售价－（继续加工单位成本＋单位销售费用＋单位销售税金
＋合理的单位利润）

如果副产品与主产品分离以后，还需要进一步加工才能形成市场所需的产品，企业应根据副产品进一步加工生产的特点和管理要求，采用适当的方法单独计算副产品的成本。

主副产品的区分并不是绝对的，甚至可以相互转化。例如，焦炭与煤气就取决于企业的生产目标，以生产煤气为主的企业中，煤气为主产品，焦炭为副产品；而以生产焦炭为主的企业中，焦炭为主产品，煤气为副产品。

四、完工产品成本的结转

企业完工产品经产成品仓库验收入库后，其成本应从"生产成本——基本生产成本"科目及所属产品成本明细账的贷方转出，转入"库存商品"科目的借方。"生产成本——基本生产成本"科目的月末余额就是基本生产在产品的成本，也就是在基本生产过程中占用的生产资金，应与所属各种产品成本明细账中月末在产品成本之和核对相符。

第五节　产品成本计算基本方法

产品成本的计算是对发生的各项生产费用，以一定的成本核算对象为依据，归集和分配生产费用，确定产品成本的过程。产品成本是在生产过程中形成的，不同的生产组织过程对成本的形成和计算必然产生不同的影响。产品成本计算的一个主要目的是为成本管理部门提供信息，不同的管理要求会对成本计算有不同的要求，因此，有必要了解企业生产过程和管理要求的特点，及其对成本计算产生的不同影响。

一、生产过程和管理要求对成本计算的影响

（一）生产组织方式对成本计算的影响

制造业企业的生产，按其生产特点可以划分为大量生产、成批生产和单件生产三种类型。

（1）大量生产是指连续不断地重复生产相同产品的生产，如纺织、化肥、面粉等企

业的生产。这种生产单位产品品种少,且比较稳定,一般按照产品品种逐月计算产品成本。

（2）成批生产是指按照预先规定的产品批别和数量安排的生产,如机械制造、服装企业的生产。这种生产单位产品品种较多,且具有一定的重复性。成批生产按照产品批量又可分为大批生产和小批生产,大批生产的性质接近于大量生产,按产品品种计算成本;小批生产的性质接近于单件生产,按照批别或件别计算成本。

（3）单件生产是指根据购货单位订单,生产个别的品种规格和性质不同的产品,如重型机械制造和船舶制造企业,生产按单件组织,因而按照产品件别和生产周期计算成本。

（二）工艺特点和管理要求对成本计算的影响

制造业企业的生产,按照工艺过程可分为单步骤生产和多步骤生产。

（1）单步骤生产也称简单生产,是指生产工艺过程不能间断、不需要或不可能划分为几个生产步骤的生产,如煤气、发电企业。这种企业不需要或不可能按照生产步骤计算产品成本,只能按产品品种计算成本。

（2）多步骤生产也称复杂生产,是指工艺过程由几个可以间断的、分散在不同地点进行的生产步骤组成的生产。按产品加工方式,又可分为连续加工式生产和装配式生产（如汽车、仪表、机械企业）。为加强各步骤生产管理,一般按产品品种或批别以及生产步骤计算成本。

二、产品成本计算方法

为适应不同生产类型和管理的要求,在实际工作中常用的产品成本计算方法有以下三种。

（一）产品成本计算的品种法

品种法是以产品品种为成本计算对象、归集生产费用、计算产品成本的一种方法。主要适用于大量、大批单步骤生产的企业,如发电、煤气等;也适用于不需要分步骤计算成本的多步骤大量、大批生产。品种法是成本计算方法中最基本的方法。其他各种成本计算方法都是在这种方法的基础上发展而形成的。

以产品品种作为成本计算对象,主要体现在根据品种开设生产成本明细账,以品种为对象归集和分配生产费用。本章第二节中举例所使用的方法即为品种法,此处不再赘述。

（二）产品成本计算的分批法

分批法是按照产品批别或单件作为成本计算对象,归集生产费用、计算产品成本的方法,也称订单法。它主要适用于小批量、单件、管理上不要求分步骤计算产品成本的多步骤生产,如服装、精密仪器、重型机械、造船和新产品试制等。

以产品批别作为成本计算对象,主要体现在根据产品的批号开设生产成本明细账,以批别为对象归集和分配生产费用。现举例加以说明。

【例 14-16】　远洋公司实行分批法计算产品成本。2023 年 12 月生产情况及发生的生产费用资料如下。

（1）生产完成情况:04604 批,甲产品 10 台,11 月投产,12 月完工;04701 批,乙产品 8 台,12 月投产,12 月完工;04702 批,甲产品 20 台,12 月投产,未完工。

（2）12 月生产费用资料如表 14-13 所示。

表 14-13　12 月生产费用资料　　　　　　　　　　单位：元

生产批号	直接材料	直接人工	燃料动力	制造费用	合　计
04604	1 200	800	1 824	2 736	6 560
04701	8 400	1 200	2 736	4 104	16 440
04702	16 000	1 800	2 508	3 762	24 070
合　计	25 600	3 800	7 068	10 602	47 070

（3）根据以上资料登记有关生产成本明细账，并计算已经完工批次产品的生产成本，如表 14-14 和表 14-15 所示。

表 14-14　生产成本明细账

产品批次：04604　　　　　　　投产日期：11 月 5 日　　　　　　　　批量：10 台
品名：甲产品　　　　　　　　　完工日期：12 月 26 日　　　　　　　　单位：元

年		摘　要	直接材料	直接人工	燃料动力	制造费用	合　计
月	日						
11	30	本月发生费用	6 900	1 120	912	1 360	10 292
12	31	本月发生费用	1 200	800	1 824	2 736	6 560
		累计	8 100	1 920	2 736	4 096	16 852
		完工产品成本	8 100	1 920	2 736	4 096	16 852
		完工产品单位成本	810	192	273.6	490.6	1 685.2

表 14-15　生产成本明细账

产品批次：04701　　　　　　　投产日期：12 月 4 日　　　　　　　　批量：8 台
品名：乙产品　　　　　　　　　完工日期：12 月 31 日　　　　　　　　单位：元

年		摘　要	直接材料	直接人工	燃料动力	制造费用	合计
月	日						
12	31	本月发生费用	8 400	1 200	2 736	4 104	16 440
12	31	完工产品成本	8 400	1 200	2 736	4 104	16 440
		完工产品单位成本	1 050	150	342	513	2 055

根据以上资料编制结转完工批次产品成本的会计分录如下。

借：库存商品——甲产品　　　　　　　　　　　　　16 852
　　　　　　——乙产品　　　　　　　　　　　　　16 440
　　贷：生产成本——基本生产成本（04604）　　　　　　16 852
　　　　　　　　——基本生产成本（04701）　　　　　　16 440

需要注意的问题是，在分批法下以产品批别作为成本计算对象，所以生产成本明细账要按照产品批别开设明细账。但是无论采用哪种方法计算成本，产成品都必须按照产品品种设置明细账。

由于 04702 批号的产品没有完工，所以不计算月末在产品，更不需转出产成品成本。需要注意的问题是,尽管未完工批号的产品不计算成本,但还是需要归集每个月发生的费用。如表 14-16 所示,一直到完工月份,将各月份费用的合计额一并作为完工产品成本转出。

表 14-16　生产成本明细账

产品批次:04702　　　　　　　　投产日期:12 月 10 日　　　　　　　　批量:20 台

品名:丙产品　　　　　　　　　　完工日期:　　　　　　　　　　　　　单位:元

年		摘　要	直接材料	直接人工	燃料动力	制造费用	合　计
月	日						
12	31	本月发生费用	16 000	1 800	2 508	3 762	24 070

(三) 产品成本计算的分步法

分步法是既按照产品的生产步骤,又按照产品品种归集生产费用、计算产品成本的方法。根据结转方式的不同,分步法可分为逐步结转法和平行结转法。分步法主要适用于大量、大批的多步骤生产,如纺织、冶金、机械制造等。这些行业既要按产品品种归集费用、计算成本,又要按生产步骤管理和控制费用,计算各步骤成本,以便反映各种产品及其各生产步骤成本计划执行情况,加强成本管理。

在分步法下,要以产品生产的各个步骤作为成本计算对象,也就是说要根据各种产品的生产步骤开设生产成本明细账,用于归集和分配生产费用,最后采用适当的方法汇总各步骤的费用,计算出各种产品的生产成本。现举例加以说明。

【例 14-17】　远洋公司生产甲产品,分两个步骤连续加工,第一步骤生产半成品,第二步骤生产产成品。有关生产费用资料如表 14-17 所示。

表 14-17　远洋公司生产费用资料　　　　　　　　　　单位:元

生产步骤	直接材料	直接人工	制造费用	合　计
第一步骤	17 000	6 200	4 100	27 300
第二步骤	8 600	6 500	4 200	19 300
合　计	25 600	12 700	8 300	46 600

各步骤投入、产出数量及完工程度如表 14-18 所示。

表 14-18　远洋公司各生产步骤投入、产出量统计表　　　　　单位:件

生产步骤	月初在产品	投入	产出	月末在产品
第一步骤	30	90	100	20
第二步骤	20	100	80	40

注:月末在产品完工程度为 50%,材料在生产开始时一次投入。

以下分别采用逐步结转分步法和平行结转分步法计算甲产品成本。

1. 逐步结转分步法

逐步结转分步法是按照产品的生产步骤逐步结转半成品成本,最后计算出产成品成本的分步法。在这种方法下,各步骤的半成品成本,按顺序分别由上步骤结转到下步骤,最终步骤的成本即为产成品成本。

如表 14-19 和表 14-20 所示是按照上述资料登记的各步骤生产成本明细账。

表 14-19　第一步骤生产成本明细账（逐步结转分步法的综合结转分步法）　单位：件、元

项　目	数　量	直接材料	直接人工	制造费用	合　计
上期结转	30	8 200	400	300	8 900
本月发生	90	17 000	6 200	4 100	27 300
合　计	120	25 200	6 600	4 400	36 200
单位成本		210	60	40	310
本月完工半产品	100	21 000	6 000	4 000	31 000
月末在产品	20	4 200	600	400	5 200

注：月末在产品按约当产量计算。

表 14-20　第二步骤生产成本明细账（逐步结转分步法）　　单位：件、元

项　目	数　量	半成品	直接材料	直接人工	制造费用	合　计
上期结转	20	6 200	2 800	1 500	800	11 300
本月发生			8 600	6 500	4 200	19 300
上步骤结转	100	31 000				31 000
合　计	120	37 200	11 400	8 000	5 000	61 600
单位成本		310	95	80	50	535
本月完工产品	80	24 800	7 600	6 400	4 000	42 800
月末在产品	40	12 400	3 800	1 600	1 000	18 800

注：月末在产品按约当产量计算。

沟通第一步骤和第二步骤生产成本明细账的关键环节是半成品成本。第一步骤完工的 100 件半成品，结转到第二步骤继续加工。其成本 31 000 元也随之转入第二步骤的成本计算单，构成第二步骤完工产品成本的组成部分。如果企业生产中还有第三步骤、第四步骤，那么各个步骤的完工产品成本都需要随着实物产品的传递而结转到下步骤的成本计算单。除第一步骤外，各步骤的生产成本计算单中都包括上步骤转入的半成品成本，这就是逐步结转分步法的特点。这种方法也因此被称为计算半成品成本的分步法。

2. 平行结转分步法

平行结转分步法是平行结转各生产步骤生产费用中应计入产成品成本的份额，然后汇总计算产成品成本的分步法。在这种方法下，计算各步骤成本时，不计算上步骤转入半成品的成本，只计算本步骤发生的生产费用，以及这些费用中应该计入产成品成本的份额。然后将各步骤中应该计入最终完工产品成本的份额，平行地进行结转，计算出完工产品成本。

根据前文提供的远洋公司有关数据，采用平行结转分步法计算确定其产品成本，如表 14-21～表 14-23 所示。

表 14-21　第一步骤生产成本明细账（平行结转分步法）　　单位：件、元

项　目	数　量	直接材料	直接人工	制造费用	合　计
上期结转	50	12 400	1 600	1 100	15 100
本月发生	90	17 000	6 200	4 100	27 300

续表

项 目	数 量	直接材料	直接人工	制造费用	合 计
合 计	140	29 400	7 800	5 200	42 400
单位成本		210	60	40	310
结转产成品份额	80	16 800	4 800	3 200	24 800
月末在产品	60	12 600	3 000	2 000	17 600

说明:在产品约当产量＝40×100％＋20×50％＝50(台)(其中40台为已经从第一步骤完工并转入第二步骤的半成品,由于其在第一步骤已经全部完工,所以完工程度为100％)。

表 14-22　第二步骤生产成本明细账(平行结转分步法)　　　单位:件、元

项 目	数 量	直接材料	直接人工	制造费用	合 计
上期结转	20	2 800	1 500	800	5 100
本月发生	100	8 600	6 500	4 200	19 300
合 计	120	11 400	8 000	5 000	24 400
单位成本		95	80	50	225
结转产成品份额	80	7 600	6 400	4 000	18 000
月末在产品	40	3 800	1 600	1 000	6 400

说明:在产品约当产量＝40×50％＝20(台)。

表 14-23　甲产品成本汇总表　　　　单位:元

车间份额	直接材料	直接人工	制造费用	合 计
第一车间份额	16 800	4 800	3 200	24 800
第二车间份额	7 600	6 400	4 000	18 000
合 计	24 400	11 200	7 200	42 800
单位成本	305	140	90	535

注:月末在产品按约当产量计算。

在平行结转分步法下,各个步骤在生产过程中同样需要消耗上步骤转来的半成品,但是在各个步骤的成本计算单中不反映来自上步骤半成品的成本,各步骤转入下步骤的半成品的成本也不从本步骤成本计算单中转出。因此,这种方法也被称为不计列半成品成本分步法。只有在最终完工产品入库时,才将保留在各个步骤成本计算单中的、应该由完工产品负担的成本份额平行地转入产成品成本。

平行结转分步法与逐步结转分步法的主要差别在于,平行结转分步法下各步骤半成品成本是广义在产品成本,它不仅包括本步骤在产品成本,还包括以后各步骤在产品所耗用的本步骤的半成品成本。平行结转分步法下的完工产品成本并不是最后生产步骤计算出的产品成本,而是各个步骤相关份额的合计数。

　**实训题**

1. 远洋公司 2023 年 8 月发生下列经济业务。

(1) 1 日该公司所有者以 200 000 元现款作为投资,转入该公司的开户

第十四章
练习题

银行。

（2）1 日该公司向银行借款 150 000 元，借款期间 3 个月，存入银行。

（3）2 日以银行存款支付购买车间办公用品 180 元。

（4）2 日以银行存款支付车间用外购动力费 1 000 元。

（5）4 日以现金支付邮费 50 元。

（6）5 日以现金支付管理人员差旅费 600 元。

（7）7 日以银行存款支付采购运费 150 元。

（8）8 日以银行存款支付水电费 560 元。其中：基本生产车间用 460 元，管理部门用 100 元。

（9）8 日以银行存款支付劳动保护费 524 元。

（10）8 日基本生产车间为制造甲产品领用原材料 2 500 元。

（11）9 日从银行提取现金 8 000 元，备发工资。

（12）10 日支付本月生产工人工资 5 600 元。

（13）12 日购入机器设备一台，价值 12 000 元，以银行存款支付。

（14）15 日以银行存款购进原材料一批，价值 5 000 元，材料已经验收入库。

（15）17 日销售产品一批，价值 5 000 元。

（16）30 日该公司预计本季利息费用为 180 元，本月应预提 60 元。

（17）30 日该公司摊销无形资产 100 元。

（18）30 日计提本月折旧，生产车间 500 元，管理部门 200 元。

（19）30 日库存材料盘亏 30 元。

要求：根据上述经济业务判断哪些项目应该计入产品成本，并计算产品成本总额。

2. 2023 年 12 月 31 日，远洋公司投产 A 型产品时，生产工艺过程属于一次大量投入材料加工制造的特点。本月完工产品 200 件，月末在产品 100 件，其完工程度约 50%，假设产品成本按计算单列示，期初在产品成本和本月发生的费用总额为 50 920 元，其中直接材料 24 000 元，直接工资 16 200 元，制造费用 9 800 元，外购动力 920 元。

要求：按照约当产量计算分配完工产品和在产品的成本。

3. 2023 年 12 月 31 日，远洋公司在生产甲、乙、丙三种产品时，发生制造费用总额 56 000 元。根据统计资料提供的生产产品工时，甲产品生产工时 20 000 小时，乙产品生产工时 14 000 小时，丙产品生产工时 30 000 小时。

要求：按生产工时分配制造费用，并编制会计分录。

4. 远洋公司 2023 年 8 月内发生以下各项经济业务。

（1）生产车间从仓库领用各种原材料进行产品生产。计划用于生产 A 产品的甲材料 150 千克，单价 21 元；乙材料 100 千克，单价 33 元。用于生产 B 产品的甲材料 120 千克，单价 21 元；乙材料 80 千克，单价 33 元。

（2）结算本月份应付职工薪酬，按用途归集如下。

A 产品生产工人工资　　10 000 元

B 产品生产工人工资　　8 000 元

车间管理人员工资　　4 000 元

管理部门职工工资　　6 000 元

（3）按规定根据职工工资总额的 14% 计提职工福利费。

（4）计提本月份固定资产折旧，其中车间使用固定资产折旧 1 200 元，管理部门使用固定资产折旧 600 元。

（5）预提应由车间负担的本月份修理费 400 元。

（6）车间报销办公及其他零星开支 800 元，以现金支付。

（7）车间管理人员出差报销差旅费 474 元，原预借 600 元，余款归还现金。

（8）将制造费用总额如数转入"生产成本"账户，并按生产工人工资的比例分配计入 A.B 两种产品成本。

（9）结算本月份 A、B 两种产品生产成本。本月份 A 产品 100 件，B 产品 80 件，均已制造完成，并验收入库。按其实际成本入账。

要求：

（1）根据上列产品生产的经济业务编制会计分录。

（2）登记"生产成本""制造费用"总分类账和"生产成本"明细分类账。

（3）编制"产品生产成本计算表"，参考格式如表 14-24 所示。

表 14-24　产品生产成本计算表

成本项目	A 产品		B 产品	
	总成本（100 件）	单位成本/元	总成本（80 件）	单位成本/元
直接材料				
直接人工				
制造费用				
产品生产成本				

5. 远洋公司生产 A、B 两种产品，6 月份发生经济业务如下。

（1）采购材料，买价 300 000 元，增值税 39 000 元，货款已付，材料已验收入库。

（2）材料耗用情况为 A 产品 60 000 元，B 产品 40 000 元，基本车间一般耗用 2 000 元，管理部门耗用 1 000 元。

（3）当月工资为 A 产品生产工人工资 20 000 元，B 产品生产工人工资 15 000 元，基本生产车间管理人员工资 4 000 元，公司行政管理人员工资 14 000 元，销售人员工资 5 000 元。按 14% 计提职工福利费。

（4）当月租入生产设备，租期 6 个月，一次性支付租金 12 000 元。

（5）基本生产车间领用劳保用品一批，价值 600 元。

（6）计提固定资产折旧，基本生产车间 22 000 元，行政管理部门 4 000 元。

（7）辅助生产单位发生费用：修理车间 7 500 元，提供修理服务 510 工时，其中基本生产车间 420 工时，供气车间 10 工时，行政管理部门 80 工时。供气车间 6 800 元，供气总量 3 400 m³，其中基本生产车间供气 3 300 m³，行政管理部门供气 100 m³。按照直接分配法分配辅助生产费用。

（8）按生产工人工资分配制造费用。

（9）月末完工产品有 A 产品 200 件，B 产品 100 件；月末在产品有 A 产品 100 件，B 产品 50 件，完工率均为 50%。按约当产量法分配生产成本（材料一次性投入）。

要求：为以上经济业务编制必要的会计分录，并在表 14-25 和表 14-26 中登记 A、B 产品成本明细账。

表 14-25　A 产品成本明细账　　　　　　单位：元

项　　目	直接材料	直接人工	制造费用	合　　计
月初在产品成本	14 000	5 000	7 000	26 000
本月发生费用				
生产成本合计				
完工产品成本				
月末在产品成本				

表 14-26　B 产品成本明细账　　　　　　单位：元

项　　目	直接材料	直接人工	制造费用	合　　计
月初在产品成本	11 000	4 000	5 500	20 500
本月发生费用				
生产成本合计				
完工产品成本				
月末在产品成本				

第十五章

▶ 财务报告

【知识目标】

通过本章的学习，了解财务报告的含义及作用；理解主要财务报表所提供的会计信息；明确财务报表编制原理；熟悉财务报表附注的相关内容。

【技能目标】

运用原理与方法，编制资产负债表、利润表、现金流量表和所有者权益变动表。

【素质目标】

以热点故事和事件为切入点，引导学生树立正确的会计道德观、法治观和价值观，在从事会计工作时做到"诚信为本、操守为重、坚持原则、不做假账"，将内在个人道德品质外化为专业工作的职业道德，提高会计职业道德素质。培养学生树立正确的职业理想，培养正确的职业修养和道德品质，建立法治意识和大局意识，做到信息披露需充分可信，言务清、言务尽，营造良好的会计核算生态环境。

第一节　财务报告概述

一、财务报告及其目标

第十五章
案例引入

财务报告是指企业对外提供的反映企业某一特定日期的财务状况和某一会计期间的经营成果、现金流量等会计信息的文件。财务报告包括财务报表和其他应当在财务报告中披露的相关信息和资料，主要包括资产负债表、利润表、现金流量表、所有者权益变动表、附表及报表附注和财务情况说明书。

财务报告的目标是向财务报告使用者提供与企业财务状况、经营成果和现金流量等有关的会计信息，反映企业管理层受托责任履行情况，有助于财务报告使用者作出经济决策。财务报告使用者通常包括投资者、债权人、政府及其有关部门和社会公众等。本章主要说明财务报表的有关内容。

二、财务报表的组成

财务报表是对企业财务状况、经营成果和现金流量的结构性表述。一套完整的财务报表至少应当包括资产负债表、利润表、现金流量表、所有者权益（或股东权益）变动表及附注。

资产负债表、利润表和现金流量表分别从不同角度反映企业的财务状况、经营成果和现金流量。资产负债表反映企业特定日期所拥有的资产、需偿还的债务以及股东（投资者）拥有的净资产情况；利润表反映企业一定期间的经营成果即利润或亏损的情况，表明企业运用所拥有的资产的获利能力；现金流量表反映企业在一定会计期间现金和现金等价物流入和流出的情况。

所有者权益变动表反映构成所有者权益的各组成部分当期的增减变动情况。企业的净利润及其分配情况是所有者权益变动的组成部分，相关信息已经在所有者权益变动表及其附注中反映，企业不需要再单独编制利润分配表。

附注是财务报表不可或缺的组成部分，是对在资产负债表、利润表、现金流量表和所有者权益变动表等报表中列示项目的文字描述或明细资料，以及对未能在这些报表中列示项目的说明等。

第二节　资产负债表

一、资产负债表概述

资产负债表是指反映企业在某一特定日期的财务状况的报表，是企业经营活动的静态反映。资产负债表主要反映资产、负债和所有者权益三方面的内容，并满足"资产＝负债＋所有者权益"平衡式，按照一定的分类标准和一定的次序，将某一特定日期的资产、负债、所有者权益的具体项目予以适当地排列编制而成。

（一）资产

资产反映由过去的交易或事项形成并由企业在某一特定日期所拥有或控制的，预期会给企业带来经济利益的资源。资产应当按照流动资产和非流动资产两大类别在资产负债表中列示，在流动资产和非流动资产类别下进一步按性质分项列示。

流动资产是指预计在一个正常营业周期中变现、出售或耗用，或者主要为交易目的而持有，或者预计在资产负债表日起一年内（含一年）变现的资产，或者自资产负债表日起一年内交换其他资产或清偿负债的能力不受限制的现金或现金等价物。资产负债表中列示的流动资产项目通常包括货币资金、交易性金融资产、应收票据、应收账款、预付款项、其他应收款、存货和一年内到期的非流动资产等。

非流动资产是指流动资产以外的资产。资产负债表中列示的非流动资产项目通常包括长期股权投资、固定资产、在建工程、无形资产、开发支出、长期待摊费用以及其他非流动资产等。

（二）负债

负债反映在某一特定日期企业所承担的、预期会导致经济利益流出企业的现时义务。负债应当按照流动负债和非流动负债在资产负债表中进行列示，在流动负债和非流动负债类别下再进一步按性质分项列示。

流动负债是指预计在一个正常营业周期中清偿，或者主要为交易目的而持有，或者自资产负债表日起一年内（含一年）到期应予以清偿，或者企业无权自主地将清偿推迟至资产负债表日后一年以上的负债。资产负债表中列示的流动负债项目通常包括短期借款、应付票据、应付账款、预收款项、应付职工薪酬、应交税费、其他应付款和一年内到期的非流动负债等。

非流动负债是指流动负债以外的负债。非流动负债项目通常包括长期借款、应付债券和其他非流动负债等。

（三）所有者权益

所有者权益是指企业资产扣除负债后的剩余权益，反映企业在某一特定日期股东（投资者）拥有的净资产的总额。所有者权益一般按照实收资本、资本公积、其他综合收益、盈余公积和未分配利润分项列示。

二、资产负债表的结构

资产负债表一般由表头、表体两部分组成。表头部分应列明报表名称、编制单位名称、资产负债表日、报表编号和计量单位；表体部分是资产负债表的主体，列示了用以说明企业财务状况的各个项目。资产负债表的表体格式一般有两种，即报告式资产负债表和账户式资产负债表。报告式资产负债表是上下结构，上半部分列示资产各项目，下半部分列示负债和所有者权益各项目。账户式资产负债表是左右结构，左边列示资产各项目，反映全部资产的分布及存在状态；右边列示负债和所有者权益各项目，反映全部负债和所有者权益的内容和构成情况。不管采取什么格式，资产各项目的合计一定等于负债和所有者权益各项目的合计。

我国企业的资产负债表采用账户式结构。账户式资产负债表分左右两方，左方为资产项目，大体按资产的流动性大小排列，流动性大的资产如"货币资金""交易性金融资产"等排在前面，流动性小的资产如"长期股权投资""固定资产"等排在后面。右方为负债及所有者权益项目，一般按要求清偿时间的先后顺序排列，"短期借款""应付票据""应付账款"等需要在一年以内或者长于一年的一个正常营业周期内偿还的流动负债排在前面，"长期借款"等在一年以上才需偿还的非流动负债排在中间，在企业清算之前不需要偿还的所有者权益项目排在后面。

企业衍生金融工具业务具有重要性的，应当在资产负债表资产项下"交易性金融资产"项目和"应收票据"项目之间增设"衍生金融资产"项目；在资产负债表负债项下"交易性金融负债"项目和"应付票据"项目之间增设"衍生金融负债"项目，分别反映企业衍生工具形成资产和负债的期末余额。

账户式资产负债表中的资产各项目的合计，等于负债和所有者权益各项目的合计，即资产负债表左方和右方平衡。因此，通过账户式资产负债表可以反映资产、负债、所有者权益

之间的内在关系，即"资产＝负债＋所有者权益"。我国企业资产负债表格式如表 15-1
所示。

表 15-1 资产负债表   会企 01 表

资 产	期末余额	上年年末余额	负债和所有者权益（或股东权益）	期末余额	上年年末余额
流动资产：			流动负债：		
货币资金			短期借款		
交易性金融资产			交易性金融负债		
衍生金融资产			衍生金融负债		
应收票据			应付票据		
应收账款			应付账款		
应收款项融资			预收款项		
预付款项			合同负债		
其他应收款			应付职工薪酬		
存货			应交税费		
合同资产			其他应付款		
持有待售资产			持有待售负债		
一年内到期的非流动资产			一年内到期的非流动负债		
其他流动资产			其他流动负债		
流动资产合计			流动负债合计		
非流动资产：			非流动负债：		
债权投资			长期借款		
其他债权投资			应付债券		
长期应收款			其中：优先股		
长期股权投资			永续债		
其他权益工具投资			租赁负债		
其他非流动金融资产			长期应付款		
投资性房地产			预计负债		
固定资产			递延收益		
在建工程			递延所得税负债		
生产性生物资产			其他非流动负债		
油气资产			非流动负债合计		
使用权资产			负债合计		
无形资产			所有者权益（或股东权益）：		
开发支出			实收资本（或股本）		
商誉			其他权益工具		

编制单位：   年 月 日   单位：元

续表

资　产	期末余额	上年年末余额	负债和所有者权益（或股东权益）	期末余额	上年年末余额
长期待摊费用			其中:优先股		
递延所得税资产			永续债		
其他非流动资产			资本公积		
非流动资产合计			减:库存股		
			其他综合收益		
			专项储备		
			盈余公积		
			未分配利润		
			所有者权益（或股东权益）合计		
资产总计			负债和所有者权益（或股东权益）总计		

三、资产负债表的编制

（一）资产负债表项目的填列方法

资产负债表各项目均需填列"期末余额"和"上年年末余额"两栏。其中"上年年末余额"栏内各项数字,应根据上年年末资产负债表的"期末余额"栏内所列数字填列。如果上年度资产负债表规定的各个项目的名称和内容与本年度不一致,应按照本年度的规定对上年年末资产负债表各项目的名称和数字进行调整,填入本表"上年年末余额"栏内。

资产负债表的"期末余额"栏主要有以下几种填列方法。

（1）根据总账科目余额填列。如"短期借款""应付票据""资本公积"等项目,根据"短期借款""应付票据""资本公积"各总账科目的余额直接填列;有些项目则需根据几个总账科目的期末余额计算填列,如"货币资金"项目,需根据"库存现金""银行存款""其他货币资金"三个总账科目的期末余额的合计数填列。

（2）根据明细账科目余额计算填列。如"应付账款"项目,需要根据"应付账款"和"预付账款"两个科目所属的相关明细科目的期末贷方余额计算填列;"预付款项"项目,需要根据"应付账款"和"预付账款"两个科目所属的相关明细科目的期末借方余额减去与"预付账款"有关的坏账准备贷方余额计算填列;"应收账款"项目,需要根据"应收账款"和"预收款项"两个科目所属的相关明细科目的期末借方余额计算填列;"应付职工薪酬"项目,需要根据"应付职工薪酬"科目的明细科目期末余额计算填列;"一年内到期的非流动资产""一年内到期的非流动负债"项目,需要根据相关非流动资产和非流动负债项目的明细科目余额计算填列;"未分配利润"项目,需要根据"利润分配"科目中所属的"未分配利润"明细科目期末余额填列。

（3）根据总账科目和明细账科目余额分析计算填列。如"长期借款"项目,需要根据"长期借款"总账科目余额扣除"长期借款"科目所属的明细科目中将在一年内到期且企业不能自主地将清偿义务展期的长期借款后的金额计算填列。

（4）根据有关科目余额减去其备抵科目余额后的净额填列。如资产负债表中"应收票据""应收账款""长期股权投资""在建工程"等项目，应当根据"应收票据""应收账款""长期股权投资""在建工程"等科目的期末余额减去"坏账准备""长期股权投资减值准备""在建工程减值准备"等科目余额后的净额填列。"投资性房地产"（采用成本模式计量）、"固定资产"项目，应当根据"投资性房地产""固定资产"科目的期末余额，减去"投资性房地产累计折旧""投资性房地产减值准备""累计折旧""固定资产减值准备"等备抵科目的期末余额，以及"固定资产清理"科目期末余额后的净额填列；"无形资产"项目，应当根据"无形资产"科目的期末余额，减去"累计摊销""无形资产减值准备"等备抵科目余额后的净额填列。

（5）综合运用上述填列方法分析填列。如资产负债表中的"存货"项目，需要根据"原材料""委托加工物资""周转材料""材料采购""在途物资""发出商品""材料成本差异"等总账科目期末余额的分析汇总数，再减去"存货跌价准备"科目余额后的净额填列。

（二）资产负债表项目的填列说明

资产负债表中资产、负债和所有者权益主要项目的填列说明如下。

1. 资产项目的填列说明

（1）"货币资金"项目，反映资产负债表日企业库存现金、银行结算户存款、外埠存款、银行汇票存款、银行本票存款、信用卡存款、信用证保证金存款等的合计数。该项目应根据"库存现金""银行存款""其他货币资金"科目期末余额的合计数填列。

（2）"交易性金融资产"项目，反映资产负债表日企业分类为以公允价值计量且其变动计入当期损益的金融资产，以及企业持有的指定为以公允价值计量且其变动计入当期损益的金融资产的期末账面价值。该项目应根据"交易性金融资产"科目的相关明细科目的期末余额分析填列。自资产负债表日起超过一年到期且预期持有超过一年的以公允价值计量且其变动计入当期损益的非流动金融资产的期末账面价值，在"其他非流动金融资产"项目反映。

（3）"应收票据"项目，反映资产负债表日以摊余成本计量的、企业因销售商品、提供服务等收到的商业汇票，包括银行承兑汇票和商业承兑汇票。该项目应根据"应收票据"科目的期末余额，减去"坏账准备"科目中相关坏账准备期末余额后的金额分析填列。

（4）"应收账款"项目，反映资产负债表日以摊余成本计量的、企业因销售商品、提供服务等经营活动应收取的款项。该项目应根据"应收账款"科目的期末余额，减去"坏账准备"科目中相关坏账准备期末余额后的金额分析填列。

（5）"应收款项融资"项目，反映资产负债表日以公允价值计量且其变动计入其他综合收益的应收票据和应收账款等。

（6）"预付款项"项目，反映资产负债表日企业按照购货合同规定预付给供应单位的款项等。本项目应根据"预付账款"和"应付账款"科目所属各明细科目的期末借方余额合计数，减去"坏账准备"科目中有关预付账款计提的坏账准备期末余额后的净额填列。如"预付账款"科目所属明细科目期末有贷方余额的，应在资产负债表"应付账款"项目内填列。

（7）"其他应收款"项目，反映资产负债表日企业除应收票据、应收账款、预付账款等经营活动以外的其他各种应收、暂付的款项。该项目应根据"应收利息""应收股利"和"其他应收款"科目的期末余额合计数，减去"坏账准备"科目中相关坏账准备期末余额后的金额填列。其中的"应收利息"仅反映相关金融工具已到期可收取,但于资产负债表日尚未收到的利息。基于实际利率法计提的金融工具的利息应包含在相应金融工具的账面余额中。

(8)"存货"项目,反映资产负债表日企业期末在库、在途和在加工中的各种存货的可变现净值或成本(成本与可变现净值孰低)。存货包括各种材料、商品、在产品、半成品、包装物、低值易耗品和发出商品等。该项目应根据"材料采购""原材料""库存商品""周转材料""委托加工物资""发出商品""生产成本""受托代销商品"等科目的期末余额合计数,减去"受托代销商品款""存货跌价准备"科目期末余额后的净额填列。材料采用计划成本核算,以及库存商品采用计划成本核算或售价核算的企业,还应按加或减材料成本差异、商品进销差价后的金额填列。

(9)"合同资产"项目,反映资产负债表日企业应按照《企业会计准则第 14 号——收入》(2018)的相关规定,根据本企业履行履约义务与客户付款之间的关系,在资产负债表中列示合同资产或合同负债。"合同资产"项目应根据"合同资产"科目的相关明细科目期末余额分析填列,同一合同下的合同资产和合同负债应当以净额列示。其中净额为借方余额的,应当根据其流动性在"合同资产"或"其他非流动资产"项目中填列,已计提减值准备的,还应减去"合同资产减值准备"科目中相关的期末余额后的金额填列;其中净额为贷方余额的,应当根据其流动性在"合同负债"或"其他非流动负债"项目中填列。

(10)"持有待售资产"项目,反映资产负债表日划分为持有待售类别的非流动资产,及划分为持有待售类别的处置组中的流动资产和非流动资产的期末账面价值。该项目应根据"持有待售资产"科目的期末余额,减去"持有待售资产减值准备"科目的期末余额后的金额填列。

(11)"一年内到期的非流动资产"项目,通常反映预计自资产负债表日起一年内变现的非流动资产。对于按照相关会计准则采用折旧(或摊销、折耗)方法进行后续计量的固定资产、使用权资产、无形资产和长期待摊费用等非流动资产,折旧(或摊销、折耗)年限(或期限)只剩一年或不足一年的,或预计在一年内(含一年)进行折旧(或摊销、折耗)的部分,不得归类为流动资产,仍在各该非流动资产项目中填列,不转入"一年内到期的非流动资产"项目。

(12)"债权投资"项目,反映资产负债表日企业以摊余成本计量的长期债权投资的期末账面价值。该项目应根据"债权投资"科目的相关明细科目期末余额,减去"债权投资减值准备"科目中相关减值准备的期末余额后的金额分析填列。自资产负债表日起一年内到期的长期债权投资的期末账面价值,在"一年内到期的非流动资产"项目反映。企业购入的以摊余成本计量的一年内到期的债权投资的期末账面价值,在"其他流动资产"项目反映。

(13)"其他债权投资"项目,反映资产负债表日企业分类为以公允价值计量,且其变动计入其他综合收益的长期债权投资的期末账面价值。该项目应根据"其他债权投资"科目的相关明细科目的期末余额分析填列。自资产负债表日起一年内到期的长期债权投资的期末账面价值,在"一年内到期的非流动资产"项目反映。企业购入的以公允价值计量且其变动计入其他综合收益的一年内到期的债权投资的期末账面价值,在"其他流动资产"项目反映。

(14)"长期应收款"项目,反映资产负债表日企业租赁产生的应收款项和采用递延方式分期收款,实质上具有融资性质的销售商品和提供劳务等经营活动产生的应收款项。该项目应根据"长期应收款"科目的期末余额,减去相应的"未实现融资收益"科目和"坏账准备"科目所属相关明细科目期末余额后的金额填列。

（15）"长期股权投资"项目，反映资产负债表日投资方对被投资单位实施控制、重大影响的权益性投资，以及对其合营企业的权益性投资。该项目应根据"长期股权投资"科目的期末余额，减去"长期股权投资减值准备"科目的期末余额后的净额填列。

（16）"其他权益工具投资"项目，反映资产负债表日企业指定为以公允价值计量且其变动计入其他综合收益的非交易性权益工具投资的期末账面价值。该项目应根据"其他权益工具投资"科目的期末余额填列。

（17）"固定资产"项目，反映资产负债表日企业各种固定资产原价减去累计折旧，和减值准备后的净值，和尚未清理完毕的固定资产清理净损益。该项目应根据"固定资产"科目的期末余额，减去"累计折旧"和"固定资产减值准备"以及"固定资产清理"科目期末余额后的净额填列。

（18）"在建工程"项目，反映资产负债表日企业尚未达到预定可使用状态的在建工程的期末账面价值，和企业为在建工程准备的各种物资的期末账面价值。该项目应根据"在建工程"科目的期末余额，减去"在建工程减值准备"科目的期末余额后的金额，以及根据"工程物资"科目的期末余额，减去"工程物资减值准备"科目的期末余额后的金额填列。

（19）"使用权资产"项目，反映资产负债表日承租人企业持有的使用权资产的期末账面价值。该项目应根据"使用权资产"科目的期末余额，减去"使用权资产累计折旧"和"使用权资产减值准备"科目的期末余额后的金额填列。

（20）"无形资产"项目，反映资产负债表日企业持有的专利权、非专利技术、商标权、著作权和土地使用权等无形资产的成本减去累计摊销和减值准备后的净值。该项目应根据"无形资产"科目的期末余额，减去"累计摊销"和"无形资产减值准备"科目期末余额后的净额填列。

（21）"开发支出"项目，反映资产负债表日企业开发无形资产过程中，能够资本化形成无形资产成本的支出部分。该项目应当根据"研发支出"科目中所属的"资本化支出"明细科目期末余额填列。

（22）"长期待摊费用"项目，反映资产负债表日企业已经发生但应由本期和以后各期负担的分摊期限在一年以上的各项费用。长期待摊费用中在一年内（含一年）摊销的部分，在资产负债表"一年内到期的非流动资产"项目填列。该项目应根据"长期待摊费用"科目的期末余额，减去将于一年内（含一年）摊销的数额后的金额分析填列。

（23）"递延所得税资产"项目，反映资产负债表日企业根据所得税准则确认的可抵扣暂时性差异所产生的所得税资产。该项目应根据"递延所得税资产"科目的期末余额填列。

（24）"其他非流动资产"项目，反映资产负债表日企业除上述非流动资产以外的其他非流动资产。该项目应根据有关科目的期末余额填列。

2. 负债项目的填列说明

（1）"短期借款"项目，反映资产负债表日企业向银行或其他金融机构等借入的期限在一年以下（含一年）的各种借款。该项目应根据"短期借款"科目的期末余额填列。

（2）"交易性金融负债"项目，反映资产负债表日企业承担的交易性金融负债，以及企业持有的指定为以公允价值计量且其变动计入当期损益的金融负债的期末账面价值。该项目应根据"交易性金融负债"科目的相关明细科目的期末余额填列。

（3）"应付票据"项目，反映资产负债表日以摊余成本计量的，企业因购买材料、商品和接受服务等开出、承兑的商业汇票,包括银行承兑汇票和商业承兑汇票。该项目应根据"应付票据"科目的期末余额填列。

(4)"应付账款"项目,反映资产负债表日以摊余成本计量的、企业因购买材料、商品和接受服务等经营活动应支付的款项。该项目应根据"应付账款"和"预付账款"科目所属的相关明细科目的期末贷方余额合计数填列。

(5)"预收款项"项目,反映资产负债表日企业按照合同规定预收其他单位的款项。该项目应根据"预收账款"和"应收账款"科目所属各明细科目的期末贷方余额合计数填列。如"预收账款"科目所属明细科目期末有借方余额的,应在资产负债表"应收账款"项目内填列。

(6)"合同负债"项目,企业应按照《企业会计准则第14号——收入》(2018)的相关规定根据本企业履行履约义务与客户付款之间的关系,在资产负债表中列示合同资产或合同负债。"合同负债"项目应根据"合同负债"科目的相关明细科目期末余额分析填列。同一合同下的合同资产和合同负债应当以净额列示,其中净额为借方余额的,应当根据其流动性在"合同资产"或"其他非流动资产"项目中填列,已计提减值准备的,应当根据净额减去"合同资产减值准备"科目中相关的期末余额后的金额填列;其中净额为贷方余额的,应当根据其流动性在"合同负债"或"其他非流动负债"项目中填列。

(7)"应付职工薪酬"项目,反映企业为获得职工提供的服务或解除劳动关系而给予的各种形式的报酬或补偿。企业提供给职工配偶、子女、受赡养人、已故员工遗属及其他受益人等的福利,也属于职工薪酬。职工薪酬主要包括短期薪酬、离职后福利、辞退福利和其他长期职工福利。该项目应根据"应付职工薪酬"科目所属各明细科目的期末贷方余额分析填列。

(8)"应交税费"项目,反映企业按照税法规定计算应交纳的各种税费,包括增值税、消费税、企业所得税、资源税、土地增值税、城市维护建设税、房产税、城镇土地使用税、车船税、教育费附加和矿产资源补偿费等。企业代扣代缴的个人所得税,也通过本项目列示。该项目应根据"应交税费"科目的期末贷方余额填列,如"应交税费"科目期末为借方余额,应以"一"号填列。需要说明的是,"应交税费"科目下的"应交增值税""未交增值税""待抵扣进项税额""待认证进项税额""增值税留抵税额"等明细科目期末借方余额应根据情况,在资产负债表中的"其他流动资产"或"其他非流动资产"项目列示;"应交税费"科目下的"待转销项税额"等明细科目期末贷方余额应根据情况,在资产负债表中的"其他流动负债"或"其他非流动负债"项目列示;"应交税费"科目下的"未交增值税""简易计税""转让金融商品应交增值税""代扣代交增值税"等科目期末贷方余额应在资产负债表中的"应交税费"项目列示。

(9)"其他应付款"项目,应根据"应付利息""应付股利"和"其他应付款"科目的期末余额合计数填列。其中的"应付利息"仅反映相关金融工具已到期应支付但于资产负债表日尚未支付的利息。基于实际利率法计提的金融工具的利息应包含在相应金融工具的账面余额中。

(10)"持有待售负债"项目,反映资产负债表日处置组中与划分为持有待售类别的资产直接相关的负债的期末账面价值。该项目应根据"持有待售负债"科目的期末余额填列。

(11)"一年内到期的非流动负债"项目,反映企业非流动负债中将于资产负债表日后一年内到期部分的金额,如将于一年内偿还的长期借款,该项目应根据有关科目的期末余额分析填列。

(12)"长期借款"项目,反映企业向银行或其他金融机构借入的期限在一年以上(不含一年)的各项借款。该项目应根据"长期借款"科目的期末余额,扣除"长期借款"科目所属明细科目中将在资产负债表日起一年内到期且企业不能自主地将清偿义务展期的长期借款后的金额计算填列。

（13）"应付债券"项目，反映企业为筹集长期资金而发行的债券本金及应付的利息。该项目应根据"应付债券"科目的期末余额分析填列。对于资产负债表日企业发行的金融工具分类为金融负债的，应在该项目填列。对于优先股和永续债还，应在该项目下的"优先股"项目和"永续债"项目分别填列。

（14）"租赁负债"项目，反映资产负债表日承租人企业尚未支付的租赁付款额的期末账面价值。该项目应根据"租赁负债"科目的期末余额填列。自资产负债表日起一年内到期应予以清偿的租赁负债的期末账面价值，在"一年内到期的非流动负债"项目反映。

（15）"长期应付款"项目，反映资产负债表日企业除长期借款和应付债券外的其他各种长期应付款项的期末账面价值。该项目应根据"长期应付款"科目的期末余额，减去相关的"未确认融资费用"科目的期末余额后的金额，以及"专项应付款"科目的期末余额填列。

（16）"预计负债"项目，反映企业根据或有事项等相关准则确认的各项预计负债，包括对外提供担保、未决诉讼、产品质量保证、重组义务以及固定资产和矿区权益弃置义务等产生的预计负债。该项目应根据"预计负债"科目的期末余额填列。企业按照《企业会计准则第 22 号——金融工具确认和计量》(2018)的相关规定，对贷款承诺等项目计提的损失准备，应当在本项目中填列。

（17）"递延收益"项目，反映尚待确认的收入或收益，包括企业根据政府补助准则确认的应在以后期间计入当期损益的政府补助金额、售后租回形成融资租赁的售价与资产账面价值差额等其他递延性收入。该项目应根据"递延收益"科目的期末余额填列。该项目中摊销期限只剩一年或不足一年的，或预计在一年内（含一年）进行摊销的部分，不得归类为流动负债，仍在该项目中填列，不转入"一年内到期的非流动负债"项目。

（18）"递延所得税负债"项目，反映企业根据所得税准则确认的应纳税暂时性差异产生的所得税负债。该项目应根据"递延所得税负债"科目的期末余额填列。

（19）"其他非流动负债"项目，反映企业除以上非流动负债以外的其他非流动负债。该项目应根据有关科目期末余额，减去将于一年内（含一年）到期偿还数后的余额分析填列。非流动负债各项目中将于一年内（含一年）到期的非流动负债，应在"一年内到期的非流动负债"项目内反映。

3. 所有者权益项目的填列说明

（1）"实收资本（或股本）"项目反映资产负债表日企业各投资者实际投入的资本（或股本）总额。该项目应根据"实收资本（或股本）"科目的期末余额填列。

（2）"其他权益工具"项目反映资产负债表日企业发行在外的除普通股以外，分类为权益工具的金融工具的期末账面价值，并下设"优先股"和"永续债"两个项目，分别反映企业发行的分类为权益工具的优先股和永续债的账面价值。

（3）"资本公积"项目反映企业收到投资者出资超出其在注册资本或股本中所占的份额，及直接计入所有者权益的利得和损失等。该项目应根据"资本公积"科目的期末余额填列。

（4）"其他综合收益"项目反映企业其他综合收益的期末余额。该项目应根据"其他综合收益"科目的期末余额填列。

（5）"专项储备"项目反映高危行业企业按国家规定提取的安全生产费和期末账面价值。该项目应根据"专项储备"科目的期末余额填列。

（6）"盈余公积"项目反映企业盈余公积的期末余额。该项目应根据"盈余公积"科目的期末余额填列。

（7）"未分配利润"项目反映企业尚未分配的利润。该项目应根据"本年利润"科目和"利润分配"科目的余额计算填列。该弥补的亏损在该项目内以"－"号填列。

第三节 利 润 表

一、利润表概述

利润表又称损益表，是反映企业在一定会计期间内经营成果的报表。通过利润表，可以反映企业在一定会计期间内收入、费用、利润（或亏损）的数额和构成情况，帮助财务报表使用者全面了解企业的经营成果，分析企业的获利能力及盈利增长趋势，从而为其作出经济决策提供依据。

二、利润表的结构

利润表的结构有单步式和多步式两种。单步式利润表是将当期所有的收入列在一起，所有的费用列一起，然后将两者相减得出当期净损益。我国企业的利润表采用多步式格式，即通过对当期的收入、费用、支出项目按性质加以归类，按利润形成的主要环节列示一些中间性利润指标，分步计算当期净损益，以便财务报表使用者理解企业经营成果的不同来源。

利润表一般由表头和表体两部分组成。表头部分应列明报表名称、编制单位名称、编制日期、报表编号和计量单位。表体部分为利润表的主体，列示了形成经营成果的各个项目和计算过程。

为了使财务报表使用者通过比较不同期间利润的实现情况，判断企业经营成果的未来发展趋势，企业需要提供比较利润表。为此，利润表金额栏分为"本期金额"和"上期金额"两栏分别填列。我国一般企业利润表格式如表 15-2 所示。

表 15-2 利润表　　　　　　会企 02 表

编制单位：　　　　　　　　年　月　　　　　　　　单位：元

项　目	本期金额	上期金额
一、营业收入		
减：营业成本		
税金及附加		
销售费用		
管理费用		
研发费用		
财务费用		
其中：利息费用		

续表

项　　目	本期金额	上期金额
利息收入		
加：其他收益		
投资收益（损失以"－"号填列）		
其中：对联营企业和合营企业的投资收益		
以摊余成本计量的金融资产终止确认收益（损失以"－"号填列）		
净敞口套期收益（损失以"－"号填列）		
公允价值变动收益（损失以"－"号填列）		
信用减值损失（损失以"－"号填列）		
资产减值损失（损失以"－"号填列）		
资产处置收益（损失以"－"号填列）		
二、营业利润（亏损以"－"号填列）		
加：营业外收入		
减：营业外支出		
三、利润总额（亏损以"－"号填列）		
减：所得税费用		
四、净利润（净亏损以"－"号填列）		
（一）持续经营净利润（净亏损以"－"号填列）		
（二）终止经营净利润（净亏损以"－"号填列）		
五、其他综合收益的税后净额		
（一）以后不能重分类进损益的其他综合收益		
1. 重新计量设定受益计划变动额		
2. 权益法下不能转损益的其他综合收益		
3. 其他权益工具投资公允价值变动		
4. 企业自身信用风险公允价值变动		
……		
（二）将重分类进损益的其他综合收益		
1. 权益法下可转损益的其他综合收益		
2. 其他债权投资公允价值变动		
3. 金融资产重分类计入其他综合收益的金额		
4. 其他债权投资信用减值准备		
5. 现金流量套期储备		
6. 外币财务报表折算差额		
……		
六、综合收益总额		
七、每股收益		
（一）基本每股收益		
（二）稀释每股收益		

三、利润表的编制

利润表编制的原理是"收入－费用＝利润"的会计平衡公式和收入与费用的配比原则。企业在生产经营中不断地取得各项收入,同时发生各种费用,收入减去费用的剩余部分为企业的盈利。如果企业经营不善,发生的生产经营费用超过取得的收入,超过部分为企业的亏损。将取得的收入和发生的相关费用进行对比,对比的结果表现为企业的经营成果。企业将经营成果的核算过程和结果变成报表,即利润表。

(一)利润表项目的填列方法

我国企业利润表的主要编制步骤和内容如下。

(1)以营业收入为基础,减去营业成本、税金及附加、销售费用、管理费用、研发费用和财务费用,加上其他收益、投资收益(减去投资损失)、公允价值变动收益(减去公允价值变动损失)、信用减值损失、资产减值损失和资产处置收益(减去资产处置损失),计算出营业利润。

(2)以营业利润为基础,加上营业外收入,减去营业外支出,计算出利润总额。

(3)以利润总额为基础,减去所得税费用,计算出净利润(或净亏损)。

(4)以净利润(或净亏损)为基础,计算出每股收益。

(5)以净利润(或净亏损)和其他综合收益为基础,计算出综合收益总额。

利润表各项目均需填列"本期金额"和"上期金额"两栏。其中"上期金额"栏内各项数字应根据上年该期利润表的"本期金额"栏内所列数字填列。"本期金额"栏内各期数字,除"基本每股收益"和"稀释每股收益"项目外,应当按照相关科目的发生额分析填列。

(二)利润表主要项目的填列说明

(1)"营业收入"项目反映企业经营主要业务和其他业务所确认的收入总额。该项目应根据"主营业务收入"和"其他业务收入"科目的发生额分析填列。

(2)"营业成本"项目反映企业经营主要业务和其他业务所发生的成本总额。该项目应根据"主营业务成本"和"其他业务成本"科目的发生额分析填列。

(3)"税金及附加"项目反映企业经营业务应负担的消费税、城市维护建设税、教育费附加、资源税、土地增值税、房产税、车船税、城镇土地使用税和印花税等相关税费。该项目应根据"税金及附加"科目的发生额分析填列。

(4)"销售费用"项目反映企业在销售商品过程中发生的包装费、广告费等费用和为销售本企业商品而专设的销售机构的职工薪酬、业务费等经营费用。该项目应根据"销售费用"科目的发生额分析填列。

(5)"管理费用"项目反映企业为组织和管理生产经营发生的管理费用。该项目应根据"管理费用"科目的发生额分析填列。

(6)"研发费用"项目反映企业进行研究与开发过程中发生的费用化支出,以及计入管理费用的自行开发无形资产的摊销。该项目应根据"管理费用"科目下的"研究费用"明细科目的发生额,以及"管理费用"科目下的"无形资产摊销"明细科目的发生额分析填列。

(7)"财务费用"项目反映企业为筹集生产经营所需资金等而发生的予以费用化的利息支出及利息收入。该项目下的"利息费用"项目反映企业为筹集生产经营所需资金等而发生的应予费用化的利息支出,应根据"财务费用"科目的相关明细科目的发生额分析填列。"利息费用"作为"财务费用"项目的其中项,以正数填列。该项目下的"利息收入"项目反映企业按照相关会计准则确认的应冲减财务费用的利息收入,应根据"财务费用"科目的相关明细科目的发生额分析填列。"利息收入"作为"财务费用"项目的其中项,以负数填列。

(8)"其他收益"项目反映计入其他收益的政府补助,以及其他与日常活动相关且计入其他收益的项目。该项目应根据"其他收益"科目的发生额分析填列。企业作为个人所得税的扣缴义务人,根据《中华人民共和国个人所得税法》,企业收到的扣缴税款手续费,应作为其他与日常活动相关的收益在该项目中填列。

(9)"投资收益"项目反映企业以各种方式对外投资所取得的收益。该项目应根据"投资收益"科目的发生额分析填列,如为投资损失,该项目以"－"号填列。

(10)"净敞口套期收益"项目反映净敞口套期下被套期项目累计公允价值变动转入当期损益的金额,或现金流量套期储备转入当期损益的金额。该项目应根据"净敞口套期损益"科目的发生额分析填列,如为套期损失,该项目以"－"号填列。

(11)"公允价值变动收益"项目反映企业应计入当期损益的资产或负债公允价值变动收益。该项目应根据"公允价值变动损益"科目的发生额分析填列,如为净损失,该项目以"－"号填列。

(12)"信用减值损失"项目反映企业按照《企业会计准则第 22 号——金融工具确认和计量》(2018)的要求计提的各项金融工具信用减值准备所确认的信用损失。该项目应根据"信用减值损失"科目的发生额分析填列。

(13)"资产减值损失"项目反映企业各项资产发生的减值损失。该项目应根据"资产减值损失"科目的发生额分析填列。

(14)"资产处置收益"项目反映企业出售划分为持有待售的非流动资产(金融工具、长期股权投资和投资性房地产除外)或处置组(子公司和业务除外)时确认的处置利得或损失,以及处置未划分为持有待售的固定资产、在建工程、生产性生物资产及无形资产而产生的处置利得或损失。债务重组中因处置非流动资产(金融工具、长期股权投资和投资性房地产除外)产生的利得或损失和非货币性资产交换中换出非流动资产(金融工具、长期股权投资和投资性房地产除外)产生的利得或损失也包括在本项目内。该项目应根据"资产处置损益"科目的发生额分析填列,如为处置损失,该项目以"－"号填列。

(15)"营业利润"项目反映企业实现的营业利润。如为亏损,该项目以"－"号填列。

(16)"营业外收入"项目反映企业发生的除营业利润以外的收益,主要包括与企业日常活动无关的政府补助、盘盈利得和捐赠利得(企业接受股东或股东的子公司直接或间接的捐赠,经济实质属于股东对企业的资本性投入的除外)等。该项目应根据"营业外收入"科目的发生额分析填列。

(17)"营业外支出"项目反映企业发生的除营业利润以外的支出,主要包括公益性捐赠支出、非常损失、盘亏损失和非流动资产毁损报废损失等。该项目应根据"营业外支出"科目的发生额分析填列。"非流动资产毁损报废损失"通常包括因自然灾害发生毁损、已丧失使用功能等原因而报废清理产生的损失。企业在不同交易中形成的非流动资产毁损报废利得和损失不得相互抵销,应分别在"营业外收入"项目和"营业外支出"项目进行填列。

（18）"利润总额"项目反映企业实现的利润。如为亏损,该项目以"－"号填列。

（19）"所得税费用"项目反映企业应从当期利润总额中扣除的所得税费用。该项目应根据"所得税费用"科目的发生额分析填列。

（20）"净利润"项目反映企业实现的净利润。如为亏损,该项目以"－"号填列。

（21）"其他综合收益的税后净额"项目反映企业根据企业会计准则规定未在损益中确认的各项利得和损失扣除所得税影响后的净额。

（22）"综合收益总额"项目反映企业净利润与其他综合收益(税后净额)的合计金额。

（23）"每股收益"项目包括基本每股收益和稀释每股收益两项指标,反映普通股或潜在普通股已公开交易的企业,以及正处在公开发行普通股或潜在普通股过程中的企业的每股收益信息。

第四节　现金流量表

一、现金流量表概述

现金流量表是反映企业在一定会计期间内现金和现金等价物流入和流出的报表。通过现金流量表,可以为报表使用者提供企业在一定会计期间内现金和现金等价物流入和流出的信息,便于使用者了解和评价企业获取现金和现金等价物的能力,据以预测企业未来现金流量。

现金流量是指一定会计期间内企业现金和现金等价物的流入和流出。企业从银行提取现金、用现金购买短期到期的国债等现金和现金等价物之间的转换不属于现金流量。

现金是指企业库存现金以及可以随时用于支付的存款,包括库存现金、银行存款和其他货币资金(如外埠存款、银行汇票存款、银行本票存款等)等。不能随时用于支付的存款不属于现金。现金等价物是指企业持有的期限短、流动性强、易于转换为已知金额现金和价值变动风险很小的投资。期限短,一般是指从购买日起三个月内到期。现金等价物通常包括三个月内到期的债券投资等。权益性投资变现的金额通常不确定,因而不属于现金等价物。企业应当根据具体情况,确定现金等价物的范围,一经确定不得随意变更。

企业产生的现金流量分为以下三类。

（一）经营活动产生的现金流量

经营活动是指企业投资活动和筹资活动以外的所有交易和事项。经营活动主要包括销售商品、提供劳务、购买商品、接受劳务、支付工资和交纳税费等流入和流出现金和现金等价物的活动或事项。

（二）投资活动产生的现金流量

投资活动是指企业长期资产的购建和不包括在现金等价物范围内的投资及其处置活动。投资活动主要包括购建固定资产、处置子公司及其他营业单位等流入和流出现金和现金等价物的活动或事项。

（三）筹资活动产生的现金流量

筹资活动是指导致企业资本及债务规模和构成发生变化的活动。筹资活动主要包括吸收投资、发行股票、分配利润、发行债券、偿还债务等流入和流出现金和现金等价物的活动或事项。偿付应付账款、应付票据等商业应付款属于经营活动，不属于筹资活动。

二、现金流量表的结构

我国企业现金流量表采用报告式结构，分类反映经营活动产生的现金流量、投资活动产生的现金流量和筹资活动产生的现金流量，最后汇总反映企业某一期间内现金及现金等价物的净增加额。我国企业现金流量表的格式如表 15-3 所示。

表 15-3 现金流量表　　　　　　　　　　　会企 03 表

编制单位：　　　　　　　　　　　年　　月　　　　　　　　　　　单位：元

项　　目	本期金额	上期金额
一、经营活动产生的现金流量		
销售商品、提供劳务收到的现金		
收到的税费返还		
收到的其他与经营活动有关的现金		
经营活动现金流入小计		
购买商品、接受劳务支付的现金		
支付给职工以及为职工支付的现金		
支付的各项税费		
支付其他与经营活动有关的现金		
经营活动现金流出小计		
经营活动产生的现金流量净额		
二、投资活动产生的现金流量		
收回投资收到的现金		
取得投资收益收到的现金		
处置固定资产、无形资产和其他长期资产收回的现金净额		
处置子公司及其他营业单位收到的现金净额		
收到其他与投资活动有关的现金		
投资活动现金流入小计		
购建固定资产、无形资产和其他长期资产支付的现金		
投资支付的现金		
取得子公司及其他营业单位支付的现金净额		
支付其他与投资活动有关的现金		
投资活动现金流出小计		
投资活动产生的现金流量净额		
三、筹资活动产生的现金流量		
吸收投资收到的现金		
取得借款收到的现金		
收到其他与筹资活动有关的现金		

续表

项 目	本期金额	上期金额
筹资活动现金流入小计		
偿还债务支付的现金		
分配股利、利润或偿付利息支付的现金		
支付其他与筹资活动有关的现金		
筹资活动现金流出小计		
筹资活动产生的现金流量净额		
四、汇率变动对现金及现金等价物的影响		
五、现金及现金等价物净增加额		
加：期初现金及现金等价物余额		
六、期末现金及现金等价物余额		

三、现金流量表的编制

（一）现金流量表的编制方法

企业一定期间内的现金流量可分为三部分，即经营活动现金流量、投资活动现金流量和筹资活动现金流量。编制现金流量表时，经营活动现金流量的方法有两种：一种是直接法；另一种是间接法。这两种方法通常也称为编制现金流量表的直接法和间接法。

在直接法下，一般是以利润表中的营业收入为起算点，调节与经营活动有关项目的增减变动，然后计算出经营活动产生的现金流量。在间接法下，则是以净利润为起算点，调整不涉及现金的收入、费用和营业外收支等有关项目，剔除投资活动和筹资活动对现金流量的影响，据此计算出经营活动产生的现金流量。相对而言，采用直接法编制的现金流量表，便于分析企业经营活动产生的现金流量的来源和用途，预测企业现金流量的未来前景。而采用间接法不易做到这一点。

企业会计准则规定，企业应采用直接法列示经营活动产生的现金流量。采用直接法具体编制现金流量表时，可以采用工作底稿法或 T 型账户法，也可以根据有关科目记录分析填列。

现金流量表各项目均需填列"本期金额"和"上期金额"两栏。现金流量表"上期金额"栏内各项数字，应根据上一期间现金流量表"本期金额"栏内所列数字填列。

在我国，现金流量表补充资料应采用间接法反映经营活动产生的现金流量情况，以对现金流量表中采用直接法反映的经营活动现金流量进行核对和补充说明。

（二）现金流量表的主要项目说明

1. 经营活动产生的现金流量

（1）"销售商品、提供劳务收到的现金"项目，反映企业本期销售商品、提供劳务收到的现金，以及前期销售商品、提供劳务本期收到的现金（包括应向购买者收取的增值税销项税额）和本期预收的款项，减去本期销售本期退回商品和前期销售本期退回商品支付的现金。企业销售材料和代购代销业务收到的现金，也在该项目反映。

（2）"收到的税费返还"项目，反映企业收到返还的所得税、增值税、消费税、关税和教育费附加等各种税费返还款。

（3）"收到其他与经营活动有关的现金"项目，反映企业经营租赁收到的租金和实际收到的政府补助等其他与经营活动有关的现金流入，金额较大的应当单独列示。

（4）"购买商品、接受劳务支付的现金"项目，反映企业本期购买商品、接受劳务实际支付的现金（包括增值税进项税额），以及本期支付前期购买商品、接受劳务的未付款项和本期预付款项，减去本期发生的购货退回收到的现金。企业购买材料和代购代销业务支付的现金，也在该项目反映。

（5）"支付给职工以及为职工支付的现金"项目，反映企业实际支付给职工的工资、奖金、各种津贴和补贴等职工薪酬（包括代扣代缴的职工个人所得税）。

（6）"支付的各项税费"项目，反映企业发生并支付、前期发生本期支付以及预交的各项税费，包括所得税、增值税、消费税、印花税、房产税、土地增值税、车船税和教育费附加等。

（7）"支付其他与经营活动有关的现金"项目，反映企业经营租赁支付的租金、支付的差旅费、业务招待费、保险费和罚款支出等其他与经营活动有关的现金流出，金额较大的应当单独列示。

2. 投资活动产生的现金流量

（1）"收回投资收到的现金"项目，反映企业出售、转让或到期收回除现金等价物以外的对其他企业长期股权投资等收到的现金，但处置子公司及其他营业单位收到的现金净额除外。

（2）"取得投资收益收到的现金"项目，反映企业除现金等价物以外的对其他企业的长期股权投资等分回的现金股利和利息等。

（3）"处置固定资产、无形资产和其他长期资产收回的现金净额"项目，反映企业出售、报废固定资产、无形资产和其他长期资产所取得的现金（包括因资产毁损而收到的保险赔偿收入），减去为处置这些资产而支付的有关费用后的净额。

（4）"处置子公司及其他营业单位收到的现金净额"项目，反映企业处置子公司及其他营业单位所取得的现金，减去相关处置费用以及子公司及其他营业单位持有的现金和现金等价物后的净额。

（5）"购建固定资产、无形资产和其他长期资产支付的现金"项目，反映企业购买、建造固定资产、取得无形资产和其他长期资产所支付的现金（含增值税款等），以及用现金支付的应由在建工程和无形资产负担的职工薪酬。

（6）"投资支付的现金"项目，反映企业取得除现金等价物以外的对其他企业的长期股权投资等所支付的现金以及支付的佣金、手续费等附加费用，但取得子公司及其他营业单位支付的现金净额除外。

（7）"取得子公司及其他营业单位支付的现金净额"项目，反映企业购买子公司及其他营业单位购买出价中以现金支付的部分，减去子公司及其他营业单位持有的现金和现金等价物后的净额。

（8）"收到其他与投资活动有关的现金""支付其他与投资活动有关的现金"项目，反映企业除上述（1）至（7）项目外收到或支付的其他与投资活动有关的现金，金额较大的应当单独列示。

　　3．筹资活动产生的现金流量

　　(1)"吸收投资收到的现金"项目,反映企业以发行股票、债券等方式筹集资金实际收到的款项(发行收入减去支付的佣金等发行费用后的净额)。

　　(2)"取得借款收到的现金"项目,反映企业举借各种短期、长期借款而收到的现金。

　　(3)"偿还债务支付的现金"项目,反映企业为偿还债务本金而支付的现金。

　　(4)"分配股利、利润或偿付利息支付的现金"项目,反映企业实际支付的现金股利、支付给其他投资单位的利润或用现金支付的借款利息、债券利息。

　　(5)"收到其他与筹资活动有关的现金""支付其他与筹资活动有关的现金"项目,反映企业除上述(1)至(4)项目外收到或支付的其他与筹资活动有关的现金,金额较大的应当单独列示。

　　4．汇率变动对现金及现金等价物的影响

　　"汇率变动对现金及现金等价物的影响"项目,反映下列两个金额之间的差额。

　　(1)企业外币现金流量折算为记账本位币时,采用现金流量发生日的即期汇率或按照系统合理的方法确定的、与现金流量发生日即期汇率近似的汇率折算的金额(编制合并现金流量表时折算境外子公司的现金流量,应当比照处理)。

　　(2)企业外币现金及现金等价物净增加额按资产负债表日即期汇率折算的金额。

　　另外,我国要求采用间接法列报经营活动产生的现金流量时,需要对四大类项目进行调整,并结合具体项目逐一进行分析填列。

　　(1)实际没有支付现金的费用,如折旧费、无形资产摊销。这部分应计入净利润中。

　　(2)实际没有收到现金的收益,如固定资产盘盈、债券溢价摊销,应从净利润中减去。

　　(3)不属于经营活动的损益,如处置固定资产损益、投资损益、财务费用等,由于这部分损益不属于经营活动,应扣除掉。

　　(4)经营性应收应付项目的增减变动,应从净利润中减去应收项目的增加,加上应付项目的增加。

第五节　所有者权益变动表

一、所有者权益变动表概述

　　所有者权益变动表是指反映构成所有者权益各组成部分当期增减变动情况的报表。

　　通过所有者权益变动表,既可以为报表使用者提供所有者权益总量增减变动的信息,也能为其提供所有者权益增减变动的结构性信息,特别是能够让报表使用者理解所有者权益增减变动的根源。

二、所有者权益变动表的结构

　　在所有者权益变动表上,企业至少应当单独列示反映下列信息的项目:①综合收益总额;②会计政策变更和差错更正的累积影响金额;③所有者投入资本和向所有者分配利润等;④提取的盈余公积;⑤实收资本或资本公积、盈余公积、未分配利润的期初和期末余额及其调节情况。

所有者权益变动表以矩阵的形式列示。一方面，列示导致所有者权益变动的交易或事项，即所有者权益变动的来源，对一定时期所有者权益的变动情况进行全面反映；另一方面，按照所有者权益各组成部分（即实收资本、资本公积、其他综合收益、盈余公积、未分配利润和库存股），列示交易或事项对所有者权益各部分的影响。

我国企业所有者权益变动表的格式如表 15-4 所示。

三、所有者权益变动表的编制

（一）所有者权益变动表项目的填列方法

所有者权益变动表各项目均需填列"本年金额"和"上年金额"两栏。所有者权益变动表"上年金额"栏内各项数字，应根据上年度所有者权益变动表"本年金额"栏内所列数字填列。上年度所有者权益变动表规定的各个项目的名称和内容同本年度不一致的，应对上年度所有者权益变动表各项目的名称和数字按照本年度的规定进行调整，填入所有者权益变动表的"上年金额"栏内。

所有者权益变动表"本年金额"栏内各项数字一般应根据"实收资本（或股本）""其他权益工具""资本公积""库存股""其他综合收益""专项储备""盈余公积""利润分配"和"以前年度损益调整"科目的发生额分析填列。

企业的净利润及其分配情况作为所有者权益变动的组成部分，不需要单独编制利润分配表列示。

（二）所有者权益变动表主要项目说明

（1）"上年年末余额"项目，反映企业上年资产负债表中实收资本（或股本）、其他权益工具、资本公积、库存股、其他综合收益、专项储备、盈余公积和未分配利润的年末余额。

（2）"会计政策变更""前期差错更正"项目，分别反映企业采用追溯调整法处理的会计政策变更的累积影响金额和采用追溯重述法处理的会计差错更正的累积影响金额。

（3）"本年增减变动金额"项目又分为以下类别。

① "综合收益总额"项目，反映净利润和其他综合收益扣除所得税影响后的净额相加后的合计金额。

② "所有者投入和减少资本"项目，反映企业当年所有者投入的资本和减少的资本。

a. "所有者投入的普通股"项目，反映企业接受投资者投入形成的实收资本（或股本）和资本溢价或股本溢价。

b. "其他权益工具持有者投入资本"项目，反映企业发行的除普通股以外分类为权益工具的金融工具的持有者投入资本的金额。

c. "股份支付计入所有者权益的金额"项目，反映企业处于等待期中的权益结算的股份支付当年计入资本公积的金额。

③ "利润分配"项目，反映企业当年的利润分配金额。

④ "所有者权益内部结转"项目，反映企业构成所有者权益的组成部分之间的增减变动情况。

a. "资本公积转增资本（或股本）"项目，反映企业当年以资本公积转增资本或股本的金额。

表 15-4 所有者权益变动表

会企 04 表

年度　　　　　　　　　　　　　　　　　　　　　　　单位:元

编制单位:

项目	本年金额											上年金额										
	实收资本（或股本）	其他权益工具			资本公积	减:库存股	其他综合收益	专项储备	盈余公积	未分配利润	所有者权益合计	实收资本（或股本）	其他权益工具			资本公积	减:库存股	其他综合收益	专项储备	盈余公积	未分配利润	所有者权益合计
		优先股	永续债	其他									优先股	永续债	其他							
一、上年年末余额																						
加:会计政策变更																						
前期差错更正																						
其他																						
二、本年年初余额																						
三、本年增减变动金额（减少以"—"填列）																						
（一）综合收益总额																						
（二）所有者投入和减少资本																						
1.所有者投入的普通股																						
2.其他权益工具持有者投入资本																						
3.股份支付计入所有者权益的金额																						
4.其他																						
（三）利润分配																						
1.提取盈余公积																						
2.对所有者（或股东）的分配																						
3.其他																						
（四）所有者权益内部结转																						

续表

项目	本年金额											上年金额										
	实收资本（或股本）	其他权益工具			资本公积	减：库存股	其他综合收益	专项储备	盈余公积	未分配利润	所有者权益合计	实收资本（或股本）	其他权益工具			资本公积	减：库存股	其他综合收益	专项储备	盈余公积	未分配利润	所有者权益合计
		优先股	永续债	其他									优先股	永续债	其他							
1. 资本公积转增资本（或股本）																						
2. 盈余公积转增资本（或股本）																						
3. 盈余公积弥补亏损																						
4. 设定受益计划变动额结转留存收益																						
5. 其他综合收益结转留存收益																						
6. 其他																						
四、本年年末余额																						

b. "盈余公积转增资本(或股本)"项目,反映企业当年以盈余公积转增资本或股本的金额。

c. "盈余公积弥补亏损"项目,反映企业当年以盈余公积弥补亏损的金额。

d. "设定受益计划变动额结转留存收益"项目,反映企业因重新计量设定受益计划净负债或净资产所产生的变动计入其他综合收益,结转至留存收益的金额。

e. "其他综合收益结转留存收益"项目,主要反映以下两点。第一,企业指定为以公允价值计量且其变动计入其他综合收益的非交易性权益工具投资终止确认时,之前计入其他综合收益的累计利得或损失,从其他综合收益中转入留存收益的金额。第二,企业指定为以公允价值计量且其变动计入当期损益的金融负债终止确认时,之前由企业自身信用风险变动引起而计入其他综合收益的累计利得或损失,从其他综合收益中转入留存收益的金额等。

第六节 附 注

一、附注概述

附注是对资产负债表、利润表、现金流量表和所有者权益变动表等报表中列示项目的文字描述或明细资料,以及对未能在这些报表中列示项目的说明等。附注主要起到两方面的作用。第一,附注的披露,是对资产负债表、利润表、现金流量表和所有者权益变动表列示项目的含义的补充说明,帮助使用者更准确地把握其含义。例如,通过阅读附注中披露的固定资产折旧政策的说明,使用者可以掌握报告企业与其他企业在固定资产折旧政策上的异同,以便进行更准确的比较。第二,附注提供了对资产负债表、利润表、现金流量表和所有者权益变动表中未列示项目的详细或明细说明。例如,通过阅读附注中披露的存货增减变动情况,使用者可以了解资产负债表中未单列的存货分类信息。

通过附注与资产负债表、利润表、现金流量表和所有者权益变动表列示项目的相互参照关系,以及对未能在报表中列示项目的说明,可以使报表使用者全面了解企业的财务状况、经营成果和现金流量以及所有者权益的情况。

二、附注的主要内容

附注是财务报表的重要组成部分,企业应当按照如下顺序披露附注的内容。

(一)企业的基本情况

(1)企业注册地、组织形式和总部地址。

(2)企业的业务性质和主要经营活动。

(3)母公司以及集团最终母公司的名称。

(4)财务报告的批准报出者和财务报告批准报出日。

(5)营业期限有限的企业,还应当披露有关营业期限的信息。

(二)财务报表的编制基础

财务报表的编制基础是指财务报表是在持续经营基础上还是非持续经营基础上编制的。企业一般是在持续经营基础上编制财务报表,清算、破产属于非持续经营基础。

(三)遵循企业会计准则的声明

企业应当声明编制的财务报表符合企业会计准则的要求,真实、完整地反映了企业的财务状况、经营成果和现金流量等有关信息，以此明确企业编制财务报表所依据的制度基础。

（四）重要会计政策和会计估计

企业应当披露采用的重要会计政策和会计估计，不重要的会计政策和会计估计可以不披露。在披露重要会计政策和会计估计时，企业应当披露重要会计政策的确定依据和财务报表项目的计量基础，以及会计估计中所采用的关键假设和不确定因素。

会计政策的确定依据主要是指企业在运用会计政策过程中所做的对报表中确认的项目金额最具影响的判断，有助于使用者理解企业选择和运用会计政策的背景，增加财务报表的可理解性。财务报表项目的计量基础是指企业计量该项目采用的是历史成本、重置成本、可变现净值、现值还是公允价值，这直接影响使用者对财务报表的理解和分析。

在确定报表中确认的资产和负债的账面价值过程中，企业有时需要对不确定的未来事项在资产负债表日对这些资产和负债的影响加以估计，如企业预计持有至到期投资未来现金流量采用的折现率和假设。这类假设的变动对这些资产和负债项目金额的确定影响很大，有可能会在下一个会计年度内作出重大调整，因此，强调这一披露要求，有助于提高财务报表的可理解性。

（五）会计政策和会计估计变更以及差错更正的说明

企业应当按照会计政策、会计估计变更和差错更正会计准则的规定，披露会计政策和会计估计变更以及差错更正的有关情况。

（六）报表重要项目的说明

企业对报表重要项目的说明，应当按照资产负债表、利润表、现金流量表、所有者权益变动表及其项目列示的顺序，采用文字和数字描述相结合的方式进行披露。报表重要项目的明细金额合计应当与报表项目金额相衔接，主要包括以下重要项目。

1. 应收款项

企业应当披露应收款项的账龄结构和客户类别以及期初、期末账面余额等信息。

2. 存货

企业应当披露存货的下列信息。

（1）各类存货的期初和期末账面价值。

（2）确定发出存货成本所采用的方法。

（3）存货可变现净值的确定依据，存货跌价准备的计提方法，当期计提的存货跌价准备的金额，当期转回的存货跌价准备的金额，以及计提和转回的有关情况。

（4）用于担保的存货账面价值。

3. 长期股权投资

企业应当披露长期股权投资的下列信息。

（1）对控制、共同控制、重大影响的判断。

（2）对投资性主体的判断及主体身份的转换。

（3）企业集团的构成情况。

（4）重要的非全资子公司的相关信息。

（5）对使用企业集团资产和清偿企业集团债务的重大限制。

（6）纳入合并财务报表范围的结构化主体的相关信息。

（7）企业在其子公司的所有者权益份额发生变化的情况。

（8）投资性主体的相关信息。

（9）合营安排和联营企业的基础信息。

（10）重要的合营企业和联营企业的主要财务信息。

（11）不重要的合营企业和联营企业的汇总财务信息。

（12）与企业在合营企业和联营企业中权益相关的风险信息。

（13）未纳入合并财务报表范围的结构化主体的基础信息。

（14）与权益相关资产负债的账面价值和最大损失敞口。

（15）企业是结构化主体的发起人但在结构化主体中没有权益的情况。

（16）向未纳入合并财务报表范围的结构化主体提供支持的情况。

（17）未纳入合并财务报表范围结构化主体的额外信息披露。

4. 投资性房地产

企业应当披露投资性房地产的下列信息。

（1）投资性房地产的种类、金额和计量模式。

（2）采用成本模式的，投资性房地产的折旧或摊销，以及减值准备的计提情况。

（3）采用公允价值模式的，公允价值的确定依据和方法，以及公允价值变动对损益的影响。

（4）房地产转换情况、理由，以及对损益或所有者权益的影响。

（5）当期处置的投资性房地产及其对损益的影响。

5. 固定资产

企业应当披露固定资产的下列信息。

（1）固定资产的确认条件、分类、计量基础和折旧方法。

（2）各类固定资产的使用寿命、预计净残值和折旧率。

（3）各类固定资产的期初和期末原价、累计折旧额及固定资产减值准备累计金额。

（4）当期确认的折旧费用。

（5）对固定资产所有权的限制及金额和用于担保的固定资产账面价值。

（6）准备处置的固定资产名称、账面价值、公允价值、预计处置费用和预计处置时间等。

6. 无形资产

企业应当披露无形资产的下列信息。

（1）无形资产的期初和期末账面余额、累计摊销额及减值准备累计金额。

（2）使用寿命有限的无形资产，其使用寿命的估计情况；使用寿命不确定的无形资产，其使用寿命不确定的判断依据。

（3）无形资产的摊销方法。

（4）用于担保的无形资产账面价值、当期摊销额等情况。

（5）计入当期损益和确认为无形资产的研究开发支出金额。

7. 职工薪酬

企业应当披露职工薪酬相关的下列信息。

（1）应当支付给职工的工资、奖金、津贴和补贴，及其期末应付未付金额。

（2）应当为职工缴纳的医疗保险费、工伤保险费和生育保险费等社会保险费，及其期末应付未付金额。

（3）应当为职工缴存的住房公积金，及其期末应付未付金额。

（4）为职工提供的非货币性福利，及其计算依据。

（5）依据短期利润分享计划提供的职工薪酬金额及其计算依据。

（6）其他短期薪酬。

（7）所设立或参与的设定提存计划的性质、计算缴费金额的公式或依据，当期缴费金额以及应付未付金额。

（8）与设定受益计划有关的下列信息：设定受益计划的特征及与之相关的风险；设定受益计划在财务报表中确认的金额及其变动；设定受益计划对企业未来现金流量金额、时间和不确定性的影响；设定受益计划义务现值所依赖的重大精算假设及有关敏感性分析的结果。

（9）支付的因解除劳动关系所提供辞退福利及其期末应付未付金额。

（10）提供的其他长期职工福利的性质、金额及其计算依据。

8. 应交税费

企业应当披露应交税费的构成及期初、期末账面余额等信息。

9. 短期借款和长期借款

企业应当披露短期借款、长期借款的构成及期初、期末账面余额等信息。对于期末逾期借款，应分别贷款单位、借款金额、逾期时间、年利率、逾期未偿还原因和预期还款期等进行披露。

10. 应付债券

企业应当披露应付债券的构成及期初、期末账面余额等信息。

11. 长期应付款

企业应当披露长期应付款的构成及期初、期末账面余额等信息。

12. 营业收入

企业应当披露营业收入的构成及本期、上期发生额等信息。

13. 公允价值变动收益

企业应当披露公允价值变动收益的来源及本期、上期发生额等信息。

14. 投资收益

企业应当披露投资收益的来源及本期、上期发生额等信息。

15. 资产减值损失

企业应当披露各项资产的减值损失及本期、上期发生额等信息。

16. 营业外收入

企业应当披露营业外收入的构成及本期、上期发生额等信息。

17. 营业外支出

企业应当披露营业外支出的构成及本期、上期发生额等信息。

18. 所得税费用

企业应当披露所得税费用的下列信息。

（1）所得税费用（收益）的主要组成部分。

（2）所得税费用（收益）与会计利润关系的说明。

19. 其他综合收益

企业应当披露其他综合收益的下列信息。

（1）其他综合收益各项目及其所得税影响。

（2）其他综合收益各项目原计入其他综合收益、当期转出计入当期损益的金额。

（3）其他综合收益各项目的期初和期末余额及其调节情况。

20. 政府补助

企业应当披露政府补助的下列信息。

（1）政府补助的种类及金额。

（2）计入当期损益的政府补助金额。

（3）本期返还的政府补助金额及原因。

21. 借款费用

企业应当披露借款费用的下列信息。

（1）当期资本化的借款费用金额。

（2）当期用于计算确定借款费用资本化金额的资本化率。

（七）其他

（1）或有和承诺事项、资产负债表日后非调整事项、关联方关系及其交易等需要说明的事项。

（2）有助于财务报表使用者评价企业管理资本的目标、政策及程序的信息。

第七节　综合举例

1. 资料

远洋公司为一般纳税人，适用的增值税税率为13%，所得税税率为25%；原材料采用计划成本进行核算。该公司2022年12月31日的资产负债表如表15-5所示。其中"应收账款"科目的期末余额为4 000 000元，"坏账准备"科目的期末余额为9 000元。其他诸如存货、长期股权投资、固定资产和无形资产等资产都没有计提资产减值准备。未说明增值税的业务不考虑增值税。

表 15-5　资产负债表　　　　　　　　　　　　　　　　会企 01 表

编制单位:远洋公司　　　　　　2022 年 12 月 31 日　　　　　　　　单位:元

资　　产	金　额	负债和所有者权益 （或股东权益）	金　额
流动资产：		流动负债：	
货币资金	14 063 000	短期借款	3 000 000
交易性金融资产	150 000	交易性金融负债	
应收票据	2 460 000	应付票据	2 000 000
应收账款	3 991 000	应付账款	9 548 000
预付款项	1 000 000	预收款项	
其他应收款	3 050 000	合同负债	
存货	25 800 000	应付职工薪酬	1 100 000

续表

资　产	金　额	负债和所有者权益 （或股东权益）	金　额
合同资产		应交税费	366 000
持有待售资产		其他应付款	500 000
一年内到期的非流动资产		一年内到期的非流动负债	
其他流动资产		其他流动负债	10 000 000
流动资产合计	50 514 000	流动负债合计	26 514 000
非流动资产：		非流动负债：	
债权投资		长期借款	6 000 000
其他债权投资		应付债券	
长期应收款		长期应付款	
长期股权投资	2 500 000	预计负债	
其他权益工具投资		递延收益	
其他非流动金融资产		递延所得税负债	
投资性房地产		其他非流动负债	
固定资产	8 000 000	非流动负债合计	6 000 000
在建工程	15 000 000	负债合计	32 514 000
生产性生物资产		所有者权益：	
油气资产		实收资本（股本）	50 000 000
无形资产	6 000 000	其他权益工具	
开发支出		资本公积	
商誉		减：库存股	
长期待摊费用		其他综合收益	
递延所得税资产		盈余公积	1 000 000
其他非流动资产	2 000 000	未分配利润	500 000
非流动资产合计	33 500 000	所有者权益合计	51 500 000
资产总计	84 014 000	负债和所有者权益总计	84 014 000

2023 年，远洋公司共发生如下经济业务。

（1）收到银行通知，用银行存款支付到期的商业承兑汇票 1 000 000 元。

（2）购入原材料一批，收到的增值税专用发票上注明的原材料价款为 1 500 000 元，增值税进项税额为 195 000 元，款项已通过银行转账支付，材料尚未验收入库。

（3）收到原材料一批，实际成本 1 000 000 元，计划成本 950 000 元，材料已验收入库，货款已于上月支付。

（4）用银行汇票支付采购材料价款，公司收到开户银行转来银行汇票多余款收账通知，通知上填写的多余款为 2 260 元，购入材料及运费 998 000 元，支付的增值税额为 129 740 元。原材料已验收入库，该批原材料计划成本 1 000 000 元。

（5）销售产品一批，开出的增值税专用发票上注明的价款为 3 000 000 元，增值税额为 390 000 元，货款尚未收到。该批产品实际成本 1 800 000 元，产品已发出。

（6）将交易性金融资产（股票投资）出售取得价款 165 000 元,该投资的成本为 130 000 元,公允价值变动为增值 20 000 元,处置收益为 15 000 元。

（7）购入不需安装的设备一台,收到的增值税专用发票上注明的价款为 800 000 元,增值税进项税额为 104 000 元,支付包装费、运费 10 000 元。价款及包装费、运费均以银行存款支付。设备已交付使用。

（8）购入工程物资一批用于建造厂房,收到的增值税专用发票上注明的价款为 1 500 000 元,增值税进项税额为 195 000 元,款项已通过银行转账支付。

（9）工程本年度发生应付职工薪酬 2 280 000 元。

（10）一项工程完工交付生产使用,已办理竣工手续,固定资产价值 14 000 000 元。

（11）基本生产车间一台机床报废,原价 2 000 000 元,已提折旧 1 800 000 元,清理费用 5 000 元,残值收入 8 000 元,均通过银行存款收支。该项固定资产已清理完毕。

（12）从银行借入 3 年期借款 10 000 000 元,款项已存入银行账户。

（13）销售产品一批,开出的增值税专用发票上注明的价款为 7 000 000 元,增值税额为 910 000 元,款项已存入银行。销售产品的实际成本为 4 200 000 元。

（14）将要到期的一张面值为 2 000 000 元的无息银行承兑汇票,连同托收凭证交银行办理转账。款项银行已收妥。

（15）出售一台不需用设备,收到价款 3 000 000 元,该设备原价 4 000 000 元,已提折旧 1 500 000 元。该项设备已由购入单位运走,不考虑相关税费。

（16）通过公开市场交易取得交易性金融资产（股票投资）,该笔投资在购买日公允价值为 1 030 000 元,另支付交易费用 20 000 元。

（17）支付本年度工资 5 000 000 元,包括支付在建工程人员的工资 2 000 000 元。

（18）分配应支付的职工工资 3 000 000 元（不包括在建工程应负担的工资）,其中生产人员工资 2 750 000 元,车间管理人员工资 100 000 元,行政管理部门人员工资 150 000 元。

（19）发生职工福利费 420 000 元（不包括在建工程应负担的福利费 280 000 元）,其中生产工人福利费 385 000 元,车间管理人员福利费 14 000 元,行政管理部门福利费 21 000 元。

（20）基本生产车间领用原材料,计划成本为 7 000 000 元,领用低值易耗品,计划成本 500 000 元,采用一次转销法核算。

（21）结转基本生产车间领用原材料和低值易耗品应分摊的材料成本差异。材料成本差异率均为 5%。

（22）对行政管理部门使用的无形资产进行摊销,共 600 000 元。以银行存款支付本年基本生产车间应负担的水电费 900 000 元。

（23）计提固定资产折旧 1 000 000 元,其中计入制造费用 800 000 元,计入管理费用 200 000 元。计提固定资产减值准备 300 000 元。

（24）收到应收账款 510 000 元,存入银行。计提应收账款坏账准备 9 000 元。

（25）用银行存款支付本期发生的产品展览费 100 000 元。

（26）计算并结转本期完工产品成本 12 824 000 元。期末没有在产品,本期生产的产品全部完工入库。

（27）发生广告费 100 000 元,已通过银行办理转账结算。

（28）采用商业承兑汇票结算方式销售产品一批,开出的增值税专用发票上注明的价款为 2 500 000 元,增值税额为 325 000 元,收到 2 825 000 元的商业承兑汇票一张。所售产品实际成本为 1 500 000 元。

（29）将上述 2 825 000 元的商业承兑汇票到银行办理不附追索权的贴现,贴现息为 200 000 元。

（30）本期产品销售应交纳的教育费附加为 20 000 元。

（31）用银行存款缴纳当月增值税 1 000 000 元,教育费附加 20 000 元。

（32）本期在建工程应负担的长期借款利息费用 2 000 000 元,长期借款为分期付息。

（33）本期应计入损益的长期借款利息费用 100 000 元,长期借款为分期付息。

（34）归还短期借款本金 2 500 000 元。

（35）支付长期借款利息 2 100 000 元。

（36）归还长期借款本金 6 000 000 元。

（37）上年度销售产品一批,开出的增值税专用发票上注明的价款为 100 000 元,增值税额为 13 000 元,购货方开出商业承兑汇票。本期由于购货方发生财务困难,无法按合同规定偿还债务,经双方协议,甲股份有限公司同意购货方用产品抵偿该应收票据。用于抵债的产品市价为 80 000 元,适用的增值税税率为 13%,该批产品作为本企业的库存商品进行核算。

（38）持有的交易性金融资产 2019 年 12 月 31 日的公允价值为 1 050 000 元。

（39）结转本期产品销售成本(5)1 800 000＋(13)4 200 000＋(28)1 500 000＝7 500 000(元)。

（40）将各损益科目结转本年利润。

（41）假设本例中,除计提固定资产减值准备 300 000 元和坏账准备 9 000 元造成的资产账面价值与其计税基础存在差异外,不考虑其他项目的所得税影响。确认当期的所得税费用及递延所得税。

（42）结转本年利润并按照净利润的 10% 提取法定盈余公积金。

（43）将利润分配各明细科目的余额转入“未分配利润”明细科目。

（44）用银行存款缴纳当年应交所得税。

要求:编制远洋公司 2023 年度经济业务的会计分录,并在此基础上编制 2023 年资产负债表、利润表、现金流量表和所有者权益变动表。

2. 根据上述资料编制会计分录

（1）借:应付票据   1 000 000

   贷:银行存款   1 000 000

（2）借:材料采购   1 500 000

    应交税费——应交增值税(进项税额) 195 000

   贷:银行存款   1 695 000

（3）借:原材料   950 000

    材料成本差异   50 000

   贷:材料采购   1 000 000

（4）借:材料采购   998 000

    银行存款   2 260

    应交税费——应交增值税(进项税额) 129 740

   贷:其他货币资金   1 130 000

借:原材料 1 000 000

　贷:材料采购 998 000

　　材料成本差异 2 000

(5)借:应收账款 3 390 000

　贷:主营业务收入 3 000 000

　　应交税费——应交增值税(销项税额) 390 000

(6)借:银行存款 165 000

　贷:交易性金融资产——成本 130 000

　　　　　　——公允价值变动 20 000

　　投资收益 15 000

(7)借:固定资产 810 000

　　应交税费——应交增值税(进项税额) 104 000

　贷:银行存款 914 000

800 000+10 000＝810 000(元)。购入固定资产的包装费、运费10 000元计入固定资产原值。

(8)借:工程物资 1 500 000

　　应交税费——应交增值税(进项税额) 195 000

　贷:银行存款 1 695 000

(9)借:在建工程 2 280 000

　贷:应付职工薪酬 2 280 000

(10)借:固定资产 14 000 000

　贷:在建工程 14 000 000

(11)借:固定资产清理 200 000

　　累计折旧 1 800 000

　贷:固定资产 2 000 000

　借:固定资产清理 5 000

　贷:银行存款 5 000

　借:银行存款 8 000

　贷:固定资产清理 8 000

　借:营业外支出——非流动资产处置损失 197 000

　贷:固定资产清理 197 000

(12)借:银行存款 10 000 000

　贷:长期借款 10 000 000

(13)借:银行存款 7 910 000

　贷:主营业务收入 7 000 000

　　应交税费——应交增值税(销项税额) 910 000

(14)借:银行存款 2 000 000

　贷:应收票据 2 000 000

(15)借:固定资产清理 2 500 000

累计折旧	1 500 000
贷：固定资产	4 000 000
借：银行存款	3 000 000
贷：固定资产清理	3 000 000
借：固定资产清理	500 000
贷：资产处置损益	500 000

（16）借：交易性金融资产　　　　1 030 000
　　　　投资收益　　　　　　　　20 000
　　　贷：其他货币资金　　　　　　　　1 050 000

（17）借：应付职工薪酬　　　　　5 000 000
　　　贷：银行存款　　　　　　　　　　5 000 000

（18）借：生产成本　　　　　　　2 750 000
　　　　制造费用　　　　　　　　100 000
　　　　管理费用　　　　　　　　150 000
　　　贷：应付职工薪酬——工资　　　　3 000 000

（19）借：生产成本　　　　　　　385 000
　　　　制造费用　　　　　　　　14 000
　　　　管理费用　　　　　　　　21 000
　　　贷：应付职工薪酬——职工福利　　420 000

（20）借：生产成本　　　　　　　7 000 000
　　　贷：原材料　　　　　　　　　　　7 000 000
　　　借：制造费用　　　　　　　500 000
　　　贷：周转材料——低值易耗品　　　500 000

（21）借：生产成本　　　　　　　350 000
　　　　制造费用　　　　　　　　25 000
　　　贷：材料成本差异　　　　　　　　375 000

（22）借：管理费用——无形资产摊销　600 000
　　　贷：累计摊销　　　　　　　　　　600 000
　　　借：制造费用——水电费　　　900 000
　　　贷：银行存款　　　　　　　　　　900 000

（23）借：制造费用——折旧费　　800 000
　　　　管理费用——折旧费　　　200 000
　　　贷：累计折旧　　　　　　　　　　1 000 000
　　　借：资产减值损失——计提的固定资产减值　300 000
　　　贷：固定资产减值准备　　　　　　300 000

（24）借：银行存款　　　　　　　510 000
　　　贷：应收账款　　　　　　　　　　510 000
　　　借：信用减值损失——计提的坏账准备　9 000
　　　贷：坏账准备　　　　　　　　　　9 000

（25）借：销售费用——展览费　　　　　　　100 000

　　　　贷：银行存款　　　　　　　　　　　　　100 000

（26）借：生产成本　　　　　　　　　　　2 339 000

　　　　贷：制造费用　　　　　　　　　　　　2 339 000

　　　借：库存商品　　　　　　　　　　　12 824 000

　　　　贷：生产成本　　　　　　　　　　　12 824 000

制造费用＝100 000＋14 000＋500 000＋25 000＋900 000＋800 000＝2 339 000(元)

生产成本＝2 750 000＋385 000＋7 000 000＋350 000＋2 339 000＝12 824 000(元)

（27）借：销售费用——广告费　　　　　　　100 000

　　　　贷：银行存款　　　　　　　　　　　　　100 000

（28）借：应收票据　　　　　　　　　　　2 825 000

　　　　贷：主营业务收入　　　　　　　　　　2 500 000

　　　　　　应交税费——应交增值税(销项税额)　325 000

（29）借：财务费用　　　　　　　　　　　　200 000

　　　　　银行存款　　　　　　　　　　　2 625 000

　　　　贷：应收票据　　　　　　　　　　　2 825 000

（30）借：税金及附加　　　　　　　　　　　20 000

　　　　贷：应交税费——应交教育费附加　　　　20 000

（31）借：应交税费——应交增值税(已交税金)　1 000 000

　　　　　　　　——应交教育费附加　　　　20 000

　　　　贷：银行存款　　　　　　　　　　　1 020 000

（32）借：在建工程　　　　　　　　　　　2 000 000

　　　　贷：应付利息　　　　　　　　　　　2 000 000

（33）借：财务费用　　　　　　　　　　　　100 000

　　　　贷：应付利息　　　　　　　　　　　　100 000

（34）借：短期借款　　　　　　　　　　　2 500 000

　　　　贷：银行存款　　　　　　　　　　　2 500 000

（35）借：应付利息　　　　　　　　　　　2 100 000

　　　　贷：银行存款　　　　　　　　　　　2 100 000

（36）借：长期借款　　　　　　　　　　　6 000 000

　　　　贷：银行存款　　　　　　　　　　　6 000 000

（37）借：库存商品　　　　　　　　　　　　80 000

　　　　　应交税费——应交增值税(进项税额)　10 400

　　　　　营业外支出——债务重组损失　　　22 600

　　　　贷：应收票据　　　　　　　　　　　　113 000

（38）借：交易性金融资产——公允价值变动　20 000

　　　　贷：公允价值变动损益　　　　　　　　20 000

（39）借：主营业务成本　　　　　　　　　7 500 000

　　　　贷：库存商品　　　　　　　　　　　7 500 000

（40）借：主营业务收入   12 500 000

           资产处置损益   500 000

           公允价值变动损益   20 000

       贷：本年利润   13 015 000

           投资收益   5 000

主营业务收入＝3 000 000＋7 000 000＋2 500 000＝12 500 000（元）；投资收益＝15 000－20 000＝－5 000（元）；公允价值变动损益为 20 000 元。

借：本年利润   9 519 600

    贷：主营业务成本   7 500 000

       税金及附加   20 000

       销售费用   200 000

       管理费用   971 000

       财务费用   300 000

       资产减值损失   300 000

       信用减值损失   9 000

       营业外支出   219 600

其中，销售费用＝(25)100 000＋(27)100 000＝200 000（元）；管理费用＝(18)150 000＋(19)21 000＋(22)600 000＋(23)200 000＝971 000（元）；财务费用＝(29)200 000＋(33)100 000＝300 000（元）；资产减值损失为(23)300 000 元；信用减值损失为(24)9 000 元；营业外支出＝(11)197 000＋(37)22 600＝219 600（元）。

（41）借：所得税费用——当期所得税费用   951 100

      贷：应交税费——应交所得税   951 100

     借：递延所得税资产   77 250

      贷：所得税费用——递延所得税费用   77 250

当期应纳税所得额＝13 015 000－9 519 600＋300 000＋9 000＝3 804 400（元）

当期应纳所得税额＝3 804 400×25％＝951 100（元）

递延所得税资产＝(300 000＋9 000)×25％＝77 250（元）

借：本年利润   873 850

    贷：所得税费用   873 850

其中，所得税费用＝(41)951 100－(41)77 250＝873 850（元）。

（42）借：本年利润   2 621 550

      贷：利润分配——未分配利润   2 621 550

     借：利润分配——提取法定盈余公积   262 155

      贷：盈余公积——法定盈余公积   262 155

         净利润＝13 015 000－9 519 600－873 850＝2 621 550（元）

（43）借：利润分配——未分配利润   262 155

      贷：利润分配——提取法定盈余公积   262 155

（44）借：应交税费——应交所得税   951 100

      贷：银行存款   951 100

3. 编制年末资产负债表

根据年初资产负债表和上述会计分录编制年末资产负债表,如表 15-6 所示。

表 15-6 资产负债表 会企 01 表

编制单位:远洋公司 2023 年 12 月 31 日 单位:元

资　　产	期末余额	上年年末余额	负债和所有者权益（或股东权益）	期末余额	上年年末余额
流动资产:			流动负债:		
货币资金	14 123 160	14 063 000	短期借款	500 000	3 000 000
交易性金融资产	1 050 000	150 000	交易性金融负债		
应收票据	347 000	2 460 000	应付票据	1 000 000	2 000 000
应收账款	6 862 000	3 991 000	应付账款	9 548 000	9 548 000
预付款项	1 000 000	1 000 000	预收款项		
其他应收款	3 050 000	3 050 000	合同负债		
存货	25 827 000	25 800 000	应付职工薪酬	1 800 000	1 100 000
合同资产			应交税费	356 860	366 000
持有待售资产			其他应付款	500 000	500 000
一年内到期的非流动资产			一年内到期的非流动负债		
其他流动资产			其他流动负债	10 000 000	10 000 000
流动资产合计	52 259 160	50 514 000	流动负债合计	23 704 860	26 514 000
非流动资产:			非流动负债:		
债权投资			长期借款	10 000 000	6 000 000
其他债权投资			应付债券		
长期应收款			长期应付款		
长期股权投资	2 500 000	2 500 000	预计负债		
其他权益工具投资			递延收益		
其他非流动金融资产			递延所得税负债		
投资性房地产			其他非流动负债		
固定资产	18 810 000	8 000 000	非流动负债合计	10 000 000	6 000 000
在建工程	6 780 000	15 000 000	负债合计	33 704 860	32 514 000
生产性生物资产			所有者权益:		
油气资产			实收资本（股本）	50 000 000	50 000 000
无形资产	5 400 000	6 000 000	其他权益工具		
开发支出			资本公积		
商誉			减:库存股		
长期待摊费用			其他综合收益		
递延所得税资产	77 250		盈余公积	1 262 155	1 000 000
其他非流动资产	2 000 000	2 000 000	未分配利润	2 859 395	500 000
非流动资产合计	35 567 250	33 500 000	所有者权益合计	54 121 550	51 500 000
资产总计	87 826 410	84 014 000	负债和所有者权益总计	87 826 410	84 014 000

4. 编制年度利润表

（1）根据对前述业务的上述会计处理，远洋公司 2023 年度利润表科目本年累计发生额如表 15-7 所示。

表 15-7　2023 年度利润表科目本年累计发生额　　　　　　　　　单位：元

科 目 名 称	借方发生额	贷方发生额
营业收入		12 500 000
营业成本	7 500 000	
税金及附加	20 000	
销售费用	200 000	
管理费用	971 000	
财务费用	300 000	
资产减值损失	300 000	
信用减值损失	9 000	
投资收益	20 000	15 000
资产处置损益		500 000
营业外支出	219 600	
所得税费用	873 850	

（2）根据本年相关科目发生额编制利润表，如表 15-8 所示。

表 15-8　利润表　　　　　　　　　会企 02 表

编制单位：远洋公司　　　　　　　　　2023 年度　　　　　　　　　单位：元

项 目	本期金额	上期金额（略）
一、营业收入	12 500 000	
减：营业成本	7 500 000	
税金及附加	20 000	
销售费用	200 000	
管理费用	971 000	
研发费用		
财务费用	300 000	
其中：利息费用	300 000	
利息收入		
加：其他收益		
投资收益（损失以"－"号填列）	－5 000	
其中：对联营企业和合营企业的投资收益		
以摊余成本计量的金融资产终止确认收益（损失以"－"号填列）		
公允价值变动收益（损失以"－"号填列）	20 000	
信用减值损失（损失以"－"号填列）	－9 000	
资产减值损失（损失以"－"号填列）	－300 000	
资产处置收益（损失以"－"号填列）	500 000	
二、营业利润（亏损以"－"号填列）	3 715 000	
加：营业外收入		
减：营业外支出	219 600	

续表

项　目	本期金额	上期金额（略）
三、利润总额（亏损以"－"号填列）	3 495 400	
减：所得税费用	873 850	
四、净利润（净亏损以"－"号填列）	2 621 550	
（一）持续经营净利润（净亏损以"－"号填列）	2 621 550	
（二）终止经营净利润（净亏损以"－"号填列）		
五、其他综合收益的税后净额	（略）	
六、综合收益总额	（略）	
七、每股收益	（略）	
（一）基本每股收益	（略）	
（二）稀释每股收益	（略）	

5. 编制年度现金流量表

沿用本例资料以及编制的资产负债表和利润表，采用直接法根据有关科目记录分析填列现金流量表各项目。

（1）经营活动产生的现金流量。

① 销售商品、提供劳务收到的现金＝(13)7 910 000＋(14)2 000 000＋(24)510 000＋(29)2 625 000＝13 045 000（元）。

② 购买商品、接受劳务支付的现金＝(1)1 000 000＋(2)1 695 000＋(4)1 130 000－(4)2 260＋(22)900 000＝4 722 740（元）。

③ 支付给职工以及为职工支付的现金为(17)3 000 000 元。

④ 支付的各项税费＝(31)1 020 000＋(44)951 100＝1 971 100（元）。

⑤ 支付其他与经营活动有关的现金＝(25)100 000＋(27)100 000＝200 000（元）。

（2）投资活动产生的现金流量。

① 收回投资收到的现金为(6)165 000 元。

② 处置固定资产、无形资产和其他长期资产收回的现金净额＝(11)－5 000＋8 000＋(15)3 000 000＝3 003 000（元）。

③ 购建固定资产、无形资产和其他长期资产支付的现金＝(7)914 000＋(8)1 695 000＋(17)2 000 000＝4 609 000（元）。

④ 投资支付的现金为(16)1 050 000 元。

（3）筹资活动产生的现金流量。

① 取得借款收到的现金为(12)10 000 000 元。

② 偿还债务支付的现金＝(34)2 500 000＋(36)6 000 000＝8 500 000（元）。

③ 分配股利、利润或偿付利息支付的现金为(35)2 100 000 元。

远洋公司 2023 年度现金流量表如表 15-9 所示。

表 15-9　现金流量表　　　　　　　　　　　　会企 03 表

编制单位：远洋公司　　　　　　　2023 年度　　　　　　　　　　单位：元

项　目	本期金额	上期金额（略）
一、经营活动产生的现金流量		
销售商品、提供劳务收到的现金	13 045 000	

项　　目	本期金额	上期金额（略）
收到的税费返还		
收到的其他与经营活动有关的现金		
经营活动现金流入小计	13 045 000	
购买商品、接受劳务支付的现金	4 722 740	
支付给职工以及为职工支付的现金	3 000 000	
支付的各项税费	1 971 100	
支付其他与经营活动有关的现金	200 000	
经营活动现金流出小计	9 893 840	
经营活动产生的现金流量净额	3 151 160	
二、投资活动产生的现金流量		
收回投资收到的现金	165 000	
取得投资收益收到的现金		
处置固定资产、无形资产和其他长期资产收回的现金净额	3 003 000	
处置子公司及其他营业单位收到的现金净额		
收到其他与投资活动有关的现金		
投资活动现金流入小计	3 168 000	
购建固定资产、无形资产和其他长期资产支付的现金	4 609 000	
投资支付的现金	1 050 000	
取得子公司及其他营业单位支付的现金净额		
支付其他与投资活动有关的现金		
投资活动现金流出小计	5 659 000	
投资活动产生的现金流量净额	－2 491 000	
三、筹资活动产生的现金流量		
吸收投资收到的现金		
取得借款收到的现金	10 000 000	
收到其他与筹资活动有关的现金		
筹资活动现金流入小计	10 000 000	
偿还债务支付的现金	8 500 000	
分配股利、利润或偿付利息支付的现金	2 100 000	
支付其他与筹资活动有关的现金		
筹资活动现金流出小计	10 600 000	
筹资活动产生的现金流量净额	－600 000	
四、汇率变动对现金及现金等价物的影响		
五、现金及现金等价物净增加额	60 160	
加：期初现金及现金等价物余额	14 063 000	
六、期末现金及现金等价物余额	14 123 160	

　　根据所给资料分析填列现金流量表补充资料，如表 15-10 所示，假定应付职工薪酬的期初数中无应付在建工程人员的部分，期末数中应付在建工程人员的部分为 280 000 元；应交税费期初在建工程负担部分为 299 000 元，应交税费期末在建工程负担部分为 0 元。

经营性应收项目的减少＝(2 460 000－347 000)＋(3 991 000＋9 000－6 862 000

　　　　　　　　　　　－18 000)＋(1 000 000－1 000 000)＋(3 050 000

　　　　　　　　　　　－3 050 000)＝－767 000(元)

经营性应付项目的增加＝(1 000 000－2 000 000)＋(9 548 000－9 548 000)

　　　　　　　　　　　＋(1 800 000－280 000－1 100 000)＋(356 860－366 000

　　　　　　　　　　　＋299 000)＋(500 000－500 000)＝－290 140(元)

表 15-10　现金流量表及补充资料　　　　　单位:元

补　充　资　料	本期金额	上期金额（略）
1. 将净利润调节为经营活动现金流量		
净利润	2 621 550	
加:资产减值准备	309 000	
固定资产折旧、油气资产折耗、生产性生物资产折旧	1 000 000	
无形资产摊销	600 000	
长期待摊费用摊销		
处置固定资产、无形资产和其他长期资产的损失（收益以"－"号填列）	－500 000	
固定资产报废损失（收益以"－"号填列）	197 000	
公允价值变动损失（收益以"－"号填列）	－20 000	
财务费用（收益以"－"号填列）	100 000	
投资损失（收益以"－"号填列）	5 000	
递延所得税资产减少（增加以"－"号填列）	－77 250	
递延所得税负债增加（减少以"－"号填列）		
存货的减少（增加以"－"号填列）	－27 000	
经营性应收项目的减少（增加以"－"号填列）	－767 000	
经营性应付项目的增加（减少以"－"号填列）	－290 140	
其他		
经营活动产生的现金流量净额	3 151 160	
2. 不涉及现金收支的重大投资和筹资活动		
债务转为资本		
一年内到期的可转换公司债券		
融资租入固定资产		
3. 现金及现金等价物净变动情况		
现金的期末余额	14 123 160	
减:现金的期初余额	14 063 000	
加:现金等价物的期末余额		
减:现金等价物的期初余额		
现金及现金等价物净增加额	60 160	

6. 编制所有者权益变动表

根据所给资料编制所有者权益变动表,如表 15-11 所示。

表15-11 所有者权益变动表

编制单位：远洋公司　　2023年度　　　　　　　　　　　　　　　　　会企04表　单位：元

项目	本年金额											上年金额（略）
	实收资本（或股本）	其他权益工具			资本公积	减：库存股	其他综合收益	专项储备	盈余公积	未分配利润	所有者权益合计	
		优先股	永续债	其他								
一、上年年末余额	50 000 000								1 000 000	500 000	51 500 000	
加：会计政策变更												
前期差错更正												
其他												
二、本年年初余额	50 000 000								1 000 000	500 000	51 500 000	
三、本年增减变动金额（减少以"—"填列）									262 155	2 359 395	2 621 550	
（一）综合收益总额										2 621 550	2 621 550	
（二）所有者投入和减少资本												
1. 所有者投入的普通股												
2. 其他权益工具持有者投入资本												
3. 股份支付计入所有者权益的金额												
4. 其他												
（三）利润分配									262 155	−262 155		
1. 提取盈余公积									262 155	−262 155		

续表

项　目	本年金额										上年金额（略）									
	实收资本（或股本）	其他权益工具			资本公积	减:库存股	其他综合收益	专项储备	盈余公积	未分配利润	所有者权益合计	实收资本（或股本）	其他权益工具			资本公积	减:库存股	其他综合收益	专项储备	盈余公积	未分配利润	所有者权益合计
		优先股	永续债	其他									优先股	永续债	其他							
2. 对所有者（或股东）的分配																						
3. 其他																						
（四）所有者权益内部结转																						
1. 资本公积转增资本（或股本）																						
2. 盈余公积转增资本（或股本）																						
3. 盈余公积弥补亏损																						
4. 设定受益计划变动额结转留存损益																						
5. 其他综合收益结转留存收益																						
6. 其他																						
四、本年末余额											54 121 550											

实训题

第十五章
练习题

1. 远洋公司 2023 年 12 月 31 日结账后有关账户余额如表 15-12 所示。

表 15-12　有关账户余额表

账　户　名　称	借方余额	贷方余额
应收账款	600	40
坏账准备——应收账款		80
预收账款	100	800
应付账款	20	400
预付账款	320	60

要求：根据上述资料，计算资产负债表中下列项目的金额。①应收账款；②预付账款；③应付账款；④预收账款。

2. 远洋公司 2023 年 12 月 31 日有关总分类账户期末余额如表 15-13 所示。

表 15-13　总账期末余额表

2023 年 12 月 31 日　　　　　　　　　　　　　　　单位：元

项　　目	借方余额	贷方余额
库存现金	2 850	
银行存款	222 760	
应收账款	49 210	
其他应收款	2 800	
原材料	137 000	
库存商品	140 000	
生产成本	31 050	
长期待摊费用	9 200	
持有至到期投资	9 500	
其中：一年内到期的长期债权投资	75 000	
固定资产	2 435 000	
累计折旧		976 000
短期借款		514 500
应付账款		91 120
其他应付款		13 100
应交税费		9 900
长期借款		16 320
实收资本		1 102 000
资本公积		304 160
盈余公积		88 270
本年利润		238 520
利润分配	229 020	
合　　计	3 353 890	3 353 890

要求:根据资料编制资产负债表。

3. 远洋公司 2023 年 10 月 31 日有关总分类账户结转的期末余额如表 15-14 所示。

表 15-14 总分类账户结转期末余额

2023 年 10 月 31 日 单位:元

账户名称	结转本年利润余额	
	借 方	贷 方
主营业务收入	402 000	
主营业务成本		262 000
税金及附加		34 000
其他业务收入	17 000	
其他业务成本		15 000
销售费用		14 000
管理费用		45 000
财务费用		18 000
营业外收入	53 000	45 000
营业外支出		
投资收益		17 490
所得税费用		14 000

该公司 1—9 月利润表各项目累计数如表 15-15 所示。

表 15-15 利润表

2023 年 9 月 单位:元

项 目	本月数	本年累计数
一、营业收入		4 068 000
减:营业成本		2 546 000
税金及附加		202 000
销售费用		402 000
管理费用		102 000
财务费用		42 000
加:投资收益	略	65 000
二、营业利润		839 000
加:营业外收入		97 000
减:营业外支出		35 000
三、利润总额		901 000
减:所得税费用		297 330
四、净利润		603 670

要求:根据资料编制远洋公司 2023 年 10 月利润表。

4. 远洋公司为增值税一般纳税人，2022年12月31日资产负债表如表15-16所示。

表 15-16　资产负债表

编制单位：远洋公司　　　　　　　　　2022年12月31日　　　　　　　　　单位：元

资　　产	金　额	负债及所有者权益	金　额
货币资金	3 000 000	短期借款	1 200 000
交易性金融资产	40 000	应付票据	600 000
应收票据	500 000	应付账款	1 940 000
应收账款	597 000	其他应付款	150 000
其他应收款	8 000	应付职工薪酬	260 000
存货	5 500 000	应交税费	80 000
流动资产合计	9 645 000	流动负债合计	4 230 000
长期投资	600 000	长期借款	1 200 000
固定资产原价	3 800 000	长期负债合计	1 200 000
累计折旧	1 000 000	实收资本	8 600 000
固定资产	2 800 000	盈余公积	415 000
无形资产	1 400 000	未分配利润	
长期资产合计	4 800 000	所有者权益合计	9 015 000
资产总计	14 445 000	负债及所有者权益总计	14 445 000

注：应收账款余额600 000元；坏账准备余额3 000元。

2023年发生下列经济业务（未说明的增值税不予考虑）。

（1）购入原材料一批，价款50万元，增值税6.5万元，货款已付，材料验收入库。

（2）销售产品一批，价款100万元（不含增值税），产品已发出货款尚未收到。

（3）购入不需要安装的设备一台，价款20万元，增值税2.6万元，包装费1 000元，杂运费4 000元，全部款项用银行存款支付，设备交付使用。

（4）该公司转让持有股票，取得净收入4.5万元，购入股票价款为4万元，款项已经存入银行。

（5）从银行取得3年期借款50万元，准备用于购建厂房。

（6）售出产品一批，价款180万元，增值税23.4万元，款项已经收妥入账。

（7）生产车间报废设备一台，原价50万元，已提折旧48万元，支付清理费1 000元，取得残值收入2 000元，均通过银行存款收付，设备清理完毕。

（8）用银行存款偿还短期借款本金80万元及利息4万元。

（9）提取现金80万元，当日支付职工工资。

（10）期末进行工资分配，其中生产人员70万元，车间管理人员3万元，厂部管理人员7万元。

（11）提取应付福利费11.2万元，其中生产人员9.8万元，车间管理人员4 200元，厂部管理人员9 800元。

（12）生产车间领用原材料140万元。

（13）计提固定资产折旧24万元，其中车间20万元，厂部4万元。

（14）按应收账款期末余额5‰提取坏账准备。

（15）结转本期完工产品成品（无期初、期末在产品）。

（16）结转本期已销产品成本 120 万元。

（17）计算并结转应缴所得税，假定资产和负债的计税依据与其账面价值相同。

（18）将各收支账户转入"本年利润"。

（19）按净利润 10％提取法定盈余公积金。将"本年利润"和"利润分配"各明细账户余额转入未分配利润。

（20）以银行存款缴纳增值税款和所得税款。

要求：编制远洋公司会计分录和资产负债表、利润表和现金流量表。

参 考 文 献

[1] 中华人民共和国财政部.企业会计准则[M].上海:立信会计出版社,2024.

[2] 中华人民共和国财政部.企业会计准则应用指南[M].上海:立信会计出版社,2024.

[3] 企业会计准则编审委员会.企业会计准则条文讲解与实务应用[M].上海:立信会计出版社,2023.

[4] 中国注册会计师协会.会计[M].北京:中国财政经济出版社,2024.

[5] 财政部会计资格评价中心.初级会计实务[M].北京:经济科学出版社,2024.

[6] 财政部会计资格评价中心.中级会计实务[M].北京:经济科学出版社,2024.

[7] 企业会计准则编审委员会.企业会计准则案例讲解[M].上海:立信会计出版社,2023.

[8] 屠建清.新企业会计准则详解与案例分析[M].北京:人民邮电出版社,2021.

[9] 张奇峰.企业财务会计案例分析[M].上海:立信会计出版社,2019.

[10] 赵书和.成本与管理会计[M].5版.北京:机械工业出版社,2021.

[11] 戴德明.财务会计学[M].12版.北京:中国人民大学出版社,2020.

[12] 陈信元.会计学[M].5版.上海:上海财经大学出版社,2021.

[13] 刘爱香.基础会计[M].4版.北京:北京大学出版社,2021.

[14] 陆正飞,黄慧馨,李琦.会计学[M].3版.北京:北京大学出版社,2020.

[15] 刘永泽,陈立军.中级财务会计[M].7版.大连:东北财经大学出版社,2021.

[16] 李贺.基础会计[M].2版.上海:上海财经大学出版社,2020.

[17] 李贺.财务会计[M].上海:上海财经大学出版社,2020.